हिन्दी आलोचना

हिन्दी आलोचना

विश्वनाथ त्रिपाठी

राजकमल प्रकाशन

ISBN : 978-81-267-0747-8

मूल्य : ₹795

पहला संस्करण : 1970
पंद्रहवाँ संशोधित संस्करण : 2021
सत्रहवाँ संस्करण : 2026

प्रकाशक : राजकमल प्रकाशन प्रा. लि.
1-बी, नेताजी सुभाष मार्ग, दरियागंज
नई दिल्ली-110 002

शाखाएँ : अशोक राजपथ, साइंस कॉलेज के सामने, पटना-800 006
पहली मंजिल, दरबारी बिल्डिंग, महात्मा गांधी मार्ग, प्रयागराज-211 001
वेबसाइट : www.rajkamalprakashan.com
ई-मेल : info@rajkamalprakashan.com

मुद्रक : बी.के. ऑफसेट
नवीन शाहदरा, दिल्ली-110 032

HINDI ALOCHANA
Criticism by Dr. Vishwanath Tripathi

दिवंगत पं. शिवबख्श जी

[अध्यापक, डी.ए.वी. हायर सेकेंडरी स्कूल, बलरामपुर, गोंडा]

की पुण्य-स्मृति को

यह संस्करण

'हिन्दी आलोचना' डॉ. इन्द्रनाथ मदान द्वारा सम्पादित एक सर्वेक्षण माला के अन्तर्गत राजकमल प्रकाशन से वर्ष 1970 ई. में प्रकाशित हुई थी। तब मुझे अनुमान भी नहीं था कि इस किताब को पाठकों की इतनी स्वीकृति मिलेगी। 'हिन्दी आलोचना' अभी तक लगभग उसी रूप में प्रकाशित होती आई है। केवल एक अध्याय 'रूप और विचारधारा' जोड़ा गया था।

इस संस्करण में कुछ नई सामग्री है।

मार्क्सवादी आलोचना के समानान्तर हिन्दी में व्यक्तिवादी, इतिहास तथा विचारधारा से मुक्त साहित्य के आग्रही विचार प्रकट किए जाते रहे हैं। ये विचार हिन्दी प्रतिष्ठित रचनाकारों द्वारा व्यवस्थित रूप से प्रस्तुत किए गए हैं और इनका हिन्दी साहित्य पर पर्याप्त प्रभाव पड़ा है। समाजवादी विचारधारा सामाजिकता पर बल देती है। ये समरूपता या सामूहिकता के विरुद्ध इकाई पर और व्यक्ति की अस्मिता या विवेक पर। धारा में विलीन हो जाने से बचने का उपाय ढूँढ़ते हुए। यह उपाय किसी विचारधारा में नहीं, रचनाधर्मिता में है।

मुक्ति अनुभूति के सौन्दर्यक्षण में हैं। सौन्दर्यक्षण और अनुभूति समकालीन आलोचना का प्रमुख मुद्‌दा रहा है। अज्ञेय और उनके समर्थक विचारक 'क्षण' में सार्थकता का अनुभव करते हैं। मुक्तिबोध सौन्दर्य क्षण को वास्तविक जीवन का ही उद्‌भास मानकर उसे फिर जीवन में समर्पित कर देते हैं। मुक्तिबोध सौन्दर्य क्षण को लगभग उसी प्रकार विश्लेषित, व्याख्यायित करना चाहते हैं, जैसे—भौतिक विज्ञानी अणु को विखंडित और विश्लेषित।

यह संयोग है कि इस वाद-विवाद के भागीदार अज्ञेय, निर्मल वर्मा, लक्ष्मीकान्त वर्मा, विजयदेव नारायण साही और मुक्तिबोध प्रधानत: सर्जक साहित्यकार हैं। परस्पर-विरोधी प्रवृत्तियाँ परस्पर पूरक भी हैं।

'हिन्दी आलोचना' के उपसंहार में समर्थ साहित्यकारों के योगदान की चर्चा करते हुए दिनकर, अज्ञेय, गिरिजा कुमार माथुर और मुक्तिबोध

के विचारों का उल्लेख किया गया था, इन्हें आलोचना का कच्चा माल समझा गया था।

अज्ञेय, मुक्तिबोध, निर्मल वर्मा, लक्ष्मीकान्त वर्मा, विजयदेव नारायण साही आदि सर्जक साहित्यकारों के विचार आलोचना का कच्चा माल ही नहीं हैं, वे समकालीन आलोचना के वैचारिक द्वन्द्व का रूप भी हैं।

यही कुछ सूत्र हैं जिनके सहारे इस किताब में हिन्दी आलोचना पर चर्चा की गई है।

राजकमल प्रकाशन के संचालक श्री अशोक महेश्वरी ने इसे लिखने का अनुरोध किया, अनेकानेक मित्रों और पाठकों ने भी, जिससे लिखने का क्रम बना रहा। इन सबके प्रति हार्दिक आभार।

06.06.2018 **—विश्वनाथ त्रिपाठी**

अनुक्रम

नेहाभिक्रम नाशोऽस्ति प्रत्यवायो न विद्यते

पीठिका

भारतेन्दु युग

1

भारतेन्दु युग में कई साहित्यिक विधाओं का नवीनीकरण हुआ। इनमें से एक आलोचना भी थी। भारतेन्दु का व्यक्तित्व भारतीय पुनर्जागरण का साहित्यिक प्रतीक और हिन्दी साहित्य में आधुनिक युग के प्रवर्तन का सूचक था।

'उन्होंने हिन्दी साहित्य को एक नये मार्ग पर खड़ा किया। वे साहित्य के नये युग के प्रवर्तक हुए। यद्यपि देश में नये-नये विचारों और भावनाओं का संचार हो गया था, पर हिन्दी उनसे दूर थी। लोगों की अभिरुचि बदल चली थी, पर हमारे साहित्य पर उसका कोई प्रभाव नहीं दिखाई पड़ता था। शिक्षित लोगों के विचारों और व्यापारों ने तो दूसरा मार्ग पकड़ लिया था, पर उनका साहित्य उसी पुराने मार्ग पर था। वे लोग समय के साथ आप तो कुछ आगे बढ़ आए थे, पर जल्दी में अपने साहित्य को साथ न ले सके थे।...प्राय: सभी सभ्य जातियों का साहित्य उनके विचारों और व्यापारों से लगा चलता है, यह नहीं कि उनकी चिन्ताओं और कार्यों का प्रवाह एक ओर जा रहा हो और उनके साहित्य का प्रवाह दूसरी ओर' (पृ. 191, चिन्तामणि, पहला भाग : रामचन्द्र शुक्ल)।

'भारतेन्दु का पूर्ववर्ती काव्य साहित्य सन्तों की कुटिया से निकलकर राजाओं और रईसों के दरबार में पहुँच गया था। उन्होंने एक तरफ तो काव्य को फिर से भक्ति की पवित्र मन्दाकिनी में स्नान कराया और दूसरी तरफ उसे दरबारीपन से निकालकर लोक-जीवन के आमने-सामने खड़ा कर दिया' (पृ. 396-97, हिन्दी साहित्य : डॉ. हजारीप्रसाद द्विवेदी)।

'भारतेन्दु युग का साहित्य जनवादी इस अर्थ में है कि वह भारतीय समाज के पुराने ढाँचे से सन्तुष्ट न रहकर उसमें सुधार भी चाहता है। वह केवल राजनीतिक स्वाधीनता का साहित्य न होकर मनुष्य की एकता, समानता और भाईचारे का भी साहित्य है। भारतेन्दु स्वदेशी आन्दोलन के ही अग्रदूत न थे। वे समाज-सुधारकों में भी प्रमुख थे। स्त्री-शिक्षा, विधवा-विवाह, विदेश-यात्रा आदि के वे समर्थक थे' (पृ. 10, तीसरे संस्करण की भूमिका, भारतेन्दु युग : डॉ. रामविलास शर्मा)।

भारतेन्दु और उनके साथी वे साहित्यकार थे जिन्होंने साहित्य को सामाजिक उत्तरदायित्व की चेतना से युक्त किया। ऐसा करने में वे समर्थ हो पाए क्योंकि वे सामाजिक समस्याओं के प्रति सचेत थे और उनके प्रति अपनी जिम्मेदारी महसूस करते थे। इस युग का साहित्य केवल मनोविनोद या विलास की सामग्री नहीं प्रस्तुत

करता, अपितु समाज का चित्रण करता है और उसके विकास की प्रेरणा देता है। जीवन को समझने-बूझने और देखने की भारतेन्दु की निश्चित दृष्टि है, साहित्य को वे वृहत्तर जीवन की संगति में देखते हैं, उससे अलग या बाहर नहीं। साहित्यिक के ही रूप में नहीं, देशभक्त के रूप में भी भारतेन्दु अपने परवर्ती आन्दोलनों के अग्रदूत थे। 1874 ई. में उन्होंने विलायती कपड़े का बहिष्कार करने का व्रत ले लिया था और देशवासियों को भी ऐसा करने की प्रेरणा दी थी। 23 मार्च, 1874 की 'कवि वचन सुधा' में एक प्रतिज्ञा-पत्र छपा है :

'हम लोग सर्वान्तर्यामी सब स्थल में वर्तमान सर्वद्रष्टा और नित्य सत्य परमेश्वर को साक्षी देकर यह नियम मानते हैं और लिखते हैं कि हम लोग आज के दिन से कोई विलायती कपड़ा न पहिनेंगे और जो कपड़ा कि पहले से मोल ले चुके हैं और आज की मिती तक हमारे पास है, उनको तो उनके जीर्ण हो जाने तक काम में लाएँगे पर नवीन मोल लेकर किसी भाँति का विलायती कपड़ा न पहिनेंगे, हिन्दुस्तान ही का बना कपड़ा पहिनेंगे। हम आशा रखते हैं कि इसको बहुत ही क्या, प्राय: सब लोग स्वीकार करेंगे और अपना नाम इस श्रेणी में होने के लिए श्रीयुत बाबू हरिश्चन्द्र को अपनी मनीषा प्रकाशित करेंगे और सब देशहितैषी इस उपाय की वृद्धि में अवश्य उद्योग करेंगे' (पृ. 10, तीसरे संस्करण की भूमिका, भारतेन्दु युग से उद्धृत)।

कहने का तात्पर्य यह कि जिस व्यक्ति की रचनाओं से हिन्दी साहित्य में आधुनिक युग का उदय हुआ, वह केवल साहित्यकार नहीं था। अपने आस-पास के जीवन को देखने के लिए उसकी आँखें खुली हुई थीं। पहले कहा गया है कि भारतेन्दु पुनर्जागरण के प्रतीक या प्रतिनिधि साहित्यकार थे। जागरण का पहला लक्षण आँखों का खुलना है। आँखें खोलकर जाग्रत व्यक्ति अपने आसपास को देखता है, अपनी स्थिति का निश्चय करता है और तदनुसार उद्योग में लग जाता है यानी यथार्थ-बोध जाग्रत व्यक्ति का सर्वाधिक महत्त्वपूर्ण लक्षण है। यही यथार्थ-बोध उस साहित्य की विशेषता है जिसे हम 'आधुनिक' कहते हैं। जगने पर यथार्थ-बोध से युक्त साहित्यकार को अपने आसपास अनेक प्रकार की विषमताएँ दिखलाई पड़ी थीं, इसलिए यथार्थ-बोध के साथ-साथ विषमता की पहचान और उसका अहसास भी आधुनिक साहित्य की विशेषता है। इस विषम स्थिति से देश को उबारने की छटपटाहट इस अहसास की स्वाभाविक परिणति थी। सो यह भी आधुनिक साहित्य की विशेषता है। इस प्रकार यथार्थ-बोध, विषमता-बोध और इस विषमता से उबरने की छटपटाहट—ये वे तीन भेदक लक्षण हैं जो भारतेन्दु युग को रीतिकालीन साहित्य से अलग करते हैं और इन्हीं कारणों से भारतेन्दु युग हिन्दी के आधुनिक साहित्य का प्रवर्तक युग है।

आधुनिक दृष्टि सामाजिक उत्तरदायित्व की चेतना से युक्त है। इसने साहित्य के सभी अंगों और उसकी सभी विधाओं को प्रभावित किया है। भारतेन्दु युग के जिन साहित्यकारों के द्वारा नई आलोचना का सूत्रपात हुआ, उनमें प्राय: सभी मुख्यत: सर्जक साहित्यकार थे। सामाजिक उत्तरदायित्व से युक्त जीवनवादी सर्जक साहित्यकारों की इस दृष्टि ने जिस प्रकार नाटक और काव्य और आगे चलकर कथा-साहित्य को

प्रभावित किया, उसी प्रकार आलोचना को भी। इन सभी साहित्यांगों में युगान्तर उपस्थित करनेवाली दृष्टि एक है, इसे जाने बिना भारतेन्दु युग के महत्त्व को ठीक-ठीक समझ पाना असम्भव है। इस युग की आलोचना पूर्ववर्ती आलोचना से किस प्रकार भिन्न है, इसे जानने के लिए हमें उस साहित्य का संक्षिप्त परिचय प्राप्त कर लेना होगा जिसे आज केवल उदारतावश आलोचना कहा जा सकता है।

हिन्दी आलोचना का इतिहास रीतिकाल के थोड़ा पहले शुरू होता है। सच तो यह है कि रीतिकाल का रीतिबद्ध साहित्य रीतिवादी आलोचना से प्रभावित है, और लक्षणों के उदाहरण रूप में रचा गया है। रीतिकालीन लक्षण ग्रन्थों का उपजीव्य संस्कृत का काव्यशास्त्र है। संस्कृत काव्यशास्त्र के चार सम्प्रदाय प्रसिद्ध हैं :1. भामह, उद्भट आदि का अलंकार सम्प्रदाय; 2. कुंतक का वक्रोक्ति सम्प्रदाय; 3. वामन का रीति सम्प्रदाय और 4. आनन्दवर्धन का ध्वनि सम्प्रदाय। रीतिकाल में हिन्दी का जो काव्य-शास्त्र रचा गया, वह इन्हीं सम्प्रदायों की नकल पर। कहा जाता है कि 'हिततरंगिणी' के लेखक कृपाराम हिन्दी के सर्वप्रथम काव्यशास्त्री थे। उन्होंने 16वीं वै. शताब्दी में ही 'थोड़ा-बहुत रस-निरूपण' किया था, लेकिन हिन्दी में 'काव्य-रीति का सम्यक् समावेश पहले-पहल आचार्य केशव ने ही किया।' केशव ने संस्कृत काव्यशास्त्र के पहले खेवे अर्थात् भामह, दंडी जैसे आचार्यों की मीमांसा को भी अपने निरूपण का आधार बनाया। लेकिन आचार्य शुक्ल के अनुसार : केशव के पचास वर्षों बाद रीतिग्रन्थों की जो परम्परा हिन्दी में चली, उसने परवर्ती आचार्यों के आधार पर काव्यशास्त्रीय विवेचना की। फलत: रीतिकालीन आचार्यों द्वारा हिन्दी में संस्कृत साहित्यशास्त्र के विकास-क्रम की एक संक्षिप्त उद्धरणी प्रस्तुत हो गई। रीतिकाल के आचार्य, लक्षणकार होते थे और उदाहरण प्रस्तुत करते समय कविता करते थे। पं. रामचन्द्र शुक्ल ने रीतिकालीन काव्यशास्त्र की सीमाओं की ओर सकेत करते हुए लिखा है : 'इस एकीकरण (आचार्यत्व और कवित्व) का प्रभाव अच्छा नहीं पड़ा। आचार्यत्व के लिए जिस सूक्ष्म विवेचन और पर्यालोचन शक्ति की अपेक्षा होती है, उसका विकास नहीं हुआ। कवि लोग दोहे में अपर्याप्त लक्षण देकर अपने कविकर्म में प्रवृत्त हो जाते थे। काव्यांगों का विस्तृत विवेचन तर्क द्वारा खंडन-मंडन, नये-नये सिद्धान्तों का प्रतिपादन आदि कुछ भी न हुआ। इसका कारण यह भी था कि उस समय गद्य का विकास नहीं हुआ था। जो कुछ लिखा जाता था, वह पद्य में ही लिखा जाता था। पद्य में किसी बात की सम्यक् मीमांसा या उस पर तर्क-वितर्क नहीं हो सकता। इस अवस्था में 'चन्द्रलोक' की यह पद्धति ही सुगम दिखाई पड़ी कि एक श्लोक या एक चरण में ही लक्षण कहकर छुट्टी ली' (पृ. 234, हिन्दी साहित्य का इतिहास)।

यानी रीतिकालीन काव्यशास्त्रीय विवेचना में सूक्ष्म विवेचन और पर्यालोचन का अभाव है। उसमें नये सिद्धान्तों का प्रतिपादन नहीं हुआ। इसका बहुत बड़ा कारण यह था कि उस समय विवेचना भी गद्य में नहीं, पद्य में की जाती थी। पद्य का माध्यम विश्लेषण-विवेचना के अनुपयुक्त है। ऐसी स्थिति में अलंकारों, शब्द-शक्तियों, नायिका-भेद आदि का ही यत्किंचित् निरूपण रीतिकाल में मिलता है। नायिका-भेद

पर अलबत्ता रीतिकालीन काव्यशास्त्र में काफी चर्चा की गई है, लेकिन वहाँ भी मौलिकता नहीं है। इस काल में व्यावहारिक आलोचना का जो रूप मिलता है, वह गुण-दोष-कथन करनेवाली उक्तियों के रूप में है, जैसे :

'सतसइया के दोहरे ज्यों नाविक के तीर,
देखन में छोटे लगें घाव करें गम्भीर।
सूर-सूर तुलसी ससी उडुगन केसवदास,
अब के कवि खद्योत सम जहँ-तहँ करत प्रकास।'

तात्पर्य यह है कि इस काल की जो रीतिबद्धता काव्य के क्षेत्र में दिखाई पड़ती है, वही आलोचना के क्षेत्र में भी। जो एकांगिता और संकीर्णता काव्य में दिखाई पड़ती है, वही काव्यशास्त्रीय विवेचना में भी। जीवन का ताजा स्पर्श किसी में नहीं है। पं. नन्ददुलारे वाजपेयी ने रीतिकालीन लक्षण ग्रन्थों की कमियों की ओर संकेत करते हुए लिखा है : '...लक्षण ग्रन्थों में उल्लेख किये गए किसी भी रस के एक प्रसंग को ले लीजिए। मान लें, हम 'शृंगार-रस' का कोई प्रसंग लेते हैं। लक्षण-ग्रन्थ द्वारा हम यह तो जान गए कि उक्त उद्धरण शृंगार-रस का है, किन्तु वह रस कितने छिछले अथवा कितने सौम्य शृंगार का है, इसकी तुलनात्मक और मनोवैज्ञानिक विवेचना हम साधारणत: लक्षण-ग्रन्थों में नहीं पाते।...उस रस-विशेष की अभिव्यंजना कितनी शक्तिपूर्ण अथवा नि:शक्त प्रणाली से हुई है, यह कलात्मक विवेचना भी उनमें कम ही दिखाई देती है।...उस छिछले अथवा सौम्य शृंगार की सामाजिक पृष्ठभूमि क्या है, इसके जानने का भी कोई साधन नहीं रहता। सबसे महत्त्वपूर्ण बात यह है कि रचनाकर की अपनी मानसिक स्थिति का भी हमें पता नहीं लगता है। आलोचना के ये ही प्रधान सूत्र हैं और लक्षण-ग्रन्थों में इन्हीं का अभाव है' (पृ. 55, हिन्दी साहित्य, बीसवीं शताब्दी, संस्करण 1963)।

आलोचना के इन्हीं सूत्रों के अभाव में 'इन्हें आलोचना ग्रन्थ किस अर्थ में कहा जाए, यह भी एक समस्या ही है' (उपर्युक्त)।

ये लक्षण ग्रन्थ रसवादी दृष्टि से लिखे गए थे और रस-युक्त वाक्य को ही काव्य मानते थे : 'वाक्यं रसात्मकं काव्यं'। किन्तु रस-सम्बन्धी इनकी धारणा में जीवन को समुचित स्थान नहीं मिला था। हमारा जीवन सामाजिक है। काव्य जो मानव संस्कृति के मुख्य अंगों में से है—सामाजिक सन्दर्भों को आत्मसात् और अभिव्यक्त करके मर्म-व्यंजक होता है। रीतिकालीन काव्य और काव्यशास्त्र में पुस्तकी 'रस' तो रह गया था—सामाजिक सन्दर्भों में उभरते हुए जीवन-काव्य का रस नहीं। डॉ. रामविलास शर्मा ने 'भारतेन्दु युग' नामक पुस्तक में 'बालकृष्ण भट्ट और हिन्दी आलोचना का जन्म' नामक अध्याय में भट्ट जी के 'साहित्य जन-समूह के हृदय का विकास है' नामक निबन्ध का उल्लेख किया है और लिखा है : 'लेख के नाम से ही भट्ट जी का आधुनिक दृष्टिकोण प्रकट हो जाता है। साहित्य रसात्मक वाक्य या कवि के अन्त:पुर का लीला-विनोद होकर जनसमूह के हृदय का विकास है' (पृ. 107)।

यह 'रस'—निर्जीव रस के प्रति जनसमूह के हृदय का विद्रोह था जिसकी अभिव्यक्ति भारतेन्दु युग कर रहा था। साहित्य को देखने-समझने की दृष्टि बदली तो उसके मूल्यांकन की कसौटी भी बदली और हिन्दी आलोचना में युगान्तर उपस्थित हुआ। उस युगान्तर की विशेषता बताते हुए पं. नन्ददुलारे वाजपेयी ने लिखा है :

'भारतेन्दु हरिश्चन्द्र के समय से स्थिति में परिवर्तन हो चला। आँखें खुलीं और यह आभासित हुआ कि रस किसी छन्द में नहीं है, वह तो मानव-संवेदना के विस्तार में है। नायक-नायिका कवि जी की कल्पना में निर्माण होने के लिए नहीं हैं, प्रगतिशील संसार की नानाविध परिस्थितियों और सुख-दु:ख की तरंगों में डूबने-उतराने और घुलकर निखरने के लिए हैं और काव्य-कला का सौष्ठव भी अनुभूति की गहराई में है, शब्दकोश के पन्ने उलटने में नहीं' (पृ. 56, हिन्दी साहित्य : बीसवीं शताब्दी)।

'जनसमूह के हृदय की भावनाओं' का आग्रह करके ही हिन्दी की आलोचना रीतिकालीन केंचुल उतारकर आधुनिक बनी।

पं. रामचन्द्र शुक्ल ने आधुनिक युग को गद्य युग कहा। भारतेन्दु काल में गद्य की विधा सहसा इतनी लोकप्रिय हो उठती है। उसका कारण यह है कि आधुनिकता वैचारिकता के कारण और उसके सहारे आई है। नाटक, पत्र-पत्रिका, उपन्यास, कहानी—इन सबमें गद्य सहसा साहित्य पर फट पड़ता है। देखनेवालों से यह बात छिपी नहीं रह सकती कि वैचारिकता गद्य में तो है ही, कविता में भी है। कारण यह है कि इस काल का समूचा साहित्य प्रधानत: विचारपरक और इतिवृत्तात्मक है। उस समय साहित्य 'लालित्य' की उतनी चिन्ता नहीं करता दिखलाई पड़ता, वह पाठकों के सामने इतिवृत्त रख देता है। 'इतिवृत्त' मात्र पाठकों को झंकृत करने और प्रभावित करने के लिए पर्याप्त था। इस काल में आलोचना पत्र-पत्रिकाओं के लेखों, टिप्पणियों और निबन्धों से विकसित हुई है। वैचारिकता का आग्रह होने पर साहित्य में आलोचना का विकास होना अवश्यम्भावी था। 'आलोचना' उन विधाओं में से है जो पश्चिमी साहित्य की नकल पर नहीं, बल्कि अपने साहित्य को समझने-बूझने और उसकी उपादेयता पर विचार करने की आवश्यकता के कारण जन्मी और विकसित हुई है। 'वहाँ होता है इसलिए यहाँ भी होना चाहिए'—इस विचार की भावना के वशीभूत होकर भारतेन्दु ने 'नाटक' पर अपने विचार नहीं प्रकट किए हैं। 'हिन्दी के नाटकों का स्वरूप कैसा होना चाहिए'—इसका ध्यान रखकर उन्होंने अपने विचार प्रकट किए हैं। विचारों के इस प्रकटीकरण को ही हम हिन्दी आलोचना का प्रारम्भ मान सकते हैं। भारतेन्दु ने नाटक-सम्बन्धी विचार नाटककार की हैसियत से व्यक्त किए हैं, समीक्षक या आलोचक की हैसियत से नहीं। वे लेख में आद्यंत रचना पर बल देते हैं और नाटककार को किन बातों पर ध्यान देना उचित है, यह बताते रहते हैं। इस लेख में उनके सर्जक का चिन्तक रूप प्रकट हुआ है।

अन्य काव्यांगों में जो वर्णन हम पढ़ते या सुनते हैं, उसे दृश्य काव्य हमें दिखा देता है, इसी से इसमें अधिक आनन्द होता है। इसे प्रकट करते हुए भारतेन्दु लिखते हैं : 'यदि श्रव्य-काव्य द्वारा ऐसी चितवन का वर्णन किसी से सुनिए या ग्रन्थ में पढ़िए

तो काव्यजनित आनन्द होगा। यदि कोई प्रत्यक्ष अनुभव करा दे तो उससे चतुर्गुणित आनम्द होता है' (पृ. 365, भारतेन्दु नाटकावली, द्वितीय संस्करण, सं. ब्रजरत्नदास)। भारतेन्दु ने रूपक के विभिन्न भेद तथा वृत्तियों की विशेषताओं की विवेचना की और रूपक के नवीन भेद पर भी विचार किया। उनके अनुसार : 'प्राचीन की अपेक्षा नवीन की परममुख्यता बारम्बार दृश्यों के बदलने में है और इसी हेतु एक-एक अंक में अनेक-अनेक गर्भांकों की कल्पना की जाती है' (पृ. 371, वही)। नवीन नाटकों की रचना के मुख्य उद्‌देश्य वे इस प्रकार बताते हैं : 'इन नवीन नाटकों की रचना के मुख्य उद्‌देश्य ये होते हैं, यथा—1. शृंगार, 2. हास्य, 3. कौतुक, 4. समाज-संस्कार, 5. देश-वत्सलता। शृंगार और हास्य के उदाहरण देने की आवश्यकता नहीं, जग में प्रसिद्ध हैं। समाज-संस्कार नाटकों में देश की कुरीतियों का दिखलाना मुख्य कर्तव्य कर्म है; यथा—शिक्षा की उन्नति, विवाह सम्बन्धी कुरीति-निवारण, अथवा धर्म सम्बन्धी अन्यान्य विषयों में संशोधन इत्यादि। किसी प्राचीन कथा भाग का इस बुद्धि से संगठन कि देश की उससे कुछ उन्नति हो, इसी प्रकार के अन्तर्गत है। देश-वत्सल नाटकों का उद्‌देश्य पढ़नेवालों या देखनेवालों के हृदय में स्वदेशानुराग उत्पन्न करना है और ये प्राय: करुण और वीर रस के होते हैं' (पृ. 372, वही)।

बदलती हुई रुचि का, जिसका सम्बन्ध आज के बहुचर्चित शब्द युग-बोध से है, ध्यान रखना नाटककार के लिए आवश्यक है। इसे भारतेन्दु ने यों बताया है : 'जिस समय में जैसे सहृदय जन्म ग्रहण करें और देशीय रीति-नीति का प्रवाह जिस रूप से चलता रहे, उस समय में सहृदयगण के अन्त:करण की वृत्ति और सामाजिक रीति-पद्धति—इन दोनों विषयों की समीचीन समालोचना करके नाटकादि दृश्य-काव्य प्रणयन करना योग्य है' (पृ. 373, वही)।

नवीन नाटकों में वे स्वाभाविकता का ध्यान रखना जरूरी समझते हैं। प्राचीन नाटकों में अस्वाभाविक और अलौकिक दृश्य दिखाए जाते थे, किन्तु समसामयिक दृष्टि को वे उचित नहीं लगते। 'अब नाटकादि दृश्य काव्य में अस्वाभाविक सामग्री परिपोषक काव्य सभ्य मंडली को नितान्त अरुचिकर है, इसलिए स्वाभाविकी रचना ही इस काल के सभ्यगण की हृदयग्राहिणी है। इससे अब अलौकिक विषय का आश्रय करके नाटकादि दृश्यकाव्य प्रणयन करना उचित नहीं है' (पृ. 374, भा. ना.)।

भारतेन्दु ने नाटक पर विचार करते समय उसकी प्रकृति, समसामयिक जन-रुचि एवं प्राचीन नाट्यशास्त्र की उपयोगिता पर विचार किया है। उन्होंने बदली हुई जनरुचि के अनुसार नाट्य-रचना में परिवर्तन करने पर विशेष बल दिया है। भारतेन्दु के नाटक-विषयक लेख में आलोचना के गुण मिल जाते हैं। ऐसी दशा में उन्हें आधुनिक हिन्दी साहित्य का प्रथम आलोचक कहना अनुचित न होगा।

यद्यपि भारतेन्दु युग में विशिष्ट साहित्यांग के रूप में आलोचना का उल्लेखनीय विकास नहीं हुआ, किन्तु आलोचना-दृष्टि का भरपूर विकास हुआ। यह दृष्टि हमें मुख्यत: पत्र-पत्रिकाओं के माध्यम से विकसित होती दिखलाई पड़ती है। हरिश्चन्द्र मैगजीन, हरिश्चन्द्र चन्द्रिका (मैगजीन का ही परिवर्तित नाम), भारत मित्र, सारसुधानिधि,

ब्राह्मण आदि पत्रिकाओं में विविध विषयों पर लिखित लेखों और टिप्पणियों से यह दृष्टि विकसित होती हुई दिखलाई पड़ती है। जिस प्रकार देश की सामाजिक, आर्थिक और राजनीतिक समस्याओं से लगाव यानी भावगत सम्बन्ध होने के कारण इस काल का साहित्य विकसित हुआ है, उसी प्रकार इन समस्याओं पर सोचने-विचारने के साथ आलोचना-दृष्टि विकसित हुई है। इस काल की पत्र-पत्रिकाओं और साहित्यकारों के व्यक्तित्वों में साहित्य और देश की समस्याएँ घुल-मिलकर एकमेक हो गई हैं। बालकृष्ण भट्ट ने 'हिन्दी प्रदीप' के लेखों से पाठकों को अन्धविश्वासों को दूर करने और बुद्धिसंगत ढंग से सोचने का तरीका बताया। वेदों को अपौरुषेय कहा जाता रहा है, किन्तु भट्ट जी वेदों और उनके रचयिताओं के विषय में लिखते हैं : 'वेद जिन महापुरुषों के हृदय का विकास था, वे लोग मनु और याज्ञवल्क्य के समान समाज के आभ्यन्तरिक भेद, वर्ण, विवेक आदि के झगड़ों में पड़ समाज की उन्नति या अवनति की तरह-तरह की चिन्ता में नहीं पड़े थे।...प्रातःकाल उदयोन्मुख सूर्य की प्रतिमा देख उनके सीधे-सादे चित्त ने बिना कुछ विशेष छान-बीन किये इसे अज्ञात और अज्ञेय शक्ति समझ लिया। इसके द्वारा वे अनेक प्रकार का लाभ देख कानन-स्थित-विहंग कूजन समाज कल-कल रव से प्रकृति की प्रभात वन्दना का साम गाने लगे, जल-भार-नत श्यामला मेघमाला का नवीन सौन्दर्य देख पुलकित गात हो कृतज्ञतासूचक उपहार की भाँति स्तोत्र का पाठ करने लगे, वायु जब प्रबल वेग से बहने लगी तो उसे भी एक ईश्वरीय शक्ति समझ उसके शान्त करने को वायु की स्तुति करने लगे। वे ही सब ऋक् और साम की पावन ऋचाएँ हो गईं (पृ. 108, भारतेन्दु युग, चतुर्थ संस्करण, लेखक डॉ. रामविलास शर्मा)।

आलोचना के अन्तर्गत किसी सम्पूर्ण कृति के गुण-दोषों की समीक्षा का कार्य हिन्दी में चौधरी बदरी नारायण 'प्रेमघन' और बालकृष्ण भट्ट के द्वारा प्रारम्भ हुआ। 'आनन्द कादम्बिनी' के एक अंक में प्रेमघन जी ने बाणभट्ट की 'कादम्बरी' की प्रशंसात्मक आलोचना एक लेख में की थी। सन् 1885 में 'आनन्द कादम्बिनी' में ही प्रेमघन जी ने बाबू गदाधरसिंह द्वारा किए गए 'बंग-विजेता' नामक बंगला उपन्यास के हिन्दी अनुवाद की आलोचना की। प्रेमघन जी ने इस उपन्यास के अन्तरंग-बहिरंग, दोनों पक्षों पर विचार किया है। उन्होंने उपन्यास के तत्त्वों और कलात्मक ढाँचे को ध्यान में रखकर इसकी आलोचना प्रस्तुत की। कौन-से अंश अनावश्यक हैं, इस पर भी विचार किया है : 'प्रथम परिच्छेद का पूर्व भाग जो पंचम पृष्ठ के आधे में समाप्त होता है और जिसमें बंग देश का इतिहास लिखा गया है, हमारी जान यहाँ न लिखा जाना चाहिए क्योंकि वह उपन्यास का कोई अंग नहीं है, यह ऐतिहासिक विज्ञप्ति भूमिका द्वारा प्रकाशनीय है' (पृ. 441, प्रेमघन सर्वस्व, द्वितीय भाग)। स्वाभाविकता, मनो-वैज्ञानिकता और सामाजिक मर्यादा की दृष्टि से उपन्यास के गुण-दोष बताए गए हैं। इस आलोचना को पढ़ने से यह भी ज्ञात हो जाता है कि उस समय तक दुःखान्त कथानक को हिन्दीभाषी सहृदय पसन्द कर सकने की मनोस्थिति में नहीं आया था। उपन्यास के पात्र विमला की मृत्यु के विषय

में प्रेमघन जी लिखते हैं : 'यह अंतिम परिच्छेद है। इसमें ग्रन्थ-कथा समाप्त होती है। इसमें हम विमला की मृत्यु का वर्णन अत्यन्त नापसन्द करते हैं। हर्षप्रद सरला के विवाह के संग विमला की मृत्यु वैसी ही बोध होती है, जैसे मिश्री-मिश्रित सुमधुर दुग्ध के प्याले में नींबू निचोड़ा जाए' (पृ. 444, वही)।

प्रेमघन जी ने लाला श्रीनिवासदास के नाटक संयोगिता स्वयंवर की समालोचना 'आनन्द कादम्बिनी' में की थी। ऐसा प्रतीत होता है कि कुछ लोगों ने इस नाटक की आवश्यकता से अधिक प्रशंसा कर दी थी। पं. रामचन्द्र शुक्ल ने लिखा है कि प्रेमघन की समालोचना विस्तृत थी और पत्रिका के 21 पृष्ठों में छपी थी। उन्होंने प्रारम्भ में ही लिखा था : 'यद्यपि इस पुस्तक की समालोचना करने के पूर्व इसके समालोचकों की समालोचनाओं की समालोचना करने की आवश्यकता जान पड़ती है, क्योंकि जब-जब हम इस नाटक की समालोचना अपने बहुतेरे सहयोगी और मित्रों को करते देखते हैं तो अपनी ओर से जहाँ तक खुशामद और चापलूसी का कोई दरजा पाते हैं, शेष छोड़ते नहीं दिखाते' (पृ. 471, हिन्दी साहित्य का इतिहास)।

संयोगिता स्वयंवर की ही कड़ी आलोचना 'हिन्दी प्रदीप' में पंडित बालकृष्ण भट्ट ने की थी। आलोचना का शीर्षक था : 'सच्ची समालोचना'। आलोचना जितनी सच्ची थी, उतनी ही कटु। भट्ट जी ने ऐतिहासिक आख्यानों के साहित्यिक उपयोग, देशकाल, पात्रों की स्वाभाविकता और रचना की जीवन्तता—इन सब बातों के आधार पर इसकी आलोचना की है। 'क्या केवल किसी पुराने समय के ऐतिहासिक पुरावृत्त की छाया लेकर नाटक लिख डालने से ही यह ऐतिहासिक हो गया? क्या किसी विख्यात राजा या रानी के आने से ही वह ऐतिहासिक हो जाएगा? यदि ऐसा है तो गप्प हाँकनेवाले दास्तानगो और नाटक के ढंग में कुछ भी भेद न रहा—किसी समय के लोगों के हृदय की क्या दशा थी—उनके आन्तरिक भाव किन पहलुओं पर ढलके हुए थे अर्थात् उस समय पात्र के भाव (spirit of the time) क्या थे—इन सब बातों को ऐतिहासिक रीति पर पहले-पहल समझ लीजिए, तब उसके दरसाने का भी यत्न नाटकों के द्वारा कीजिए। केवल क्लिष्ट श्लेष बोलने ही से तो ऐतिहासिक नाटक के पात्र क्या, वरन् एक प्राकृतिक मनुष्य की भी पदवी हम आपके पात्रों को नहीं दे सकते।

'कविता के मीठे रस के बदले नैयायिकों के सदृश कोरा तर्क-वितर्क भरना भाव का गला ही घोंटना है कि और कुछ?

'मैं आपकी कंठाभरण हूँ—मैं आपकी प्रेयसी और प्राण-वल्लभा हूँ—इत्यादि इस तरह के वचन तो...महाव्यभिचारिणी के मुख से भी न निकलेंगे।

'लाला जी, आप यह नहीं सोचते कि किसी पुरुष का चरित्र या व्यापार कितना ही प्रशंसा के योग्य क्यों नहीं, यदि वह आप खुद अपनी दशा की समालोचना करके डींग मारना आरम्भ करेगा तो उससे बढ़के घृणित और कुत्सित और कौन दूसरा होगा' (पृ. 886 (?), अप्रैल : हिन्दी प्रदीप)?

पं. बालकृष्ण भट्ट ने संयोगिता स्वयंवर की आलोचना करते समय इस बात पर

बल दिया है कि किसी समय के लोगों के हृदय की क्या दशा थी और spirit of the time क्या थे, इनका पता लगाए बगैर ऐतिहासिक कथानकों का उपयोग साहित्य रचना में नहीं किया जा सकता। इसके अतिरिक्त पात्रों में जीवन्त व्यक्तित्व और स्वाभाविकता होनी चाहिए। आलोचना की ये कसौटियाँ आधुनिक कही जाएँगी, क्योंकि इनमें लोगों के हृदय की दशा और सामयिकता को साहित्य-रचना का आधार बनाने की सलाह दी गई है।

भट्ट जी ने श्रीधर पाठक के द्वारा अनूदित गोल्डस्मिथ की कृति 'हरमिट' की भी समालोचना 'हिन्दी प्रदीप' में की थी। यह समालोचना प्रशंसात्मक थी। इसमें भट्ट जी का भिन्न रूप प्रकट होता है। हम हिन्दीभाषियों के लिए अंग्रेजी बड़े काम की है, इसमें कोई सन्देह नहीं, किन्तु हमारी भावनाओं की अभिव्यक्ति अपनी भाषा में ही हो सकती है—इस मार्मिक तथ्य को भट्ट जी ने पहचान लिया था। गोल्डस्मिथ की अंग्रेजी कविता और उसके सफल हिन्दी अनुवाद की तुलना करते हुए वे लिखते हैं : 'हमारे मित्र पाठक महाशय ने अपने इस परिश्रम से हमें अच्छी तरह जता दिया है कि कविता के पच्छिमी संस्कार (western idea) हमारे लिए मनोरंजक और दिलचस्प नहीं हो सकते—इसमें सन्देह नहीं, अंग्रेजी अत्यन्त विस्तृत भाषा और उन्नति के शिखर पर चढ़ी हुई है, परन्तु कविता के अंश में हमारी देशी भाषाओं से कभी होड़ नहीं कर सकती—ग्रिफिथ साहब का रामायण, शकुन्तला प्रभृति नाटकों का अनुवाद इस बात का बड़ा पक्का सबूत है। (पृ. 34, हिन्दी आलोचना का इतिहास, डॉ. रामदरश मिश्र)।

भट्ट जी के कथन में कोई चूक है तो यह कि वे देख नहीं पाते कि अनुवाद के आधार पर मूल भाषा या साहित्यिक कृति का मूल्यांकन करना असम्भव-प्राय है। 'हरमिट' का मूल रूप हमें उतना अच्छा न लगे किन्तु अंग्रेजों को उसी प्रकार प्रिय होगा, जैसे हमें उसका अनुवाद या अपनी भाषा की कोई अन्य अच्छी कृति।

प्रेमघन और भट्ट जी ने वस्तुत: भारतेन्दु के कार्य को आगे बढ़ाया। भारतेन्दु ने यद्यपि 'नाटक' पर एक लेख लिखकर हिन्दी में आलोचना का सूत्रपात किया, किन्तु उन्हें इस दिशा में अधिक कार्य करने का अवसर नहीं मिला। भारतेन्दु की ही भाँति प्रेमघन और भट्ट भी अनेक विषयों पर अपनी लेखनी चलाते थे, एवं पत्रकार और साहित्यकार थे। ये लोग समूचे जीवन पर दृष्टिपात करते थे, विविध आन्दोलनों में सम्मिलित होते थे और उन पर अपनी दो-टूक सम्मति प्रकट करते थे। पत्र-पत्रिकाएँ उनकी इसी आवश्यकता की पूर्ति करती थीं। उस काल का नवीन साहित्य विभिन्न सामाजिक आन्दोलनों का ही अंग था। ये लोग सभी पर अपना मत प्रकट करते थे। इन्होंने अपने पत्रों में साहित्यिक कृतियों की भी समीक्षा की। हिन्दी आलोचना का जन्म पत्र-पत्रिकाओं में प्रकाशित इनकी इसी समीक्षा से हुआ। यह समीक्षा सामाजिकता से इतनी लिपटी है कि इसकी साहित्यिकता पर 'शुद्धतावादी' विचारक शंका प्रकट कर सकते हैं। बात यह है कि साहित्य के विभिन्न साहित्यांग परम्परा के मृत अंशों को त्यागकर साहित्य के स्रोत जीवन से रस खींचकर विकसित होने की तैयारी कर

रहे थे। आलोचना भी यही कर रही थी। पत्रकारिता, जो समसामयिकता से घनिष्ठ सम्बन्ध रखती है, इसकी आलोचना का विकसित होना यही प्रकट करता है। आगे चलकर आलोचना का अपना स्वरूप अधिकाधिक स्पष्ट हुआ।

यह कार्य आचार्य महावीरप्रसाद द्विवेदी और उनके युग के अन्य लेखकों द्वारा हुआ।

निर्माण

द्विवेदी युग

2

भारतेन्दु युग के लेखकों के साहित्य पर उनकी सहृदयता और जीवन्तता की छाप है तो द्विवेदी युग के साहित्य पर कर्तव्यपरायणता और उपयोगिता की। द्विवेदी जी साहित्य को उपयोगिता की कसौटी पर आँकते थे और उसे 'ज्ञानराशि का संचित कोष' मानते थे। उनका प्रभाव प्रत्येक साहित्यांग पर पड़ा। वे स्वयं सम्मान्य आलोचक थे।

द्विवेदी युग ने ज्ञान की साधना पर विशेष बल दिया। इस युग के लेखक प्राचीन भारत के ज्ञान-विज्ञान की खोज और पश्चिम के नये आलोक से अपने देशवासियों को परिचित कराना चाहते थे।

द्विवेदी युग ने हिन्दी को जितने विद्वान दिये, आधुनिक भारत के अन्य किसी युग ने नहीं। पं. चन्द्रधर शर्मा गुलेरी, पं. गौरीशंकर हीराचन्द ओझा, पं. सुधाकर द्विवेदी आदि जैसे विद्वान इसी युग में हुए। उधर बूलर, ग्रियर्सन जैसे विद्वान भी भारतीय विद्या के विविध विषयों पर कार्य कर रहे थे। ज्ञान की इस साधना का उपयोग रचनात्मक साहित्य ने तो किया ही, आलोचना ने भी किया। 1897 ई. की नागरी प्रचारिणी पत्रिका में गंगाप्रसाद अग्निहोत्री का 'समालोचना' निबन्ध प्रकाशित हुआ। उसमें समालोचना के गुणों—मूलग्रंथ का ज्ञान, सत्य-प्रीति, शान्त स्वभाव और सहृदयता—का परिचयात्मक शैली में वर्णन किया गया (पृ. 337, महावीरप्रसाद द्विवेदी और उनका युग : डॉ. उदयभान सिंह)। उसी पत्रिका में जगन्नाथ दास रत्नाकर ने 'समालोचनादर्श' लिखा। वह अंग्रेज साहित्यकार पोप के 'एसे ऑन क्रिटिसिज्म' का अनुवाद था। उसी पत्रिका के अन्तिम 53 पृष्ठों में अम्बिकादास व्यास का 'गद्य काव्य मीमांसा' लेख छपा। उस लेख में आलोचक ने 'संस्कृत आचार्यों, विशेष कर साहित्यदर्पणकार विश्वनाथ के अनुसार, संस्कृत की कथा और आख्यायिका का सांगोपांग वर्णन किया है' (वही)।

1901 ई. की 'सरस्वती' में द्विवेदी जी ने कवियों का कर्तव्य निर्धारित करते हुए लिखा : 'आजकल हिन्दी संक्रान्ति की अवस्था में है। हिन्दी कवि का कर्तव्य यह है कि वह लोगों की रुचि का विचार रखकर अपनी कविता ऐसी सहज और मनोहर रचे कि साधारण पढ़े-लिखे लोगों में भी पुरानी कविता के साथ-साथ नई कविता पढ़ने का अनुराग उत्पान हो जाए' (वही)।

इसी लेख में वे आगे कहते हैं : 'कविता यदि यथार्थ में कविता है तो सम्भव नहीं कि उसे सुनकर कुछ असर न हो। कविता से दुनिया में आज तक बड़े-बड़े काम हुए हैं।...कविता में कुछ न कुछ झूठ का अंश जरूर रहता है। असभ्य अथवा अर्द्ध-

सभ्य लोगों को यह अंश कम खटकता है, शिक्षित और सभ्य लोगों को बहुत।...संसार में जो बात जैसी दीख पड़े, कवि को उसको वैसी ही वर्णन करना चाहिए' (पृ. 509, हिं. सा. इ. से उद्धृत)।

वे प्राचीन साहित्य के क्षयिष्णु अंश को हानिकर समझते थे। नायिका-भेद आदि पर लिखित पुस्तकों के वे विरोधी थे : 'इन पुस्तकों के बिना साहित्य को कोई हानि न पहुँचेगी, उल्टा लाभ होगा। इनके न होने ही से समाज का कल्याण है। इनके न होने ही से नववयस्क युवाजनों का कल्याण है। इनके न होने ही से इनके बनाने और बेचनेवालों का कल्याण है' (पृ. 37, म. द्वि. यु. से उद्धृत)।

आचार्य महावीरप्रसाद द्विवेदी ने संस्कृत के कई लब्धप्रतिष्ठ कवियों की समालोचना की। उन्होंने विक्रमांकदेव चरित 'नैषधचरित चर्चा' तथा 'कालिदास की निरंकुशता' जैसे निबन्ध लिखे। ये निबन्ध परिचयात्मक होने के साथ कृतियों के गुण-दोषों पर भी प्रकाश डालते हैं। वे कालिदास जैसे कवि से भी अभिभूत नहीं होते और उनके दोषों का भी निदर्शन करते हैं। लेकिन यह नहीं समझना चाहिए कि आचार्य के हृदय में महाकवि के प्रति श्रद्धा का भाव नहीं है। लेकिन 'खंडन-मंडन और समालोचना की रीति परम्परा से चली आई है। शंकराचार्य और कुमारिल भट्ट तक ने अपने पूर्वाचार्यों के मत की समालोचना कभी-कभी बड़े कड़े शब्दों में की है। औरों की तो बात ही क्या, कालिदास के 'रघुवंश' की टीका मल्लिनाथ, हेमाद्रि, सुमति विजय, वल्लभ और दिनकर मिश्र आदि कितने ही विद्वानों ने की है।...इस दशा में इन लोगों के दिखलाए या निर्माण किए हुए मार्ग से यदि हमारे समान अल्पज्ञ मनुष्य भी जाने का यत्न करे तो कोई आक्षेप की बात नहीं। और यदि हो भी तो हो : *न काम वृत्तिर्वचनीयमीक्षते*।—यह स्वयं कालिदास का वचन है' (पृ. 49, निरंकुशता-निदर्शन श्रीयुत मनसाराम, सं. 1995, लखनऊ)।

कालिदास की आलोचना द्विवेदी जी की निष्ठा और सत्यप्रियता प्रकट करती है। जो बात ठीक लगती है, उसे बिना किसी की परवाह किए हुए व्यक्त कर देना उनके चरित्र की विशेषता थी। यह निष्पक्षता और निर्भीकता सच्चे आलोचक के गुण हैं। प्राचीनतावादी उनके इस दृष्टिकोण से विचलित हुए किन्तु द्विवेदी जी का परुष व्यक्तित्व हिन्दी साहित्य में युगान्तर प्रस्तुत कर रहा था।

आचार्य द्विवेदी ने अन्य भाषाओं में सुरक्षित ज्ञान-विज्ञान विषयक सामग्री से हिन्दी साहित्य के भंडार की वृद्धि की और हिन्दी के साहित्यकारों, विशेषत: कवियों को कवि-कर्म में प्रवृत्त होने का रास्ता सुझाया। उनके ऐसे कई लेख मिलेंगे जो अन्य भाषाओं के विद्वानों या वैज्ञानिकों द्वारा लिखित 'लेखों या पुस्तकों पर आधारित हैं। वे ऐसा करना आवश्यक समझते थे क्योंकि वे हिन्दी के पाठकों को प्राचीन एवं नवीन ज्ञान-राशि से परिचित कराना चाहते थे।'

'सौर जगत की उत्पत्ति' नामक निबन्ध की प्रारम्भिक पंक्तियाँ इस प्रकार हैं : 'यह विषय बहुत पुराना है, पर है बड़ा मनोरंजक। इस पर आज तक बहुत-कुछ लिखा भी जा चुका है। अंग्रेजी भाषा में तो इस पर न मालूम कितने ग्रन्थ बड़े-बड़े विद्यमान

हैं। फिर भी इस विषय में नई-नई खोज होती ही जाती है और नये-नये सिद्धान्त अस्तित्व में आते ही जाते हैं। हिन्दी में इस विषय की कोई सर्वमान्य पुस्तक अब तक नहीं प्रकाशित हुई। लेख अलबत्ता कई निकल चुके हैं, पर उनमें कुछ जटिलता है। कुछ समय हुआ, बंगला भाषा के 'प्रवासी' नामक मासिक पत्र में बाबू अपूर्वचन्द्रदत्त का एक लेख बहुत अच्छा निकला था। उसमें जटिलता कम है। अतएव इस लेख में उसी का आशय दिया जाता है' (पृ. 1, ज्ञानभारती)।

'महाप्रलय', 'यमलोक का जीवन' इत्यादि लेख इसी प्रकार के हैं। उन्होंने संस्कृत, बंगला, अंग्रेजी, मराठी और उर्दू साहित्य में प्राप्त महत्त्वपूर्ण सामग्री की जानकारी हिन्दी पाठक को दी। यह एक मुहल्ले की बात दूसरे मुहल्ले तक पहुँचाने का कार्य नहीं था, हिन्दी पाठक को सोचने-समझने के लिए नये मार्गों के निर्माण का कार्य था। 'कवि और कविता', 'कविता तथा कवि-कर्तव्य' ऐसे निबन्ध हैं जिनसे हम आचार्य द्विवेदी की काव्य विषयक धारणाओं का पता पा सकते हैं। 'कवि और कविता' हाली के 'मुक़द्दमा शेरो शायरी' के आधार पर लिखा गया है। उर्दू साहित्य के विषय में उर्दू के जानकार और हिन्दी के आचार्य पं. महावीरप्रसाद द्विवेदी का क्या मत है, यह देखना आज भी हमारे लिए उपयोगी है : 'उर्दू का साहित्य-समूह हिन्दी से बढ़ा-बढ़ा है। इस बात को कबूल करना ही चाहिए। हिन्दी के हितैषियों को उचित है कि हिन्दी साहित्य को उन्नत करके उसकी लाज रखें। उर्दू में इस समय अनेक विषयों के कितने ही ऐसे ग्रन्थ विद्यमान हैं, जिनका नाम हिन्दी में नहीं। उर्दू लेखकों में शम्स-उलमा हाली, आज़ाद जक़ाउल्ला, नज़ीर अहमद आदि की बराबरी करनेवाला हिन्दी में शायद ही कोई हो' (पृ. 96, वही)।

आचार्य द्विवेदी यथार्थ को काव्य के लिए आवश्यक मानते हैं। यथार्थ से उनका तात्पर्य कवि द्वारा अनुभूत सत्य से है। उनका मत है, कवि को अपने ऊपर किसी दबाव में आकर कोई पाबन्दी नहीं लगानी चाहिए।

आचार्य द्विवेदी का मत है कि खुशामद के जमाने में कविता की बुरी हालत होती है। जो बातें असलियत से दूर हैं, उन्हें लिखने से कविता का ह्रास हो जाता है। अतिशयोक्ति को अलंकार मानने में इनकार-सा करते हुए वे लिखते हैं : 'अलंकार-शास्त्र के आचार्यों ने अतिशयोक्ति को एक अलंकार जरूर माना है, परन्तु अभावोक्तियाँ भी क्या कोई अलंकार हैं' (पृ. 103, वही)?

'कवि और कविता' में द्विवेदी जी ने नये और पुराने साहित्य के सम्बन्धों पर भी प्रकाश डाला है। नवीन साहित्य का विरोध प्राचीन बिना सुने-समझे करने लगते हैं। यहाँ तक कि वे नई रचनाओं में कोई न कोई दोष निकालकर उसे साहित्य-कोटि से बहिष्कृत करना चाहते हैं। 'कविता-प्रणाली के बिगड़ जाने पर यदि कोई नई तरह की स्वाभाविक करने लगता है तो लोग उसकी निन्दा करते हैं। कुछ कहते हैं, यह कविता ही नहीं। कुछ कहते हैं कि यह कविता तो 'छन्दोदिवाकर' में दिये गए लक्षणों से च्युत है, अतएव यह निर्दोष नहीं। बात यह है कि जिसे अब तक कविता कहते आए हैं, वही उनकी समझ में कविता है और सब कोरी काँव-काँव' (पृ. 105-106, ज्ञानभारती)।

काव्य-सम्बन्धी उनके विचारों को पढ़ने से ज्ञात होता है कि कुछ विषयों पर उनके विचार अत्याधुनिक थे। आजकल के नवयुवक कवि भी कम-से-कम कविता में छन्द की आवश्यकता जैसे विषय पर उनका मत अपने पक्ष में उद्धृत कर सकते हैं। जो आलोचक आजकल की कविताओं को गद्य में लिखे जाने के कारण कविता नहीं समझते, उन्हें आचार्य द्विवेदी की ये पंक्तियाँ देखनी चाहिए : 'आजकल लोगों ने कविता और पद्य को एक ही चीज समझ रखा है। यह भ्रम है। कविता और पद्य में वही अन्तर है, जो अंग्रेजी पोयट्री (poetry) और वर्स (verse) में है। किसी प्रभावोत्पादक और मनोरंजक लेख, बात या वक्तृता का नाम कविता है, नियमानुसार तुली हुई सतरों का नाम पद्य है। जिस पद्य के पढ़ने या सुनने से चित्त पर असर नहीं होता, वह कविता नहीं। वह नपी-तुली शब्द स्थापना मात्र है। गद्य और पद्य, दोनों में कविता हो सकती है' (पृ.107, वही)।

कविता के रूप-सम्बन्धी जो विचार आचार्य द्विवेदी ने प्रकट किए हैं, वे आश्चर्यजनक ढंग से निराला के तत्सम्बन्धी विचारों से साम्य रखते हैं। इस हिसाब से उन्हें निराला की कविताओं—'कविताओं के रूप'—का समर्थक होना चाहिए था। वे लिखते हैं : 'तुले हुए शब्दों में कविता करने और तुक अनुप्रास आदि ढूँढ़ने से कवियों के विचार-स्वातंत्र्य में बड़ी बाधा आती है। पद्य के नियम कवि के लिए एक प्रकार की बेड़ियाँ हैं। उनसे जकड़ जाने से कवियों को अपनी स्वाभाविक उड़ान में कठिनाइयों का सामना करना पड़ता है। कवि का काम है कि वह अपने मनोभावों को स्वाधीनतापूर्वक प्रकट करे' (पृ. 208, वही)।

आचार्य कवियों के लिए 'प्रकृति-विकास को खूब ध्यान से देखने' और 'प्रकृति-पर्यालोचना के सिवा मानव स्वभाव की आलोचना' को आवश्यक समझते हैं। इन सूत्रों की उन्होंने जो व्याख्या की है, उसे देखने पर अनुमान लगाया जा सकता है कि 'प्रकृति-विकास' पर यही ध्यान और 'मानव-स्वभाव' की यही आलोचना आगे चलकर पं. रामचन्द्र शुक्ल के प्रकृति-प्रेम और करुणा में दिखलाई पड़ी। जहाँ तक प्रकृति-प्रेम का प्रश्न है, इस अनुमान की पुष्टि आचार्य द्विवेदी की व्यावहारिक आलोचना के इस उदाहरण से हो सकती है :

'कवि-कुल गुरु कालिदास के विश्व-विख्यात काव्य तथा कविवर बिहारीलाल की सतसई से एक-एक प्रत्युदाहरण सुनिए :

इक्षुच्छाय निषादिन्यस्तस्य गोप्तुर्गुणोदयम्।
अकुमार कथोद्‌घातं शालिगोप्यो जगुर्यशः ॥' —*रघुवंश*

रघु की दिग्विजयार्थ यात्रा के उपोद्‌घात में शरद ऋतु का वर्णन करते हुए कवि कहता है कि ईख की छाया में बैठी हुई धान रखानेवाली स्त्रियाँ रघु का यश गाती थीं। शरद्-काल में जब धान के खेत पकते हैं तब वह इतनी-इतनी बड़ी हो जाती हैं कि उनकी छाया में बैठकर खेत रखा सकें। ईख और धान के खेत भी प्रायः पास ही पास हुआ करते हैं। महाराजाधिराज विक्रमादित्य के सखा राजसी ठाठ से रहनेवाले कालिदास ने, गरीब किसान की, नगर से दूर, जंगल से सम्बन्ध रखनेवाली एक वास्तविक घटना का कैसा मनोहर चित्र उतारा है' (पृ. 115, ज्ञानभारती)!

कालिदास और बिहारी में प्रकृति पर्यवेक्षण की विशेषता दिखाकर वे कहते हैं : 'वे सब बातें कवि ने कैसे सुन्दर और सरल ढंग से क्रमपूर्वक इस दोहे में बयान की हैं' (पृ. 116, वही)!

मानव स्वभाव की आलोचना की आवश्यकता समझाते हुए वे लिखते हैं : 'जिसे कभी पुत्रशोक नहीं हुआ, उसे उस शोक का यथार्थ ज्ञान होना सम्भव नहीं। पर यदि वह कवि है तो पुत्र शोकाकुल माता या पिता की आत्मा में प्रवेश-सा करके उसका अनुभव कर लेता है।...जिस कवि को मनोविकारों और प्राकृतिक बातों का यथेष्ट ज्ञान नहीं, वह कदापि अच्छा कवि नहीं हो सकता' (पृ. 1-11, वही)।

भावों के विषय में लिखने के पश्चात् आचार्य द्विवेदी कविता की भाषा पर विचार करते हैं। उनका विचार है, कविता के लिए सरल और जनसाधारण की भाषा ही उपयुक्त है। अटपटे भाव और अटपटे शब्द कविता के सौन्दर्य में बाधक होते हैं। वे आलंकारिकता के विरुद्ध सहजता का समर्थन करते हैं। 'पद-झंकार-मात्र' को वे काव्य का गुण नहीं मानते : 'शब्द झंकार ही जिन कवियों की करामात है, उन्हें चाहिए कि वे एकदम ही बोलना बन्द कर दें।'

'कवि कर्तव्य' नामक निबन्ध से भी द्विवेदी जी के कविता-सम्बन्धी विचारों का पता चलता है। पद्य और गद्य की भाषा एक होनी चाहिए, इस पर इस निबन्ध में वे विशेष ध्यान देते हैं। उनका मत है कि गद्य और पद्य की भाषा पृथक्-पृथक् नहीं होनी चाहिए। साहित्य उसी भाषा में रचा जाना चाहिए, जिसे सभ्य समाज व्यवहार में लाता है। उन्होंने हिन्दी साहित्य के विकास को देखते हुए इस बात की भविष्यवाणी कर दी थी कि 'यह निश्चित है कि किसी समय बोलचाल की हिन्दी भाषा ब्रजभाषा की कविता के स्थान को अवश्य ही ले लेगी...बोलना एक भाषा और कविता में प्रयोग करना दूसरी भाषा प्राकृतिक नियमों के विरुद्ध है' (पृ. 20, कवि कर्तव्य, रसज्ञ-रंजन, ग्यारहवाँ संस्करण)।

आचार्य द्विवेदी ने यद्यपि प्रबन्ध-काव्य और मुक्तक का नाम लेकर प्रबन्ध काव्य को अधिक श्रेष्ठ कहीं नहीं कहा है, किन्तु प्रबन्ध काव्य की आवश्यकता का अनुभव अवश्य किया है। देश और काल को ध्यान में रखते हुए वे अलंकार और रस-विवेचन सम्बन्धी ग्रन्थों को अनावश्यक मानते हैं। लक्षण ग्रन्थों के स्थान पर वे सत् काव्य-रचना को आवश्यक मानते हैं। सत्काव्य से उनका तात्पर्य आदर्श-पुरुष के 'चरित्र' पर आधारित काव्य से है। नायिका-भेद के झगड़ों में उलझने में वे लाभ नहीं, हानि ही देखते हैं। वे लिखते हैं, '...यदि कोई कवि किसी आदर्श-पुरुष के चरित्र का अवलम्बन करके एक अच्छा काव्य लिखता तो उससे हिन्दी साहित्य को अलभ्य लाभ होता। ...नायिकाओं के ही झगड़ों में उलझने से हानि के अतिरिक्त लाभ की कोई सम्भावना नहीं। हिन्दी काव्य की हीन दशा को देखकर कवियों को चाहिए कि वे अपनी विद्या, अपनी बुद्धि और अपनी प्रतिभा का दुरुपयोग इस प्रकार के ग्रन्थ लिखने में न करें। अच्छे काव्य लिखने का उन्हें प्रयत्न करना चाहिए। अलंकार रस और नायिका-निरूपण बहुत हो चुका' (पृ. 24, कवि कर्तव्य)।

आचार्य द्विवेदी युग-बोध और नवीनता के पोषक आचार्य हैं। वे हिन्दी के प्रथम लोकवादी आचार्य हैं। वे परम्परा की शक्ति और सीमा समझकर उसके विकास में योगदान करने की सामर्थ्य रखते हैं। वे प्राचीन को समझते थे इसीलिए उसकी सीमाएँ जानते थे। वे देशभक्त, जनप्रेमी थे इसलिए अपने युग की शक्ति समझते थे। वे समसामयिक रचनाओं में भी विकसनशील क्षयिष्णु को पहचान सकते थे। वे युगद्रष्टा आचार्य थे। उन्होंने लिखा : 'आजकल हिन्दी संक्रान्ति की अवस्था में है। हिन्दी कवि का कर्तव्य यह है कि वह लोगों की रुचि का विचार रखकर अपनी कविता ऐसी सहज और मनोहर रचे कि साधारण पढ़े-लिखे लोगों में भी पुरानी कविता के साथ-साथ नई कविता पढ़ने का अनुराग उत्पन्न हो जाए। पढ़नेवालों के मन में नई-नई उपमाओं को, नये-नये शब्दों को और नये-नये विचारों को समझने की योग्यता उत्पन्न करना कवि ही का कर्तव्य है' (पृ. 29, वही)।

वे कविता को साधारण लोगों के बीच प्रिय होते देखना चाहते थे। वे अपने देशकाल में स्थित होकर साहित्य को देखते-परखते थे इसलिए हिन्दी साहित्य की प्रगति के लिए हिन्दीभाषी जनता एवं हिन्दी भाषा की स्वतंत्रता के कायल थे। 'चन्द्रकान्ता' उपन्यास को वे सदोष समझते थे किन्तु उसकी भाषा के प्रशंसक थे। कविता के लिए भी वे उसी भाषा को उपयुक्त समझते थे : 'सदोष होने पर भी इस (चन्द्रकान्ता) उपन्यास के कारण पुरुषों और स्त्रियों में उपन्यास पढ़ने की रुचि उत्पन्न हुई है। इसी प्रकार जब बोल-चाल की भाषा की कविता को या आजकल के दूसरे पद्यों को साधारण लोग भी पढ़ने लगें, तब समझना चाहिए कि कविता और कवि लोकप्रिय हैं। आजकल की संस्कृत-भरी कविता का रचा जाना और भी अधिक हानिकारक है' (पृ. 30, वही)।

आचार्य महावीरप्रसाद द्विवेदी साहित्य में मर्यादित शृंगार ही सहन कर सकते थे। पं. नन्ददुलारे वाजपेयी ने उनके विषय में लिखा है कि द्विवेदी जी ने साहित्य में कपास की ही खेती की। द्विवेदीयुगीन कविता को भी इतिवृत्तात्मक और नीरस कहा जाता है और इसे आचार्य द्विवेदी का साहित्य पर प्रभाव माना जाता है। द्विवेदी-युगीन काव्य को एक सीमा तक इतिवृत्तात्मक कहा जा सकता है। किन्तु वह सर्वथा शुष्क और नीरस नहीं है। स्वयं आचार्य द्विवेदी ने 'कविता' नामक निबन्ध में 'एकान्तवासी योगी' से शृंगार रस की पंक्तियाँ सरस काव्य के उदाहरण में उद्धृत की हैं (पृ. 63, कवि कर्तव्य)।

वस्तुतः द्विवेदी-युगीन साहित्य भारतेन्दु-युगीन साहित्य की ही भाँति प्रेरणा देने का कार्य अधिक करता है। उस काल की प्रधान दृष्टि यही थी, आलोचना भी इस दृष्टि से प्रभावित थी। आचार्य द्विवेदी इसका प्रतिनिधित्व करते थे। चूँकि पुनर्जागरण-कालीन भारत आगे बढ़ने के लिए कृतसंकल्प था, अतः रीतिकालीन प्रवृत्तियों पर नई यानी वैज्ञानिक और सामाजिक प्रवृत्तियाँ हावी हो रही थीं। भारतेन्दु द्वारा प्रारम्भ किए हुए कार्य को आचार्य द्विवेदी ने आगे बढ़ाया—मुख्यतः आलोचना और सम्पादन के द्वारा।

मिश्रबन्धु

द्विवेदी युग के अन्य प्रसिद्ध आलोचक मिश्रबन्धु, पं. पद्मसिंह शर्मा तथा पं. कृष्णबिहारी मिश्र हैं। मिश्रबन्धु—श्री गणेश बिहारी मिश्र, रावराजा डॉ. श्याम बिहारी मिश्र, डी.लिट्., साहित्यवाचस्पति; रायबहादुर शुकदेव बिहारी मिश्र, डी.लिट्., साहित्यवाचस्पति का सम्मिलित नाम है। उन्होंने 'हिन्दी नवरत्न' नामक समालोचनात्मक ग्रन्थ लिखा। इसमें हिन्दी के प्राचीन और अर्वाचीन साहित्य में से चुनकर श्रेष्ठ कवियों की समीक्षा की गई है। 'नवरत्न' से ही प्रकट है कि जिन कवियों को चुना गया है, उनकी संख्या नौ है। किन नौ को चुना जाए, यह भी समस्या थी : 'पहले हम मतिराम को भूषण से बहुत अच्छा कवि समझते थे, पर पीछे से इस विचार में शंका होने लगी। उस समय हमने भूषण और मतिराम के एक-एक छन्द का मुकाबला किया। तब जान पड़ा कि मतिराम के प्राय: 10 या 12 कवित्त तो ऐसे रुचिर हैं कि उनका सामना भूषण का कोई कवित्त नहीं कर सकता और उनके सामने देव के सिवा और किसी के भी कवित्त ठहर नहीं सकते, पर मतिराम के शेष पद्य भूषण के अनेक पद्यों के सामने ठहर नहीं सके। इसी प्रकार भूषण को केशवदास से मिलाया तो भी भूषण ही की कविता में विशेष चमत्कार देख पड़ा...तब हमने इन्हें बिहारी लाल से मिलाया, पर उन कविरत्न के सम्मुख इनके पद्य ठहर न सके। यह तुलना केवल पद्य पढ़कर ही नहीं की गई, वरन् प्रत्येक पद्य को नम्बर देकर, मनोहर पद्यों की संख्या और प्रति सैकड़े उनका औसत लगाकर, सब बातों पर कई दिनों तक ध्यानपूर्वक विचार करने के उपरान्त की गई थी' (पृ. 20, भूमिका, हिन्दी नवरत्न, सप्तम् संस्करण)। कवि दस हो गए थे क्योंकि 'कबीरदास को भी नवरत्न में लेना ठीक जँचा किन्तु, किसी को निकाल डालना उचित न जानकर भूषण और मतिराम को 'त्रिपाठीबन्धु' कहकर नवरत्न नाम सार्थक रक्खा' (पृ. 21, वही)।

कवियों को चुनने में बहुत सावधानी बरती गई है, यह तो ठीक; किन्तु उस 'सावधानी' की दृष्टि और उसका मानदंड क्या है, यह नहीं बताया गया। फिर भी हम समझ सकते हैं कि मिश्रबन्धुओं की रुचि और उनके काव्यगत संस्कारों ने ही आलोचनात्मक मानदंड का काम किया होगा। उस मानदंड की विवेचना नहीं की गई है। हिन्दी आलोचना की विकासावस्था को देखते हुए इसकी आशा भी मिश्रबन्धुओं से नहीं की जा सकती थी।

'हिन्दी नवरत्न' में निम्नलिखित कवियों को स्थान दिया गया है : 1. गोस्वामी श्री तुलसीदास जी, 2. महात्मा सूरदास जी, 3. महाकवि देवदत्त देव, 4. महाकवि बिहारीलाल, 5. त्रिपाठीबन्धु—भूषण और मतिराम, 6. महाकवि केशवदास, 7. महात्मा कबीरदास जी, 8. महाकवि चन्दबरदाई और 9. भारतेन्दु बाबू हरिश्चन्द्र।

'हिन्दी नवरत्न' देखने से पता चलता है कि 'मिश्रबन्धु', पं. रामचन्द्र शुक्ल की भाषा में, कविवृत्तकार अधिक थे, आलोचक कम। लेकिन मिश्रबन्धुओं का महत्त्व इससे कम नहीं होता क्योंकि उन्होंने जो वृत्त-संग्रह किया, उसका उपयोग परवर्ती चिन्तकों ने किया। स्वयं शुक्ल जी का इतिहास भी 'मिश्रबन्धु-विनोद' का कम

ऋणी नहीं है। मिश्रबन्धु वह सारी सामग्री प्रस्तुत कर देते हैं, जो आलोचक और इतिहासकार के लिए उपयोगी है। उन्हें काव्यशास्त्र का—विशेषत: रीतिकालीन काव्यशास्त्र का—सम्यक् ज्ञान था। किन्तु उन्होंने आधुनिक दृष्टि अर्जित करने का विशेष प्रयास नहीं किया था। उसमें वह सहृदयता विद्यमान है जो सुन्दर कविता का रस ग्रहण कर सकती है, किन्तु उस रस की व्याख्या करके उसे वे आधुनिक पाठकों के लिए सन्दर्भवान एवं मूल्यवान नहीं बनाते। वे प्रशंसा कर सकते हैं—समालोचना नहीं। 'स्याम गौर किमि कहउँ बखानी, गिरा अनैन नैन बिनु बानी' की समीक्षा वे इस प्रकार करते हैं : 'इस छन्द में क्या ही बढ़िया भाव, कितने कम शब्दों में व्यक्त किया गया है! नन्ददास ने भी यही भाव कहा है। यथा : नैन के नहिं बैन, बैन के नैन नहीं है' (पृ. 147, वही)। आगे 'लोचन-मगु रामहिं उर आनी, दीन्हेउ पलक कपाट सयानी' पर मुग्ध होकर वे लिखते हैं : 'इसमें क्या ही उत्कृष्ट भाव है! फुलवारी के वर्णन में इन महाकवि ने बहुत से श्लाघ्य भाव कहे हैं, परन्तु यहाँ हम स्थानाभाव से उन सबको नहीं दिखा सकते' (वही)।

उन्होंने तुलसीदास की 'अपने नायकों के गुण दिखलाने के लिए उपनायकों की त्रुटियाँ दिखाने' और 'सुन्दर रूपक' बाँधने की विशेषता लक्षित की है।

सूरदास के काव्य में कृष्ण की 'बाल-लीला' को उत्कृष्ट बताते हुए मिश्रबन्धुओं ने कवि के 'सच्चे' ढंग की भी दाद दी। बाल-लीला पढ़कर उन्हें ऐसा लगता था कि 'सचमुच कोई बालक माता के पास खेल रहा है।' लेकिन इसके आगे मिश्रबन्धु नहीं बढ़ते, वे केवल यह लिखकर सन्तोष कर लेते हैं : 'इसके उदाहरण-स्वरूप किस छन्द को हम लिखें, पूरा वर्णन पढ़ने से ही इसका स्वाद मिल सकता है' (पृ. 186, हिन्दी नवरत्न)। अपने प्रिय कवि देव पर भी उन्होंने इसी प्रकार लिखा है : 'इनकी कविता में अजायबघर की भाँति अच्छे से अच्छे छन्द देखते चले जाइए, परन्तु उसमें बिहारी की भाँति उतने चोज नहीं मिलते, किन्तु इसके साथ ही साथ इनके साहित्य में अभूतपूर्व कोमलता, रसिकता, सुन्दरता आदि गुण कूट-कूटकर भरे हैं। ऐसे उत्कृष्ट पद्य किसी अन्य कविता में, स्वप्न में भी नहीं देखे जाते' (पृ. 224, वही)।

कालान्तर में जो प्रवृत्ति तुलनात्मक आलोचना के नाम से विख्यात हुई, उसका पुरस्कर्ता इन्हीं को समझना चाहिए। हिन्दी के नवरत्नों का चयन ही इन्होंने कवियों की परस्पर तुलना के द्वारा किया था। मिश्रबन्धु मन से देव को हिन्दी का श्रेष्ठ कवि मानते हैं किन्तु तुलसी-सूर के होते ऐसा कहना भी नहीं चाहते। आज का आलोचक किसी कवि को किसी अन्य कवि से बड़ा-छोटा कहने की आवश्यकता ही नहीं समझेगा किन्तु मिश्रबन्धु 'सूर सूर तुलसी' वाली परम्परा से प्रभावित थे। मिश्रबन्धु रीतिकालीन साहित्य के मर्मज्ञ थे। उनकी दृष्टि रीतिकालीन संस्कारों से मुक्त नहीं हो पाई थी। वे देव को तुलसी-सूर के बाद हिन्दी का श्रेष्ठ कवि कहते हैं। यह बात भी उन्होंने जिस ढंग से स्वीकार की है, उससे लगता है कि देव के प्रति उनके हृदय में पर्याप्त आग्रह है। उन्हें देव से साहित्यिक मोह है : 'इनको किसी कवि से न्यून कहना इनके साथ अन्याय समझ पड़ता है, परन्तु इनको सर्वश्रेष्ठ कहना गोस्वामी तुलसीदास

तथा महात्मा सूरदास के साथ भी अन्याय होगा। सिवा इन दोनों महात्माओं के और किसी तृतीय कवि की तुलना देव जी से कदापि नहीं की जा सकती—ये महात्मा भी उन गुणों को अपनी-अपनी कविता में सन्निविष्ट करने में देव जी के सामने नितान्त असमर्थ रहे...हम नहीं कह सकते कि कुल मिलाकर ये दोनों महात्मा देव जी से श्रेष्ठ नहीं हैं' (पृ. 234-35, वही)।

स्पष्ट है कि यहाँ तुलसी और सूर की रक्षा उनके 'महात्मापन' ने की है, कविता ने नहीं।

मिश्रबन्धु बिहारी के प्रशंसक होते हुए भी देव को उनसे बड़ा कवि मानते हैं : 'इतना अवश्य निश्चित है कि इन तीनों महानुभावों के बराबर कोई चौथा कवि किसी प्रकार नहीं पहुँचता, क्योंकि यदि इन तीनों में 90 और 100 का अन्तर है, तो शेष में इनसे 70 और 100 का अन्तर निकलेगा। कुछ लोगों को यह वास्तविक भ्रम है कि बिहारी सचमुच देव से श्रेष्ठ कवि हैं' (पृ. 235, वही)।

तुलसी और सूर महात्मा थे, बिहारी नहीं थे, सो झगड़ा बिहारी पर खड़ा हुआ। मिश्रबन्धुओं के 'देव' के सामने लाला भगवानदीन और पं. पद्मसिंह शर्मा 'बिहारी' को लाए। ये तीनों महानुभाव विद्वान और बहुज्ञ थे। रीतिकालीन साहित्य के ये मर्मज्ञ थे। इनकी रुचियाँ भी रीतिकालीन थीं। देव और बिहारी या बिहारी और देव को लेकर इनकी जो नोक-झोंक हुई, वह काफी मनोरंजक और ज्ञानवर्धक है। आज का पाठक इन विद्वानों की काव्य-रसिकता का कायल तो हो जाएगा, लेकिन इनकी आलोचना-शक्ति का नहीं। मिश्रबन्धुओं के अनुसार बिहारी ने 'शब्दों को बहुत तोड़ा-मरोड़ा है और उन्हें कहीं-कहीं बहुत ही बिगड़े हुए रूप में रखा है।...बड़े कवि होने पर भी इनकी शब्द-सम्बन्धी निरंकुशता प्रशंसनीय नहीं है। तुकान्त के लिए भी इन्होंने शब्द मरोड़े हैं' (पृ. 265-66, हिन्दी नवरत्न)। मिश्रबन्धुओं ने बिहारी की केवल निन्दा ही नहीं की, प्रशंसा भी की है : 'बिहारी ने स्त्रियों के तालाब में नहाने का ढंग, स्नान समय की नजारेबाजी आदि का ऐसा वर्णन किया है कि वह आँखों देखा-सा समझ पड़ता है' (पृ. 273, वही) तथा 'कुल बात सोचकर हम बिहारी को एक बड़ा सत्कवि समझते हैं। तुलसीदास, सूरदास और देव को छोड़कर यह महाशय हिन्दी में सर्वोत्कृष्ट कवि हैं' (पृ. 285, वही)।

यद्यपि मिश्रबन्धुओं के काव्य-संस्कार रीतिकालीन थे लेकिन वे नवीन काव्य की ओर से आँखें मूँदनेवाले समालोचक नहीं थे। उन्होंने अपने समय के नवीन कवि पं. श्रीधर पाठक की कविताओं पर स्वतंत्र रूप से एक लेख लिखा। यह लेख सन् 1900 ई. की 'सरस्वती' में प्रकाशित हुआ था। इसके पूर्व उन्होंने 'हम्मीर हठ' की समालोचना की थी। इसे पाठकों ने पसन्द किया था। मिश्रबन्धुओं ने अनुभव किया था कि हिन्दी में समालोचना की कमी है। 'भाषारसज्ञों पर भली भाँति विदित है कि हमारे नागरी भंडार में समालोचना विभाग की कैसी त्रुटि है। इसको पूरा करना हम लोगों को अपना कर्तव्य मानकर इस कार्य में कटिबद्ध हो जाना चाहिए' (पृ. 454, सरस्वती हीरक जयन्ती विशेषांक)। मिश्रबन्धुओं ने पाठक जी के विभिन्न काव्यों पर

अलग-अलग राय दी है। उनकी राय देखने पर उनकी रसग्राहिता तो प्रकट ही होती है, यह भी प्रकट हो जाता है कि वे अपने समसामयिक कवि की रचनाओं पर भी निष्पक्ष रूप से विचार कर सकते थे। मिश्रबन्धुओं ने श्रीधर पाठक द्वारा रचित 'हिमालय' नामक कविता पर सबसे पहले विचार किया है। इस कविता की प्रशंसा उन्होंने इसके स्वाभाविक वर्णन के आधार पर की है : 'यह सम्पूर्ण पद्य बड़ा ही विशद है और कवि जी की सूक्ष्मदर्शिता इससे पूर्णतया विदित होती है। इन्होंने वानरों का कौतूहल, जीवों का झरनों से जलपान करना, खेतों का तर-ऊपर दृष्टिगोचर होना, प्रतिध्वनि का सुनाई देना—यह सबकुछ ऐसी रीति से लिखा गया है कि ज्ञात होता है, यह केवल चित्त की उपज नहीं है' (वही)।

मिश्रबन्धुओं ने श्रीधर पाठक की समीक्षा करते समय उन्हें छन्दोभंग तथा समस्यापूर्ति और चित्रकाव्य करने का दोषी ठहराया है। 'पद मैत्री' के विषय में भी उन्हें 'अतिसर्वत्रवर्जयेत' की राय दी है। मिश्रबन्धु ब्रजभाषा में काव्य-रचना के विरोधी नहीं थे किन्तु खड़ी बोली में काव्य-रचना करने की आवश्यकता अनुभव करते थे : 'खड़ी बोली में रचना हमारे साहित्य में अब अत्यावश्यक है और हमारे पाठक जी ऐसे सुकवि ने इस ओर ध्यान दे हिन्दी भाषा की अच्छी सेवा की है। 'एकान्तवासी योगी' और 'जगत सचाई सार' खड़ी बोली रचनाओं के आदर्श स्वरूप हैं' (हिन्दी नवरत्न)।

श्रीधर पाठक को कालान्तर में प्रथम स्वच्छन्दतावादी कवि कहा गया। मिश्रबन्धुओं ने उनके स्वाभाविक वर्णन की प्रशंसा की है। अपने समसामयिक और हिन्दी काव्य में नवीन धारा के प्रवर्तक कवि में इस विशेषता को मिश्रबन्धुओं ने ढूँढ़ लिया था, उसके महत्त्व को समझा था। अत: मिश्रबन्धुओं को केवल रीतिकालीन संस्कारों का आलोचक समझना अनुचित है। रीतिकालीन संस्कार उनमें प्रधान रूप से थे किन्तु अपने समसामयिक काव्यान्दोलनों को भी वे समझ सकते थे। उनका महत्त्व समझकर मुक्तकंठ से उनकी प्रशंसा भी कर सकते थे।

मिश्रबन्धु केवल आलोचक नहीं थे। उन्होंने हिन्दी साहित्य का इतिहास लिखने की ओर भी ध्यान दिया था। उन्होंने इस क्षेत्र में जो कार्य किया है, वह अत्यन्त महत्त्वपूर्ण है। 1901 ई. की 'सरस्वती' में उन्होंने एक लेख लिखकर एक ऐसा ग्रन्थ लिखने का मन्तव्य प्रकट किया था जिसमें 'हिन्दी में उसके जन्म से अद्यावधि क्या-क्या उन्नति तथा अवनति हुई है और उसके स्वरूप में क्या-क्या हेर-फेर हुए हैं, इनका वर्णन किया चाहते हैं।' यह मिश्रबन्धु-विनोद की भूमिका थी। पं. रामचन्द्र शुक्ल ने 'हिन्दी साहित्य का इतिहास' के प्रथम संस्करण के वक्तव्य में 'मिश्रबन्धु-विनोद' को 'बड़ा भारी कविवृत्त संग्रह' कहा है। आगे वृत्त-संग्रह की कमियाँ दिखाते हुए उन्होंने लिखा है : 'भिन्न-भिन्न शाखाओं के हजारों कवियों की केवल कालक्रम से गुथी हुई उपर्युक्त वृत्त-मालाएँ साहित्य के इतिहास के अध्ययन में कहाँ तक सहायता पहुँचा सकती थीं। सारे रचनाकाल को केवल आदि, मध्य, पूर्व, उत्तर इत्यादि खंडों में आँख मूँद कर बाँट देना—यह भी न देखना कि किस खंड के भीतर क्या है, क्या नहीं—किसी वृत्त-संग्रह को इतिहास नहीं बना सकता' (प्रथम संस्करण का वक्तव्य)।

शुक्ल जी की बात ठीक है। वृत्त-संग्रह इतिहास नहीं है। लेकिन जब हम मिश्रबन्धु-विनोद में ग्रन्थकारों की इस विषय में दी गई सफाई देखते हैं तो उस शिष्टता और विनम्रता के सामने शुक्ल जी का उपर्युक्त उद्धरण अनावश्यक ही नहीं, हल्का भी लगता है। 'पहले हम इस ग्रन्थ का नाम 'हिन्दी साहित्य का इतिहास' रखनेवाले थे, परन्तु इतिहास की गम्भीरता पर विचार करने से ज्ञात हुआ कि हममें साहित्य-इतिहास लिखने की पात्रता नहीं है। उसमें भाषा-सम्बन्धी गुणों एवं परिवर्तनों पर मुख्यतया ध्यान होगा और कवियों पर गौण रूप से' (पृ. 4, मिश्रबन्धु-विनोद, प्रथम भाग खंड, 1970)।

कवि-वृत्त-संग्रह चाहे जितना अपूर्ण हो किन्तु शुक्ल जी के इतिहास-लेखन में उसकी उपयोगी भूमिका रही है। इस वृत्त-संग्रह की उपयोगिता आकर ग्रन्थ के रूप में अब भी निस्संदिग्ध है।

पं. कृष्णबिहारी मिश्र ने देव और बिहारी में दोनों कवियों की काव्य-विवेचना के अतिरिक्त शृंगार के रसराजत्व पर भी विस्तृत विचार किया। इसमें उनकी काव्य-सम्बन्धी अन्य धारणाएँ भी प्रकट हो गई हैं। वे 'रसराज' नामक अध्याय के प्रारम्भ में ही लिखते हैं : 'कविता का उद्देश्य हमारी राय में आनन्द प्रदान करना है' (पृ. 73, देव और बिहारी, चौथा संस्करण)। मिश्र जी ने भाव, विभाव, अनुभाव और रस को अपने शब्दों में समझाया। अपनी बात को वे स्पष्ट और सरल भाषा में रखते हैं। उस काल के आलोचकों में उनकी जैसी आडम्बरहीन भाषा लिखनेवाला शायद ही कोई मिले। इस स्पष्टता और आडम्बरहीनता का कारण उनकी वैचारिक स्पष्टता है। उनकी शैली न अस्पष्ट है और न चुहुलवाली। वे आलोचना कार्य को गम्भीरता से ग्रहण करनेवाले आलोचकों में थे। इसीलिए उन्होंने रस इत्यादि की व्याख्या नये सिरे से करने की आवश्यकता अनुभव की। 'रस मनोविकारों के सम्पूर्ण विकास का रूप है। किसी कारण-विशेष से एक मनोविकार उपस्थित होता है, फिर परिपुष्ट होकर वह सफल होता है, इसी को रस-परिपाक कहते हैं। मनोविकार के कारण को विभाव, स्वयं मनोविकार को स्थायी भाव, उसके अन्य पोषक भावों को व्यभिचारी भाव एवं तज्जन्य कार्य को अनुभाव कहते हैं' (पृ. 74, वही)।

मिश्र जी को रस के विभिन्न उपादानों की और अधिक एवं विस्तृत व्याख्या करनी चाहिए थी, किन्तु उन्होंने इसकी आवश्यकता नहीं अनुभव की। उन्हें शृंगार को 'रसराज' सिद्ध करना था, सो आगे बढ़ चले। शृंगार को 'रसराज' प्रमाणित करने के लिए उन्होंने आधुनिक तर्कों का सहारा लिया है। अपने मत को पुष्ट करने के लिए देश-विदेश के विद्वानों एवं महापुरुषों के विचारों को उद्धृत किया है। 'स्त्री-पुरुष की प्रीति का स्थायित्व इतना दृढ़ है कि सृष्टिपर्यन्त इन स्थायी मनोविकारों (permanent passions) का कभी नाश नहीं हो सकता। इसीलिए कवि लोग नायक-नायिका के आलम्बन को लेकर स्त्री-पुरुष की प्रीति का वर्णन करने लगे, करते रहे और करते रहेंगे' (पृ. 75, वही)। मिश्र जी ने आर्नल्ड, शेली इत्यादि को तो अपने समर्थन में उद्धृत ही किया है, गांधी जी के भी दाम्पत्य-प्रेम विषयक विचारों को अपने पक्ष में प्रस्तुत किया है। निश्चय ही यह शृंगार की आधुनिक व्याख्या करने का प्रयास था।

श्रृंगार को रसराज कहते समय पं. कृष्णबिहारी मिश्र प्रेम के आदर्श की उच्चता को नहीं भूलते। फिर भी 'वेश्या और स्वकीया के चित्र खींचने में चित्रकार को समान स्वतंत्रता है। ठीक इसी प्रकार कवि प्रत्येक भाव का, चाहे वह कितना ही घृणित अथवा पवित्र क्यों न हो, वर्णन करने के लिए स्वतंत्र है' (पृ. ८2, देव और बिहारी)।

'रसराज' पढ़कर ऐसा लगता है कि पं. कृष्णबिहारी मिश्र नामोल्लेख के बिना आचार्य महावीरप्रसाद द्विवेदी की नैतिक-प्रधान साहित्यिक मान्यताओं का विरोध कर रहे हैं : 'हम कुरुचि प्रवर्तक कविता के समर्थक नहीं हैं। परन्तु शृंगार-कविता के विरुद्ध जो आजकल धर्म-युद्ध-सा जारी कर रखा गया है, उसकी घोर निन्दा करने से भी नहीं हिचकते हैं...कविता के लिए केवल रस-परिपाक चाहिए, उपयोगितावाद के चक्कर में डालकर ललित कला का सौन्दर्य नष्ट करना ठीक नहीं' (पृ. 82, वही)।

मिश्र जी ने केशव, बिहारी, देव, मतिराम, पद्माकर के साथ-साथ तुलसी और सूर को भी शृंगारी कवियों की कोटि में रखा है। लेकिन 'देव और बिहारी इन शृंगारी कवियों के नेता हैं' (वही)।

उस समय कई लोग दो कवियों की पंक्तियों में भाव-सादृश्य पाकर परवर्ती कवि को भाव-चोर कहने लगते थे। मिश्र जी ने भाव-सादृश्य होने से ही परवर्ती कवि को चोर कहना अनुचित माना है। देखना यह चाहिए कि उसने गृहीत भाव में अपनी तरफ से कुछ जोड़ा है या नहीं। मिश्र जी ने इस तरह की पंक्तियों की व्याख्या करके निष्कर्ष निकाला है कि 'यदि परवर्ती कवि ने पूर्ववर्ती के भाव को लिया भी हो तो उसने उसको फिर से गलाकर एक ऐसी मूर्ति बना दी है जो पहले से अधिक उज्ज्वल है, अधिक मनोहर है, अधिक सुन्दर है। साहित्य संसार में ऐसे कवि की प्रशंसा होनी चाहिए, न कि उसे चोर कहकर बदनाम किया जाए' (पृ. 93, वही)। उनके अनुसार भाव सादृश्य की तीन कोटियाँ होती हैं : 1. सौन्दर्य सुधार 2. सौन्दर्य रक्षा और 3. सौन्दर्य संहार। इसमें भाव चोर वह है जो सौन्दर्य-संहारक है।

पं. कृष्णबिहारी मिश्र की सहृदयता और रसग्राहिणी क्षमता निस्सन्दिग्ध है। वे कविता का रस ग्रहण करते हैं और उसमें लिपटी हुई स्थिति की व्याख्या करके उसे सुलभ बना सकते हैं। रीतिकालीन कवियों की व्याख्या वे अत्यन्त सहृदयता के साथ करते हैं। देव की पंक्तियाँ देखिए और फिर मिश्र जी की व्याख्या। जिस छन्द की बात यहाँ हो रही है, वह इस प्रकार है :

'खरी दुपहरी, हरी भरी, भरी कुंज मंजु
गुंज अलि-पुंजन की देव, हियो हरिजात,
सीरे नद-नीर, तरु सीतल गहीर छाँह
सोवैं परे पथिक, पुकारैं पिकी करिजात
ऐसे मैं किसोरी भोरी, कोरी, कुम्हिलाने मुख
पंकज से पाय धरा धीरज सों धरिजात।
सोहैं घन श्याम मग हेरति हथेरी-ओट
ऊँचे धाम बाम चढ़ि आवति उतरि जात॥'

नायिका उत्कंठिता है।'विषमता का आश्रय लेकर देव जी अपने काव्य-चित्र में अपूर्व रंग भर देते हैं। कहाँ तो ग्रीष्म-मध्याह्न का ऊपर-कथित दृश्य और कहाँ भोली-किशोरी का कुम्हलाया-सा बदन।...चिलचिलाती दोपहरी में प्रखर मार्तंड की ज्योति के कारण नेत्रों की झिलमिलाहट बचाने के लिए अथवा लज्जा-संकोच से हथेली की ओट देखना कितना स्वाभाविक है!...सम्भव है, विकल प्रकृति सुन्दरी ही घनश्याम का स्वागत करने को उत्कंठित हो रही हो' (पृ. 106, देव और बिहारी)।

इस व्याख्या में उत्कंठिता नायिका का हथेली की ओट देखने की मार्मिक व्याख्या की गई है।'घनश्याम' का अर्थ निदाघ में क्या हो सकता है, यह बताया गया है और प्रकृति-सुन्दरी और मानव-सुन्दरी की एकमेकता की ओर इंगित कर दिया गया है। उन उपादानों और उनकी स्थितियों का उल्लेख कर दिया गया है जिससे काव्य रसयुक्त हो गया है किन्तु इस कविता की काव्यशास्त्रीय व्याख्या नहीं की गई है। काव्यशास्त्रीय से यहाँ तात्पर्य रीतिकालीन काव्यशास्त्र से नहीं, आधुनिक काव्यशास्त्र से है। इसीलिए पं. कृष्णबिहारी मिश्र की सहृदयतापूर्ण व्याख्या आलोचनात्मक अवधारणाओं में निबद्ध नहीं होती। यह उनकी सीमा समझी जाएगी। वे इस छन्द का सौन्दर्य प्रकाशन इन शब्दों में करते हैं :

'कोमलकान्त पदावली की कमनीयता के विषय में हमें कुछ भी नहीं कहना है...पाठक स्वयं उसका अनुभव करें, परन्तु इतना हम दृढ़तापूर्वक कहते हैं कि छन्द में एक शब्द भी व्यर्थ नहीं है' (पृ. 106, वही)।

पं. कृष्णबिहारी मिश्र यद्यपि तुलनात्मक आलोचना करनेवाले आलोचकों में ही हैं किन्तु उन्होंने यथासम्भव निष्पक्षता से काम लिया है और देव तथा बिहारी दोनों कवियों के काव्योत्कर्ष की विवेचना की है। लेकिन वे स्पष्ट रूप से देव को बिहारी से बड़ा कवि मानते हैं।'हमारी राय में देव जी शृंगारी कवियों में सर्वश्रेष्ठ हैं। अनेक स्थलों पर भाव-समानता में बिहारीलाल, देव तथा अन्य कई कवियों से दब गए हैं। देव जी का विरह-वर्णन भी बिहारीलाल के विरह-वर्णन से किसी प्रकार न्यून नहीं है। देव जी की भाषा बिहारीलाल की भाषा से कहीं अच्छी है', इत्यादि (पृ. 146, वही)।

पं. कृष्णबिहारी मिश्र के 'देव और बिहारी' के उत्तर में लाला भगवानदीन ने 'बिहारी और देव' लिखा। लाला जी 'पुराने कैंड़े' के आदमी थे। वे शब्दों को लेकर चमत्कार और विनोद कर सकते थे। बिहारी की प्रतिकूल आलोचना से क्षुब्ध होकर उन्होंने लिखा : 'एक बिहारी पर चार-चार बिहारियों—मिश्रबन्धु श्यामबिहारी, गणेश बिहारी, शुकदेव बिहारी और चौथे कृष्णबिहारी का धावा देखकर बेचारा हिन्दी साहित्य संसार घबड़ा गया है। लखनऊ प्रान्त के निवासी बिहारियों ने रसिकराज कृष्ण की जन्मभूमि मथुरा नगर के निवासी बिहारी की कविता को हल्की ठहराकर देव पर बेतरह आसक्ति दिखाई है' (पृ. 2, वही)। लाला जी की यह पुस्तक बिहारी की रक्षा के लिए लिखी गई थी। इसलिए हम इसमें बिहारी पर लगाए गए दोषों का परिहार ही पाते हैं, बिहारी के काव्योत्कर्ष की विवेचना नहीं। ज्यादातर तो यह किया गया है कि बिहारियों ने जो दोष 'बिहारी' पर लगाए हैं, लाला जी ने बिहारी को मुक्त करके वे ही दोष 'देव'

पर लगा दिये हैं। पं. कृष्णबिहारी मिश्र ने बिहारी के कतिपय दोहों के आधार पर उनके चरित्र पर सन्देह किया था तो लाला जी ने लिखा कि 'वे (देव) धन-लोलुपता के कारण द्वार-द्वार और देश-देश में मारे फिरते थे।...देव को तो हम भिक्षुक कवि कह सकते हैं, बिहारी राजकवि और कविराज थे' (पृ. 49, देव और बिहारी)।

लाला जी ने मैथिलीशरण गुप्त के 'भारत-भारती' और 'जयद्रथ-वध' की भी आलोचना की है। उनकी ये समीक्षाएँ 'लक्ष्मी' पत्रिका में 1915 ई. के कई अंकों में प्रकाशित हुई थीं (पृ. 82, हिन्दी आलोचना का इतिहास, लेखक डॉ. रामदरश मिश्र के आधार पर)।' 'भारत-भारती' और 'जयद्रथ-वध' पुनर्जागरण से प्रभावित रचनाएँ थीं। वे अपने युग-बोध की अभिव्यक्ति करती थीं, लेकिन लाला जी थे रीतिकालीन मानदंडों के समीक्षक। सो लाला जी ने इन कृतियों की आलोचना करते समय दोष ही दोष देखे हैं।'

लाला जी मध्यकालीन—विशेषत: रीतिकालीन साहित्य के मर्मज्ञ थे। बिहारी और केशव की जो टीकाएँ उन्होंने लिखी हैं, उससे हिन्दी के आलोचक लाभान्वित हुए हैं।

देव और बिहारी के विवाद में भाग लेनेवाले आलोचकों में पं. पद्मसिंह शर्मा जैसे सहृदय विद्वान भी थे। शर्मा जी संस्कृत, प्राकृत, हिन्दी, फारसी और उर्दू साहित्य के मर्मज्ञ थे। जिसे तुलनात्मक समालोचना कहते हैं, उसकी सर्वाधिक योग्यता शर्मा जी में थी। वे विविध भाषाओं के साहित्यों का रस समान भाव से ग्रहण कर सकते थे और उनकी तुलना कर सकते थे। तुलनात्मक समालोचना का चरमोत्कर्ष पं. पद्मसिंह शर्मा में ही देखने को मिलता है।

शर्मा जी भी प्राचीन—विशेषत: रीतिकालीन साहित्य के प्रेमी थे। वे शृंगार को साहित्य के लिए हानिकर नहीं समझते। हाँ, रस-रुचि भिन्न हो सकती है। वे खड़ी बोली हिन्दी में काव्य-रचना के समर्थक नहीं मालूम पड़ते। वे सामाजिक दृष्टि से प्रेरणा देनेवाली तत्कालीन रचनाओं को नीरस कहते हैं। उन्हें आचार्य महावीरप्रसाद द्विवेदी के विपरीत शृंगारिकता और रीतिकालीन संस्कारों का समर्थक समझना चाहिए : 'जिस भाव-हीन निर्जीव भाषा में नीरस, कर्ण-कटु काव्यों की आज दिन सृष्टि हो रही है, इससे सुरुचि का संस्कार हो चुका है। यह सहृदय समाज के हृदयों में घर कर चुकी। यह सूखी टहनी साहित्य क्षेत्र में बहुत दिन खड़ी न रह सकेगी। कोरे कामचलाऊपन के साथ भाषा में सरसता और टिकाऊपन भी अभीष्ट है तो इसके निस्सार शरीर में प्राचीन साहित्य के रस का संचार होना अत्यावश्यक है (पृ. 22, बिहारी की सतसई, पंचम संस्करण)।

पं. कृष्णबिहारी मिश्र के अनुसार : 'कविता की जो परीक्षा एक या अनेक कवियों की उक्तियों की तुलना करके की जाती है, उसी को तुलनात्मक समालोचना कहते हैं' (पृ. 38, देव और बिहारी)। मिश्र जी ने तुलनात्मक समालोचना के अन्तर्गत एक ही भाषा के कवियों को लिया है, किन्तु शर्मा जी ने एक ही भाषा का बन्धन नहीं स्वीकार किया है। वे हिन्दी कवियों की पंक्तियों की तुलना प्राय: संस्कृत, उर्दू या फारसी रचनाओं से भी करते हैं। शर्मा जी ने हिन्दी में तुलनात्मक समालोचना करने की प्रेरणा ही अन्य

साहित्यों—विशेषत: उर्दू समालोचना से प्राप्त की थी : 'उर्दू साहित्य में मौलाना आजाद अपने 'आबेहयात' और 'सखुन्दाने फारिस' में और हाली 'दीवाने हाली' के मुकदमे 'हयाते सादी' तथा 'यादगारे ग़ालिब' में और मौलाना शिबली 'मवाज़नए अनीसोदबीर' में इस रास्ते की दागबेल डाल गए हैं और अब वहाँ यह रास्ता चल पड़ा है पर हमारी हिन्दी में यह मार्ग अभी नहीं खुला।...हिन्दी में भी यह रीति प्रचलित होनी चाहिए, इसकी आवश्यकता है, यही समझकर इस विषम मार्ग में चलने की चेष्टा की गई है' (पृ. 25, बिहारी की सतसई)।

शर्मा जी ने 'सतसई के उद्‌भव जौर विकास' पर प्रकाश डालते हुए मुक्तकों को कविता शक्ति की पराकाष्ठा माना है। अभिनव गुप्त ने मुक्तक के जो लक्षण बताए हैं, उनके आधार पर शर्मा जी लिखते हैं : 'जिस अकेले ही पथ में विभाव, अनुभाव आदि से परिपुष्ट इतना रस भरा हो कि उसके स्वाद से पाठक तृप्त हो जाए, सहृदयता की तृप्ति के लिए उसे अगली-पिछली कथा का सहारा न ढूँढ़ना पड़े, ऐसे अनूठे पद्य का नाम 'मुक्तक' है' (पृ. 29, वही)। अर्थापहरण पर विचार करते हुए शर्मा जी ने मत व्यक्त किया है कि भाव-सादृश्य होने से ही किसी कवि पर पूर्ववर्ती कवि की चोरी का इलजाम नहीं लगाना चाहिए। उनके अनुसार प्राचीन कवियों ने कोई बात छोड़ी ही नहीं है, फिर नये कवियों के लिए उनके भावों को ग्रहण करने के अतिरिक्त अन्य मार्ग ही क्या है? सच्चा कवि मूल भाव तो प्राचीनों से ग्रहण करता है किन्तु उसमें अपनी ओर से कुछ ऐसा जोड़ देता है कि पुराना भी नया बन जाता है। 'शब्दार्थ में निराली नूतनता पैदा करके जो प्राचीन भाव को चमकृत बना देता है, वही महाकवि है' (पृ. 35, वही)। शर्मा जी ने सतसई का सौष्ठव, बिहारी का विरह-वर्णन, बिहारी का कवित्व और व्यापक पांडित्य, दोष परिहार पर विचार किया है तथा सर्वत्र बिहारी की प्रशंसा की है। उनकी तुलना में अन्य कवियों को हीन बताया है। 'सतसई संहार' नामक वृहत् लेख पं. ज्वालाप्रसाद मिश्र द्वारा लिखी गई 'बिहारी सतसई की टीका' की समीक्षा है। इसमें शर्मा जी ने विस्तार से मिश्र जी के दोष दिखाए हैं। आजकल की भाषा में ध्वंसात्मक समीक्षा की गई है।

पं. पद्‌मसिंह शर्मा ने बिहारी के कई दोहों की तुलना 'गाथा सप्तशती' और 'आर्या सप्तशती' की गाथाओं और आर्याओं से करके यह दिखा दिया है कि बिहारी के कई दोहों में व्यक्त भाव पहले भी व्यक्त किए जा चुके थे और बिहारी के दोहों पर इन रचनाओं का प्रभाव स्पष्ट है। लेकिन बिहारी गाथाकार सातवाहन या आर्याकार गोवर्द्धन से उन्नीस नहीं, बीस हैं क्योंकि बिहारी ने इनसे मजमून छीन लिया है यानी उन्हीं बातों को लेकर उनमें नवीन भाव भर दिये हैं। शर्मा जी की तुलनात्मक समालोचना में चुलबुलापन होता था। वे अपना पांडित्य, विनोदी स्वभाव तो प्रकट ही करते हैं, आलोचना में रोजमर्रा जबान का सहारा लेकर वैदग्ध्य भी दिखलाने में नहीं चूकते। 'अज्यों न आए सहज रंग' से प्रारम्भ होनेवाले दोहे के साथ 'सातवाहन' की एक गाथा रखकर वे लिखते हैं : 'निस्सन्देह गाथा अपने ढंग में बहुत ही उत्कृष्ट है। गाथाकार ने किसी को कुछ कहने की गुंजाइश नहीं छोड़ी, 'अद्यापि न भवन्ति

सरलास्तरंगिणश्चिकुरा' बात बहुत ही साफ और सीधी है, पर तो भी चमत्कार से खाली नहीं। इसका बाँकपन चित्त में चुभता है। बहुत ही मधुर भाव है। पर बिहारी लाल भी तो एक काइयाँ ठहरे। वह कब चूकने वाले हैं! पहलू बदलकर मजमून को साफ ले ही उड़े। 'अज्यौं न आए सहज रंग बिरह दूबरे गात'—वाह उस्ताद, क्या कहने हैं! क्या सफाई खेली है! काया ही पलट दी। कोई पहचान सकता है? वहाँ (गाथा में) केवल गुलझट-पड़े केश ही थे, यहाँ 'विरह दूबरे गात' है' (पृ. 42, बिहारी की सतसई)।

पं. पद्मसिंह शर्मा की आलोचना-शैली सर्वत्र यही है। वे काव्य के मर्मज्ञ रसिक हैं, इसमें कोई सन्देह नहीं। वे काव्य की व्याख्या भी कर सकते हैं, किन्तु कृति की प्रशंसा करते समय 'वाह-वाह! क्या-क्या खूब है! मजमून छीन लिया है' कहते हैं और बुराई करते समय या तो सर पीटते हैं या जमाने को भला-बुरा कहते हैं। मिश्रबन्धुओं, लाला भगवानदीन और पं. पद्मसिंह शर्मा—इनमें विवाद चाहे जितना अधिक हुआ हो किन्तु ये तीनों रीतिकालीन संस्कारों से युक्त आलोचक हैं। इनकी श्रेणी एक ही है। ये नवीनता के समर्थक नहीं, उसके विरोधी हैं। यह दूसरी बात है कि इन पर यत्र-तत्र आधुनिकता के छींटे पड़ गए हैं।

इस युग के प्रसिद्ध लेखक और पत्रकार श्री बालमुकुन्द गुप्त यद्यपि मुख्यतः आलोचक नहीं थे, फिर भी भाषा की सफाई और विद्या के नाना क्षेत्रों की जानकारी हिन्दी पाठकों को देनेवालों में उनका स्मरण किया जाता रहेगा। पं. महावीरप्रसाद द्विवेदी से उनकी नोक-झोंक भी चली थी। गुप्त जी का हिन्दी, संस्कृत, अंग्रेजी, बंगला, उर्दू पर अधिकार था। 'भाषा की अनस्थिरता' नामक विस्तृत लेख में उन्होंने द्विवेदी जी के कई प्रयोगों को चिन्त्य माना और अपनी ओर से उनके सही रूप भी सामने रखे। उन्होंने अपने द्वारा सम्पादित पत्र 'भारत-मित्र' में 'अश्रुमती' नाटक, 'तुलसी-सुधाकर', 'प्रवासी' (बंगभाषा की पत्रिका), गोस्वामी किशोरीलाल के उपन्यास 'तारा' और 'गुलशने हिन्द' की समीक्षा भी की थी। समीक्षा करते समय उनका ध्यान जाति, समाज, देश, भाषा आदि की समस्याओं की ओर ही अधिक रहता था। कृति की साहित्यिकता परखते समय वे इन बातों की उपेक्षा नहीं करते थे। 'अश्रुमती' की समीक्षा करते हुए उन्होंने एक स्थान पर साफ लिखा है: 'किन्तु साहित्य जहन्नुम में जाए, हमको साहित्य से कुछ मतलब नहीं है। हमको जो कुछ मतलब है, इस पुस्तक से है। वह हिन्दू धर्म लेकर, राजपूतों का गौरव लेकर और हिन्दूपति महाराणा प्रतापसिंह की उज्ज्वल कीर्ति लेकर है' (पृ. 546, बालमुकुन्द गुप्त निबन्धावली, प्रथम भाग)।

भारतेन्दु युग से साहित्य में सामाजिकता का जो प्रवेश हुआ था, उसने साहित्य के क्षेत्र का बहुत अधिक विस्तार कर दिया। इस युग का साहित्य यदि प्रधानतः प्रेरणा देने का कार्य करता था तो आलोचना साहित्य की मार्ग-निर्देशिका बनना चाहती थी। इस युग में रचनाओं की तुलना की जाती है, व्याख्या की जाती है, गुण-दोष बताए जाते हैं तथा रचना कैसी होनी चाहिए, इसका उपदेश किया जाता है। आचार्य द्विवेदी कई साहित्यांगों की श्रीवृद्धि तो करते ही हैं, हिन्दी पाठकों की ज्ञानवृद्धि भी करते हैं। हिन्दी साहित्य का जो विकास परवर्ती काल में हुआ, वह इस ज्ञानवृद्धि के बिना

असम्भव था। यहाँ इस बात पर विस्तारपूर्वक विचार करने का अवकाश नहीं है कि विविध क्षेत्रों में ज्ञान–वृद्धि के कारण हिन्दी पाठक का भाव–बोध कितना अधिक विकसित हुआ। इस विकासमान भाव–बोध ने पाठक, साहित्यकार एवं सभी साहित्यांगों पर प्रभाव डाला। उस समय की पत्र–पत्रिकाओं के कई निबन्ध कठोर मानदंड से आज चाहे शुद्ध आलोचनात्मक निबन्ध न कहे जाएँ, किन्तु ऐसे निबन्धों ने तत्कालीन आलोचनात्मक दृष्टि के निर्माण में योगदान किया।

भारतेन्दु के पश्चात् हिन्दी साहित्य ने आचार्य द्विवेदी के व्यक्तित्व में दूसरा उन्नायक प्राप्त किया। आचार्य द्विवेदी अपने समय में आधुनिक विचारों के व्याख्याता, प्रचारक और वाहक थे। उन्होंने साहित्य की सामाजिक महत्ता और उपयोगिता पर बल दिया। वे अमर्यादित शृंगारिकता को साहित्य और समाज, दोनों के लिए हानिकर समझते थे। वे साहित्य को केवल आनन्ददायक नहीं, समाज के विकास में सहायक भी होते देखना चाहते थे। इसी कारण उन्होंने कवियों को खड़ी बोली में काव्य–रचना करने की सलाह दी। उन्होंने कविता को 'अन्तःकरण की वृत्तियों का चित्र' और 'मनोभावों का शब्द–निर्मित रूप' कहा, और बताया कि वह गद्य–पद्य दोनों में हो सकती है। आचार्य महावीरप्रसाद द्विवेदी का व्यक्तित्व आलोचना के क्षेत्र में आधुनिकता का वाहक है। उन्होंने शृंगारिकता को एकदम बहिष्कृत नहीं किया किन्तु उसे नैतिकता और उपयोगिता से सीमित रखा। रीतिकालीन रुचि को आचार्य द्विवेदी ने त्याज्य कहा।

रीतिकालीन रुचियों के समर्थक और आलोचना के क्षेत्र में उनके प्रतिनिधि मिश्रबन्धु, पं. कृष्णबिहारी मिश्र, लाला भगवानदीन और पं. पद्मसिंह शर्मा हैं। बाबू जगन्नाथ दास 'रत्नाकर' ने यद्यपि आलोचना ग्रन्थ न लिखकर बिहारी की टीका ही लिखी है किन्तु अर्थ–प्रकाशन की दृष्टि से वह अत्यन्त महत्त्वपूर्ण है। काव्य की व्याख्या आलोचना का प्रमुख कार्य है, अतएव रत्नाकर को भी इस मंडली में सम्मिलित कर लेना चाहिए। ये आलोचक आचार्य महावीरप्रसाद द्विवेदी के नैतिक और उपयोगितावादी आग्रह को ठीक नहीं समझते। ऊपर से देखने पर ये बिहारी और देव के विवाद में एक–दूसरे के विरोधी हैं किन्तु रुचियाँ इन सबकी समान हैं। इन्हें एक ही श्रेणी में रखा जाना चाहिए।

किन्तु हिन्दी आलोचना की प्रगति में इनके योगदान के महत्त्व को नकारा नहीं जा सकता। इन आलोचकों ने रीतिकालीन साहित्य की मार्मिक एवं विशद व्याख्या की। इस विशद व्याख्या के अभाव में रीतिकालीन साहित्य का मूल्यांकन नहीं किया जा सकता था। इन आलोचकों की व्याख्यापरक टीकाओं और विवादों के द्वारा रीतिकालीन साहित्य की शक्ति और सीमा को समझा जा सका। हिन्दी आलोचना रीतिकालीन दृष्टि को अपर्याप्त मानकर इतनी शीघ्रता से आगे बढ़ सकी, इसका श्रेय इन आलोचकों को भी मिलना चाहिए। किन्तु आलोचना की इस प्रवृत्ति यानी रीतिकालीन प्रवृत्ति को आलोचना की उपधारा ही मानना चाहिए। मुख्य धारा तो वह थी जिसके स्रोत भारतेन्दु थे और जिसे आचार्य महावीरप्रसाद द्विवेदी का युगीन व्यक्तित्व प्रशस्त कर रहा था।

इधर देश के स्वाधीनता आन्दोलन के बढ़ते हुए प्रभाव के कारण शिक्षा का भी व्यापक प्रसार हो रहा था। स्वाधीनता केवल राजनीतिक स्थिति नहीं, वह मानसिक प्रवृत्ति भी है। स्वाधीनचेता देश प्रत्येक क्षेत्र में स्वाधीनता की माँग करता है। देश में बढ़ती हुई साक्षरता ने अपनी भाषा और अपने साहित्य का गौरव पहचाना तो विश्वविद्यालयों में हिन्दी भाषा के साथ हिन्दी साहित्य का अध्ययन-अध्यापन उच्च कक्षाओं में होने लगा। इसके बाद स्नातकोत्तर कक्षाओं में हिन्दी का अध्ययन-अध्यापन हिन्दी आलोचना को प्रभावित करता रहा है। विश्वविद्यालय के अध्यापक साहित्य के गम्भीर अध्येता होते हैं। उन्हें शास्त्रों का गम्भीर अध्ययन एवं मनन करने का अवकाश रहता है। ऐसी स्थिति में यदि विश्वविद्यालयों का अध्यापक आलोचना का नेतृत्व करे तो आश्चर्य नहीं होना चाहिए।

किन्तु विश्वविद्यालयीय आलोचक के सामने खतरे भी बहुत होते हैं। विश्वविद्यालय का पुस्तकीय संसार अनुक्षण सर्जित-विसर्जित होते रहनेवाले संसार से कटा और पिछड़ा होता है, व्यवहार-शास्त्र से दो कदम पीछे रहता है, इसलिए विश्वविद्यालय के अध्यापक-आलोचक को समकालीन साहित्य से पिछड़ जाने का खतरा हमेशा बना रहना है। विश्वविद्यालयों में हिन्दी के कई समर्थ और असमर्थ आलोचक हुए हैं, किन्तु इसका उल्लेख करना आवश्यक है कि हिन्दी के श्रेष्ठ आलोचक पं. रामचन्द्र शुक्ल अध्यापक-आलोचक थे। बाबू श्यामसुन्दर दास को इस श्रेणी का पहला आलोचक कहा जा सकता है।

बाबू साहब ने इस तथ्य को स्वीकार किया है कि उन्होंने अपने सुप्रसिद्ध ग्रन्थ 'साहित्यालोचन' को एम.ए. के पाठ्यक्रम के उपयुक्त, आलोचनात्मक पुस्तक के अभाव की पूर्ति के लिए लिखा। 'एम. ए. के पाठ्यक्रम में तीन विषय ऐसे रखे गए जिनके लिए उपयुक्त पुस्तकें नहीं थीं। वे विषय थे : भाषाविज्ञान, हिन्दी भाषा और साहित्य का इतिहास और साहित्यिक आलोचना। इन तीनों विषयों के लिए अनेक पुस्तकों के नामों का निर्देश कर दिया गया जिनकी सहायता से इन विषयों का पठन-पाठन हो सके, परन्तु आधारस्वरूप कोई मुख्य ग्रन्थ न बताया जा सका। सबसे पहले मैंने साहित्यिक आलोचना का विषय चुना और उसके लिए जिन पुस्तकों का निर्देश किया गया, उन्हें देखना आरम्भ किया। मुझे शीघ्र ही अनुभव हुआ कि इस विषय का भली भाँति अध्ययन करने के लिए यह आवश्यक है कि विद्यार्थियों को पहले आलोचना के तत्त्वों का प्रारम्भिक ज्ञान करा दिया जाए। इसके लिए मैंने सामग्री एकत्र करना आरम्भ किया और सम्पूर्ण ग्रन्थ के परिच्छेदों का क्रम; विषय का विभाग आदि अपने मन में बनाकर उसे लिखना आरम्भ किया' (भूमिका, साहित्यालोचन)।

भले ही 'साहित्यालोचन' में प्रकट किए गए विचार मौलिक न हों—यद्यपि उसमें अनेक स्थलों पर मौलिकता भी है, किन्तु वह हिन्दी आलोचना का युगान्तरकारी ग्रन्थ है। हिन्दी की आलोचना को आधुनिक और गम्भीर साहित्यांग के रूप में विकसित करने का प्रयास करनेवाला वह सम्भवतः प्रथम ग्रन्थ है। इस ग्रन्थ की सबसे बड़ी विशेषता लेखक की समन्वयात्मक दृष्टि है—समन्वय भारतीय और पाश्चात्य काव्य-

मतों का। बाबू साहब ने प्लेटो, अरस्तू, हीगेल, वर्सफोल्ड आदि के विचारों को भारतीय आचार्यों के मतों के साथ बाँट दिया है और अभिव्यक्ति में दुर्बोधता और अस्पष्टता नहीं आने पाई है। विविध क्षेत्रों से विचारों को अपनाना और उन्हें अपनी भाषा में प्रकट कर पाना साधारण बात नहीं है। सच पूछा जाए तो ये ही गुण किसी अध्यापक को सफल बनाते हैं। बाबू साहब सफल अध्यापक ही नहीं थे, अपने बाद आनेवाले सफल अध्यापकों के भी अध्यापक थे—और बड़ी बात यह कि स्वच्छ एवं प्रसन्न गद्यकार थे।

बाबू श्यामसुन्दर दास ने साहित्य को परखने की दृष्टि को भी व्यापक बनाया। उन्होंने आधुनिक ज्ञान-विज्ञान की विविध शाखाओं के सन्दर्भ में साहित्य को देखने का आग्रह किया। इससे साहित्यिक आलोचना का क्षेत्र भी व्यापक और उदार हुआ। उन्होंने विभिन्न कलाओं की विवेचना करने के उपरान्त उनके बीच काव्य-कला का स्थान निर्धारित किया तथा अन्य कलाओं से उसकी तुलना की। साहित्य के विभिन्न अंगों और उपांगों का परिचय दिया। बाबू साहब ने साहित्यांगों का परिचय अपने समय में प्राप्त नवीनतम सूचनाओं के आधार पर दिया। उन्होंने 'रस' एवं अलंकारों पर भी विचार किया। अन्त में उन्होंने आलोचना के विविध प्रकारों और पक्षों पर भी प्रकाश डाला है। यद्यपि 'साहित्यालोचन' के पूर्व ही पं. रामचन्द्र शुक्ल का 'हिन्दी साहित्य का इतिहास' निकल चुका था, आलोचक रूप में उनकी ख्याति भी फैल चुकी थी, किन्तु हिन्दी के विद्यार्थियों को आलोचना-शास्त्र का परिचय देनेवाली कोई उपयुक्त पुस्तक नहीं निकली थी। 'साहित्यालोचन' ने हिन्दी आलोचना का मार्ग प्रशस्त किया क्योंकि उसने हिन्दी के व्यापक विद्यार्थी और पाठक-वर्ग के लिए आलोचना-शास्त्र का परिचय सुलभ कर दिया। हो सकता है कि इसमें व्यक्त सभी विचार या अधिकांश विचार लेखक के मौलिक विचार न हों किन्तु पूरे ग्रन्थ की योजना, समस्त सामग्री का विषयानुसार विभाजन और वर्गीकरण लेखक का अपना है। इसके पूर्व आलोचना-शास्त्र का परिचय देनेवाली कोई पुस्तक इतनी सुव्यवस्थित और सुयोजित रूप में नहीं निकली थी—शायद उसके बाद भी नहीं निकली है।

स्नातकोत्तर कक्षाओं की आवश्यकता को ही ध्यान में रखकर बाबू श्यामसुन्दर दास ने 'रूपक रहस्य' और 'भाषा रहस्य' की रचना की। अपने समय को ध्यान में रखकर बाबू साहब ने हिन्दी में ऐसे पाठ्यक्रम की व्यवस्था की जिसमें भाषाविज्ञान जैसे आधुनिक विषय की पढ़ाई हो सकी। उन्होंने हिन्दी में इन नवीन विषयों पर पुस्तकें भी लिखीं और लिखवाईं।

बाबू साहब ने हिन्दी साहित्य का इतिहास भी लिखा है। पहली बार यह ग्रन्थ सन 1987 (1930 ई.) में 'हिन्दी भाषा और साहित्य' के नाम से प्रकाशित हुआ था। बाद में इतिहास का अंश 'हिन्दी साहित्य' के नाम से अलग प्रकाशित हुआ। स्मरणीय है कि 'हिन्दी भाषा और साहित्य' रामचन्द्र शुक्ल के 'हिन्दी साहित्य का इतिहास' के प्रकाशित होने के एक वर्ष बाद प्रकाशित हुआ था। इसमें शुक्ल जी जैसी आलोचनात्मकता नहीं है। बाबू साहब ने शुक्ल जी के काल-विभाजन को स्वीकार कर लिया

है। इस इतिहास की विशेषता इसकी व्यापक दृष्टि में है। यह साहित्य को भाषा के विकास के साथ-साथ तथा अन्य कलाओं के विकास के सन्दर्भ में देखता है। बाबू साहब के इतिहास में न तो साहित्यकारों के सम्बन्ध में पर्याप्त सूचनाएँ दी गई हैं, न उनकी रचनाओं की विशेषताओं का आलोचनात्मक विश्लेषण किया गया है, लेकिन साहित्य के इतिहास को मनुष्य की अन्य सांस्कृतिक चेष्टाओं के सन्दर्भ में देखा गया है। बाबू साहब के इतिहास की यह विशेषता शुक्ल जी के इतिहास के एक अभाव की पूर्ति करती है। यह ग्रन्थ 'हिन्दी साहित्य का इतिहास' के पूरक का काम करता है। पुस्तक के अन्त में 'हिन्दी की व्यापकता' नामक अध्याय है जो संक्षिप्त होते हुए भी अत्यन्त महत्त्वपूर्ण है। इस अध्याय में बाबू साहब ने हिन्दी की व्यापकता के विषय में कुछ ऐसे प्रश्नों का उत्तर दिया है जो आज भी किए जाते हैं और कई बार अनुत्तरित रह जाते हैं।

इतिहास लेखन के लिए बाबू साहब आधारभूत सामग्री की खोज और उपलब्धि को अत्यन्त आवश्यक मानते हुए लिखते हैं : 'सम्पूर्ण सामग्री के प्राप्त हुए बिना अनुशीलन कितनी ही सतर्कता से किया जाए, वह अधूरा ही कहा जाएगा और उसके आधार पर जो परिणाम निकाले जाएँगे, वे अपूर्ण सामग्री पर आधृत होने के कारण अपूर्ण ही होंगे' (पृ. 334, हिन्दी-साहित्य, नवम् संस्करण)। यानी बाबू साहब केवल तथ्यों के आधार पर निष्कर्ष निकालने के पक्ष में हैं।

उन्होंने हिन्दी साहित्य की प्राचीनता और उसकी व्याप्ति पर भी विचार किया है। इस प्रश्न का निर्णायक उत्तर देते हुए लिखा है : 'इसमें सन्देह नहीं कि कभी-कभी ऐसा प्रश्न उठाया जाता है कि हिन्दी में प्राचीन साहित्य है ही कहाँ? जो कुछ है, वह ब्रज और अवधी आदि में है। ऐसा प्रश्न करनेवाले लोग केवल आधुनिक खड़ी बोली की रचनाओं को ही हिन्दी साहित्य के अन्तर्गत मानते हैं और ऐसा कहते समय वे साहित्य की परम्परा तथा उसके मूल में रहनेवाली शब्दकोश एवं प्रवृत्तिगत एकता की बात बिलकुल भूल जाते हैं।

'भाषाविज्ञान की दृष्टि से ब्रज, अवधी, मैथिली, राजस्थानी, खड़ी आदि भिन्न भाषाएँ गिनी जाएँ, परन्तु जहाँ तक साहित्य का सम्बन्ध है, इनमें पाई जानेवाली रचनाओं की परम्परा, प्रकृति एवं पदावली में इतना साम्य अवश्य है कि वे बिना विशेष कठिनाई के समझ ली जाएँ, अत: उनका एक ही साहित्य के अन्तर्गत गिना जाना उचित है' (पृ. 335, वही)।

हिन्दी आलोचना में वैज्ञानिकता की परम्परा का जो प्रवर्त्तन भारतेन्दु ने किया, उसे नवीन ज्ञान-विज्ञान के आलोक में आचार्य महावीरप्रसाद द्विवेदी और बाबू श्यामसुन्दर दास ने विकसित किया। ये विचारक देश-विदेश में निरन्तर विकासमान ज्ञान-राशि से सम्पर्क बनाए रहने पर आग्रह करते रहे। ये परम्परा का अनुकरण करने के बजाय उसका उपयोग करने के पक्ष में थे। आचार्य द्विवेदी का प्रभाव सर्जक साहित्यकारों पर अधिक पड़ा तो श्यामसुन्दर दास का प्रभाव विश्वविद्यालयों में शास्त्र की साधना करनेवाले अनुसंधित्सुओं और अध्यापकों पर पड़ा। आचार्य द्विवेदी ने

आलोचना योग्य भाषा का रूप सुस्थिर करने का सफल प्रयास किया, उसको सही मार्ग पर प्रवृत्त किया और बाबू साहब ने आलोचना के आवश्यक उपादान एकत्र किए, उन्हें व्यवस्थित और संयोजित किया। उन्होंने नागरी प्रचारिणी सभा तथा काशी हिन्दू विश्वविद्यालय में हिन्दी विभाग की नींव डाली, योग्य विद्वानों को निमंत्रित किया, आवश्यक योजनाएँ बनाईं और उन्हें पूरा करने के लिए विद्वानों को सुविधाएँ प्रदान कीं। कहने की आवश्यकता नहीं कि बाबू साहब ने जिन विद्वानों को पहचाना और जिन्हें काम करने की सुविधाएँ प्रदान कीं, उन्हीं में पं. रामचन्द्र शुक्ल भी थे।

विशुद्ध आलोचना का प्रारम्भ

शुक्ल युग

3

'गद्य साहित्य का प्रसार' के द्वितीय उत्थान (सं. 1950-1975) के अन्तर्गत समालोचना पर विचार करते हुए शुक्ल जी ने लिखा है : 'पर यह सब आलोचना अधिकतर बहिरंग बातों तक ही रही। भाषा के गुण-दोष, रस, अलंकार आदि की समीचीनता इन्हीं सब परम्परागत विषयों तक पहुँची। स्थायी साहित्य में परिगणित होनेवाली समालोचना जिसमें किसी कवि की अन्तर्वृत्ति का सूक्ष्म व्यवच्छेद होता है, उसकी मानसिक प्रवृत्ति की विशेषताएँ दिखाई जाती हैं, बहुत कम दिखाई पड़ी' (पृ. 492, हिं. सा. इ.)। आगे गद्य साहित्य के तृतीय उत्थान के अन्तर्गत समालोचना के विकास पर लिखते हुए उन्होंने कवियों की 'अन्त:प्रवृत्ति की छानबीन' की बात फिर की है (पृ. 562, वही)। शिष्टता और विनम्रता के नाते उन्होंने यह नहीं लिखा कि 'ऐसी आलोचना मैंने की है।' उन्होंने उत्तम पुरुष का प्रयोग बचाते हुए अपने विषय में केवल यह लिखा : 'इस इतिहास के लेखक ने तुलसी, सूर और जायसी पर विस्तृत समीक्षाएँ लिखीं जिसमें से प्रथम 'गोस्वामी तुलसीदास' के नाम से पुस्तकाकार छपी है, शेष दो क्रमशः 'भ्रमरगीत-सार' और 'जायसी ग्रन्थावली' में सम्मिलित हैं' (पृ. 562)। समालोचना विषयक अपनी धारणा बताकर शुक्ल जी ने समालोचना विषयक अपनी विशेषता बता दी है। उन्हीं की गवाही पर कहा जा सकता है कि 'किसी कवि या पुस्तक के गुण-दोष या सूक्ष्म विशेषताएँ दिखाने के लिए एक दूसरी पुस्तक तैयार करने की चाल हमारे यहाँ न थी' (पृ. 526) और 'हमारे हिन्दी साहित्य में समालोचना पहले-पहल केवल गुण-दोष-दर्शन के रूप में प्रकट हुई' (पृ. 527, साहित्य)।

जाहिर है कि यह जो तृतीय उत्थान में गुण-दोष के कथन के आगे बढ़कर कवियों की विशेषताओं और उनकी अन्त:प्रवृत्ति की छानबीन की ओर भी ध्यान दिया गया, वह समूचे भारतीय साहित्य-शास्त्र का आधुनिकीकरण था। यह कार्य पं. रामचन्द्र शुक्ल की समीक्षा द्वारा हुआ। जिसने शुक्ल जी के पहले का और उनके बाद का समालोचना-साहित्य पढ़ा है, वह इस निष्कर्ष से सहमत होगा कि शुक्ल जी की रचनाओं के कारण हिन्दी की समालोचना ने नये युग में पदार्पण किया। हिन्दी साहित्य की किसी एक विधा को कभी किसी एक साहित्यकार ने इतना अधिक नहीं प्रभावित किया था।

'कवि की अन्तर्वृत्ति का सूक्ष्म व्यवच्छेद'—यह वाक्यांश अपने-आप में उस तत्परता, गम्भीरता, प्रामाणिकता और प्रतिभा का संकेत नहीं देता जिनकी कि वह माँग करता है। अभी इस बात को ठीक-ठीक नहीं आँका गया है कि पं. रामचन्द्र शुक्ल

ने आलोचक होने की कितनी भारी तैयारी की थी। साहित्येतर ग्रन्थ जितनी संख्या में रामचन्द्र शुक्ल ने लिखे या अनुवादित किए, उतने अभी तक हिन्दी के किसी अन्य समालोचक ने नहीं। डॉ. रामविलास शर्मा को छोड़कर उनकी रुचियाँ विविध थीं। उन्होंने केवल 'साहित्य' ही नहीं पढ़ा था, साहित्य के स्रोत जीवन को भी परखा और समझा था। यह समझना कि अपने को चारों ओर से बन्द करके कोई व्यक्ति साहित्य को ठीक-ठिकाने से समझ सकता है, भूल है। हिन्दी के श्रेष्ठ समालोचक शुक्ल जी ने अपने युग-बोध को कठिन परिश्रम से अर्जित किया। उन्होंने अपने समय तक पहुँची हुई ज्ञान-विज्ञान की सीमा-रेखा पर खड़े होकर जीवन और साहित्य को देखा-भाला। अपने युग के मुहावरे में उन्होंने साहित्य की व्याख्या की। इसीलिए सच्चे अर्थों में वे आधुनिक एवं प्रगतिशील साहित्य-मर्मज्ञ और समालोचक हुए।

लगभग 14 वर्ष की ही अवस्था में उन्होंने एडिसन के 'एसे ऑन इमेजिनेशन' का अनुवाद 'कल्पना का आनन्द' नाम से किया था (पृ. 303, रामचन्द्र शुक्ल, लेखक : चन्द्रशेखर शुक्ल)। इसके अतिरिक्त उन्होंने सर टी. माधवराव की पुस्तक 'माइनर हिट्स' का अनुवाद 'राज्य प्रबन्ध शिक्षा' नाम से किया। मेगस्थनीज के 'भारत विवरण', राखालदास वंद्योपाध्याय के बंगला उपन्यास 'शशांक' और एडविन आरनाल्ड के 'लाइट ऑफ एशिया' का पद्यबद्ध अनुवाद 'बुद्धचरित' नाम से किया। जो बात ध्यान देने की है, वह यह कि प्राय: इन सभी अनूदित ग्रन्थों की उन्होंने विस्तृत भूमिकाएँ लिखीं। 'बुद्धचरित' की भूमिका में उन्होंने उत्तर भारत की कई आधुनिक भारतीय आर्यभाषाओं के भेदक लक्षणों की विशद विवेचना की। 'शशांक' की भूमिका में उन्होंने इस उपन्यास की कथावस्तु की ऐतिहासिकता पर विचार किया और राखाल बाबू से कुछ स्थलों पर मतभेद प्रकट किया। शुक्ल जी के विचारों का निर्माण करने में जर्मनी के जगद्विख्यात प्राणितत्त्ववेत्ता हैकल की पुस्तक 'रिडिल ऑफ दि यूनिवर्स' का बहुत योगदान है। 'वक्तव्य' में शुक्ल जी ने जिन शब्दों में इस पुस्तक का परिचय दिया है, वे ध्यान देने योग्य हैं : 'आज जर्मनी के जगद्विख्यात प्राणितत्त्ववेत्ता हैकल की परम प्रसिद्ध पुस्तक Riddle of the Univers हिन्दी पढ़नेवालों के सामने रखी जाती है। यह अनात्मवादी अधिभौतिक पक्ष का सिद्धान्त ग्रन्थ है। इसमें नाना विज्ञानों से प्राप्त उन सब तथ्यों का संग्रह है जिन्हें भूतवादी अपने पक्ष के प्रमाण में उपस्थित करते हैं। जिस समय यह ग्रन्थ प्रकाशित हुआ, यूरोप में इसकी धूम-सी मच गई। अकेले जर्मनी में दो महीने के भीतर इसकी 9000 प्रतियाँ खप गईं।...इस पुस्तक ने सबसे अधिक खलबली पादरियों के बीच डाली जिनकी गालियों से भरी हुई सैकड़ों पुस्तकें इसके प्रतिवाद में निकलीं' (वक्तव्य, विश्व प्रपंच, काशी नागरी प्रचारिणी सभा, सं. 1977)। इसके आगे वे वक्तव्य में ही लिखते हैं : 'पुस्तक में आधुनिक दर्शन और विज्ञान से सम्बन्ध रखने वाली जिन-जिन बातों का उल्लेख है, उन सबकी थोड़ी-बहुत चर्चा भूमिका में इसलिए कर दी गई है जिससे अभिप्राय समझने में सुभीता हो।' चर्चा थोड़ी-बहुत नहीं की गई है। आचार्य शुक्ल ने भूमिका 155 पृष्ठों की लिखी है। भूमिका के प्रथम पृष्ठ पर ही वे लिखते हैं : 'जहाँ पहले लोग छोटी से छोटी बात के कारण को

न पाकर उसे ईश्वर की कृति मान सन्तोष कर लेते थे, वहाँ चारों ओर नाना विज्ञानों के द्वारा कार्य-कारण की ऐसी विस्तृत शृंखला उपस्थित कर दी गई कि किसी को बीच में ही ठिठकने की आवश्यकता न रह गई' (पृ. 12, भूमिका, विश्व प्रपंच) जहाँ-जहाँ उन्हें उचित प्रतीत हुआ है, वे आधुनिक विज्ञान की बातों का ताल-मेल भारतीय चिन्ता-धारा से बिठाते चले हैं। कालान्तर में जीवन और जगत-सम्बन्धी अपनी जिन मान्यताओं के प्रकाश में उन्होंने साहित्य की व्याख्या की, वे 'विश्व प्रपंच' की भूमिका लिखते समय स्थिर हो गई प्रतीत होती हैं। धर्म और आचार के विषय में वे भूमिका में लिखते हैं : 'लोक-व्यवहार और समाज-विकास की दृष्टि से धर्म और आचार की व्याख्या की गई है, परलोक और अध्यात्म की दृष्टि से नहीं। दूसरे के प्रति जो आचरण हम करते हैं, उसी में अच्छे और बुरे का आरोप हो सकता है' (पृ. 91, वही)। इसी आधार पर वे 'धर्मो रक्षति रक्षितः' की व्याख्या करते हैं। वे धर्म की इहलौकिक और विकासवादी व्याख्या करते हुए लिखते हैं : 'धर्म का कोई ऐसा सामान्य लक्षण नहीं बताया जा सकता जो सर्वत्र और सब काल में—मनुष्य जाति की जब से उत्पत्ति हुई तब से अब तक बराबर मान्य रहा हो। समाज की ज्यों-ज्यों वृद्धि होती गई, त्यों-त्यों धर्म की भावना में भी देश-कालानुसार फेरफार होता गया' (पृ. 94, वही)। यह धर्म को निरन्तर विकसनशील मानव समाज के अर्थात् ऐतिहासिक परिप्रेक्ष्य में देखने की दृष्टि है जो आधुनिक है। पौराणिकता के स्थान पर वैज्ञानिकता को वरेण्य और श्रेयस्कर बनाते हुए वे साफ कहते हैं : 'सृष्टि के जिन रहस्यों को विज्ञान खोल चुका है, उनके सम्बन्ध में जो प्राचीन पौराणिक कथाएँ और कल्पनाएँ हैं, वे अब ढाल-तलवार का काम नहीं दे सकतीं। अब जिन्हें मैदान में जाना हो, वे नाना विज्ञानों से तथ्य संग्रह करके सीधे उस सीमा पर जाएँ जहाँ दो पक्ष अड़े हुए हैं—एक ओर आत्मवादी, दूसरी ओर अनात्मवादी; एक ओर जड़वादी, दूसरी ओर नित्य चैतन्यवादी' (पृ. 147, वही)।

'विश्व प्रपंच' अनात्मवादी ग्रन्थ है। डॉ. रामविलास शर्मा के अनुसार यह ग्रन्थ लेनिन की दृष्टि में भी महत्त्वपूर्ण था। हैकल का मत था कि 'जिसे आत्मा कहते हैं, वह मेरी समझ में एक प्राकृतिक व्यापार-मात्र है' (पृ. 67, वही)।

हमारे प्राकृतिक निरूपण के अनुसार : ''आत्मा की क्रिया द्रव्य-शक्ति-सम्भूत ऐसे व्यापारों का संघात है जो और प्राकृतिक व्यापारों के समान एक विशिष्ट भौतिक आधार पर अवलम्बित है' (वही)।

'हम आत्मा या मन को कललरस के अन्तर्व्यापारों की समष्टि-मात्र समझते हैं। इस निश्चय के अनुसार 'आत्मा' शब्द का एक विशेष धर्म सूचित करने के लिए एक भाव-वाचक संज्ञा-मात्र है' (पृ. 86, विश्व प्रपंच)।

आध्यात्मिक जगत को अस्तित्वहीन प्रमाणित करते हुए हैकल लिखता है : 'यह आध्यात्मिक जगत जो भूतात्मक जगत से सर्वथा स्वतंत्र माना गया है और जिसके आधार पर द्वैतवाद खड़ा किया गया है, कवि कल्पना मात्र है' (पृ. 68, वही)।

आध्यात्मिक चर्चा से शुक्ल जी भी बहुत घबड़ाया करते थे। वे मन को दृश्यमान जगत का ही प्रतिरूप मानते थे। यहाँ शुक्ल जी को कल की तरह अनात्मवादी मानने

का आग्रह नहीं किया जा रहा है। 'केवल इस बात की प्रबल सम्भावना प्रकट की जा रही है कि जीवन और जगत-सम्बन्धी उनकी धारणाओं का निर्माण करने में हैकल के 'रिडिल ऑफ द यूनिवर्स' का काफी हाथ है।' 'विश्व प्रपंच' की भूमिका पढ़ने पर इस बात का पता चलता है कि उन्होंने भौतिक विज्ञान, दर्शन तथा मनोविज्ञान का गहरा अध्ययन किया था। उन्होंने लॉर्ड केलविन, डारविन, हक्सले, शेफर, जेम्स, हर्बर्ट, स्पेंसर, बेटसन, स्पिनोजा, डेकार्ट, कांट, बर्कले, शेलिंग, हीगेल, शोपेनहावर, ड्यूरिंग, रीड, स्टिवर्ट, हेमिल्टन, सर आलिवर लाज, ह्यूम, प्लांक तथा अन्य वैज्ञानिकों तथा दार्शनिकों के सिद्धान्तों तथा विचारों का तालमेल बिठाने के लिए गीता, वैशेषिकों, नैयायिकों, उपनिषदों, पतंजलि, चरक, सांख्य वेदान्त, चार्वाक आदि के विचारों को उद्धृत करके उनकी विवेचना की है। विवेचना करते समय अभिभूत न वे पश्चिमी विचारकों से दिखाई पड़ते हैं, न प्राचीन भारतीय विचारकों से। हमारे यहाँ दार्शनिक स्तर पर ऐसी बहुत-सी बातें पहले कह दी गई हैं जो अब भौतिक विज्ञान द्वारा प्रमाणपुष्ट हो रही हैं। कई पुरातनतावादी इस पर मुग्ध होकर वैज्ञानिक अनुसन्धानों को प्राचीन भारतीय दर्शन से पिछड़ा हुआ समझते हैं, या कम-से-कम इतना आश्वस्त हो जाते हैं कि अपने को सर्वज्ञ समझ बैठते हैं।

शुक्ल जी ने इस विषय में जो कहा है, उसे हममें से कइयों ने आज भी ठीक-ठीक नहीं समझा है : 'दार्शनिक अनुमान के रूप में तो विकास-सिद्धान्त बहुत प्राचीन काल से पूर्व और पश्चिम, दोनों ओर चला आ रहा था। एक अव्यक्त मूल प्रकृति से किस प्रकार क्रमशः जगत का विकास हुआ है, सांख्य में इसका प्रतिपादन किया गया है। यूनानी तत्त्ववेत्ता भी जगत का विकास इसी प्रकार मानते थे।'

कहने का तात्पर्य यह कि विज्ञान-सम्बन्धी पर्याप्त जानकारी हासिल करने के बाद शुक्ल जी का दृष्टिकोण वैज्ञानिक हुआ था। इस वैज्ञानिक दृष्टिकोण का ही परिणाम है कि वे साहित्य की जागतिक व्याख्या करते हैं, अध्यात्म शब्द की काव्य या कला के क्षेत्र में कहीं कोई जरूरत नहीं समझते और अपने प्रिय कवि तुलसी को 'लोक-धर्म' का उद्घोषक कवि कहते हैं। इसीलिए कहा गया है कि पं. रामचन्द्र शुक्ल की दृष्टि वैज्ञानिक, प्रगतिशील और इहलौकिक थी।

शुक्ल जी की कृतियों को देखने से पता चलता है कि वे समकालीन राजनीतिक और आर्थिक समस्याओं पर भी अपने सुस्पष्ट विचार रखते थे। उनके साहित्यिक निबन्धों में यत्र-तत्र ऐसी उक्तियाँ मिलती हैं जिनसे पता चलता है कि वे राजनीति में भीख माँगनेवाली और अन्यायी के प्रति भी अहिंसा की नीति के विरोधी थे। वे अन्यायी के प्रति क्रोध को उसके प्रति दिखाई गई दया से श्रेयस्कर समझते थे। अन्यायी रावण के प्रति राम के 'कालाग्निसदृशक्रोध' को उचित मानते थे। उन्होंने शुद्ध राजनीतिक और आर्थिक निबन्ध भी लिखे हैं। 1903 या 1904 ई. में उन्होंने 'हिन्दुस्तान रिव्यू' में 'ह्वाट हैज इंडिया टु डू' नामक निबन्ध लिखा था। 1917 ई. के 'लीडर' में उन्होंने 'हिन्दी एंड मुसलमान्स' नामक निबन्ध प्रकाशित कराया था। बांकीपुर (पटना) से निकलनेवाले 'एक्सप्रेस' में उन्होंने गांधी जी के असहयोग-

आन्दोलन के आर्थिक पक्ष का विरोध करते हुए 1921 ई. में 'नॉन-कोऑपरेशन एड द नॉनमर्केन्टाइल क्लासेज' शीर्षक से एक निबन्ध लिखा था। शुक्ल जी के जीवनी-लेखक श्री चन्द्रशेखर शुक्ल ने लिखा है : 'राजनीतिक क्षेत्र में इस (लेख) की बरसों चर्चा रही' (पृ. 315, रा. च. शु.)।

शुक्ल जी की भाषा इतनी निर्दोष, तथ्य-निरूपिणी एवं प्राणवती है कि उस पर अलग से विस्तारपूर्वक विचार करने की आवश्यकता है। यहाँ पर उसके विषय में केवल इतना कहकर ही सन्तोष किया जा रहा है कि शुक्ल जी की भाषा भी वैज्ञानिक है। वैज्ञानिक विचारों को वैज्ञानिक भाषा ही वहन कर सकती थी। दृष्टिकोण-सम्बन्धी और विचारगत वैज्ञानिकता की ही तरह उन्होंने भाषा की वैज्ञानिकता भी अर्जित की थी। कैसे, इसका संकेत कर देना आवश्यक है। शुक्ल जी के आलोचक और इतिहास-कार को इतनी ख्याति मिल गई है कि लोगों का ध्यान इस तथ्य की ओर प्राय: नहीं जाता कि उन्होंने 'हिन्दी शब्द सागर' का सम्पादन किया था। 'हिन्दी साहित्य का इतिहास' तो 'सागर' की भूमिका है। इस कोश में दिये गए 93,115 शब्दों पर शुक्ल जी ने विचार किया होगा। उनके प्रयोगों पर मनन करके उनका उपयुक्त एवं यथातथ अर्थ निश्चित किया होगा। शब्दों का प्रयोग करना एक बात है, किन्तु उनका अर्थ समझाना उनकी वैज्ञानिक विवेचना करना है। सम्पादक-मंडल में और भी लोग थे। लेकिन इसमें किसने कितना काम किया था, यह 'शब्द सागर' के प्रधान सम्पादक बाबू श्यामसुन्दर दास के ही शब्दों में द्रष्टव्य है :

'यदि कहा जाए कि 'हिन्दी शब्द सागर' की उपयोगिता और सर्वांगपूर्णता का श्रेय पं. रामचन्द्र शुक्ल को प्राप्त है, तो इसमें कोई अत्युक्ति न होगी। एक प्रकार से यह उन्हीं के परिश्रम, विद्वत्ता और विचारशीलता का फल है। कोश ने शुक्ल जी को बनाया और कोश को शुक्ल जी ने' (पृ. 303, रामचन्द्र शुक्ल से उद्धृत)।

कहने का तात्पर्य यह है कि पं. रामचन्द्र शुक्ल ने अपने समय में उपलब्ध वैज्ञानिक जानकारी हासिल की थी। अनेक साहित्येतर विषयों का गम्भीर अध्ययन करके उन सबके प्रकाश में साहित्य की समीक्षा की थी या यों कहिए कि जीवन की संगति में साहित्य को बिठलाया था। इस पृष्ठभूमि के बिना यथार्थ को देखने की निराविल एवं अचूक दृष्टि की प्राप्ति असम्भव थी।

किन्तु साहित्येतर समीक्षक को साहित्य भटका भी सकता है। साहित्य के क्षेत्र में विविध विषयों के गहन अध्ययन से प्राप्त ज्ञान को सन्दर्भवान बनाए रखने के लिए असाधारण सन्तुलन एवं विवेक की आवश्यकता है। फिर इन सबके होते हुए भी यदि समीक्षक रचना की गहराई में पैठ नहीं सकता तो वह साहित्य का विवेचक नहीं बन सकता।

साहित्य का कार्य-क्षेत्र मानव-हृदय है। वह हृदय के भावों का व्यापार है। शुक्ल जी ने कविता की साधना को भावयोग कहा है (पृ. 5, र. मी.)। इस भाव-योग की साधना से मनुष्य का हृदय 'स्वार्थ-सम्बन्धों के संकुचित मंडल से ऊपर' उठकर 'लोक-सामान्य भावभूमि' पर पहुँच जाता है। भावयोग की साधना को वे 'कर्मयोग और ज्ञानयोग का

समकक्ष' मानते हैं। ध्यान देने की बात है कि शुक्ल जी के अनुसार भावयोग की साधना से मनुष्य का हृदय स्वार्थ सम्बन्धों के संकुचित मंडल से ऊपर उठकर जगत से परे लोकोत्तर क्षेत्र में नहीं पहुँचता, ऊपर उठता है तो हृदय संकुचित मंडल के दायरे को तोड़कर 'लोक-सामान्य भावभूमि' पर पहुँचता है। इस लोक-सामान्य भावभूमि पर पहुँचना काव्य का उद्देश्य है। 'लोक-सामान्य' शब्द शुक्ल जी का गढ़ा हुआ है और इसमें साहित्य-सम्बन्धी उनकी मूल धारणा लिपटी हुई है। सर्जनात्मक रचना के क्षेत्र में रीतिकालीन दरबारों के संकुचित मंडल को तोड़कर कविता को लोक-सामान्य भूमि पर लाने का कार्य भारतेन्दु से लेकर आज तक के सच्चे और समर्थ कवि करते आए हैं। निराला ने 'कविता-कामिनी से' कहा भी था :

'सहज-सहज पग धर आओ उतर
देखें वे सभी तुम्हें पथ पर
वह जो सिर बोझ लिये आ रहा
वह जो बछड़े को नहला रहा
वह जो इस-उस से बतला रहा
देखूँ, वे तुम्हें देख जाते भी हैं ठहर ?
उनके दिल की धड़कन से मिली
होगी तसवीर जो कहीं खिली
देखूँ मैं भी, वह कुछ भी हिली
तुम्हें देखने पर, भीतर-भीतर ?'

—*अनामिका*

'आचार्य रामचन्द्र शुक्ल और हिन्दी आलोचना' में डॉ. रामविलास शर्मा ने ठीक ही लिखा है कि 'हिन्दी साहित्य में शुक्ल जी का वही महत्त्व है जो उपन्यासकार प्रेमचन्द या कवि निराला का' (भूमिका)। शुक्ल जी ने 'बाह्य जगत और मानव जीवन की वास्तविकता के आधार पर नये साहित्य सिद्धान्तों की स्थापना की और उनके आधार पर सामन्ती साहित्य का विरोध किया और देशभक्ति और जनतंत्र की साहित्यिक परम्परा का समर्थन किया' (वही)।

कविता का उद्देश्य हृदय को लोक-सामान्य भावभूमि पर पहुँचा देना है, यह कहना निश्चित ही साहित्य की जनतांत्रिक परम्परा को सुदृढ़ करना है। वे लोक की भूमि पर अपने कदम मजबूती से जमाकर जीवन एवं साहित्य पर दृष्टि डालते हैं और उसकी व्याख्या करते हैं। रूढ़िवादी धार्मिकता, पारलौकिकता और रहस्यवादिता, वैज्ञानिकता और लौकिकता का विरोध करती हैं। इसीलिए शुक्ल जी के लिए जीवन और साहित्य की व्याख्या करने के दौरान उनका विरोध करना आवश्यक था। कहने की आवश्यकता नहीं कि सर्जनात्मक क्षेत्र में रूढ़िवादी धार्मिकता और पारलौकिकता पर प्रहार भी भारतेन्दु से लेकर निराला, प्रेमचंद तक के सभी समर्थ साहित्यकारों ने किया था। वैज्ञानिक दृष्टि जो जागतिक दृष्टि है, हमारे साहित्य में धर्म और परलोक पर प्रहार करती हुई ही विकसित हुई है। शुक्ल जी ने साफ लिखा है :

'अध्यात्म शब्द की मेरी समझ में काव्य या कला के क्षेत्र में कहीं कोई जरूरत नहीं है' (पृ. 69, रस मीमांसा)। इसी तरह भारतीय काव्य-परम्परा से रहस्यवाद को पृथक् मानते हुए उन्होंने लिखा : 'यह कौन कहता है कि मत-मतान्तरों के साधना-क्षेत्र में रहस्य-मार्ग नहीं चले ? योग रहस्य-मार्ग है, तंत्र रहस्य-मार्ग है, रसायन भी रहस्य-मार्ग है। पर ये सब साधनात्मक हैं, प्रकृत भावभूमि या काव्य-भूमि के भीतर चले हुए मार्ग नहीं' (पृ. 652, हिन्दी साहित्य का इतिहास, नौंवा संस्करण)। व्यक्ति धर्म के स्थान पर उन्होंने 'लोक-धर्म' को श्रेयस्कर बताया। उन्होंने साहित्य में जीवन को और जीवन में साहित्य को प्रतिष्ठापित किया।'

पं. रामचन्द्र शुक्ल ने यह कार्य अत्यन्त व्यवस्थित ढंग से किया है। केवल व्यावहारिक समीक्षा में ही नहीं, काव्य-शास्त्र-सम्बन्धी विवेचन में भी उन्होंने अपने दृष्टिकोण से भाव, विभाव, रस की पुनर्व्याख्या की। शुक्ल जी के अनुसार, निरन्तर विकासमान जगत में जिस प्रकार जीवन के अन्य क्षेत्रों के सम्बन्ध परिवर्तित होते रहते हैं, वैसे ही साहित्य में भी। आधुनिक दृष्टिकोण से जो कि इहलौकिक और वैज्ञानिक है, भाव-व्यापार की पुनर्व्याख्या करके शुक्ल जी ने हिन्दी के सर्जनात्मक और समीक्षात्मक साहित्य को दृढ़ आधार प्रदान किया।

भावों और मनोविकारों का शुक्ल जी ने गहरा अध्ययन किया था। इनकी व्याख्या वे विकासवादी पद्धति से करते हैं—भाववादी पद्धति से नहीं। 'विश्व प्रपंच' की भूमिका में वे लिख चुके थे : '...आधुनिक मनोविज्ञान के ग्रन्थ शुद्ध बुद्धपूर्ण चेतन आत्मा को लेकर नहीं चलते। जो पशुओं की चेतन प्रवृत्ति से आरम्भ नहीं भी करते, वे भी इन्द्रिय-संवेदना की क्रमशः योजना से आरम्भ करके भावों और विचारों तक पहुँचते हैं' (पृ. 91-92, भूमिका, विश्व प्रपंच)। 'रस मीमांसा' में भाव के सम्बन्ध में उन्होंने जो लिखा है, वह इसी का विस्तार है। 'सुख और दुःख की इन्द्रियज वेदना के अनुसार पहले-पहल राग और द्वेष आदिम प्राणियों में प्रकट हुए जिनसे दीर्घ परम्परा के अभ्यास द्वारा आगे चलकर वासनाओं और प्रवृत्तियों का सूत्रपात हुआ। रति, शोक, क्रोध, भय आदि पहले वासना के रूप में थे, पीछे भाव-रूप में आए। जात्यन्तर परिणाम द्वारा समुन्नत योनियों का विकास और मनोविज्ञानमय कोश का पूर्ण विधान हो जाने पर विविध वासनाओं की नींव पर रति, हास, शोक, क्रोध इत्यादि भावों की प्रतिष्ठा हुई। वे संवेदन, वासना और भाव—यह विकास क्रम स्वीकार करते हैं। भाव की विशेषता यह है कि उसमें प्रत्यय-बोध होता है। प्रत्यय-बोध यानी सुख-दुःख का विषय-बोध।' इन्द्रिय-संवेदन वेदना-प्रधान होता है, वासना प्रवृत्ति-प्रधान होती है और भाव वेद्य, यानी आलम्बन-प्रधान होता है।' (पृ. 129, र. मी.)। संवेदन से भाव के विकास का उदाहरण देते हुए वे लिखते हैं : 'दुर्गंधयुक्त सड़े-गले आहार से जो विशेष प्रकार का क्षोभ घ्राणेन्द्रिय और रसनेन्द्रिय में होता है, उसकी अनुभूति जो कभी-कभी वमनेच्छा या मतली के रूप में होती है—घृणा की प्रवृत्ति का मूल है। आगे चलकर अन्तःकरण में प्रत्यय या भावना का विधान हो जाने पर ऐसे पदार्थों के दर्शन और स्पर्श क्या, श्रवण मात्र से भी

घृणा जाग्रत होने लगी? इस प्रकार क्रमशः जुगुप्सा के भाव का विधान हुआ' (पृ. 10, र. मी.)। भाव की प्रतिष्ठा होने से किसी वस्तु की अनुभूति केवल उसके सम्पर्क-काल में ही नहीं बल्कि आगे-पीछे होने लगी। शुक्ल जी मानते हैं कि 'भाव मन की वेगयुक्त अवस्था-विशेष है।' शुक्ल जी की विचारधारा में इस 'वेगयुक्त अवस्था' का बहुत महत्त्व है। इसके आधार पर उन्होंने काव्य का लक्ष्य निर्धारित किया है। शुक्ल जी जिसे भाव कहते हैं, उसमें बोध, अनुभूति और प्रवृत्ति—तीनों मौजूद हैं। उन्होंने भाव की परिभाषा यों की है :

'प्रत्यय-बोध, अनुभूति और वेगयुक्त प्रवृत्ति—इन तीनों के गूढ़ संश्लेष का नाम 'भाव' है' (पृ. 135, वही)।

शुक्ल जी के दृष्टिकोण से परिचित कोई भी व्यक्ति कह देगा कि ज्ञान-बोध, भावना, अनुभूति और कर्म-प्रवृत्ति का वह संश्लेष जिसे शुक्ल जी ने जीवन और साहित्य का मानदंड बनाया है, इस संक्षिप्त किन्तु निर्भ्रान्त परिभाषा में भी विद्यमान है :

'इस प्रकार 'भाव' की प्रतिष्ठा से प्राणियों के कर्मक्षेत्र का विस्तार बढ़ गया' (पृ. 141, वही)।

यदि भाव में वेगयुक्त प्रवृत्ति विद्यमान है और उसकी प्रतिष्ठा से कर्मक्षेत्र का विस्तार हुआ है तो काव्य—जो भावों की अभिव्यक्ति करता है, उससे भी कर्म-क्षेत्र में प्रवृत्त होने की प्रेरणा मिलनी चाहिए। और यही वह आधार है जिस पर आचार्य शुक्ल काव्य में लोक-मंगल के आदर्श की प्रतिष्ठा करते हैं, काव्य को सामाजिक चेतना के उत्तरदायित्व से युक्त करते हैं। यहाँ वे रीतिकालीन कलावादिता का निषेध शास्त्रीय स्तर पर करते हैं। वे काव्य का लक्ष्य 'आनन्द' नहीं मानते। उनके शब्दों में 'मेरी समझ में रसास्वाद का प्रकृत स्वरूप 'आनन्द' शब्द से व्यक्त नहीं होता। 'लोकोत्तर', 'अनिर्वचनीय' आदि विशेषणों से न तो उसके अवाचकत्व का परिहार होता है, न प्रयोग का प्रायश्चित्त।...क्या क्रोध, शोक, जुगुप्सा आदि आनन्द का रूप धारण करके ही श्रोता के हृदय में प्रकट होते हैं?...क्या 'विभावत्व' उनका स्वरूप हरकर उन्हें एक ही स्वरूप—सुख का—दे देता है?...चित्त का यह द्रुत होना क्या आनन्दगत है? इस 'आनन्द' शब्द ने काव्य के महत्त्व को बहुत-कुछ कम कर दिया—उसे नाच-तमाशे की तरह बना दिया है' (पृ. 80, र. मी.)।

काव्य के रसास्वादन का लक्ष्य यदि 'आनन्द' नहीं है तो फिर क्या है? शुक्ल जी मानते हैं कि 'भावयोग' अर्थात् कविता के द्वारा मनुष्य हृदय की मुक्ति की साधना करता है। 'मुक्त हृदय मनुष्य अपनी सत्ता को लोक-सत्ता में लीन किए रहता है। इस अनुभूति योग के अभ्यास से हमारे मनोविकारों का परिष्कार तथा शेष-सृष्टि के साथ हमारे रागात्मक सम्बन्ध की रक्षा और निर्वाह होता है' (पृ. 6, रस मीमांसा)। यानी कविता का लक्ष्य मनुष्य को व्यष्टि से समष्टि में लीन कर देना है। जिसे रस-दशा कहा जाता है, उसके विषय में शुक्ल जी का कहना है कि 'लोक हृदय में हृदय के लीन होने की दशा का नाम रस-दशा है' (पृ. 217, वही)।

यह लीनावस्था मनुष्य को जीवन और जगत से विरत नहीं करती, बल्कि वह नाना रूपात्मक जगत के साथ रागात्मक सम्बन्धों को दृढ़तर करती है। काव्य हृदय के प्रसार का वह स्मारक स्तम्भ है जो हमारे जीवन में एक नये जीवन का संचार करता है। काव्य में रस-मुग्ध होकर केवल आनन्द का ही अनुभव नहीं करते। कविता यदि सुन्दर के प्रति आकृष्ट करती है तो असुन्दर के प्रति विकर्षण भी उत्पन्न करती है। 'हम सृष्टि के सौन्दर्य को देखकर रस-मग्न होने लगते हैं। कोई निष्ठुर कार्य हमें असह्य होने लगता है। हमें जान पड़ता है कि हमारा जीवन कई गुना बढ़कर सारे संसार में व्याप्त हो गया है' (पृ. 19, रस मीमांसा)। यानी काव्य हमें जीवन और जगत के ऊपर उठाकर कहीं अन्यत्र नहीं ले जाता बल्कि हमें उसके और अधिक निकट ला देता है। कविता जीवन से पलायन नहीं है, बल्कि वह हमें जीवन में अधिक व्यापक पैमाने पर अधिक गहराई में उतारती है। वह हमें पहले से अधिक अनुभूतिमय, अधिक बोधवान और अधिक कर्मण्य बनाती है या कर्मण्य बनने की प्रेरणा देती है।

शुक्ल जी अनुभूति और बोध को सहचर मानते हैं। वे भाव और ज्ञान में विरोध नहीं मानते। वे मानते हैं कि जैसे-जैसे मनुष्य के ज्ञान का विकास होता गया है, वैसे-वैसे उसका भाव-प्रसार भी होता गया है। पशु का ज्ञान मनुष्य से हीन है तो उसके प्रेम की पहुँच भी उसी मात्रा में सीमित है। उनके प्रेम, क्रोध, हर्ष, शोकादि का क्षेत्र अत्यन्त सीमित है। 'पर मनुष्य में ज्ञान-प्रसार के साथ-साथ भाव-प्रसार भी क्रमशः बढ़ता गया है। अपने परिजनों, अपने सम्बन्धियों, अपने पड़ोसियों, अपने देशवासियों क्या, मनुष्य-मात्र और प्राणिमात्र तक से प्रेम करने भर को जगह उसके हृदय में बन गई है' (पृ. 19, र. मी.)। जब तक हमें किसी वस्तु का बोध नहीं होता तब तक हमें उसकी रसानुभूति भी नहीं हो सकती। वे रसानुभूति में बोध वृत्ति की उपस्थिति मानते हैं। अत्यन्त स्पष्ट शब्दों में उन्होंने लिखा है : 'सत् के भीतर ज्ञान का विषय भी रहता है, हृदय का भी। उसी सत् को कोई सिर्फ जानकर रह जाता है और कोई उसके समक्ष हृदय निकालकर रखने लगता है' (पृ. 174, वही)।

भाव और ज्ञान में विरोध न मानने का ही परिणाम है कि शुक्ल जी 'कामायनी' में चित्रित श्रद्धा और इड़ा के रूपों से सहमत नहीं हो पाते।

विभिन्न भावों की जो विवेचना शुक्ल जी ने की है, उसमें उन्होंने अद्‌भुत पांडित्य, मौलिकता और पर्यवेक्षण का सबूत दिया है। यहाँ उनके करुणा और प्रेम विषयक विवेचन पर कुछ विचार कर लेना आवश्यक प्रतीत होता है, क्योंकि उनके अनुसार : 'करुणा ही ऐसी भावना है जो मनुष्य को अन्ततः लोक-रक्षा की ओर उन्मुख करती है। करुणा और लोक-मंगल की साधना में अन्योन्याश्रित सम्बन्ध है। काव्य में यदि आनन्द से भी आगे बढ़ाकर लोक-सामान्य भावभूमि पर पहुँचाने की शक्ति है तो करुणा ही के कारण।' प्रेम और करुणा की यह विवेचना भारतीय काव्यशास्त्र को शुक्ल जी की देन है। उनकी इस विवेचना का प्रभाव उनके काव्य-चिन्तन और उनकी व्यावहारिक समीक्षा पर अत्यन्त व्यापक एवं गम्भीर रूप से पड़ा है। करुणा सामाजिकता का मूल आधार है। यह आत्म-प्रसार का साधन है। यह मनोविकारों के प्रवाह तथा

जीवन के विस्तार के लिए विस्तृत क्षेत्र प्रदान करती है। हम जिस पर करुणा करते हैं अर्थात् जो करुणा का आलम्बन होता है, उसका विशेष परिचय जानने की जरूरत नहीं होती। मनुष्यता की जिस सामान्य भूमि पर हमारे हृदय में करुणा उत्पन्न होती है, वह अपरिचित को तुरन्त आत्मीय बना लेती है। किसी को भी दुखी देखकर सहृदय द्रवित हो उठता है, जबकि अपरिचित को सुखी देखकर हम उस मात्रा में सुखी या द्रवित नहीं होते। शुक्ल जी की भाव-सम्बन्धी चिन्तनधारा को उनका यह मत और अधिक सुसंगत बनाता है कि करुणा में प्रवृत्ति का वेग अधिक होता है। 'दूसरों के दुख के परिज्ञान से जो दुख होता है, वह करुणा, दया आदि नामों से पुकारा जाता है और अपने कारण को दूर करने की उत्तेजना करता है' (पृ. 46, करुणा, चिन्तामणि प्रथम भाग, 1961 ई.)।

शुक्ल जी ने करुणा को लेकर शुभ और सात्त्विक का जो विवेचन किया है, वह उनकी वैज्ञानिक मानववादिता प्रकट करता है। उन्होंने शुभ और सात्त्विक का लक्षण बताते हुए लिखा है : 'प्रत्येक प्राणी के लिए उससे भिन्न प्राणी संसार है। जिन कर्मों से दूसरे के वास्तविक सुख का साधन और दुख की निवृत्ति हो, वे शुभ और सात्त्विक हैं तथा जिस अन्तःकरण वृत्ति से इन कर्मों में प्रवृत्ति हो, वह सात्त्विक है' (पृ. 46, र. मी.)। 'सात्त्विकता' की कसौटी इसी जगत का जीवन-व्यापार है। वह कसौटी है अपने से दूसरों के यानी संसार के वास्तविक सुख के साधन और दुख की निवृत्ति की प्रवृत्ति। इस प्रवृत्ति को 'करुणा' उत्पन्न करती है, इसलिए मनुष्य की प्रकृति में शील और सात्त्विकता का आदि संस्थापक यही मनोविकार है' (पृ. 46, वही)। 'मनुष्य के अन्तःकरण में सात्त्विकता की ज्योति जगानेवाली यही करुणा है' (पृ. 48, वही)। 'करुणा के अतिरिक्त दया, अनुग्रह और कृपा के द्वारा भी व्यक्ति दूसरों की रक्षा करता है और दुःख निवारण करता है। किन्तु दया, कृपा और अनुग्रह हमें मनुष्यता की सामान्य भूमि पर नहीं ले जाते। उसमें आलम्बन की दयनीयता और कृपणता भी बनी रहती है। कृपा या दया की भावना सामाजिक विषमता का द्योतक है। उसमें दयावान की उच्चता और दयनीय की हीनता नहीं मिटती। ये मनोविकार करुणा से बहुत नीचे पड़ते हैं।...कृपा और अनुग्रह से भी दूसरों के सुख की योजना की जाती है, पर कृपा या अनुग्रह में आत्म-भाव छिपा रहता है और उसकी प्रेरणा से पहुँचाया हुआ सुख एक प्रकार का प्रतीकार है' (पृ. 46, वही)।

करुणा की विशेषता यह है कि उसके आश्रय पर अन्य लोगों को श्रद्धा होती। क्रोध, भय, प्रेम आदि करनेवालों के प्रति हमारे हृदय में श्रद्धा नहीं उत्पन्न होती। इसका कारण यह है कि जिसके हृदय में करुणा आती है, वह अपनी परवाह न करके दूसरों की रक्षा में प्रवृत्त होता है। करुणा के वेग से व्यक्ति लोक-रक्षा में तत्पर होता है।

प्राचीन आचार्यों ने करुणा और प्रेम में वैसा भेद नहीं किया था जैसाकि शुक्ल जी ने। उनका कहना है कि यद्यपि करुणा और प्रेम, दोनों मंगल का विधान करनेवाले भाव हैं लेकिन करुणा की प्रवृत्ति रक्षा की ओर होती है जबकि प्रेम की प्रवृत्ति रंजन की ओर। 'करुणा का सम्बन्ध उन्होंने साधनावस्था से जोड़ा और प्रेम का सिद्धावस्था

से।' उनके अनुसार, श्रेष्ठ भारतीय प्रबन्ध काव्यों का बीज–भाव करुणा ही है। ये प्रबन्ध काव्य आनन्द की साधनावस्था या उसके प्रयत्नपक्ष को लेकर चले हैं। अपने कथन के उदाहरणस्वरूप आदिकाव्य 'रामायण' के कथानक की विवेचना करते हुए वे कहते हैं कि राम का लोकमंगलकारी रूप रावण द्वारा पीड़ित लोगों की रक्षा करने में है। यह ठीक है कि राम ने रावण से युद्ध सीता के उद्धार के लिए भी किया था। शुक्ल जी के अनुसार, यहाँ आदिकाव्य के कथानक में करुणा और प्रेम का मिलन हो गया है। लेकिन 'यदि राक्षसराज पर चढ़ाई करने का मूल कारण केवल आत्मगौरव या दाम्पत्य प्रेम होता तो राम के कालाग्निसदृश क्रोध में काव्य का वह लोकोत्तर सौन्दर्य न होता' (पृ. 54, वही)। प्रबन्ध काव्यों के प्रति शुक्ल जी का जो इतना आग्रह दिखलाई पड़ता है, वह करुणा–सम्बन्धी इसी धारणा के कारण। भाव में प्रवृत्ति का वेग होता है, करुणा में वह वेग लोकरक्षा के प्रयत्न की ओर उन्मुख होता है और करुणा की अभिव्यक्ति का यथेष्ट अवकाश प्रबन्ध काव्यों में ही मिलता है, इसलिए शुक्ल जी प्रबन्ध काव्यों के आग्रही हैं।

'प्रेम' का अवकाश करुणा द्वारा प्रेरित प्रयत्नों के सफल होने के बाद होता है। आदि–काव्य के ही कथानक का उदाहरण प्रस्तुत करते हुए उन्होंने लिखा है : 'लोक के प्रति करुणा जब सफल हो जाती है, लोक जब पीड़ा और विघ्नबाधा से मुक्त हो जाता है, तब राम राज्य में जाकर लोक के प्रति प्रेम प्रवर्तन का, प्रजा के रंजन का, उसके अधिकाधिक सुख के विधान का अवकाश मिलता है' (पृ. 54, र. मी.)।

जिन रचनाओं में आनन्द की सिद्धावस्था का ही चित्रण होता है, उनका बीज–भाव 'प्रेम' माना जाना चाहिए। प्रेम राग का विकास है। प्रेम के दो पक्ष होते हैं : रंजन और पालन। रंजन का सम्बन्ध शृंगार से है और पालन का वात्सल्य से। प्रेम के केवल शृंगार पक्ष पर ही बल देने को शुक्ल जी ठीक नहीं समझते। शृंगार–प्रकाश के रचयिता महाराज भोज के एतद्विषयक मत का उन्होंने खंडन किया है। उन्होंने भोज के मत का खंडन करते हुए लिखा है : 'आनन्द की सिद्धावस्था पर ही दृष्टि रखनेवाले कवियों का 'प्रेम' को ही प्रवर्तक या 'बीज–भाव' मानना ठीक है किन्तु पालन और रंजन, दोनों पक्षों के सहित। पर महाराज भोज ने रंजन–पक्ष ही लेकर शृंगार (दाम्पत्य भाव) को एकमात्र रस कहा है' (पृ. 66, वही)। सूरदास की कविता को शुक्ल जी इतना पसन्द करते हैं, वह इसी कारण। सूरदास ऐसे कवि हैं जिन्होंने वात्सल्य को शृंगार से अधिक नहीं तो कम महत्त्व भी नहीं दिया है। इस क्षेत्र में वे शुक्ल जी की चिन्तन धारा के अनुरूप पड़ते हैं।

उन्होंने आनन्द की साधना या प्रयत्न–अवस्था तथा उसकी सिद्धावस्था का स्पष्ट विभाजन करते हुए बताया है कि साधनावस्था या प्रत्यक्ष–पक्ष को लेकर चलनेवाली रचनाओं का बीज–भाव करुणा होता है जबकि सिद्धावस्था या उपभोग–पक्ष को लेकर चलनेवाली रचनाओं का बीज–भाव प्रेम। करुणा की प्रवृत्ति लोक–रक्षा की है, प्रेम की रंजन और पालन की ओर। जिन चिन्तकों और साहित्यकारों ने इसका व्यतिक्रम किया है, उनमें शुक्ल जी ने अपना मतभेद प्रकट किया है और उनका

खंडन किया है, फिर चाहे वे तोल्सतोय या रवि बाबू जैसे विश्व-विश्रुत विचारक-साहित्यकार ही क्यों न हों। शुक्ल जी ने इनका जो खंडन किया है, उसका कारण यह है कि ये प्रेम का बीज-भाव लेकर चलते हैं और सिद्धावस्था के अन्तर्गत प्रयत्न का चित्रण करते हैं। वे आततायी पर क्रोध नहीं, प्रेम करने का आग्रह करते हैं। तोल्सतोय प्रयत्न पक्ष के अन्तर्गत क्रोध या आततायी का दमन इत्यादि का चित्रण नहीं करते। उनका पक्ष 'पीड़ितों की सेवा-सुश्रूषा' और आततायियों पर प्रभाव डालने के लिए साधुता के लोकोत्तर आदर्श, त्याग, कष्ट, सहिष्णुता इत्यादि तक ही सीमित रहता है। रवीन्द्रनाथ ठाकुर के साहित्य की भी आलोचना शुक्ल जी ने इसी आधार पर की है : '...आनन्द की साधनावस्था या प्रयत्न पक्ष को लेकर चलनेवाले यूरोपीय लोक-मंगलवादियों का एक दल, जिसके अनुयायी हमारे यहाँ के श्री रवीन्द्रनाथ ठाकुर भी हैं, मनुष्य-मनुष्य के बीच भ्रातृ-प्रेम को ही काव्य-भूमि का एकमात्र आधिकारिक भाव मानता है। इस दल के लोग साधनावस्था को लेकर भी माधुर्य और कोमलता के बाहर नहीं जाना चाहते। ये अपने हृदयंगत काव्य-देश की कोमलता और मधुरता के साथ तीक्ष्णता, कठोरता और उग्रता का सामंजस्य नहीं कर सकते' (पृ. 61, र. मी.)।

भाव-दशा और भाव-कोश या स्थायी दशा के अतिरिक्त शुक्ल जी ने 'शील-दशा' की उद्भावना की है। स्थायी दशा के विषय में उनका कहना है कि जिस प्रकार एक भाव-विधान के भीतर वासना के रूप में कुछ प्रवृत्तियाँ अन्तर्निहित रहती हैं, उसी प्रकार भाव-प्रणाली या भाव-कोश के भीतर उसकी नींव रखनेवाला मूल भाव भी अन्तर्निहित रहता है, यानी अन्तर्निहित वासना-प्रणाली को वे भाव कहते हैं और भाव-प्रणाली को भाव-कोश या भाव की स्थायी दशा। जैसे क्रोध भाव है तो वैर भाव-कोश या क्रोध की स्थायी 'दशा'। 'वैर' में क्रोध के अतिरिक्त और भी कई भावों की अभिव्यक्ति हो सकती है।

शीलदशा, स्थायी दशा के और अधिक गहरा जाने की स्थिति है। उसमें भाव प्रकृतिस्थ हो जाता है। शीलदशा को समझाते हुए शुक्ल जी ने लिखा है : '...किसी भाव के प्रकृतिस्थ हो जाने पर वह एक ही आलम्बन से बद्ध नहीं रहता। समय-समय पर भिन्न आलम्बन ग्रहण करता रहता है। यदि राग या लोभ प्रकृतिस्थ हो गया है तो वह किसी एक ही व्यक्ति या वस्तु के प्रति रति या प्रीति के रूप में परिमित न रहेगा, अनेक व्यक्तियों या वस्तुओं की ओर लपका करेगा और अपने आश्रय को प्रेमी, रसिक अथवा लोभी, लम्पट आदि लोक से कहलाएगा' (पृ. 146, वही)।

शीलदशा की यह व्याख्या करके शुक्ल जी ने काव्य में उसका उपयोग दिखाया है। उनका विचार है कि मुक्तकों में तो शीलदशा के उद्घाटन का अवकाश ही नहीं होता। उनके अनुसार, मुक्तक में तो रस की 'रस्म' 'अदा' की जाती है। पर उच्च लक्ष्यवाले प्रबन्ध काव्य या नाटक के चरित्र-चित्रण का आधार शीलदशा ही है (पृ. 151, वही)। वस्तुतः शीलदशा पात्र का आभ्यन्तर रूप है। जिस प्रकार हम सुन्दर व्यक्ति के बाह्य रूप को देखकर आनन्दित होते हैं, उसी प्रकार सुन्दर शील का साक्षात्कार करके भी। अपने आदर्श कवि तुलसीदास की गवाही पर उन्होंने यह भी लिखा है कि

आलम्बन के रूप की धारणा से जिस प्रकार पुलक आदि अनुभाव प्रकट होते हैं, उसी प्रकार उसके शील की धारणा से भी :

'सुनि सीतापति सील सुभाउ
मोद न मन, तन पुलक, नयन जल सो नर खेहर खाउ।'

रूप-विधान

जगत को शुक्ल जी काव्य का मूल कारण मानते हैं। जगत 'अपार अगाध रूप समुद्र है' और इसी की 'रूप-तरंगों' से उसकी कल्पना का निर्माण और इसी की रूप-गति से उसके भीतर विविध भावों या मनोविकारों का विधान हुआ है। शुक्ल जी ने एकाधिक अवसरों पर 'विश्व-काव्य' शब्द का प्रयोग किया है। यही नहीं, जगत के सौन्दर्य पर मुग्ध होने को वे रस-धारा में निमग्न होना कहते हैं : 'इस विश्व-काव्य की रस-धारा में जो थोड़ी देर के लिए निमग्न न हुआ, उसके जीवन को मरुस्थल की यात्रा ही समझना चाहिए' (पृ. 7, र. मी.)। अन्यत्र वे विश्व को 'महाकाव्य' कहते हैं। 'पर्वत की ऊँची चोटियों में विशालता और भव्यता का; वात-विलोड़ित जलप्रसार में क्षोभ और आकुलता का; विकीर्ण घन-खंड-मंडित, रश्मि-रंजित सांध्य दिगंचल में चमत्कारपूर्ण सौन्दर्य का; ताप से तिलमिलाती धरा पर धूल झोंकते हुए अन्धड़ के प्रचंड झोंकों में उग्रता और उच्छृंखलता का; बिजली की कँपानेवाली कड़क और ज्वालामुखी के ज्वलन्त स्फोट में भीषणता का आभास मिलता है। ये सब विश्व-रूपी महाकाव्य की भावनाएँ या कल्पनाएँ हैं' (पृ. 15, वही)। बात यह है कि शुक्ल जी काव्य को विश्व की प्रतिकृति ही मानते हैं। उनकी दृष्टि शुद्ध वस्तुवादी है। कल्पना या सम्भावना को वे मानसिक रूपविधान कहते हैं (पृ. 211, वही)।

और मन क्या है?

'यही बाहर हँसता-खेलता, रोता-गाता, खिलता, मुरझाता जगत भीतर भी है जिसे हम मन कहते हैं। जिस प्रकार यह जगत रूपमय और गतिमय है, उसी प्रकार मन भी। मन भी रूप-गति का संघात ही है (पृ. 24, वही)।

शुक्ल जी काव्य और जीवन में भेद नहीं के बराबर करते हैं। उन्होंने स्पष्ट लिखा है कि उत्तम काव्य के पारायण से जिस प्रकार की रसानुभूति होती है, उसी प्रकार की रसानुभूति हमें सृष्टि-सौन्दर्य के प्रत्यक्ष दर्शन से भी होती है। शुक्ल जी की इस धारणा को हृदयंगम किए बिना हम उनके काव्य-चिन्तन को ठीक आँक नहीं सकते। जैसे काव्य से साधारणीकरण होता है, उसी प्रकार प्रत्यक्ष-दर्शन से भी। शर्त दोनों की समान है यानी जो भाव हमारा हो। वह अन्य मनुष्यों का भी हो। काव्य के पारायण और प्रत्यक्ष-दर्शन, दोनों से साधारणीकरण सहृदयों का ही सम्भव है। 'हमारा कहना यह है कि जिस प्रकार काव्य में वर्णित आलंबनों के कल्पना में उपस्थित होने पर साधारणीकरण होता है, उसी प्रकार हमारे भावों के कुछ आलम्बनों के प्रत्यक्ष सामने आने पर भी उन आलंबनों के सम्बन्ध में लोक के साथ या कम-से-कम सहृदयों के साथ हमारा तादात्म्य

रहता है।...साधारणीकरण के प्रभाव से काव्य श्रवण के समय व्यक्तित्व का जैसा परिहार हो जाता है, वैसा ही प्रत्यक्ष या वास्तविक अनुभूति के समय भी कुछ दशाओं में होता है' (पृ. 220, वही)।

काव्य-चिन्तन के क्षेत्र में काव्य और जीवन का इससे अधिक अभेद नहीं स्थापित किया जा सकता।

यदि प्रत्यक्ष या वास्तविक अनुभूति के समय भी 'काव्य-श्रवण' जैसा साधारणीकरण होता है तो 'रस के लोकोत्तरत्व' या 'ब्रह्मानन्द सहोदरत्व' जैसे वाक्यांश भ्रामक हो सकते हैं। कम-से-कम वे इतने वस्तुबोधक और स्पष्ट तो नहीं ही हैं जितना कि आचार्य शुक्ल का यह वाक्य : 'लोक-हृदय में हृदय के लीन होने की दशा का नाम रस-दशा है।' 'रस को' 'ब्रह्मानन्द सहोदर' और 'लोकोत्तर' कहने में शुक्ल जी को यह भी आपत्ति है कि 'इससे न तो अवाचकत्व का परिहार होता है, न प्रयोग का प्रायश्चित्त।' ये शब्द तो तथ्यबोधक हैं ही नहीं, अर्थात् काव्य-चिन्तकों के नाम के ये शब्द नहीं हैं।

शुक्ल जी ने माना है कि रूप-विधान तीन प्रकार के होते हैं :

1. प्रत्यक्ष रूप-विधान,
2. स्मृत रूप-विधान,
3. सम्भावित या कल्पित रूप-विधान।

प्रत्यक्ष रूप-विधान से मन में प्रत्यक्ष देखी हुई वस्तुओं का प्रतिबिम्ब खड़ा होता है। जब अतीत में प्रत्यक्ष देखी हुई वस्तुओं के रूप-व्यापार का स्मरण करके हम रस-मग्न हो उठते हैं, उस समय हमारे मन में स्मृत रूप-विधान होता है। लेकिन कवि लोग एक और प्रकार का रूप-विधान करते हैं। इसमें वे देखे या जाने हुए पदार्थों के आधार पर नवीन वस्तु-व्यापार विधान खड़ा करते हैं। इसी को सम्भावित या कल्पित रूप-विधान कहा गया है। रस-मग्न हमें तीनों रूप-विधान कर सकते हैं। लेकिन कविता का मुख्य क्षेत्र कल्पित रूप-विधान के अन्तर्गत आता है। वस्तुतः शुक्ल जी जब लिखते हैं कि 'सम्भावित या कल्पित रूप-विधान द्वारा जागरित मार्मिक अनुभूति तो सर्वत्र काव्यानुभूति या रसानुभूति मानी जाती है।' किन्तु 'प्रत्यक्ष या स्मरण द्वारा जागरित वास्तविक अनुभूति भी विशेष दशाओं में रसानुभूति की कोटि में आ सकती है, यहाँ पर हमें यही दिखाना है' (पृ. 212, र. मी.), तो वे दृश्यमान जगत और काव्य-जगत का अन्तरैक्य और अभेद ही दिखाना चाहते हैं। प्रत्यक्ष रूप-विधान के अन्तर्गत तो शुक्ल जी के परम प्रिय विषय प्रकृति तथा मनुष्य का कर्म-कलाप आ जाता है तथा स्मृत रूप-विधान के अन्तर्गत इतिहास। इतिहास भी उनका प्रिय विषय है। प्रकृति और इतिहास से उनका इतना अधिक ममत्व है कि उनके जैसा सन्तुलित और तथ्य-निरूपक समीक्षक भी भावुक हो उठता है। प्रकृति और इतिहास का उल्लेख आया नहीं कि शुक्ल जी का आलोचक अपने रचनाकार को समर्पित हो जाता है। प्रकृति और इतिहास से शुक्ल जी को मोह है। यह मोह इतना गहरा है कि उन जैसे अभिभूत कर देनेवाले लेखक से भी कई स्थानों पर सहमत होना सम्भव नहीं दिखता। वे लिखते हैं :

'हृदय के लिए अतीत एक मुक्तिलोक है जहाँ वह अनेक प्रकार के बन्धनों से छूटा रहता है और अपने शुद्ध रूप में विचरता है। वर्तमान हमें अन्धा बनाए रहता है, अतीत बीच-बीच में हमारी आँखें खोलता है। मैं तो समझता हूँ कि जीवन का नित्य स्वरूप दिखानेवाला दर्पण मनुष्य के पीछे रहता है, आगे तो बराबर खिसकता हुआ दुर्भेद्य परदा रहता है' (पृ. 232, र. मी)।

यहाँ शुक्ल जी के चिन्तन में अन्तर्विरोध है। हमने अभी तक देखा है कि शुक्ल जी हृदय दशा की मुक्ति 'प्रस्तुत' में ही मानते हैं। जो कुछ है, उसी में लीन या मग्न होने पर उन्होंने हृदय की मुक्तावस्था मानी थी। लेकिन यहाँ वे प्रस्तुत या वर्तमान में नहीं बल्कि अतीत में मुक्ति ढूँढ़ते हैं। 'अतीत' जीवन का नित्य दर्पण कैसे है? वह अतीत का दर्पण है। वर्तमान का दर्पण वर्तमान ही हो सकता है। वर्तमान में अतीत अन्तर्भुक्त होता है।

इसके आगे वे अतीत के प्रति अपना मोह खतरनाक और प्रतिवर्तनवादी सीमा तक ले जाते हुए लिखते हैं: 'वर्तमान को सँभालने और आगे की सुध रखने का डंका पीटनेवाले संसार में जितने ही अधिक होते जाते हैं, संघ शक्ति के प्रभाव से जीवन की उलझनें उतनी ही बढ़ती जाती हैं' (वही)। यह तो वर्तमान की जटिलताओं से पलायन की प्रवृत्ति हुई। शुक्ल जी, जो अन्यत्र कर्म-सौन्दर्य के उपासक हैं, यहाँ जीवन की उलझनों से घबराकर अतीत में मुक्ति ढूँढ़ते हैं। आश्चर्य है कि प्रयत्न पक्ष के इतने कट्टर प्रतिपादक शुक्ल जी वर्तमान को सुधारने के लिए संघर्ष करनेवालों की केवल उपेक्षा ही नहीं करते बल्कि स्पष्ट अवमानना करते हैं। सतर्कता उन्होंने यहाँ भी बरती है। वे अवमानना वर्तमान को सँभालने और आगे की सुध रखने का डंका पीटनेवालों की कर रहे हैं। लेकिन डंका पीट रहे हैं स्वयं आचार्यश्री—अतीत का।

अतीत की भी अपेक्षा किंचित अधिक मोह उन्हें प्रकृति से है। प्रकृति के सौन्दर्य के उल्लेख करने का अवसर वे चूकते नहीं। प्रकृति का नाम आया कि शुक्ल जी विस्तार से प्रकृति का ब्यौरा देने में तल्लीन हो जाते हैं। ऐसे स्थल उनकी सहृदयता और सरसता के द्योतक हैं। ये गद्य-खंड इतने ललित और परिष्कृत हैं कि वे अपने-आपमें रस-संचार करने की क्षमता रखते हैं: 'वन-पर्वत, नदी-नाले, निर्झर, कछार, पटपर, चट्टान, वृक्ष, लता, झाड़ी, फूल, शाखा, पशु-पक्षी, आकाश, मेघ, नक्षत्र, समुद्र' (पृ. 6, वही)।' 'लहलहाते हुए खेतों और जंगलों, हरी घास के बीच घूम-घूमकर बहते हुए नालों, काली चट्टानों पर चाँदी की तरह ढलते हुए झरनों, मंजरियों से लदी हुई अमराइयों और पटपर के बीच खड़ी झाड़ियों...' (पृ. 7, वही)।

अतीत पर मुग्ध दृष्टि यहाँ भी सामने आती है। प्रकृति के उपर्युक्त आदिम रूपों में शुक्ल जी भावों के उद्‌बोधन की गहरी शक्ति सज्जित पाते हैं। उनके, अनुसार: 'इनके द्वारा जैसा रस-परिपाक सम्भव है, वैसा कल, कारखाने, गोदाम, स्टेशन, इंजिन, हवाई जहाज ऐसी वस्तुओं और अनाथालय के लिए चेक काटना, सर्वस्व हरण के लिए जाली दस्तावेज बनाना, मोटर की चरखी घुमाना, या इंजिन में कोयला झोंकना आदि व्यापारों द्वारा नहीं' (पृ. 96, र. मी.)।

कल, कारखाने, स्टेशन, इंजिन उसी कर्म क्षेत्र में तत्पर मनुष्य की विजय यात्रा के स्मारक स्तम्भ हैं, जिसके सौन्दर्य की प्रशंसा करते शुक्ल जी नहीं अघाते। इंजिन में कोयला झोंकने में कर्म-सौन्दर्य का दर्शन करना, लोकमंगल का सच्चा स्वरूप पहचानना होता। नवीनता का विरोध करने की झोंक में शुक्ल जी कोयला झोंकने और जाली दस्तावेज बनाने को साथ-साथ एक ही साँस में गिना गए हैं, जैसे दोनों में कोई अन्तर न हो!

वस्तुतः शुक्ल जी ने इस ऐतिहासिक तथ्य की ओर ध्यान नहीं दिया कि प्रकृति को पराजित करके फिर मनुष्य ने उससे प्रेम प्रारम्भ किया है। शुक्ल जी ने ही लिखा है कि प्रेम का प्रभाव रक्षा के बाद ही आता है। प्रकृति के विषय में उन्हें यही बात लागू करनी चाहिए थी। प्रकृति में पटपर, दुर्रो, कमल, लता ही नहीं हैं—मगरमच्छ, घड़ियाल, दावाग्नि, प्रलयंकारी बाढ़ और भूकम्प भी हैं। इनसे अपनी रक्षा का प्रयत्न करने में सफल होने के बाद ही मनुष्य ने इनसे प्रेम किया है। जंगल में दहाड़ते सिंह से हम प्रेम नहीं कर सकते। उसे अजायबघर में बन्द करके उससे हम मनोरंजन करते हैं। और प्रकृति पर विजय हमने किन उपकरणों से की है? इन्हीं कल, कारखानों से, इंजिन में कोयला झोंकने-जैसे व्यापारों से। प्रकृति अत्यन्त सुन्दर होती है, इसमें क्या सन्देह है! लेकिन उसे भीषण से सुन्दर बनाया है मनुष्य ने अपना पसीना बहाकर। इस ऐतिहासिक और वैज्ञानिक तथ्य को भूलकर प्रकृति का सौन्दर्य बखानना सच्चाई से इनकार करना है। अस्तु।

प्रत्यक्ष देखे या जाने पदार्थों के आधार पर नवीन वस्तु-व्यापार विधान खड़ा करना कल्पना का कार्य है। कल्पना कवि को अपार शक्ति और क्षेत्र प्रदान करती है। वह जगत के समस्त पदार्थों का उपयोग मनोनुकूल रूप गढ़ने में कर सकती है। कल्पना ही के सहारे कवि नूतन सृष्टि करके सर्जक या स्रष्टा का पद-लाभ करता है। लेकिन कवि को कल्पना का उपयोग अत्यन्त सावधानी से करना पड़ता है। वस्तुतः कल्पना की उड़ान वह नहीं भर सकता। उड़ान उसने भरी नहीं कि लड़खड़ाकर गिरा। कल्पना करने में उसे निरन्तर अपने कदम मजबूती से जमीन पर ही रखने होते हैं। जिसे हम कल्पना कहते हैं, वह और कुछ नहीं, यथार्थ को ही सजाना-सँवारना है। कल्पना हम 'वितथीकरण' के द्वारा करते हैं। जब हम उड़ने की कल्पना करते हैं तो खुद को पक्षियों की जगह रख देते हैं, बस। इसीलिए जो चीज हमने देखी, सुनी या जानी नहीं है, उसकी हम कल्पना भी नहीं कर सकते। ज्यों-ज्यों हमारा ज्ञान बढ़ता जाएगा, भाव-जगत का विस्तार तो होता ही जाएगा, हमारी कल्पना का क्षेत्र भी विस्तृत से विस्तृततर होता जाएगा।

शुक्ल जी ने इसी बात को यों कहा है : 'जो वस्तु हमसे अलग है, हमसे दूर प्रतीत होती है, उसकी मूर्ति मन में लाकर उसके सामीप्य का अनुभव करना ही उपासना है। साहित्यवाले इसी को भावना कहते हैं और आजकल के लोग 'कल्पना' ' (पृ. 21, र. मी.)। कल्पना भाव की अभिव्यक्ति में सहायता करने के लिए आती है इसलिए 'काव्य के प्रयोजन की कल्पना वही होती है जो हृदय की प्रेरणा से प्रवृत्त होती है और हृदय पर प्रभाव डालती है' (पृ. 237, वही)।

कल्पित रूप और प्रत्यक्ष या ज्ञात रूप में मार्मिक साम्य का सूत्र होता है। इस सूत्र के न रहने या टूट जाने से 'कल्पना' तमाशा बनकर रह जाती है। ऐसी कल्पना से मनोरंजन हो सकता है किन्तु वह हृदय को नहीं छू सकती। ऐसे कल्पित विधान को शुक्ल जी ने लोकोत्तर विधान करनेवाली कल्पना कहा है और उस पर कठोरतम प्रहार किया है। इस प्रहार की लपेट में पश्चिम के ब्रैडले जैसे आलोचक और कमिंग्ज जैसे कवि तथा हिन्दी के कई छायावादी कवि आ गए हैं। इस विवेचन में शुक्ल जी ने दृढ़ आत्मविश्वास और निर्भ्रान्ति का परिचय दिया है। वे कहते हैं कि काव्य कला नहीं है। वे न तो काव्य को 'स्वप्न का सगा भाई' मानते हैं, न काम-वासना की तृप्ति का साधन। वे काव्य, स्वप्न और कामवृत्ति से भेदाभेद का विवेचन करते हुए काव्य की स्वतंत्र स्थिति का प्रतिपादन करते हैं। कल्पना जिस साम्य पर लाई जाए, वह आभ्यन्तर प्रभाव साम्य पर आधारित होनी चाहिए। प्रस्तुत और अप्रस्तुत पदार्थों का सम्बन्ध मार्मिक और घनिष्ठ होना चाहिए। अप्रस्तुत ऐसा हो जो वांछित प्रभाव उत्पन्न करके भाव को प्रगाढ़ बना सके। मुख यदि कमल के समान कहा जाता है तो इसलिए कि सुन्दर मुख देखने से हमारे मन पर वैसा ही सुखद प्रभाव पड़ता है जैसाकि कमल देखने से। मन पर पड़नेवाली इसी प्रभाव समानता को शुक्ल जी आभ्यन्तर प्रभाव साम्य कहते हैं। जिनमें आभ्यन्तर प्रभाव साम्य दिखलाई पड़ा, उन कविताओं की उन्होंने प्रशंसा की। छायावाद के विषय में उन्होंने लिखा : 'छायावाद बड़ी सहृदयता के साथ प्रभाव-साम्य पर ही विशेष लक्ष्य रखकर चला है। कहीं-कहीं तो बाहरी सादृश्य या साधर्म्य अत्यन्त अल्प या न रहने पर भी आभ्यन्तर प्रभाव साम्य लेकर ही अप्रस्तुतों का सन्निवेश कर दिया जाता है' (पृ. 670, हिन्दी साहित्य का इतिहास)। शुक्ल जी ने छायावादी कवियों की कविताओं की पंक्तियों के फोड़-फोड़कर प्रस्तुत और अप्रस्तुत के मार्मिक सम्बन्ध-सूत्र दिखाए हैं। जहाँ उन्हें यह प्रभाव साम्य नहीं मिला, उन कविताओं की उन्होंने कटु आलोचना की। रीतिकालीन कवियों, विशेष कर केशवदास की आलोचना उन्होंने इसी कारण की। रीतिकालीन कविता निर्दिष्ट प्रणाली पर की गई है। वहाँ कवि का ध्यान शास्त्र-स्थिति सम्पादन की ओर है, जीवन और जगत के मार्मिक सम्बन्ध-सूत्रों को पहचानने की ओर नहीं। संस्कृत के प्रणालीबद्ध कवियों के विषय में उन्होंने लिखा : 'केवल शास्त्र-स्थिति सम्पादन से कवि कर्म की सिद्धि समझ कुछ लोगों ने स्त्री की कटि की सूक्ष्मता व्यक्त करने के लिए भिड़ या सिंहिनी की कटि सामने रख दी है, चन्द्र मंडल और सूर्य मंडल के उपमान के लिए दो घंटे सामने कर दिये हैं पर ऐसे अप्रस्तुत विधान केवल छोटाई-बड़ाई या आकृति को ही पकड़कर केवल उसी का हिसाब-किताब बैठाकर हुए हैं—उस सौन्दर्य की भावना की प्रेरणा से नहीं, जो उस नायिका या चन्द्र मंडल के सम्बन्ध में रही होगी' (पृ. 240, र. मी.)।

कल्पित रूप-विधान खड़ा करने में इस हिसाब-किताब बिठाने की शुक्ल जी ने घोर आलोचना की। रीतिकालीन कवियों—केशव, बिहारी, छायावादी कवियों तथा पश्चिमी कवियों में कमिंग्ज आदि की आलोचना वे इसी दृष्टि के कारण करते हैं। उनके अनुसार, आभ्यन्तर प्रभाव साम्य पर आधारित कल्पना भाषा की लक्षणा और

व्यंजना शक्तियाँ उत्पन्न करती है। लक्षणा और व्यंजना से युक्त होने के कारण उन्होंने घनानन्द की इतनी प्रशंसा की। छायावाद की प्रशंसा उन्होंने 'आभ्यन्तर प्रभाव साम्य के आधार पर लाक्षणिक और व्यंजनात्मक पद्धति के प्रगल्भ और प्रचुर विकास' के कारण की है। सच्ची कल्पना ऐसे स्वरूप गढ़ती है जो भाव के पोषक होते हैं। जहाँ भाव का पोषण नहीं होता या सादृश्य विधान नहीं खड़ा होता, वहाँ 'कल्पना' को वे दिमागी कसरत कहते हैं। मूल और महत्त्वपूर्ण है प्रस्तुत भाव। अप्रस्तुत या तो प्रस्तुत का पोषण करे या उसके सदृश हो। वस्तुतः सादृश्य-विधान से भी पोषण ही होता है। कहने का तात्पर्य यह है कि रूप-विधान में भी शुक्ल जी प्रस्तुत को ही महत्त्वपूर्ण मानते हैं। यह मत भी उनके वस्तुवादी और ऐहिक चिन्तन प्रणाली की संगति में है।

व्यावहारिक समीक्षा

शुक्ल जी ने समीक्षा-सिद्धान्त साहित्यिक रचनाओं के आधार पर स्थापित किए हैं। अतः उनकी सैद्धान्तिक और व्यावहारिक समीक्षा में संगति है। वे जहाँ सिद्धान्त प्रतिपादन में प्रवृत्त होते हैं, वहीं प्रचुर उदाहरण और उद्धरण देकर अपने कथन को प्रमाणित कर देते हैं। उनके सिद्धान्त ऊपर से थोपे हुए नहीं हैं बल्कि साहित्य के रसास्वादन के माध्यम से प्राप्त किए हुए निष्कर्ष हैं। वे व्यवहार से सिद्धान्त पर पहुँचते हैं। साहित्य का पारायण करके निगमनात्मक पद्धति से जो सूत्र उन्होंने खोज निकाले हैं, वे ही उनके समीक्षा सिद्धान्त हैं। रचना में डूबकर विवेकपूर्वक निष्कर्ष निकालना ही आधुनिक और वैज्ञानिक पद्धति है। इस दृष्टि से शुक्ल जी आधुनिक और वैज्ञानिक समीक्षक हैं। पूर्व और पश्चिम के प्राचीन काव्य-चिन्तकों की मान्यताओं से शुक्ल जी ने जो अपना मतभेद प्रकट किया है, वह रचनाओं के आधार पर ही। समीक्षक के लिए सहृदय होना अनिवार्य है। वह यदि सहृदय एवं रसग्राही पाठक नहीं है तो विविध काव्य सिद्धान्तों का ज्ञान उसके सिर पर लदा हुआ भार है। सच्चे समालोचक की बहुत बड़ी पहचान यह है कि आलोच्य कृतियों के उत्कृष्ट स्थलों को वह पहचान सका है या नहीं। महत्त्वपूर्ण समीक्षक समकालीन रचनाकारों को निर्देश देता है, उन्हें प्रभावित करता है और कालजयी क्लासिकी साहित्य का पुनर्मूल्यांकन करता है। 'प्राचीन साहित्य की वह युगानुकूल व्याख्या करता है, उनमें अपने युग की दृष्टि से देखे हुए सौन्दर्य को ढूँढ़ निकालता है और इस तरह उन्हें वह फिर से सन्दर्भवान बनाता है। महान साहित्य इसी प्रकार जातीय चिन्तन और भावना का अंग बना रहता है।' पं. रामचन्द्र शुक्ल ने प्राचीन साहित्य में से समीक्षा के लिए तुलसीदास, सूरदास और जायसी को चुना। संस्कृत के कवियों में उन्हें वाल्मीकि, भवभूति और कालिदास विशेष रूप से प्रिय थे। उनके काव्य-चिन्तन की प्रणाली को विकसित करने में उनके प्रिय कवियों का बहुत बड़ा हाथ रहा है। करुणा और प्रेम का जो विशद विवेचन उन्होंने किया है, शीलदशा की काव्य में जो उपयोगिता आँकी है, आनन्द की साधनावस्था और सिद्धावस्था की जो कल्पना की है तथा काव्य में लोकमंगल का जो महत्त्व स्थापित

किया है, वह सब अपने प्रिय कवियों की व्याख्या करने के उपक्रम में। उनका अधिकांश और महत्त्वपूर्ण लेखन 'भूमिका' के रूप में हुआ है। 'हिन्दी साहित्य का इतिहास' भी मूलत: 'हिन्दी शब्द सागर' की भूमिका के रूप में लिखा गया था। गोस्वामी तुलसीदास और सूरदास की आलोचना करते हुए प्रसंगवशात् उन्होंने भक्ति की भी व्याख्या की है। भक्ति की जो व्याख्या उन्होंने की है, वह लौकिक है। शुक्ल जी करुणा और प्रेम को दो स्वतंत्र भाव मानते थे। सूरदास को उन्होंने प्रेम का—जिसके अन्तर्गत पालन और रंजन आते हैं, कवि माना है और तुलसीदास को करुणा का—जिसके अन्तर्गत लोकरक्षा का भाव आता है, कवि माना है। सूरदास की रचनाओं से 'जीवन में प्रफुल्लता' आई, पीछे तुलसीदासजी ने भगवान का लोकव्यापार-व्यापी मंगलमय रूप दिखाकर आशा और शक्ति का अपूर्व संचार किया (पृ. 2, गोस्वामी तुलसीदास)। 'सूरदास में भक्ति का विकास' नामक अध्याय में उन्होंने भक्ति का ऐतिहासिक, तुलनात्मक और मनोवैज्ञानिक विवेचन किया। वे भक्ति का सम्बन्ध इसी लोक से जोड़ते हैं और रहस्यवादी अन्त:साधना से उसे अलग करते हैं। भक्ति का विकास नामक अध्याय वैज्ञानिक दृष्टि से किया हुआ भक्ति का विवेचन है। उसमें भक्ति की वैज्ञानिक एवं आधुनिक व्याख्या की गई है। शुक्ल जी के काव्य-सम्बन्धी विचारों और भक्ति-सम्बन्धी विचारों की आधारभूमि एक है। भागवत-धर्म की ऐतिहासिक छानबीन करने के उपरान्त उन्हें किसी प्रकार का सन्देह नहीं रह गया था कि 'भागवत-धर्म का मार्ग लोक-कल्याण पक्ष को लेकर चला हुआ प्रवृत्ति-मार्ग था।' यही नहीं, करुणा और प्रेम-सम्बन्धी अपने विचारों की मानो पुष्टि करते हुए वे कहते हैं : 'लोक-कल्याण पक्ष को लेकर चलने के कारण इस मार्ग में उपासना के लिए ब्रह्म का वह सगुण रूप लिया गया जिसकी अभिव्यक्ति रक्षा, पालन और रंजना करनेवाले के रूप में होती है' (पृ. 23, सूरदास)। भक्ति की विवेचना में तत्पर होनेवाली शुक्ल जी की दृष्टि कितनी वैज्ञानिक और आधुनिक है, यह इसी से प्रकट हो जाता है कि उन्होंने भक्ति का आधार ज्ञान माना है। वे विद्वान जो भक्ति और ज्ञान में विरोध मानते हैं, इस कथन पर चकित हो सकते हैं किन्तु शुक्ल जी ऐसे विद्वानों में नहीं थे। भक्त और ज्ञानी की साधना अलग-अलग हो सकती है। कोरा ज्ञानी शुष्क होता है, क्योंकि वह अपने को तटस्थ बनाए रखता है जबकि भक्त सरस। किन्तु 'ज्ञान-प्रसार के भीतर ही भक्ति होती है। जहाँ तक हम ईश्वर को जान पाते हैं, वहीं तक उसकी भक्ति कर सकते हैं' (पृ. 30-31, सूरदास)। वे भक्ति की अनुभूति और काव्य की अनुभूति दोनों को एक मानते हैं। दोनों का आधार भी एक है—यही ज्ञात जीवन और जगत। जिस प्रकार काव्य की अनुभूति या उसका रस सहृदय को लोक-सामान्य भावभूमि पर ले जाता है, वैसे ही भक्ति भी भक्त को लोक में प्रवृत्त करती है, विरक्त नहीं। वे स्पष्ट कहते हैं : 'सगुणमार्गी भक्त के लिए भगवान की ओर ले जानेवाला रास्ता इसी संसार के बीच से होकर जाता है' (पृ. 82, वही)। यानी भक्त के लिए भी विभिन्न रूपोंवाला यह जगत उतना ही महत्त्वपूर्ण है जितना कि कवि के लिए। भक्त भगवान की उपासना उसी रूप में करता है जिस रूप में कवि पालन और रंजन करनेवाले किसी लौकिक

चरित्र का। मनुष्य की सहज रागात्मिका वृत्ति भक्ति और काव्यानुभूति, दोनों का आधार है। शुक्ल जी के अनुसार, राग ज्ञान एवं साहचर्य जनित होता है। 'भक्त की अनुभूति वही है जिसे काव्य की लीनता या 'रस प्रतीति' कहते हैं। प्रक्रिया भी वही स्वाभाविक और सीधी-सादी है। कल्पना या भावना, जिससे विज्ञान का भीतरी साक्षात्कार होता है और भाव या रागात्मिका वृत्ति जिससे आनन्दानुभूति होती है, दोनों मनुष्य की स्वाभाविक वृत्तियाँ हैं। बस, इन्हीं दो स्वाभाविक वृत्तियों के सहारे भक्ति रस की निष्पत्ति हो जाती है। इसके सीधे-सादे विधान में न इला-पिंगला नाड़ियाँ हैं, न सहस्त्रार चक्र, न ब्रह्मरन्ध्र, न आसन, न प्राणायाम।' (पृ. 36, वही)।

भक्ति की यह जागतिक व्याख्या है। भक्ति की यह व्याख्या भक्ति को भी भाव-योग ठहराकर काव्य और भक्ति में अभेद स्थापित करती है और आचार्य शुक्ल को तुलसी, सूर और जायसी की रचनाओं पर विचार करने के लिए मानदंड प्रदान करती है। शुक्ल जी 'तुलसी, सूर, जायसी भक्त हैं या कवि ?' जैसे प्रश्न से कभी नहीं उलझे। उनके लिए यह कोई प्रश्न ही नहीं था। वे भक्ति और काव्य का अभेद स्थापित कर चुके थे। लोकधर्म का जो सौन्दर्य उन्हें काव्य में दिखलाई पड़ा था, वही भक्ति में भी। 'हमारे भक्तिमार्ग की सौन्दर्य-भावना में लोकधर्म का सौन्दर्य भी सम्मिलित है' (पृ. 85, वही)।

ऊपर शुक्ल जी की आलोचना-सम्बन्धी मान्यताओं को समझने का जो प्रयास किया गया है, उसके प्रकाश में तुलसी, सूर, जायसी इत्यादि कवियों पर उनके विचारों की संगति बिठलाई जा सकती है। सूरदास ने करुणा और प्रेम में से प्रेम को ही अपने काव्य के लिए चुना था। वे आनन्द की साधना या प्रयत्नावस्था के नहीं, सिद्धावस्था के कवि हैं। 'इन्होंने भगवान् का प्रेममय रूप ही लिया, इससे हृदय की कोमल वृत्तियों के ही आश्रय और आलम्बन खड़े किए' (पृ. 167, सूरदास)। शुक्ल जी ने सुझाया है कि कृष्ण चरित्र में भी करुणा नामक बीज-भाव के प्रसार का पर्याप्त अवकाश था किन्तु सूर की वृत्ति इस ओर नहीं रमी है। सूरसागर के उत्कृष्ट स्थल वे हैं जहाँ कवि ने बालकृष्ण की लीलाओं और गोपियों के संयोग शृंगार का वर्णन किया है। बाललीला वर्णन में सूर काव्य की उत्कृष्टता का रहस्य स्वाभाविकता है। बालक कृष्ण की लीलाओं का चित्रण लोकोत्तर भूमि पर नहीं बल्कि लोक-सामान्य भूमि पर किया गया है। वे हमारे देखे-सुने बच्चों जैसा आचरण करते हैं, इसीलिए उनका वर्णन हमें मार्मिक एवं आकर्षक लगता है। स्पर्द्धा, हार-जीत का क्षोभ जैसी मनोवैज्ञानिक विशेषताओं के सहारे इस स्वाभाविकता को चित्रित किया गया है। सूरदास के काव्य की मार्मिकता का दूसरा रहस्य यह है कि कृष्ण की लीलाओं का क्षेत्र प्रकृति का विस्तृत प्रांगण है, घर का कोई कोना नहीं। कृष्ण की लीला का अंकन उनके स्वाभाविक कर्मक्षेत्र के बीच से उभरता है। जिन बालक कृष्ण की लीलाओं का वर्णन सूरदास ने किया है, उनके व्यक्तित्व में ग्वाल, बाल, गोपियाँ, गाय, यमुना, सन्ध्या, प्रात:, वर्षा—सब समन्वित हैं। शुक्ल जी ने लक्षित किया है : 'कवियों को आकर्षित करने वाली गोप-जीवन की सबसे बड़ी विशेषता है—प्रकृति के विस्तृत क्षेत्र में विचरने के लिए सबसे

अधिक अवकाश' (पृ. 79, वही)। कृष्ण चरित्र का वर्णन सूरदास ने प्रकृति के इसी विस्तृत क्षेत्र में किया है। एक बात और ध्यान देने की है—जिसका स्पष्ट उल्लेख आचार्य शुक्ल ने सम्भवत: नहीं किया है। कृष्ण लीला का चित्रण केवल प्रकृति के ही क्षेत्र में नहीं बल्कि कर्म के क्षेत्र में भी हुआ है। कृष्ण या गोप-गोपियाँ निठल्लों की भाँति बैठे हुए खेल-कूद नहीं करते हैं। कृष्ण गाय चराने जाते हैं, ग्वाल-बाल गाय चराने जाते हैं। आगे चलकर संयोग शृंगार के वर्णन में भी गोपियाँ दही बेचने जाती हैं। कृष्ण की बाललीला और संयोग प्रेम लीला का वर्णन प्रकृति और कर्म की पृष्ठभूमि में होता है; इसीलिए उसमें जीवन की गति, स्वाभाविकता, विश्वसनीयता और अन्तत: मार्मिकता है। एक ऐसे वर्णन और आचार्य शुक्ल द्वारा प्रस्तुत उसकी अचूक व्याख्या का उदाहरण देना प्रासंगिक होगा। प्रत्येक सहृदय पाठक अच्छा आलोचक नहीं होता किन्तु प्रत्येक अच्छे आलोचक के लिए सहृदय पाठक होना अनिवार्य है। रचना में पैठकर, जिसका अर्थ होता है रचना के संसार यानी उसके सन्दर्भवान् परिवेश से परिचित होकर ही आलोचक उसके गुण-दोष निकालने का अधिकार प्राप्त करता है। 'रचना के सन्दर्भवान् वातावरण से परिचित होने के लिए ही आलोचक को बहुज्ञ होना पड़ता है।' साहित्य की भावात्मक अभिव्यक्ति व्यापकतर पृष्ठभूमि में ही होती है। आलोचक को साहित्य में पैठने के लिए इस संस्कृति से परिचित होना आवश्यक होता है। सूरदास के एक पद की दो पंक्तियाँ हैं :

'द्रुम चढ़ि चाहे न टेरत कान्हा गैयाँ दूरि गई
धाई जाति सबन के आगे जे वृषभान दई।'

शुक्ल जी इन पंक्तियों की व्याख्या करते हुए लिखते हैं :

' 'जे वृषभान दई' कहकर सूर ने पशु प्रकृति का अच्छा परिचय दिया है। नये खूँटे पर आई हुई गायें बहुत दिनों तक चंचल रहती हैं और भागने का उद्योग करती हैं। इसी से वृषभानु की दी हुई गायें चरते समय भी भाग खड़ी होती हैं, और कुछ दूसरी गायें भी स्वभावानुसार उनके पीछे दौड़ पड़ती हैं' (पृ. 172, सूरदास)। नये खूँटे पर आई हुई गायों के इस स्वभाव से परिचित हुए बिना सूर की इन पंक्तियों में जो मार्मिकता व्यंजित हुई है, उस तक पहुँच पाना असम्भव था।

शुक्ल जी को सूर का संयोग वर्णन अच्छा लगता है क्योंकि वृन्दावन के उसी सुखमय जीवन के हास-परिहास के बीच गोपियों के प्रेम का उदय होता है (पृ. 180, वही)। बाल-लीला के समान कृष्ण की प्रेमलीला भी प्रकृति और कर्मक्षेत्र की पृष्ठभूमि में वर्णित होती है। सच्चा प्रेम साहचर्य-जनित होता है, आकस्मिक या दुर्घटना के रूप में नहीं। शुक्ल जी का यह मानदंड सूर के प्रेम-लीला वर्णन पर घटित होता है, यों कहें कि सूर का संयोग वर्णन शुक्ल जी की कसौटी पर खरा उतरता है : 'नित्य अपने बीच चलते-फिरते, हँसते-बोलते, वन में गाय चराते देखते-देखते गोपियाँ कृष्ण में अनुरक्त होती हैं और कृष्ण गोपियों में। इस प्रेम को हम जीवनोत्सव के रूप में पाते हैं, सहसा उठ खड़े हुए तूफान या मानसिक विप्लव के रूप में नहीं' (पृ. 180, वही)। प्रेमोदय और संयोग शृंगार का वर्णन सूरदास

कर्म-संकुल जीवन के बीच करते हैं। शुक्ल जी ने इस प्रसंग में जिन पंक्तियों की प्रशंसा करते हुए, उन्हें उद्धृत किया है, वे ये हैं :

(क) करि ल्यो न्यारी, हरि आपनि गैयाँ
नहिन बसात लाल कछु तुमसों, सबै ग्वाल इक ठैयाँ

(ख) धेनु दुहत अति ही रति बाढ़ी
एक धार दोहनि पहुँचावत एक धार जहँ प्यारी ठाढ़ी

(ग) तुम पै कौन दुहावै गैया
इत चितवत उत धार चलावत, एहि सिखयो है मैया। (पृ. 182, वही)

उक्त सभी प्रसंग, राधा और कृष्ण, दोनों के कार्य-रत जीवन से चुने गए हैं। यह वह प्रेम है जो जीवन यज्ञ का प्रसाद है और इसीलिए विश्वसनीय और मार्मिक है। सूर काव्य के इस पक्ष को और अधिक रेखांकित करने के लिए शुक्ल जी ने देव कवि रचित अष्टयाम का उल्लेख किया है : 'पीछे देव कवि ने एक 'अष्टयाम' रचकर प्रेम-चर्या दिखाने का प्रयत्न किया, पर वह अधिकतर एक घर के भीतर के भोगविलास की कृत्रिम दिनचर्या के रूप में है। उसमें न तो वह अनेकरूपता है, न प्राकृतिक जीवन की वह उमंग' (पृ. 183, वही)।

अतिशयोक्ति, अतिरंजना और पिष्टपेषण की गन्ध पाते ही शुक्ल जी चौंक उठते हैं। सहज और लोक-सामान्य भावभूमि ही उन्हें रुचती है, वर्णन चाहे जिस भाव का हो। संयोग-वर्णन की भाँति सूर के वियोग-वर्णन में से भी उन्होंने ऐसे ही अंशों को पसन्द किया है जहाँ कर्मरत सहज जीवन के बीच में वात्सल्य और वियोग की मार्मिक झलक दिखाई पड़ती है :

'एहि बेरियाँ बन तें ब्रज आवते
दूरहिं ते वह बेनु अधर धरि बारम्बार बजावते।' (पृ. 19, सूरदास)

सूर के विरह-वर्णन की प्रशंसा करते हुए शुक्ल जी सम्भवतः उसका कारण बताते हुए लिखते हैं : 'सूरदास जी का विरह-स्थल जिस प्रकार घर की चारदीवारी के भीतर तक ही न रहकर यमुना के हरे-भरे कछारों, करील के कुंजों और वन-स्थलियों तक फैला है, उसी प्रकार उनका विरह-वर्णन भी 'बैरिन भई रतियाँ और साँपिन भई सेजियाँ' तक ही न रहकर प्रकृति के खुले क्षेत्र के बीच दूर-दूर तक पहुँचता है।'

सूरदास जब कृष्ण की दैवीशक्ति को प्रकट करने के लिए या रूप वर्णन करने के लिए 'दूर की कौड़ी' लाते हैं या प्रत्यक्ष जगत की परिचित वस्तुओं को छोड़कर अदेखी या असाधारण वस्तुओं को लाकर उपमाओं की माला पिरोने लगते हैं तो वे कवि-रूप में चूकने लगते हैं। सूर की दो पंक्तियाँ हैं :

'हरि कर राजत माखन रोटी
मनौ बराह भूधर सह पृथिवी घटि दसनन की कोटी।'

इस पर शुक्ल जी की टिप्पणी है :

'अंग शोभा और वेश-भूषा आदि के वर्णन में सूर को उपमा देने की झक-सी चढ़ जाती है और वे उपमा पर उपमा, उत्प्रेक्षा पर उत्प्रेक्षा कहते चले जाते हैं। इस झक

में कभी-कभी परिमिति या मर्यादा का विचार नहीं रह जाता, जैसे ऊपर के उदाहरण में कहाँ मक्खन लगी हुई छोटी-सी रोटी और कहाँ गोल पृथ्वी' (पृ. 202, वही)।

इसी प्रकार सूरदास की इन पंक्तियों :

'मथत दधि मथनी टेकि रह्यौ
आरि करत मटकी गहि मोहन वासुकि सम्भु डर्‌यो'

इत्यादि पर वे लिखते हैं :

'..इतना बिना कहे नहीं रहा जाता कि ऐसे उपमान बहुत काव्योपयोगी नहीं जँचते। काव्य में ऐसे ही उपमान अच्छी सहायता पहुँचाते हैं जो सामान्यत: प्रत्यक्ष रूप में परिचित होते हैं और जिनकी प्रत्यक्ष विशालता या रमणीयता आदि का संस्कार जनसाधारण के हृदय पर पहले से जमा चला आता है। न शनि का कोयले-सा कालापन ही किसी ने आँखों देखा है, न वराह भगवान् का दाँत की नोक पर पृथ्वी उठाना' (पृ. 202, वही)।

सहज और स्वाभाविक उक्तियाँ अनलंकृत होने पर भी मार्मिक व्यंजना करने में समर्थ होती हैं। ऐसी उक्तियों के पीछे व्यतीत जीवन के साहचर्य का अध्याहार करना पड़ता है। ऐसी सहज और स्वाभाविक उक्ति उस भाव की व्यंजना कर देती है जो हृदय में बहुत गहरे व्याप्त है और सम्पूर्ण जीवन पर छाया हुआ है :

'नन्द! ब्रज लीजै ठोंकि-बजाय'

पंक्ति की व्याख्या करते हुए शुक्ल जी लिखते हैं कि 'ठोंकि-बजाय में कितनी व्यंजना है! तुम अपना ब्रज अच्छी तरह सँभालो, तुम्हें इसका गहरा लोभ है, मैं जाती हूँ। एक-एक वाक्य के साथ हृदय लिपटा हुआ आता दिखाई दे रहा है। एक वाक्य दो-दो, तीन-तीन भावों से लदा हुआ है। श्लेष आदि कृत्रिम विधानों से मुक्त ऐसा ही भाव-गुरुत्व हृदय को सीधे जाकर स्पर्श करता है। इसे भाव-शवलता कहें या भाव-पंचामृत, क्योंकि एक ही वाक्य 'नन्द! ब्रज लीजै ठोंकि-बजाय' में कुछ निर्वेद, कुछ तिरस्कार और कुछ अमर्ष, इन तीनों की मिश्र व्यंजना—जिसे शवलता ही कहने से सन्तोष नहीं होता—पाई जाती है' (पृ. 188, सूरदास)।

तुलसीदास शुक्ल जी के प्रिय क्या आदर्श कवि हैं। यह निर्णय कर पाना कठिन है कि तुलसी ने उनके आलोचनात्मक मानदंड के निर्माण में सहयोग दिया है या तुलसी इस मानदंड पर खरे उतरे हैं। शुक्ल जी काव्य में प्रबन्धत्व को अधिक महत्त्व देते थे। जितनी दूर तक उत्कृष्ट प्रबन्ध काव्य उन्हें प्रभावित कर सकता था उतनी दूर तक उत्कष्ट मुक्तक नहीं। उनके आलोचनात्मक मानों का जितना विवेचन हमने अब तक किया है, उसके आधार पर इसका कारण देख पाना कठिन नहीं है। प्रबन्ध काव्य में जीवन की विविधता व्यापक रूप से अंकित हो सकती है। करुणा के बीज-भाव को पुष्पित-पल्लवित होने की उसमें अधिक गुंजाइश रहती है। प्रबन्धत्व में इस दृष्टि से काव्य अधिक सार्थक होता है। उसका काव्यानन्द सहृदय को लोकधर्म में प्रवृत्त होने की भी प्रेरणा देता है। मुक्तक हृदय पर इतना गहरा और व्यापक प्रभाव नहीं डालता। वह अपनी लपेट में जीवन की व्यापकता और विविधता नहीं बल्कि कोई उसका खंड लेता है।

शुक्ल जी प्रबन्ध काव्य को मुक्तक से श्रेष्ठतर इसी कारण मानते हैं। 'इसका अर्थ यह नहीं कि वे मुक्तक को नापसन्द करते हैं, उसे काव्यत्व से हीन मानते हैं या यह मानते हैं कि मुक्तक सुकाव्य हो ही नहीं सकता।' हिन्दी के कुछ समर्थ आलोचकों ने इस विषय में या तो शुक्ल जी के मन्तव्य को ठीक-ठीक समझा नहीं या उसे एकांगी दृष्टि से देखा है। उदाहरण के लिए पंडित नन्ददुलारे वाजपेयी प्रबन्ध काव्यों के सामने 'मधुर गीतों' की प्रशंसा करते हैं और शुक्ल जी से असहमति प्रकट करते हुए लिखते हैं : 'यदि एक ओर रामायण है तो दूसरी ओर 'विनय पत्रिका' भी तो है। इसमें तो भक्त और भगवान् ही पक्ष हैं, कोई तीसरा पक्ष नहीं' (पृ. 65, बीसवीं शताब्दी)। समझ में नहीं आता कि 'विनय पत्रिका' के होने से शुक्ल जी के मत का खंडन कैसे होता है? 'विनय पत्रिका' और रवीन्द्रनाथ के गीतों को बुरा किसने कहा है? शुक्ल जी ने तो दोहावली के दोहों और बिहारी के भी कुछ दोहों की प्रशंसा की है। बात केवल यह है कि वे प्रबन्ध काव्यों के प्रभाव को अधिक व्यापक और गम्भीर एवं प्रेरक मानते हैं। क्यों मानते हैं, इसका वे पर्याप्त कारण दे गए हैं।

प्रबन्धकार कवि की कसौटी, शुक्ल जी के अनुसार, कथा के मार्मिक प्रसंगों की पहचान है। 'प्रबन्धकार कवि की भावुकता का सबसे अधिक पता यह देखने से चल सकता है कि वह किसी आख्यान के अधिक मर्मस्पर्शी स्थलों को पहचान सका है या नहीं' (पृ. 78, तुलसीदास)। आगे वे इसी सूत्र को स्पष्ट करते हुए लिखते हैं कि 'पूर्ण भावुक वे ही हैं जो जीवन की प्रत्येक स्थिति के मर्मस्पर्शी अंश का साक्षात्कार कर सकें और उसे श्रोता या पाठक के सम्मुख अपनी शब्द-शक्ति द्वारा प्रत्यक्ष कर सकें। हिन्दी के कवियों में इस प्रकार की सर्वांगपूर्ण भावुकता हमारे गोस्वामी जी में ही है जिसके प्रभाव से 'रामचरितमानस' उत्तरी भारत की सारी जनता के गले का हार हो रहा है' (पृ. 84, वही)।

इसमें क्या सन्देह कि गोस्वामी तुलसीदास की प्रतिष्ठा अत्यन्त लोकप्रिय कवि के रूप में शताब्दियों पूर्व हो चुकी थी। लेकिन किसी काव्य को अच्छा समझना अथवा महसूस करना एक बात है और उसकी महानता की व्याख्या करना दूसरी बात है। शुक्ल जी ने गोस्वामी तुलसीदास की महानता और लोकप्रियता की व्याख्या की और हमें उस रहस्य से अवगत करा दिया जिसके कारण उनका काव्य इतना लोकप्रिय और महान है। शुक्ल जी की आलोचना द्वारा यह सम्भव हुआ कि पाठकों ने तुलसी के काव्योत्कर्ष को केवल महसूस ही नहीं किया बल्कि समझने भी लगे। उन्होंने तुलसी के काव्य को अपने युगबोध और युग की भाषा में व्याख्यायित किया या उसकी युगानुकूल पुनर्व्याख्या की। हम पहले देख आए हैं कि शुक्ल जी ने युगबोध अर्जित किया था। वे अपने समय तक आगे बढ़े हुए भौतिक विज्ञान को समझ-बूझकर वैज्ञानिक आलोचक बने थे। शुक्ल जी ने तुलसी को आधुनिक जीवन के लिए सन्दर्भवान बनाया। वे लोकप्रिय पहले से थे, शुक्ल जी उन्हें महान कवि के रूप में सामने लाए।

शुक्ल जी के अनुसार : 'राम-कथा के भीतर ये स्थल अत्यन्त मर्मस्पर्शी हैं— राम का अयोध्या-त्याग और पथिक के रूप में वनगमन, चित्रकूट में राम और भरत

का मिलन, शबरी का आतिथ्य, लक्ष्मण को शक्ति लगने पर राम का विलाप, भरत की प्रतीक्षा' (पृ. 87, वही)। इन मर्मस्पर्शी स्थलों में भी सबसे अधिक मर्मस्पर्शी शुक्ल जी को राम वनगमन प्रसंग लगता है। इस स्थल की मर्मस्पर्शिता की भरपूर व्याख्या करने के बाद बहुत आगे जाकर भी एक बार वे फिर लौट पड़ते हैं 'राम वनगमन' की ओर। तुलसी द्वारा वर्णित इस प्रसंग के अपने इस प्रेम के प्रति सम्भवत: वे स्वयं भी सावधान थे। वे लंकादहन पर लिखी गई कुछ पंक्तियों पर विचार कर रहे थे कि लिखने लगे : 'पथिक वेश में राम-लक्ष्मण वन के मार्ग में चले जा रहे हैं (क्षमा कीजिएगा, यह दृश्य हमें बहुत मनोहर लगता है, इसी से बार-बार सामने आया करता है)' (पृ.104, तुलसीदास)।

यह दृश्य शुक्ल जी को यों ही मनोहर नहीं लगता है। राम-वनगमन के द्वारा राम जीवन के व्यापक कर्मक्षेत्र में उतरते हैं। राम-वनगमन उनके लोकरक्षा में प्रवृत्त होने की भूमिका है। इसी मनोहर दृश्य में करुणा के बीज-भाव का वपन होता है। यों इस दृश्य की मर्मस्पर्शिता का कारण शुक्ल जी स्वयं बता चुके हैं : 'एक सुन्दर राजकुमार के—छोटे भाई और स्त्री को लेकर—घर से निकलने और वन-वन फिरने से अधिक मर्मस्पर्शी दृश्य क्या हो सकता है' (पृ. 79, वही) ? सौन्दर्य, शील और शक्ति से युक्त राम का यह रूप करुणा से प्रेरित लोकरक्षार्थ युद्ध में प्रवृत्त राम का प्राक्-रूप है। 'रामचरितमानस' की 'सीता' का चरित्र प्राय: ढका ही रहा है। वह पउमचरिउ की तेजस्विनी सीता नहीं हैं जो अपमान होने पर सर्पिणी के समान फुफकार उठती हैं— अपमान चाहे रावण करे या राम। मानस की सीता राम की अनुगामिनी और उनकी छाया-मात्र हैं। वे मध्ययुगीन नैतिकताओं से आवृता सीता हैं। लेकिन राम-वनगमन के अवसर पर उनका भी व्यक्तित्व कुछ-कुछ प्रकाशित हो उठा है। वे अधर्म्य की असूर्यम्पश्या न रहकर बीहड़ पथ पर चलनेवाली साधारण स्त्री हो गई हैं। वे असामान्य से सामान्य हो उठी हैं तो उनका व्यक्तित्व भी निखर उठा है। सीता के इस सामान्य रूप का अंकन 'मानस' की इन पंक्तियों में किया गया है :

'नाह-नेह नित बढ़त बिलोकी। हरषित रहति दिवस जिमि कोकी॥
सिय-मन राम चरन-अनुरागा। अवध-सहस-सम बन प्रिय लागा॥
परन-कुटी प्रिय प्रियतम संगा। प्रिय परिवार कुरंग बिहंगा॥
सासु-ससुर-सम मुनितिय मुनिबर। असन-अमिय-समकंद-मूल-फर॥'

ये पंक्तियाँ बहुत अच्छी हैं। किन्तु 'बहुत अच्छी हैं' कहना आलोचना करना नहीं है। ये पंक्तियाँ क्यों अच्छी हैं और इनकी मर्मस्पर्शिता का कारण क्या है, यह जानना हो तो शुक्ल जी की इन पंक्तियों की व्याख्या देखिए :

'अयोध्या से अधिक सुख का रहस्य क्या है ? प्रिय के साथ सहयोग के अधिक अवसर। अयोध्या में सहयोग और सेवा के इतने अवसर कहाँ मिल सकते थे ? जीवन-यात्रा की स्वाभाविक आवश्यकताओं की पूर्ति वन में अपने हाथों से करनी पड़ती थी...ऐसे प्राकृतिक जीवन में प्रेम का जो विकास हो सकता है, वह कृत्रिम जीवन में दुर्लभ है। दूसरा कारण इस सुख का था, हृदय का प्रकृति के अनेक रूपों के साथ

सामंजस्य, जिसके प्रभाव से 'कुरंग-बिहंग' अपने परिवार के भीतर जान पड़ते थे' (पृ. 90, वही)।

यहाँ भी शुक्ल जी प्रेम का उत्कर्ष कर्म और प्रकृति के क्षेत्र में ढूँढ़ निकालते हैं। स्वाभाविक प्रेम कर्म में रत प्राणियों के साहचर्य में ही उभरता है। उस साहचर्य में प्रकृति भी संगिनी होती है। शुक्ल जी की यह धारणा यहाँ भी प्रकट और पुष्ट होती है।

किन्तु सीता और राम के इस प्रेमोत्कर्ष की व्याख्या करते समय वे प्रिय के 'स्वाभाविक सहयोग की अभिलाषिणी एक ग्रामीण नायिका' की एक उक्ति उद्धृत करते हैं जो उनकी धारणा को बहुत दूर तक स्पष्ट करती है। उक्ति है :

'आगि लागि घर जरिगा, बड़ सुख कीन।
प्रिय के हाथ घइलवा भरि भरि दीन॥'

चाहे 'रामचरितमानस' की सीता हो, चाहे इस उक्ति का कथन करनेवाली नायिका हो—हमें नहीं भूलना चाहिए कि दोनों उस मध्यकालीन व्यवस्था की घुटी हुई नारियाँ हैं जिनकी सार्थकता घर की चारदीवारी में बन्द रहने में ही समझी जाती थी। जिस स्वाभाविक प्रेम का इतना गुणगान किया जाता रहा है, वह उस व्यवस्था में असम्भव था। प्रेम और घृणा व्यक्तित्ववान प्राणी ही कर सकता है। जिस व्यवस्था में स्वतंत्र व्यक्तित्व के निर्माण का कोई अवकाश ही न हो, उसमें प्रेम और घृणा कर सकने का प्रश्न नहीं पैदा होता। इन पंक्तियों में ग्रामीण नायिका की वह छटपटाहट व्यक्त होती है जो प्रिय की वास्तविक जीवन-संगिनी न बन पाने के कारण है। जीवन का अर्थ कर्म है। जो स्त्री प्रिय के साथ कर्म-क्षेत्र में नहीं उतर सकती, वह जीवन-संगिनी कैसे हो सकती है? प्रिय के हाथों में घड़ा भर-भर कर देने का अवसर मिला तो घर की चारदीवारी में घुटती हुई ग्रामीणा का जीवन सार्थक हो उठा। नायिका के सुख का कारण अपनी सार्थकता की यह अनुभूति है—ऐसा घर, जो वस्तुतः उस दमघोंटू व्यवस्था का प्रतीक है, जल गया तो अच्छा ही हुआ, बेचारी नायिका को प्रिय का सुख तो मिला! सीता को भी 'अवध-सहस-सम' प्रिय बन अपना राजमहल छोड़कर ही मिला है। अस्तु।

ग्राम-वधुओं में सीता के वार्तालाप के स्थल शुक्ल जी को रुचिकर हैं क्योंकि वहाँ भी सीता सामान्य ग्रामीणाओं की भाँति व्यवहार करती हैं और उन्हीं में घुल-मिलकर उन्हीं जैसी हो जाती हैं।

सीता-हरण के पश्चात् सीता की वियोगावस्था को शुक्ल जी गोपियों की वियोगावस्था से कहीं अधिक सच्ची और तीव्र मानते हैं। यहाँ वे सूरदास की गोपियों के विरह का हल्कापन जताने का अवसर पा जाते हैं। यद्यपि तुलसीदास ने सीता के विरह का विशद वर्णन नहीं किया है लेकिन गोपियों के विरह-वर्णन के कुछ अंश इतने अस्वाभाविक हैं कि वे उन्हें प्रभावित नहीं कर पाते। 'वन में सीता का वियोग चारपाई पर करवटें बदलनेवाला प्रेम नहीं है, चार कदम पर मथुरा गए हुए गोपाल के लिए गोपियों को बैठे-बैठे रुलानेवाला वियोग नहीं है, झाड़ियों में थोड़ी देर के लिए

छिपे हुए कृष्ण के निमित्त राधा की आँखों से आँसुओं की नदी बहानेवाला वियोग नहीं है' (पृ. 92, वही)। सीता का वियोग गोपियों के वियोग से अधिक मार्मिक इसलिए है, क्योंकि वह '...राम को निर्जन वनों और पहाड़ों में घुमानेवाला, सेना एकत्र करानेवाला, पृथ्वी का भार उतरवानेवाला वियोग है। इस वियोग की गम्भीरता के सामने सूरदास द्वारा अंकित वियोग अतिशयोक्तिपूर्ण होने पर भी बाल-कीड़ा-सा लगता है' (वही)। अर्थात् राम का वियोग एक ऐसे पुरुष का वियोग है जो लोक-रक्षा में प्रवृत्त है, जिसके द्वारा करुणा के बीज-भाव का प्रसार हो रहा है। शुक्ल जी को प्रेम का वही स्वरूप अधिक रुचिकर लगता है जो करुणा पर आधारित हो। लोकमंगल और लोकरक्षा में व्यक्ति इसी भाव के द्वारा प्रवृत्त होता और इसके प्रसार का पूरा अवकाश प्रबन्ध काव्य में ही होता है। तुलसी का 'रामचरितमानस' ऐसा ही महाकाव्य है जिसमें शुक्ल जी को करुणा का सम्यक् प्रसार दिखलाई पड़ा, जिसमें जीवन अपनी सम्पूर्ण विविधता में अंकित हुआ है। शुक्ल जी के प्रिय भाव लोकमंगल की प्रतिष्ठा उसमें नाना विषम परिस्थितियों के बीच--उनकी परिणति के रूप में होती है। 'शुक्ल जी जिस प्रकार नरेतर बाह्य प्रकृति को विस्तृत रूप में देखना चाहते थे, उसी प्रकार उन्हें नर प्रकृति का विस्तार और प्रसार भी रुचिकर था। हाँ, उसके केन्द्र में लोकमंगल की भावना अवश्य प्रतिष्ठित हो।' सामाजिक मर्यादाओं का पालन, औचित्य, संकोच, विनम्रता और लोकवादिता के आदर्शों का जितना सम्यक् निरूपण मानस में हुआ है, उतना किसी अन्य हिन्दी काव्य में नहीं। मानस के राम सद्‌गुणों से युक्त लोकरक्षा में प्रवृत्त शीलदशा को प्राप्त नायक हैं। मानस के लोकमंगल भाव के प्रेरक रूप को शुक्ल जी ने खोजा है, उसकी युगानुकूल व्याख्या की है। इसीलिए कहा गया है कि मानस और तुलसी को उन्होंने हमारे लिए सन्दर्भवान बनाया है।

तुलसी और सूर तो पहले से ही अत्यधिक लोकप्रिय कवि थे। सूफी कवि जायसी उतने लोकप्रिय नहीं थे। वे सूफी थे। आज हिन्दी साहित्य के इतिहास का पाठक मुस्लिम कवि जायसी को सूर-तुलसी की कोटि में पाता है। जायसी मुस्लिम सूफी कवि थे लेकिन शुक्ल जी ने उन्हें भक्तों की कोटि में परिगणित किया है। केवल एक यही तथ्य उनके हृदय की विशालता और धर्मनिरपेक्षता को प्रकट करने को बहुत है। सूफियों को शुक्ल जी ने एकेश्वरवाद नहीं, अद्वैतवाद के निकट माना है। उन्होंने एकेश्वरवाद और अद्वैतवाद में अन्तर दिखाते हुए लिखा है : 'एकेश्वरवाद और बात है, अद्वैतवाद और बात। एकेश्वरवाद स्थूल देववाद है और अद्वैतवाद सूक्ष्म आत्मवाद या ब्रह्मवाद। बहुत से देवी-देवताओं को मानना और सबके दादा एक बड़े देवता (ईश्वर) को मानना एक ही बात है। एकेश्वरवाद भी देववाद ही है। भावना में कोई अन्तर नहीं है। पर अद्वैतवाद गूढ़ दार्शनिक चिन्तन का फल है, सूक्ष्म अन्तर्दृष्टि द्वारा प्राप्त तत्त्व हैं जिसको अनुभूति मार्ग में लेकर सूफी आदि अद्वैती भक्त सम्प्रदाय चले' (पृ. 135, जायसी ग्रन्थावली की भूमिका, अष्टम संस्करण)।

अर्थात् सूफी अद्वैती भक्तों के निकट थे। सूफी कवियों के विषय में शुक्ल जी ने लिखा है कि 'इनकी रचनाओं के द्वारा हिन्दू और मुसलमानों में भावात्मक सम्बन्ध

स्थापित हुए। इन रचनाओं में प्रकट हुआ कि जिस प्रकार एक मत वालों के हृदय में प्रेम की तरंगें उठती हैं, उसी प्रकार अन्य मत वालों के हृदय में भी। बाह्य विभेद रहने पर भी मनुष्य मात्र में भावना के स्तर पर समानता है। यदि ऐसा न होता तो साहित्य सार्वजनिक और सार्वदेशिक न होता। सूफी कवि 'प्रेम की पीर की व्यंजना' करते थे। भारत में जो कहानियाँ प्रचलित थीं, उन्हीं के आधार पर काव्य-रचना करके सूफियों ने यह दिखला दिया कि एक ही गुप्त द्वार मनुष्य मात्र के हृदयों से होता हुआ गया है जिसे छूते ही मनुष्य सारे बाहरी रूप-रंग के भेदों की ओर से ध्यान हटा एकत्व का अनुभव करने लगता है' (पृ. 2, जायसी ग्रन्थावली)।

'पद्‌मावत' प्रबन्ध काव्य है। प्रबन्ध काव्यों की सफलता की कसौटी शुक्ल जी बता चुके हैं। प्रबन्धकार कवि को कथानक के मर्मस्पर्शी स्थलों की पहचान और उनको व्यंजित कर पाने की शक्ति होनी चाहिए। 'पद्‌मावत' प्रेम काव्य है। उसमें नायक करुणा का भाव लेकर लोकरक्षार्थ कर्मक्षेत्र में प्रवृत्त नहीं होता है, लेकिन यह अवश्य है कि प्रेम विघ्न-बाधामय, कंटकाकीर्ण मार्ग पर संघर्ष करता हुआ आगे बढ़ता है। लोकरक्षार्थ न सही लेकिन विस्तृत कर्मक्षेत्र में प्रवृत्त होने का अवसर नायक को मिला है। 'पद्‌मावत' का कथानक घटना-संकुल है। इसकी गहरी अनुभूति उत्पन्न करने के लिए जैसी परिस्थितियों की आवश्यकता पड़ती है, वे 'पद्‌मावत' में विद्यमान हैं।

जायसी रहस्यवादी कवि भी हैं किन्तु ये रहस्य की ओर संकेत स्वाभाविक परिस्थिति या वस्तु-योजना के आधार पर करते हैं। ज्ञानाश्रयी निर्गुणधारा के कवियों की रहस्यवादी कविताओं से इनकी भिन्नता दिखाते हुए शुक्ल जी ने लिखा है : 'कबीर में जो रहस्यवाद मिलता है, वह बहुत कुछ उन पारिभाषिक संज्ञाओं के आधार पर है जो वेदान्त और हठयोग से निर्दिष्ट हैं। पर इन प्रेम-प्रबन्धकारों ने जिस रहस्यवाद का आभास बीच में दिया है, उसके संकेत स्वाभाविक और मर्मस्पर्शी हैं' (पृ. 74, हिन्दी साहित्य का इतिहास)।

जायसी और सूफी कवियों की जिस विशेषता ने शुक्ल जी को सबसे अधिक आकृष्ट किया है, वह है प्रकृति-वर्णन। हमारे मध्यकालीन साहित्य में प्रकृति की प्रायः उपेक्षा हुई है। किन्तु सूफी कवियों ने प्रकृति के साथ जिस तादात्म्यगत अनुभूति की व्यंजना की है, वह मध्यकालीन ही नहीं, समूचे हिन्दी साहित्य में दुर्लभ है। हजारीप्रसाद द्विवेदी ने कहीं लिखा है कि विरह की जिस उत्कटता की अनुभूति सूफी काव्य में पाई जाती है, वह उत्कटता और तीव्रता पूर्ववर्ती भारतीय साहित्य में नहीं मिलती। यह तीव्र उत्कटता सूफी कवियों ने प्रकृति के प्रतीकों द्वारा स्वाभाविक पद्धति पर अभिव्यक्त की है। उनके संयोग और वियोग वर्णन में अतिशयोक्ति और ऊहा है किन्तु सूफियों की अतिशयोक्ति अतिशयोक्ति नहीं लगती। उनकी ऊहा, ऊहा नहीं लगती। शुक्ल जी का कहना है कि जायसी अनुमान या ऊहा के आधार के लिए ऐसी वस्तु सामने लाए हैं, जिसका स्वरूप प्राकृतिक है और जिससे सामान्यतः सब लोग परिचित होते हैं (पृ. 38, जायसी ग्रन्थावली)। यानी जायसी की कविता में 'अनुमान का आधार सत्य या स्वतः सम्भवी' है।

जायसी के विरह-वर्णन की तीव्रता और मर्मस्पर्शिता का आधार भी स्वाभाविक पद्धति पर प्रकृति की प्रतीक योजना है। संयोग वर्णन में भी जायसी इत्यादि सूफी कवियों ने प्रकृति का ही सहारा लिया है, किन्तु प्रेम की पीर की व्यंजना विरह-वर्णन में हुई है। हेतूत्प्रेक्षा जायसी का प्रिय अलंकार है, इसमें विरह ताप की अधिकता तो व्यंजित हो जाती है किन्तु 'हेतु परोक्ष हुआ करता है, इससे उसकी अतथ्यता सामने आकर प्रतीति में बाधा डालती नहीं जान पड़ती' (पृ. 39, जायसी ग्रन्थावली की भूमिका)। जायसी ने प्रकृति का उपयोग काव्य में किस प्रकार किया है, इस पर शुक्ल जी ने लिखा है : 'विरह के और-और अंगों का भी विन्यास जायसी ने हृदय हारिणी और व्यापकत्व विधायिनी पद्धति पर बाह्य प्रकृति को मूल आभ्यन्तर जगत का प्रतिबिम्ब-सा दिखाते हुए किया है और इस उक्ति से कवि विरह ताप के प्रभाव की व्यापकता को बढ़ाता-बढ़ाता सृष्टि भर में दिखा देता है' (वही)।

नागमती के विरह-वर्णन को शुक्ल जी ने हिन्दी में अद्वितीय कहा है। नागमती के विरह-वर्णन का जो अंश शुक्ल जी को बहुत प्रिय है और जिसे उन्होंने उद्धृत किया है, वह इस प्रकार है :

'कुहकि कुहकि जस कोइल रोई रकत-आँसु घुँघची बन बोई
जहँ, जहँ, ठाढ़ि होइ बनवासी, तहँ-तहँ होइ घुँघचि कैरारी
बूँद-बूँद मँह जानहुँ जीऊ, गुँजा गूँजि करे 'पिउ पीऊ'
तेहि दुख भए परास निपाते, लोहू बूड़ि उठे होइ राते
राते बिम्ब भींजि तेहि लोहू, परवर पाक फाट हियगोंहू।'

ध्यान देने की बात है कि इसमें सीता की भाँति नागमती का 'रानीत्व' छूट गया है और महलों में रहनेवाली रानी साधारण रानी की भाँति वन-वन बिलख रही है। शुक्ल जी ने कविता के विषय में लिखा है कि वह हमें 'लोक-सामान्य भावभूमि' पर खड़ा कर देता है। यह सामान्य भूमि शुक्ल जी की रुचि की कसौटी है।

छायावाद

शुक्ल जी के सम्बन्ध में यह प्रारम्भ में ही कहा गया है कि उन्होंने अपने समय तक बढ़े हुए विज्ञान एवं समाजशास्त्र के विभिन्न अंगों का अध्ययन किया था, समकालीन विदेशी साहित्य का अध्ययन-मनन किया था। यह देखकर थोड़ा आश्चर्य ही होता है कि रिचर्ड्स की पुस्तक 'प्रिंसिपल्स ऑफ लिटरेरी क्रिटिसिज्म' के प्रकाशित होते ही इतनी जल्दी उन्होंने न केवल पढ़ ली, बल्कि हिन्दी साहित्य के सन्दर्भ में उसके विचारों को उद्धृत करते हुए उनका उपयोग किया। वाल व्हिटमैन, विलियम डिकन्सन, कमिंग्ज जैसे आधुनिक कवियों की प्रासंगिक समालोचना की। शुक्ल जी के विषय में डॉ. नामवर सिंह का यह कथन ठीक लगता है कि हिन्दी आलोचना केवल उनके लेखन से विश्व समालोचना के समकक्ष हुई। शुक्ल जी के आलोचनात्मक ग्रन्थ किसी भी तत्कालीन श्रेष्ठ विदेशी आलोचक की कृतियों के समकक्ष रखे जा सकते हैं। चाहे

प्राचीन साहित्य हो, चाहे आधुनिक, उनकी पकड़ इतनी मजबूत और दृष्टि इतनी मर्मभेदिनी है कि वह चूकते नहीं। उनकी दृष्टि और उनके मूल्यांकन से मतभेद हो सकता है किन्तु कोई कवि या साहित्यकार यह कहने का साहस नहीं कर सकता कि शुक्ल जी ने उसकी आलोचना बिना समझे कर दी है। उन्होंने कुछ दुरूहतम रचनाओं पर अपनी दो टूक राय दी है। उन्होंने ऐसी रचनाओं का अन्वय करके अर्थ किया है, फिर उसका मूल्यांकन किया। निराला की एक कविता का उन्होंने जो अर्थ किया है और फिर उसका मूल्यांकन, वह द्रष्टव्य है। 'कौन तम के पार (रे कह)' वाली कविता में आए कुछ पदों और वाक्यांशों की व्याख्या इस प्रकार है :

'इसमें आई हुई 'अखिल-पल के स्रोत जल-जग', 'हर्ष-अलि हर स्पर्श-शर', 'निशा प्रिय-उर शयर सुख-धन' इत्यादि पदावलियों का जो अर्थ कवि को स्वयं समझना पड़ा है, यह उन पदावलियों से जबर्दस्ती निकाला जान पड़ता है। जैसे 'हर्ष-अलि हर स्पर्श-शर' आनन्द-रूपी भौंरा स्पर्श का चुभा तीर हर रहा है। (तीर के निकालने से भी एक प्रकार का स्पर्श होता है जो सुखद है और तीर रूप का चुभा तीर है)। 'निशा प्रिय-उर शयन सुख-धन'—निशा का प्रियतम के उर पर शयन...' (पृ. 716, हिं. सा. इ.)।

'अर्थ कवि को स्वयं समझना पड़ा है' वाक्यांश एक ओर शुक्ल जी की व्यंग्य पटुता का द्योतक है तो दूसरी ओर उनके अगाध आत्मविश्वास का।

यह व्याख्या इस कथन की पुष्टि में जोड़ी गई है : 'जहाँ कवि ने अधिक या कुछ पेंचीले अर्थ रखने का प्रयास किया है, वहाँ पद-योजना उसको दूसरों तक पहुँचाने में प्राय: अशक्त या उदासीन पाई जाती है' (पृ. 715, वही)।

इसी प्रकार संवेदनावाद (Impressionism) और मूर्तिविधानवाद (Imagism) की अतियों का विरोध करते समय उन्होंने कमिंग्ज की कविता का उदाहरण दिया है। कमिंग्ज दुरूह कवि हैं। लेकिन वे और होंगे जो दुरूहता से घबराते हैं। शुक्ल जी ने कविता का हिन्दी अनुवाद किया है, उसकी व्याख्या की है और फिर कविता की आलोचना की है। 'सं-दंश', 'स्वर्ण', 'गुन', 'जाल' का अर्थ समझाते हुए वे लिखते हैं : ' 'सं' से सनसनाहट अर्थात् हवा चलने की और 'दंश' से चमड़ा फटने, पानी की ठंडक और मधुमक्खी के डंक मारने की संवेदना उत्पन्न की गई है। 'स्वर्ण' से सूर्य की किरणों और मधुमक्खियों के पीले रंग का आभास दिया गया है। 'गुन' से गुनगुनाहट और गुंजार का संकेत किया गया है जो 'दंश' के साथ मिलकर मधुमक्खियों की भावना उत्पन्न करता है' (पृ. 252, चिन्तामणि, दूसरा भाग)।

इसके बाद उनका निष्कर्ष है : 'थोड़ा सोचिए कि कमिंग्ज के इस विचित्र विधान के मूल में क्या है। काव्य-दृष्टि की परिमिति और प्रतिभा के अनवकाश के बीच नवीनता के लिए नैराश्यपूर्ण आकुलता। 'सूर्योदय', 'सूर्यास्त' आदि बहुत पुराने विषय हैं जिन पर न जाने कितने कवि अच्छी से अच्छी कविता कर गए हैं। अब इन्हीं को लेकर जो विलक्षणता और नवीनता दिखाना चाहेगा, वह मार्मिक दृष्टि के प्रसार के अभाव में सिवा इसके कि नये-नये वादों का अन्ध अनुसरण करे, शब्दों की कलाबाजी दिखाए, पहेली खड़ी करे और करेगा क्या' (पृ. 253, वही)!

उन्होंने श्रीधर पाठक और रामनरेश त्रिपाठी को सच्चे अर्थों में स्वच्छन्दतावादी कवि माना है। उनके अनुसार इन कवियों में स्वच्छन्दता का स्वाभाविक विकास मिलता है। वे अंग्रेजी स्वच्छन्दतावादी कविताओं के अन्धानुकरण को गलत मानते हैं क्योंकि रीतिकाल या भारतेन्दुकाल के अन्त में जो परिस्थिति थी, वही परिस्थिति स्वच्छन्दतावाद के समय इंग्लैंड की नहीं थी। उनका कहना था कि फ्रांसीसियों के प्रभाव के कारण अंग्रेजी काव्य-रचना लैटिन की रूढ़ियों से ग्रस्त थी। लैटिन इंग्लैंड की भाषा नहीं थी और लैटिन साहित्य का निर्माण बहुत कुछ यवनानी भाव-पद्धति पर हुआ था। इंग्लैंड के स्वच्छन्दतावादी आन्दोलन ने इसके प्रति विद्रोह किया था किन्तु रीतिकालीन साहित्य हमारे ही देश का था। वह हमारे ही देश की भाव-पद्धति पर विकसित हुआ था। इसलिए नये कवियों को उनका आशय छायावादी कवियों से था—रीतिकालीन परम्परा की भी कुछ बातों को ग्रहण करके आगे चलना चाहिए था। उन्हें अपनी काव्य-परम्परा से विद्रोह न करके उसका विकास करना चाहिए था। वे छन्द, लय आदि के विषय में पुरानी परम्परा को ही आगे बढ़ाने के पक्ष में थे। खड़ीबोली पद्य के लिए सुन्दर लय और चढ़ाव-उतार के कई नये ढाँचे निकालने के लिए श्रीधर पाठक की उन्होंने प्रशंसा की थी। द्वितीय उत्थान अर्थात् द्विवेदी युग के काव्य की सीमाओं का निर्देश करते हुए उन्होंने लक्षित किया कि उसमें 'कल्पना का रंग भी बहुत कम या फीका रहता था और हृदय का वेग भी खूब खुलकर नहीं व्यंजित होता था।' शुक्ल जी के अनुसार यह कभी मैथिलीशरण गुप्त, मुकुटधर पांडेय, बदरीनाथ भट्ट और पदुमलाल पुन्नालाल बख्शी की कविताओं से पूरी होने लगी थी। ये प्रकृति के साधारण, असाधारण सब रूपों पर प्रेम-दृष्टि डालकर उसके रहस्य भरे सच्चे संकेतों को परखकर भाषा को अधिक चित्रमय, सजीव और मार्मिक रूप देकर कविता का एक अकृत्रिम स्वच्छन्द मार्ग निकाल रहे थे (पृ. 650, हिं. सा. इ.)। 'अत: हिन्दी कविता की नई धारा का प्रवर्तक इन्हीं को—विशेषत: श्री मैथिलीशरण गुप्त और मुकुटधर पांडेय को समझना चाहिए' (वही)।

शुक्ल जी छायावाद के आध्यात्मिक रहस्यवादी रूप के विरोधी थे। वे ऐसे रहस्यवाद को काव्य के क्षेत्र के बाहर की चीज समझते थे। हिन्दी के छायावादी, आन्दोलन को उन्होंने बाहर का अन्धानुकरण माना है। उनके अनुसार, स्वयं रवीन्द्रनाथ ठाकुर पर पाश्चात्य ढाँचे के आध्यात्मिक रहस्यवाद का प्रभाव था। 'इस वाद के आ जाने से हिन्दी के नये कवि एकबारगी उधर झुक पड़े'—क्यों झुक पड़े, इस पर उन्होंने विचार नहीं किया है। केवल यह लिखा है कि 'यह अपना क्रमश: बनाया हुआ रास्ता नहीं था। इसका दूसरे साहित्यिक क्षेत्र में प्रकट होना, कई कवियों का इस पर एक साथ चल पड़ना और कुछ दिनों तक इसके भीतर अंग्रेजी और बंगला की पदावली का जगह-जगह ज्यों-का-त्यों अनुवाद रखा जाना—ये बातें मार्ग की स्वतंत्र उद्‌भावना नहीं सूचित करतीं' (पृ. 651, हिं. सा. इ.)। छायावाद से उनकी शिकायत का मुख्य कारण था 'अर्थभूमि के विस्तार की ओर दृष्टि न जाना' और विभाव पक्ष का शून्य अथवा अनिर्दिष्ट रह जाना। यानी छायावाद जिस सीमा तक जीवन की वास्तविकताओं

की उपेक्षा करता है, वहाँ तक शुक्ल जी उसके विरोधी हैं। परवर्ती काव्य में जब छायावाद के कवियों ने सामाजिकता के दबाव से जीवन और जगत की सहज बातों को भी अपने काव्य में चित्रित किया तो शुक्ल जी ने उनकी प्रशंसा की। पंत जी की प्रकृति पर लिखी गई सहज रचनाओं, 'ताजमहल', 'दो मित्र' आदि—की उन्होंने तारीफ की है और लिखा है कि 'स्वाभाविक स्वच्छन्दता की ओर बढ़ते देख हमें अवश्य सन्तोष होता है' (पृ. 714, वही)। निराला की आध्यात्मिक-रहस्यवादी और अतिरिक्त संगीतात्मक कविताओं की उन्होंने आलोचना की है किन्तु 'खंडहर', 'दिल्ली-यमुना' आदि कविताओं का सहानुभूतिपूर्वक उल्लेख किया है। 'इलाहाबाद के पथ पर' वाली कविता पर अपनी राय देते हुए वे लिखते हैं : 'श्रमजीवियों के कष्टों की सहानुभूति लिये हुए जो लोकहितवाद का आन्दोलन चला है, उस पर भी अब निराला जी की दृष्टि गई है' (पृ. 719, वही)। 'ऐसी कविताओं की भाषा की सहजता पर भी उनका ध्यान गया है। 'इस प्रकार की रचनाओं में भाषा बोल-चाल की पाई जाती है' (वही)।

इसी प्रकार जयशंकर प्रसाद की रहस्य-भावना और आनन्दवाद का शुक्ल जी ने तीव्र विरोध किया है। यह भी सच है कि छायावादी कवियों में शुक्ल जी का सबसे अधिक कोप-भाजन वही बने हैं। शुक्ल जी ने 'कामायनी' की प्रबन्ध-योजना को विषम और उसके कथानक को एकांगी कहा है। शुक्ल जी 'बुद्धि' की भर्त्सना करने के पक्ष में नहीं थे। वे तो ज्ञान-प्रसार में भावना-प्रसार देखनेवाले चिन्तक थे। इड़ा की पैरवी करते हुए उन्होंने श्रद्धा के विरोध में प्रसाद जी की एक पंक्ति की पैरोडी भी की है : 'रस पगी रही पाई न बुद्धि' (पृ. 692, वही)। लेकिन 'आँसू' के कुछ स्थलों की उन्होंने प्रशंसा की है : ' 'अ' अभिव्यंजना की प्रगल्भता और विचित्रता के भीतर प्रेम-वेदना की दिव्य विभूति का, विश्व में उसके मंगलमय प्रभाव का, सुख और दुख, दोनों को अपनाने की उसकी अपार शक्ति का, और उसकी छाया में सौन्दर्य और मंगल के संगम का भी आभास पाया जाता है' (पृ. 681, हिं. सा. इ.)। इसी प्रकार 'लहर' पर उन्होंने लिखा है कि 'इस पुस्तक में कवि अपने मधुमय जगत से निकलकर जगत और जीवन के कई पक्षों की ओर भी बढ़ा है' (पृ. 684, वही)।

छायावाद की भी जो समालोचना शुक्ल जी ने की है, वह उसे समझकर (और समझाकर) और अपने आलोचनात्मक मानदंडों पर परखकर उन्होंने आभ्यन्तर प्रभाव-साम्य के आधार पर अप्रस्तुत की योजना को छायावाद की बहुत बड़ी विशेषता माना है।

'छायावाद बड़ी सहृदयता के साथ प्रभाव-साम्य पर ही विशेष लक्ष्य रखकर चला है' (पृ. 670, वही)। 'आभ्यन्तर प्रभाव-साम्य के आधार पर लाक्षणिक और व्यंजनात्मक पद्धति का प्रगल्भ और प्रचुर विकास छायावाद की काव्य-शैली की असली विशेषता है' (पृ. 671, वही)।

इस आभ्यन्तर प्रभाव-साम्य के आधार पर शुक्ल जी ने छायावादी पदावली की 'जितनी स्पष्ट और निश्चित व्याख्या की है, वैसी फिर किसी ने नहीं की। जैसे धूल की ढेरी—असुन्दर वस्तु, मधुमय गान—गाने के विषय अर्थात् सुन्दर वस्तुएँ, मर्म-

पीड़ा के हास, हास–विकास, समृद्धि, विरोध–वैचित्र्य के लिए व्यंग्य–व्यंजक सम्बन्ध को लेकर लक्षण। मर्म–पीड़ा के हास—मेरे पीड़ित मन आधार–आधेय सम्बन्ध को लेकर' इत्यादि।

शुक्ल जी छायावाद को काव्य–शैली मात्र मानते हैं। इसके कथ्य या वस्तु में कोई नवीनता है, यह वह नहीं मानते। शुक्ल जी के इतिहास को ध्यानपूर्वक पढ़ने से ज्ञात होता है कि वे छायावादी वस्तु और मुकुटधर पांडेय या मैथिलीशरण गुप्त इत्यादि स्वाभाविक स्वच्छन्दतावादी कवियों की काव्यवस्तु में कोई खास अन्तर नहीं मानते। आगे हमें यह देखने का अवसर मिलेगा कि शुक्ल जी की इस मान्यता का कई परवर्ती आलोचकों ने विरोध किया है।

छायावादी कवियों की आलोचना-दृष्टि

पं. रामचन्द्र शुक्ल के समसामयिक कवियों में प्रसाद, पंत, निराला प्रमुख थे। ये तीनों छायावाद की बृहत्त्रयी के नाम से भी विख्यात हैं। ये कवि शुक्ल जी की इस धारणा से सहमत नहीं थे कि छायावाद का स्रोत विदेशी है और ईसाई सन्तों का छायाभास बंगाल से होता हुआ हिन्दी में आ पहुँचा है। शुक्ल जी छायावाद को शैली मात्र मानते थे। इस शैली की आवश्यकता किसी कथ्य-विशेष के कारण थी या मुकुटधर पांडेय इत्यादि कवियों द्वारा प्रवर्तित स्वच्छन्दतावाद के अतिरिक्त छायावाद का कोई सामाजिक आधार था, यह शुक्ल जी नहीं मानते। शुक्ल जी की एतद्विषयक धारणा पर अधिकांश परवर्ती आलोचकों ने मतभेद प्रकट किया है। पंत ने तो नहीं लेकिन प्रसाद ने शुक्ल जी के इस मत का प्रतिवाद गम्भीरतापूर्वक करने का प्रयास किया। 'काव्य और कला तथा अन्य निबन्ध' में कई स्थानों पर वे शुक्ल जी के विचारों का खंडन करते हैं। छायावाद-रहस्यवाद का स्रोत विदेशी है, इस कथन का खंडन करते हुए वे लिखते हैं : 'विज्ञ समालोचक भी हिन्दी की आलोचना करते-करते 'छायावाद', 'रहस्यवाद' आदि वादों की कल्पना करके उन्हें विजातीय, विदेशी तो प्रमाणित करते ही हैं, यहाँ तक कहते हुए लोग सुने जाते हैं कि वर्तमान हिन्दी कविता में अचेतनों में, जड़ों में चेतनता का आरोप करना हिन्दीवालों ने अंग्रेजी से सीखा। कहीं अंग्रेजी में उन्होंने देखा कि 'गॉड इज लव', फिर क्या! कहीं भी हिन्दी में ईश्वर के प्रेम रूप का वर्णन देखकर उन्हें अंग्रेजी के अनुवाद या अनुकरण की घोषणा करनी पड़ती है' (पृ. 30, काव्य और कला...)।

यह संकेत शुक्ल जी की ओर है। प्रसाद जी ने प्रसिद्ध वेदान्त ग्रन्थ 'पंचदशी' और आनन्दवर्धन को उद्धृत करके दिखाने का प्रयास किया है कि परमात्मा से प्रेम और चेतनता का जड़ पर आरोप, ये दोनों बातें भारतीय हैं—अभारतीय नहीं।

वे कवित्व को 'आत्मा की अनुभूति' कहते हैं (पृ. 37, वही)। उनके अनुसार 'काव्य आत्मा की संकल्पात्मक अनुभूति है।' अपना आशय और स्पष्ट करते हुए वे लिखते हैं कि 'आत्मा की मननशक्ति की वह असाधारण अवस्था जो श्रेय सत्य को उसके मूल चारुत्व में सहसा ग्रहण कर लेती है, काव्य में संकल्पात्मक अनुभूति कही जा सकती है' (पृ. 38, वही)।

प्रसाद जी काव्य-विश्लेषण में आत्मा को इतना महत्त्व देते हैं कि काव्य की प्रत्येक समस्या को आत्मानुभूति से हल करने की कोशिश करते हैं। तुलसी और सूर

के वात्सल्य वर्णन की तुलना करते हुए वे प्रश्न करते हैं : 'क्या कारण है कि रामचन्द्र के वात्सल्य-रस की अभिव्यंजना उतनी प्रभावशालिनी नहीं हुई जितनी सूरदास के श्याम की' (पृ. 44, काव्य और कला...) ? इसका उत्तर वे यों देते हैं : '...वही प्रमाण है आत्मानुभूति की प्रधानता का। सूरदास के वात्सल्य में संकल्पात्मक मौलिक अनुभूति की तीव्रता है, उस विषय की प्रधानता के कारण। जहाँ आत्मानुभूति की प्रधानता है, वहीं अभिव्यक्ति अपने क्षेत्र में पूर्ण हो सकी है। वहीं कौशल या विशिष्ट पद-रचनायुक्त काव्य-शरीर सुन्दर हो सका है' (पृ. 44, वही)।

लेकिन प्रसाद जी ने इस 'आत्मा', 'आत्मानुभूति' या 'अनुभूति' शब्द की कोई व्याख्या नहीं की है। इसलिए उनकी यह परिभाषा और व्याख्या लोकोत्तर भूमि पर ही स्थित रहती है।

शुक्ल जी ने रहस्यवाद की भी आलोचना की थी। लेकिन यह भूलना नहीं चाहिए कि उन्होंने सहज और स्वाभाविक रहस्य-भावना पर आधारित कविताओं की प्रशंसा की है। उन्होंने वड्सवर्थ, शेली, रवीन्द्रनाथ और पंत की स्वाभाविक रहस्यवादी कविताओं की तारीफ की है। 'काव्य में रहस्यवाद' नामक निबन्ध में वे लिखते हैं : 'स्वाभाविक रहस्य-भावना बड़ी स्मरणीय और मधुर भावना है, इसमें सन्देह नहीं। रसभूमि में इसका एक विशेष स्थान हम स्वीकार करते हैं' (पृ. 143, चिन्तामणि)।...लेकिन वे काव्य में साम्प्रदायिक रहस्यवाद के विरोधी थे। 'पर किसी वाद के साथ सम्बद्ध करके उसे (रहस्यवाद को) हम काव्य का एक सिद्धान्त मार्ग स्वीकार करने के लिए तैयार नहीं' (वही)।

काव्य-सिद्धान्त के रूप में शुक्ल जी रहस्यवाद की सत्ता नहीं स्वीकार करते। उधर प्रसाद जी के अनुसार : 'काव्य में आत्मा की संकल्पात्मक मूल अनुभूति की मुख्य धारा रहस्यवाद है' (पृ. 46, काव्य और कला...)।

शुक्ल जी का विचार है कि 'अज्ञेय और अव्यक्त को अज्ञेय और अव्यक्त ही रखकर कामवासना के शब्दों में प्रेम-व्यंजना भारतीय काव्यधारा में कभी नहीं चली, यह स्पष्ट बात 'हमारे यहाँ यह भी था' की प्रवृत्तिवालों को अच्छी नहीं लगती' (पृ. 651, हिं. सा. इ.)।

शुक्ल जी के इसी कथन का विरोध करते हुए प्रसाद जी ने 'रहस्यवाद' नामक निबन्ध में लिखा : "भारतीय विचारधारा में रहस्यवाद को स्थान न देने का एक मुख्य कारण है। ऐसे आलोचकों के मन में एक तरह की झुँझलाहट है। रहस्यवाद के आनन्द-पथ को उनके कल्पित भारतीयोचित विवेक में सम्मिलित कर लेने से आदर्शवाद का ढाँचा ढीला पड़ जाता है।...आनन्द-भावना, प्रिय कल्पना और प्रमोद हमारी व्यवहार्य वस्तु थी। आज की जातिगत निर्वीर्यता के कारण उसे ग्रहण न कर सकने पर यह सेमेटिक है, कहकर सन्तोष कर लिया जाता है' (पृ. 49, काव्य और कला...)। आगे प्रसाद जी ने वेदों-उपनिषदों, आगमवादियों, सिद्धों और मीरा आदि हिन्दी कवियों के उद्धरण देकर यह सिद्ध किया है कि 'वर्तमान हिन्दी में इस अद्वैत रहस्यवाद की सौन्दर्यमयी व्यंजना होने लगी है, वह साहित्य में रहस्यवाद का

स्वाभाविक विकास है। वर्तमान रहस्यवाद की धारा भारत की निजी सम्पत्ति है, इसमें सन्देह नहीं' (पृ. 68, वही)।

किन्तु इससे शायद शुक्ल जी का सन्देह दूर नहीं हुआ। उन्होंने प्रसाद जी के इस कथन का उत्तर यों दिया : "...यह कौन कहता है कि मत-मतांतरों की साधना में रहस्यमार्ग नहीं चले ? योग रहस्यमार्ग है, तंत्र रहस्यमार्ग है, रसायन भी रहस्यमार्ग है। पर ये सब साधनात्मक हैं, प्रकृत भावभूमि या काव्य भूमि के भीतर चले हुए मार्ग नहीं। ...कबीरदास हमारे यहाँ के ज्ञानवाद और सूफियों के भावनात्मक रहस्यवाद को लेकर चले...। उसी भावात्मक रहस्य परम्परा का यह नूतन भाव-भंगी और लाक्षणिकता के साथ आविर्भाव है' (पृ. 652, हिं. सा. इ.)।

आचार्य और कवि के बीच बहस का खास मुद्दा है रहस्यवाद की भारतीयता या अभारतीयता। शुक्ल जी काव्य में साम्प्रदायिक-रहस्यवाद पश्चिम से आया हुआ बताते हैं—जबकि प्रसाद जी उसे शुद्ध भारतीय घोषित करते हैं। कबीर और सूफी यदि रहस्यवादी कवि थे तो रहस्यवादी कविता अभारतीय कैसे हुई ? लेकिन शुक्ल जी लेखन में इतने सतर्क थे कि पकड़ में नहीं आते। उनसे यही बात कही जाती तो वे कहते : 'यह कौन कहता है कि कबीर और जायसी भारतीय कवि नहीं थे ? कहा यह जा रहा है कि ये भारतीय परम्परा के कवि नहीं थे।' और 'जायसी का रहस्यवाद स्वाभाविक पद्धति पर विकसित हुआ है।'

वस्तुतः भारतीयता या भारतीय परम्परा की बहस काव्य के उत्कर्ष का निर्णय करने में बहुत समर्थ नहीं है। काव्य में रहस्यवाद को अभारतीय ठहराते हुए भी शुक्ल जी इस काव्य का विश्लेषण करते हैं, प्रसाद जी आद्यन्त केवल उसे भारतीय ठहराने का उद्यम करते हैं। स्वाभाविक रहस्यवाद को शुक्ल जी स्पृहणीय मानते हैं।

'यथार्थवाद और छायावाद' नामक निबन्ध में प्रसाद जी ने इन प्रवृत्तियों पर विचार किया है। प्रसाद कवि रूप में छायावादी थे तो उपन्यासकार के रूप में यथार्थवादी। यथार्थवाद की महत्ता उन्होंने ठीक-ठीक आँकी। यथार्थवाद और छायावाद के विषय में उन्होंने जो कुछ लिखा, वह उनकी मर्मभेदिनी दृष्टि का परिचायक है। यथार्थवाद की प्रधान विशेषता उनकी दृष्टि में 'लघुता की ओर साहित्यिक दृष्टिपात' है। यथार्थबोध को ठीक-ठीक आँकते समय बिना कहे ही वे आधुनिक बोध का भी लक्षण बता जाते हैं : 'दैवी शक्ति से तथा महत्त्व से हटकर अपनी क्षुद्रता तथा मानवता में विश्वास होना, संकीर्ण संस्कारों के प्रति द्वेष होना स्वाभाविक था। इस रुचि के प्रत्यावर्तन को श्री हरिश्चन्द्र की युग-वाणी में प्रकट होने का अवसर मिला' (पृ. 118, काव्य और कला...)। यथार्थवादी साहित्य को ऐतिहासिक आवश्यकता के रूप में व्याख्यायित करते हुए वे कहते हैं कि 'व्यापक दुःख-संवलित मानवता को स्पर्श करनेवाला साहित्य यथार्थवादी बन जाता है। इस यथार्थवादिता में अभाव, पतन और वेदना के अंश प्रचुरता से होते हैं' (पृ. 119, वही)।

वे कहते हैं कि अब साहित्य, साहित्यिक न्याय की व्यावहारिकता में सन्देह

करने लगा है। कोई व्यक्ति न बिलकुल अच्छा होता है, न बिलकुल बुरा। यथार्थवाद गिरे हुए लोगों से भी सहानुभूति रखता है। वह 'तथ्यवादी पतन और संयमन का भी मूल्य जानता है।'

ये यथार्थवादी साहित्य को भी आदर्शोन्मुख रखने के पक्ष में हैं। यथार्थवादी साहित्य वह है जो 'जनसाधारण के अभाव और उनकी वास्तविक स्थिति तक पहुँचने का प्रयत्न करता है। एतदर्थ उसे सामाजिक रूढ़ियों पर प्रहार करना पड़ता है। किन्तु केवल यथार्थ और नग्नता का ही चित्रण करना यथार्थवाद नहीं है। उसमें समाज के सुख का ध्यान होना चाहिए। दुख-दग्ध जगत और आनन्दपूर्ण स्वर्ग का एकीकरण साहित्य है। प्रसाद जी ने यह भी लक्षित किया है कि 'हिन्दी में इस प्रवृत्ति (यथार्थवाद) का मुख्य वाहन गद्य-साहित्य ही बना' (वही)।

यथार्थवाद के सम्बन्ध में प्रसाद जी की धारणाएँ सुनिश्चित और स्पष्ट हैं। हिन्दी की परम्परा किस प्रकार सामाजिकता और लोकमंगल की भावना की ओर बढ़ रही थी, यह प्रसाद जी के यथार्थवाद सम्बन्धी विचारों से भली भाँति प्रकट हो जाता है।

इसी निबन्ध में प्रसाद जी ने छायावाद पर भी विचार किया है। छायावाद का परिचय देते हुए वे लिखते हैं कि 'कविता के क्षेत्र में पौराणिक युग की किसी घटना अथवा देश-विदेश की सुन्दरी के बाह्य वर्णन से भिन्न जब वेदना के आधार पर स्वानुभूतिमयी अभिव्यक्ति होने लगी, तब हिन्दी में उसे छायावाद के नाम से अभिहित किया गया' (पृ. 121, वही)।

अनजाने ही प्रसाद जी ने छायावाद के विषय में एक बहुत बड़ी बात कह दी थी जिसकी ओर अभी तक लोगों का ध्यान नहीं गया है। छायावाद की एक बहुत बड़ी गुत्थी उन्होंने सुलझा दी थी, उसे 'वेदना के आधार पर स्वानुभूतिमयी अभिव्यक्ति' कहकर। लेकिन हमारी समझ में प्रसाद के इस कथन का महत्त्व तब आएगा जब हम वेदना शब्द का अभिप्रेत समझें। यथार्थवाद पर लिखते हुए उन्होंने लिखा है, 'वस्तुतः यथार्थवाद का मूल भाव है वेदना...' (पृ. 121, वही)। आगे इस वेदना के विषय में वे लिखते हैं कि 'जब सामूहिक चेतना छिन्न-भिन्न होकर पीड़ित होने लगती है तब वेदना की विवृति आवश्यक हो जाती है' (वही)।

प्रसाद जी के इन उद्धरणों को देखने से यह आश्चर्यजनक सुखद तथ्य सामने आता है कि उन्होंने वेदना के आधार पर यथार्थवाद और छायावाद की एकसूत्रता ढूँढ़ ली थी।

वे इसे स्पष्ट नहीं करते। गुडमुडाकर फिर 'आन्तरिक स्पर्श' और 'आन्तर हेतु' की ओर चले जाते हैं। एक और महत्त्वपूर्ण बात वे छायावादी काव्य की भाषा के बारे में जरूर कह जाते हैं कि 'शब्दों में भिन्न प्रयोग से एक स्वतंत्र अर्थ उत्पन्न करने की शक्ति है। समीप के शब्द भी उस शब्द विशेष का नवीन अर्थ द्योतन करने में सहायक होते हैं। भाषा के निर्माण में शब्दों के इस व्यवहार का बहुत हाथ होता है। अर्थ-बोध व्यवहार पर निर्भर करता है। शब्दशास्त्र में पर्यायवाची तथा अनेकार्थवाची शब्द इसके प्रमाण हैं' (पृ. 112, काव्य और कला...)।

लगता है, अत्याधुनिक सिद्धान्तों से अवगत कोई सुयोग्य भाषा-वैज्ञानिक काव्यभाषा सम्बन्धी विचार कर रहा है।

छायावाद के मूल शब्द 'छाया' पर विचार करते-करते निष्कर्षतः वे कहते हैं कि 'प्रयोग बाह्य सादृश्य से अधिक आन्तर सादृश्य को प्रकट करनेवाले हैं।'

कम-से-कम छायावाद की इस मुख्य विशेषता के विषय में प्रसाद जी और आचार्य शुक्ल एकमत हैं। उन्होंने भी लिखा है : 'छायावाद बड़ी सहृदयता के साथ प्रभाव साम्य (आभ्यन्तर प्रभाव साम्य) पर ही विशेष लक्ष्य रखकर चला है' (पृ. 670, हिं. सा. इ.)।

सुमित्रानन्दन पंत

पंत जी ने अपने प्रतिष्ठित काव्य संग्रह 'पल्लव' की विस्तृत भूमिका में काव्य-सम्बन्धी विचार प्रकट किए हैं।

'पल्लव' की भूमिका में पंत जी ने मुख्यतः ब्रजभाषा और खड़ी बोली के शब्द सौकुमार्य इत्यादि पर विचार किया है। पूर्ववर्ती और नवीन छन्दों की विशेषताओं और उनके औचित्य का भी विवेचन किया है।

भूमिका से पंत जी के अध्ययन और मनन का पता चलता है। यह भी ज्ञात होता है कि शब्दों की विविध छायाओं को हृदयंगम करने की उनमें अतुल प्रतिभा है, लेकिन उनकी भूमिका अधिक से अधिक केवल प्रभाववादी आलोचना का रूप प्रस्तुत करती है। पंत जी के विचार आत्मनिष्ठ हैं। वे घोषित रूप से खड़ी बोली में काव्य रचने के समर्थक हैं और खड़ी बोली को नवीन युग की स्वाभाविक भाषा मानते हैं। वे खड़ी बोली को ऐसी भाषा मानते हैं जो समाज को मीठी नींद में सुलाती नहीं बल्कि उद्योग में लगाती है : 'ब्रजभाषा में नींद की मिठास थी, इसमें—खड़ी बोली में—जागृति का स्पन्दन; उसमें रात्रि की अकर्मण्य स्वप्नमय ज्योत्स्ना, इसमें दिवस का सशब्द कार्य-व्यग्र प्रकाश' (पृ. 16, प्रवेश, पल्लव, 1963 ई.)। पंत जी ने भक्तिकालीन और रीतिकालीन साहित्य पर विचार करते हुए आधुनिक युग की विशेषताओं के अनुरूप होने के कारण खड़ी बोली का औचित्य सिद्ध किया है।

पंत जी ने भी काव्य को परिभाषित करने का प्रयास किया है। वे लिखते हैं : 'कविता हमारे परिपूर्ण क्षणों की वाणी है।' परिपूर्ण क्षण से उनका क्या तात्पर्य है—नहीं खुलता। सम्भवतः उनका आशय भाव और भाषा की पूर्ण संगति तथा रचनाकार की तन्मयता है। छन्दों के चुनाव के विषय में वे लिखते हैं कि 'हिन्दी का संगीत केवल मात्रिक छन्दों ही में अपना स्वाभाविक विकास तथा स्वास्थ्य की सम्पूर्णता प्राप्त कर सकता है' (पृ. 35, प्रवेश, पल्लव)। बंगला भाषा का संगीत आलाप-प्रधान होने से 'बंगला के छन्द भी हिन्दी कविता के लिए सम्यक् वाहन नहीं हो सकते।' पंत जी रीतिकालीन साहित्य और उसकी शैलियों को इतना अनुपयुक्त—

खड़ी बोली के लिए—मानते हैं कि सवैया और कवित्त छन्द भी उन्हें हिन्दी की कविता के लिए अधिक उपयुक्त नहीं जान पड़ते। अपनी इस रुचि को और पीछे ले जाते हुए वे कहने हैं : 'कवित्त छन्द मुझे ऐसा जान पड़ता है, हिन्दी का औरस जात नहीं, पोष्यपुत्र है। न जाने, यह हिन्दी में कैसे और कहाँ से आ गया! अक्षर मात्रिक छन्द बंगला में मिलते हैं, हिन्दी के उच्चारण संगीत की ये रक्षा नहीं कर सकते' (पृ. 38, वही)।

छन्दों के अन्य मर्मज्ञ छायावादी कवि निराला ने 'पंत और पल्लव' में पंत के कवित्त विषयक इस मत का तीव्र विरोध किया है।

'प्रवेश' में पंत जी ने तुक, छन्द—विशेष रूप से मुक्त छन्द—व्याकरण आदि पर भी विचार किया है। पंत जी के आलोचनात्मक विचारों का दोष यह है कि वे विचार मालूम ही नहीं पड़ते। वे किसी कवि के हृदय पर पड़े हुए प्रभावों की अभिव्यक्ति अधिक लगते हैं, विचार-विवेचन कम। उनके निर्णय इतने आत्मनिष्ठ लगते हैं कि उनको आलोचना की कोटि में रखना कठिन है।

इसका यह अर्थ नहीं कि 'प्रवेश' के निष्कर्ष महत्त्वहीन हैं। पंत जी ने जो कुछ लिखा है वह महत्त्वपूर्ण है। शायद उसका महत्त्व इसी बात में निहित है कि वह आलोचना नहीं है। वह कवि द्वारा भावना के सहारे उद्घाटित सत्य है। तात्पर्य यह कि पंत जी की शैली आलोचनात्मक नहीं, काव्यात्मक है और पंत जी जैसे बड़े कवि के लिए काव्यात्मक शैली में बातें करना स्वाभाविक ही कहा जाएगा।

पंत जी जब कहते हैं कि 'कविता के लिए चित्रभाषा की आवश्यकता पड़ती है,' तो प्रकारान्तर से शुक्ल जी के ही मत का समर्थन करते हैं कि चित्रभाषा शैली छायावाद की विशेषता है।

निराला की कुछ पंक्तियों और अपनी कविता 'परिवर्तन' की जो विवेचना पंत जी ने की है, उसे व्यावहारिक समीक्षा का अंश माना जाना चाहिए। प्रवेश के अन्त में कवि ने भाषा के विषय में एक और महत्त्वपूर्ण बात कही है। कविता में क्रियाओं, विशेषत: संयुक्त क्रियाओं के प्रयोग में सावधानी बरतने की सलाह देते हुए लिखते हैं कि 'खड़ी बोली की कविता में क्रियाओं और विशेषत: संयुक्त क्रियाओं का प्रयोग कुशलतापूर्वक करना चाहिए और खड़ी बोली की कविता में यह दोष सबसे अधिक मात्रा में विराजमान है।'

पंत जी ने बात बहुत ठीक कही थी, लेकिन उन्हें यह भी कहना चाहिए था कि यह दोष सबसे अधिक छायावादी कविता में है। मैथिलीशरण गुप्त और रामनरेश त्रिपाठी की भाषा में यह दोष उतनी मात्रा में नहीं मिलता। हिन्दी कविता के बेतुके विरोधी फिराक गोरखपुरी भी हिन्दी कवियों पर क्रिया के गलत प्रयोग का ही आरोप लगाते थे। दोष के जो उदाहरण उन्होंने दिये हैं, वे छायावादी कवियों की रचनाओं से ही।

सूर्यकान्त त्रिपाठी 'निराला'

'निराला' का गद्य अन्य छायावादी कवियों के गद्य से अलग है। प्रसाद, पंत और महादेवी भावोच्छ्ल गद्य लिखते हैं, जबकि निराला का गद्य बुद्धिप्रवण और तर्क-पथ पर चलनेवाला होता है। उनके गद्य को पढ़कर उनकी विश्लेषणात्मक प्रतिभा का परिचय मिलता है। 'गद्य जीवन-संग्राम की भाषा है' और 'कविता परिवेश की पुकार है' लिखनेवाले निराला छायावादी कवियों में अपना पृथक् स्थान आलोचक की हैसियत से भी रखते हैं। उनके इन कथनों को प्रसाद की 'काव्य आत्मा की संकल्पात्मक अनुभूति है' और पंत की 'कविता परिपूर्ण क्षणों की वाणी है' जैसी उक्तियों से मिलाकर देखिए तो उनकी पृथकता और विशेषता आसानी से समझ में आ जाती है। निराला जी ने 'रवीन्द्र कविता कानन' के अतिरिक्त कोई स्वतंत्र आलोचनात्मक ग्रन्थ नहीं लिखा है। उनकी आलोचनात्मक रचनाएँ प्राय: स्फुट निबन्धों के रूप में ही प्रस्तुत की गई हैं। उन्होंने साहित्यिक निबन्धों के अतिरिक्त दार्शनिक, सामाजिक, संस्मरणात्मक तथा भावात्मक निबन्ध भी लिखे हैं। छायावादी कवियों में साहित्येतर प्रश्नों पर सर्वाधिक विचार निराला ने किया है।

निराला के साहित्यिक निबन्धों की शैली विश्लेषणात्मक है। ये निबन्ध व्यावहारिक समीक्षा का स्वरूप प्रस्तुत करते हैं। वे कविता पर सिद्धान्तों के माध्यम से विचार नहीं करते, सिद्धान्त की चर्चा कविता के सन्दर्भ में करते हैं। निराला के निबन्ध आज भी यानी आज के मानदंडों से भी आधुनिक लगते हैं। ऊपर 'गद्य जीवन-संग्राम की भाषा है' जैसी उक्ति की चर्चा की गई है। छूटते ही जिस बात पर ध्यान जाता है, वह निराला की भाषा है। उनका गद्य छायावादी ढंग का वायवी और अलंकृत तो है ही नहीं, लगता है, जैसे शब्दों को फोड़-फोड़कर, छिलका उतार-उतारकर उनका प्रयोग किया जा रहा हो! रामचन्द्र शुक्ल को छोड़कर भाषा का इतना सतर्क और सर्जनात्मक प्रयोग अन्यत्र नहीं मिलेगा। जब भाषा के सतर्क प्रयोग की बात की जा रही है तब सुचिन्तित विचारों की बात भी की जा रही है।

'साहित्य और भाषा' निबन्ध में निराला लिखते हैं : 'वह (साहित्य) किसी उद्देश्य की पुष्टि के लिए नहीं आता, वह स्वयं सृष्टि है। इसीलिए उसका फैलाव इतना है, जो किसी सीमा में नहीं आता। ऐसे ही साहित्य से राष्ट्र का यथार्थ कल्याण हुआ है' (पृ. 24, प्रबन्ध पद्य, सं. 2011)। यह कविता की उद्देश्यहीनता का समर्थन करना नहीं है, बल्कि कविता की स्वतंत्रता का समर्थन है। किसी कृति को उसी के रचनात्मक नियमों से देखने की बात आज बहुत जोर-शोर से की जा रही है, यही बात निराला ने बहुत पहले की थी—यह उपर्युक्त उद्धरण से स्पष्ट है।

कविता की भाषागत दुरूहता के विषय में वे लिखते हैं : 'आप निकली हुई और गढ़ी हुई भाषा छिपती नहीं। भावानुसारिणी कुछ मुश्किल होने पर भी भाषा समझ में आ जाती है, उसके लिए कोश देखने की जरूरत नहीं'—उनके इस कथन के उदाहरणस्वरूप 'राम की शक्ति-पूजा' जैसी रचनाओं की पंक्तियाँ रखी जा सकती हैं।

आज के हिन्दी के असली-नकली प्रचारकों को निराला का यह कथन देखना चाहिए : 'और लोगों को अपने में मिलाने का तरीका भाषा को आसान करना नहीं, न मधुर करना, उसमें व्यापक भाव भरना और उसी के अनुसार चलना है' (पृ. 27, वही)। इसी कसौटी पर रामचन्द्र शुक्ल, प्रेमचन्द और निराला हिन्दी के सबसे बड़े प्रचारक भी हैं। किसी भाषा के सबसे बड़े प्रचारक उस भाषा के श्रेष्ठ साहित्यकार होते हैं।

निराला जी के समकालीन भारत में विश्वजनीनता और 'वसुधैव कुटुम्बकम्' का नारा बहुत जोरों पर था। विश्व-प्रेम के नाम पर लोग देश-प्रेम को घटा-बढ़ा रहे थे। सच्चा विश्वप्रेमी देशप्रेमी होता है। देश को प्रेम न करनेवाला विश्व को कैसे प्रेम करेगा ? स्थानीय सार्वदेशिक का प्रतिनिधि होता है, यह बात उस काल के कई बड़े-बड़े लोगों की समझ में नहीं आ रही थी। इसी बात पर महात्मा गांधी और रवीन्द्रनाथ ठाकुर में बहस छिड़ गई थी। पं. रामचन्द्र शुक्ल ने भी असामान्य के स्थान पर 'लोक सामान्य' को श्रेष्ठता की कसौटी माना था। रवीन्द्रनाथ और तुलसीदास की तुलना करते हुए निराला लिखते हैं : '...हे देश, तुम धन्य हो। संन्यासी का अर्थ तुम्हीं समझे, तुम्हारा पुरस्कार वही अर्थ है। तुलसी विधर्मी (शब्दार्थ पर जोर) बादशाह के पास नहीं गए, राम के पास गए जो पिता की मुक्ति के लिए वन गए, जिन्होंने पत्नी की मुक्ति के लिए राक्षस कुल का नाश किया। प्रजा-रंजन के लिए आसन्न-प्रसवा प्रियतमा का त्याग किया। रवीन्द्रनाथ संसार के एक महामनीषी कदाचित् सबसे अधिक सम्मान-प्राप्त मनुष्य हैं। तुलसी महाकठिन होकर भी घर-घर, अत्यन्त सरल महाकवि हैं। रवीन्द्रनाथ सदा कोमल-कठिन, विद्वानों के आश्चर्य के विषय, उद्ग्रीव कर रखनेवाले महाकवि' (पृ. 62, वही)। साहित्यकार अपनी स्थिति की अभिव्यक्ति करके ही सार्वदेशिक और सार्वजनिक बन सकते हैं। अपनी जगह छोड़कर पराये यश का अनुकरण करके न वे स्थानीय बन सकते हैं, न सार्वदेशिक। 'विकास अपने ही भीतर का विकास है, और वही विश्व विकास है। किसी-किसी साहित्यिक ने देश के ठक्कुरों को छोड़कर विदेश के कुक्कुरों की पूँछ बुरी तरह पकड़ी है। पर पूँछ जिसकी है, वह उसी के साथ रहती है, यह भूल गए' (पृ. 63, वही)।

आलोचक निराला का प्रखरतम रूप 'पंत और पल्लव' में प्रकट हुआ है। हिन्दी खड़ी बोली के साहित्य में ऐसा संयोग दुर्लभ रहा है कि एक ही धारा के एक समर्थ कवि ने अपने समकालीन अन्य समर्थ कवि की ऐसी पैनी आलोचना की हो। यह ठीक है कि निराला ने पंत के गुणों की अपेक्षा दोष ही अधिक दिखाए हैं किन्तु उन्होंने जिस मर्मभेदिनी दृष्टि से पंत की रचनाओं की समीक्षा की है, वह कई नामधारी समालोचकों को भी नहीं मिली है। पंत ने 'पल्लव' के प्रवेश में निराला की कुछ पंक्तियों में छन्द-विषयक दोष ढूँढ़ा था। निराला ने उसका तो उत्तर दिया ही है, साथ में 'पल्लव' की कविताओं का अन्य कवियों की रचनाओं में स्रोत तथा उनकी कविताओं में भाषा-भावगत दोष ढूँढ़े। लेकिन इन सबसे कहीं अधिक महत्त्वपूर्ण निराला की साहित्य, छन्द-सम्बन्धी तथा आनुषंगिक उक्तियाँ

हैं, जिनसे निराला के व्यापक अध्ययन, गहन चिन्तन तथा मौलिक सूझ का संकेत मिलता है।

सबसे पहले निराला ने 'पल्लव' की पंक्तियों पर दूसरे कवियों की पंक्तियों के भावानुवाद होने का आरोप लगाया है। उन्होंने प्रचुर उदाहरणों से दिखाया है कि पंत जी ने रवीन्द्रनाथ, वर्ड्सवर्थ और शेली की पंक्तियों और टुकड़ों का खुलकर उपयोग किया है। उनका आरोप है कि पंत जी ने अपनी शिक्षा पर पर्दा डाला है। 'किस तरह, कहाँ-कहाँ से, छाया चित्रों को उनकी प्रकृति ने ग्रहण किया है, उन्होंने नहीं लिखा' (पृ. 71, प्रबन्ध पद्य)।

'पल्लव' के प्रवेश में पंत जी ने कवित्त को हिन्दी की औरस नहीं, पोष्य सन्तान माना था। उनके विचार से यह छन्द हिन्दी की प्रवृत्ति के अनुकूल नहीं ठहरता। पंत जी ने सुझाव दिया था कि कवित्त के टुकड़ों को तोड़-तोड़कर सोलह मात्राओं में करके उन्हें प्रयुक्त करना चाहिए, जैसे 'सुकूलन में केलिन में (और) कछारन कुंजन में (सब ठौर)।' पंत जी की बात अकाट्य लगती है किन्तु निराला जी कवित्त को न 'पोष्य' मानने को तैयार हैं, न हिन्दी की प्रवृत्ति के प्रतिकूल। उनका विचार है कि 'हिन्दी के प्रचलित छन्दों में जिस छन्द को एक विशाल भूभाग के मनुष्य कई शताब्दियों तक गले का हार बनाए रहे, जिसमें उनके हर्ष-शोक, संयोग-वियोग और मैत्री-शत्रुता की समुद्‌गत विपुल भाव राशि आज साहित्य के रूप में विराजमान हो रही है—आज भी जिस छन्द की आवृत्ति करके ग्रामीण सरल मनुष्य अपार आनन्द अनुभव करते हैं, जिसके समकक्ष कोई दूसरा छन्द उन्हें जँचता ही नहीं। करोड़ों मनुष्यों के उस जातीय छन्द को, उनके प्राणों की जीवनीशक्ति को परकीय कहना कितनी दूरदर्शिता का परिचायक है, पंत जी स्वयं समझें' (पृ. 91, वही)।

'कवित्त' का समर्थन करने के लिए निराला ने अपने संगीत-ज्ञान का भी सहारा लिया। उन्होंने मात्राओं की तालिका देकर यह दिखाया कि थोड़ा-सा हेर-फेर करने से ही कवित्त चौताल और ठुमरी के रूप में गाया जा सकता है।

मुक्त छन्द के विषय में पंत के आरोप का उत्तर देते हुए निराला ने अत्यन्त महत्त्वपूर्ण बात कही है। 'देख यह कपोत कंठ' को वह 'कवित्त' पर आश्रित सिद्ध करते हैं। जहाँ तक अथाह-भंग का प्रश्न है तो 'मुक्त-काव्य में बाह्य समता दृष्टि-गोचर नहीं हो सकती, बाहर केवल पाठ से उसके प्रवाह में जो सुख मिलता है, उच्चारण से मुक्ति की जो अबाध धारा प्राणों को सुख-प्रवाह-सिक्त निर्मल किया करती है, वही इसका प्रमाण है' (पृ. 97, प्रबन्ध पद्य)। निराला ने लिखा है कि 'उसका (मुक्त छन्द का) सौन्दर्य गाने में नहीं, वार्तालाप करने में है' (पृ. 96, वही)। आधुनिक कविता के छन्दों के विषय में इतनी सूझ-बूझ की बात और किसी ने नहीं की। निराला की वह बात जितनी ठीक उनके मुक्त छन्द के विषय में थी, उतनी ही ठीक आज की कविताओं के विषय में भी है। इससे यह निष्कर्ष भी निकल जाता है कि नई कविता भाव, भाषा और छन्द की दृष्टि से पंत और प्रसाद की अपेक्षा निराला के काव्य का विकास है।

अत: 'केवल इतना ही कहा जा सकता है कि कवित्त-छन्द हिन्दी का चूँकि

जातीय छन्द है, इसलिए जातीय मुक्त छन्द की सृष्टि भी कवित-छन्द की गति के अनुकूल हुई है' (पृष्ठ 101, वही)।

'पंत और पल्लव' में निराला ने पंत की रचनाओं की व्यावहारिक समीक्षा भी की है। व्यावहारिक समीक्षा में निराला ने केवल अपनी अन्तर्दृष्टि का ही नहीं, अपने प्रतिस्पर्धी कवि के गुणों को देख पाने की दुर्लभ दृष्टि का भी परिचय दिया है। दोष देखकर वे तीव्र आलोचना करते हैं तो गुण देखकर मुक्त कंठ से प्रशंसा। समीक्षा के क्षेत्र में भी निराला प्राणवान् एवं अकुंठ हैं। पंत जी की दो पंक्तियाँ हैं :

'अभी तो हैं ये नवल-प्रवाल
हिलाते अधर प्रवाल'

इस पर निराला की टिप्पणी है : ''प्रवाल' शब्द दो बार आया है। एक बार तो पल्लवों को ही उन्होंने नवल-प्रवाल कहा, फिर पल्लवों के अधरों में प्रवाल जड़ दिये। अर्थ हुआ, प्रवाल-पल्लव अपने अधर-प्रवालों को हिला रहे हैं।...पंत जी सोचें, उन्हीं के सामने यदि कोई खड़ा होकर अधर-प्रवाल हिलावे, तो हँसेंगे या नहीं ?...सारा दोष हिलाने का है...।

पंत जी की इधर की कविता में एक जगह मैंने देखा :

'झलका हास कुसुम-अधरों में
हिल मोती का-सा दाना'

यहाँ हास फूलों के अधरों पर मोती के दाने की तरह आप ही हिलता है, हिलाया नहीं जाता, अतएव सुन्दर है' (पृ. 119-20, वही)।

'भग्न उर पर भूधर-सा हाय
सुमुखि! धर देता है साकार।'

पंक्ति पर निराला जी की राय है : 'कम-से-कम 'साकार' को तो जरूर निकाल देना चाहिए। साकार यहाँ निरर्थक है, बल्कि अर्थ में एक कदर्थ लाता है' (पृ. 122, प्रबन्ध पद्य)।

किन्तु 'जननि श्याम की वंशी से ही कर दे, मेरे सरस वचन' पंक्तिवाली कविता की मुक्त-कंठ से प्रशंसा करते हुए वे लिखते हैं : 'इन पंक्तियों में एक साफ आईने की तरह मुझे पंत जी का हृदय दिखलाई पड़ता है। कहने का ढंग कितना मार्जित, कितना अच्छा! बिना कानवाले सर्प-साहित्यिक को नवीन युग का कवि मुग्ध करना चाहता है।'

'पद्म-प्रबन्ध' में निराला का एक छोटा-सा निबन्ध 'साहित्य का फूल अपने ही वृन्त पर' संगृहीत है। इसमें निराला ने साहित्य में सामयिकता या समसामयिकता पर विचार किया है। इस प्रश्न पर भी इतनी गहराई से निराला की पीढ़ी के किसी अन्य साहित्यकार ने विचार नहीं किया है। हमारे लिए निराला के एतद्विषयक विचारों का बहुत अधिक महत्त्व है क्योंकि साहित्य में समसामयिकता आज एक समसामयिक प्रश्न है। वे लिखते हैं : 'कला का आकरण-भेद वैसा ही है, जैसा व्याकरण का जल जड़ हुआ, जड़ जल, ऐसा ही दर्शन-शास्त्र में महत्त्व सिर्फ सामयिक (?) का है।

समय का प्रभाव ही एक खास जल को तीर्थ जड़ और जंगम चेतना बना देता है' (पृ. 157, वही)।

निराला नवीनता में ही सनातनता पाते हैं। 'आज आब और हवा हर वक्त नये हैं, यहाँ तक कि कूप-मंडूक को भी कुएँ के अतल सोते से नया ही नया जल मिलता है,' इसीलिए वे दृढ़तापूर्वक कहते हैं : 'हम नवीनता को ही यहाँ सनातन कहेंगे' (पृ. 157, वही)। यह अवश्य है कि समसामयिकता की इस प्राणवत्ता को कम ही लोग पहचान पाते हैं क्योंकि उसके लिए परम्परा-बोध, पुष्ट विवेक और अन्तर्दृष्टि की आवश्यकता है। कला के अपने सामयिक लिबास से पहले-पहल आने पर थोड़े-से ही वह रंग व रूप पहचान सकते हैं, क्योंकि अपने समय की वस्तु का आविष्कार, पूर्व-सूचन परिचय और समर्थन आदि विज्ञानवेत्ता ही करते हैं (पृ. 157, वही)।

आज जब आधुनिकता, युग-बोध, परम्परा और प्रयोग का इतना कोलाहल है, निराला के इन विचारों की सन्दर्भवत्ता आँकी जानी चाहिए।

'हिन्दी कविता-साहित्य की प्रगति' नामक निबन्ध में निराला जी ने कई हिन्दी कवियों पर अपनी सम्मति दी है। इसमें उन्होंने किसी कवि पर कुछ देर रुक-जमकर नहीं लिखा है, सिर्फ सरसरी तौर पर उनका सर्वेक्षण मात्र किया है। लेकिन ये सम्मतियाँ अन्य कवियों की रचनाओं में उनकी पैठ और विवेचनात्मक शक्ति की सूचक हैं। वे हरिऔध के 'प्रियप्रवास' की नहीं, 'चौपदों' की तारीफ करते हैं और लिखते हैं कि 'चौपदों की सजीवता और भापा के ऐश्वर्य से हिन्दी को मौलिक बहुत-कुछ मिला।'

मैथिलीशरण गुप्त का महत्त्व वे इस बात में आँकते हैं कि खड़ी बोली का साँचा दुरुस्त हुआ। निराला कवियों में केवल दोष ही नहीं, गुण भी ढूँढ़ लेते थे। कहा जाता है कि लोगों को गुप्त जी की विपुल रचना-राशि में से अच्छी पंक्तियों को ढूँढ़ने में अक्सर असफलता ही मिलती है लेकिन निराला ने उनकी जो पंक्तियाँ उद्धृत की हैं, वे सचमुच अच्छी हैं।

इतना होने पर भी गुप्त जी के प्रशंसकों की संख्या सनेही जी के प्रशंसकों से कहीं अधिक है। सनेही जी प्रचार से दूर रहे इसलिए उनकी उपेक्षा हुई है। लेकिन निराला जी कविता के विषय में जब राय देते हैं तो दो टूक शब्दों में। वे लिखते हैं : 'सहृदयता की मात्रा गुप्त जी की कविताओं से सनेही जी की कविताओं में अधिक मिलती है। गुप्त जी संस्कृत के शुद्ध प्रयोगों के पक्ष में रहते हैं, 'सनेही जी की कविता खिचड़ी शैली में होने के कारण स्वाभाविकता से विशेष सम्बन्ध रखकर चलती है। गुप्त जी की कविताएँ भाषा की एक नीति के आधार पर लिखी गई-सी जान पड़ती हैं' (पृ. 167, प्रबन्ध पद्य)।

निराला जी मूलतः कवि थे। उन्होंने आलोचना की कोई स्वतंत्र पुस्तक नहीं लिखी है। लेकिन छायावादी कवियों के पास ही नहीं, उनके अधिकांश समकालीन साहित्यकारों के पास उनकी जैसी मर्मभेदिनी काव्य-दृष्टि नहीं थी। उनका गद्य

यथार्थवादी था। उन्होंने भाषा, छन्द स्थानीयता, सार्वदेशिकता, समसामयिकता आदि के जो प्रश्न उठाए हैं, वे आज भी महत्त्वपूर्ण हैं। समालोचना के नाम पर उन्होंने काव्य-सिद्धान्तों का प्रतिपादन न करके कविता की व्यावहारिक समीक्षा की है। कविता और कविता की आलोचना, दोनों दृष्टियों से निराला आज छायावादी कवियों में सबसे अधिक सन्दर्भवान हैं।

महादेवी वर्मा

छायावाद की सुप्रसिद्ध कवयित्री महादेवी वर्मा के आलोचनात्मक निबन्ध 'महादेवी का विवेचनात्मक गद्य' में संगृहीत हैं। इसमें जो निबन्ध संगृहीत हैं, उनके शीर्षक हैं : काव्यकला, छायावाद, रहस्यवाद, गीतिकाव्य, यथार्थ और आदर्श तथा सामयिक समस्या।

वे सत्य को काव्य का साध्य और सौन्दर्य को उसका साधन मानती हैं। कला सत्य को ज्ञान नहीं बल्कि अनुभूति के माध्यम से खोजती है। यह पथ उतना स्पष्ट और परिष्कृत नहीं है। यह पथ स्पष्ट और परिष्कृत तब होता जब समाज विषमता से छिन्न-भिन्न न होता। समाज के धनजीवी वर्ग की स्थिति तो उस रोग के समान है जो जितना अधिक स्थान घेरता है, उतना ही अधिक स्वास्थ्य का अभाव प्रकट करता है और जैसे-जैसे तीव्र होता है, वैसे-वैसे जीवन के संकट का विज्ञापन बनता है (पृ. 33, महादेवी का विवेचनात्मक गद्य)। छायावाद की वायवी गद्य शैली से, जिसे गद्य न कहकर गद्याभास कहना अधिक उचित लगता है, महादेवी का गद्य भी निर्दोष नहीं है किन्तु समस्याओं का सही रूप देख लेने की उनमें जो अन्तर्दृष्टि है, उससे इनकार नहीं हो सकता। धन कला के लिए क्या खतरा उत्पन्न करता है, इस पर विचार करते हुए वे लिखती हैं : 'नितान्त निर्धन बुद्धिजीवी वर्ग जैसे एक ओर उच्च बनने की आकांक्षा, दूसरी ओर अभाव की शिलाओं से दबकर टूट जाता है, उसी प्रकार सर्वथा समृद्ध भी, उच्चताजनित गर्व और सुविधाओं के दृढ़ साँचे में पथराता रहता है' (वही)। महादेवी जी यह देखने से नहीं चूकतीं कि कलाओं का अधिक विश्वसनीय रक्षक श्रमजीवी है, न कि उच्च वर्ग। महादेवी जी ने जितने दो टूक ढंग से यह बात कही है, उसे देखकर यह सहज अनुमान लगाया जा सकता है कि उनकी वेदना केवल ऊर्ध्वगामिनी नहीं है, वह लोकव्यापक भी है। महादेवी जी का गद्य साधारण और सामान्य जीवन में विचरण करनेवाले एक प्रबुद्ध और भावुक चिंतक का गद्य है। छायावादी युग में जब लोग कविता के साथ-साथ गद्य में भी 'हृत्तंत्री की झनकार' ही सुनाते थे, महादेवी ने लिखा : 'परन्तु सबकुछ कह-सुन चुकने पर इतना तो स्वीकार करना ही होगा कि श्रम का यह उपासक, केवल बुद्धि व्यापारी से अधिक स्वाभाविक मनुष्य भी है और जातीय गुणों का उससे अधिक विश्वसनीय रक्षक भी। इतना ही नहीं, युगों से सूक्ष्म परिष्कार और सीमित विस्तार पानेवाली, नृत्य, गीत, चित्र आदि कलाओं के मूलरूप को

वह सँजोए है और उपयोगी शिल्पों की विविध व्यावहारिकता भी वह सँभाले है। जीवन के संघर्ष में ठहरने की वह जितनी क्षमता रखता है, उतनी किसी बुद्धिवादी में सम्भव नहीं' (पृ. 37-38, वही)।

कवि और कलाकार जिस वर्ग में जनमा और पालित-पोषित हुआ है, उसी की दृष्टि से जीवन को देखना उसके लिए स्वाभाविक है। अस्वाभाविक और कृत्रिम साहित्य तब लिखा जाने लगता है जब हम अपने वर्गगत संस्कारों की उपेक्षा करके किन्हीं कारणों से जीवन को परायी दृष्टि से देखने लगते हैं। समकालीन कवियों के लिए—गाँव में जन्मे और महानगरों में नौकरी करनेवाले कवियों के लिए—महादेवी के विचार औषध का काम कर सकते हैं।

कला और साहित्य हमें किसी आश्चर्यलोक में ले जाकर प्रभावित नहीं करते। वे हमारे साधारण जीवन से ही हमें अधिक परिचित कराते हैं। महादेवी जी के विचार इस विषय में शुक्ल जी के समान हैं। वे कहती हैं : '...यदि वे अपनी असाधारण स्थिति को जीवन की व्यापकता में साधारण न बना सकें तो आश्चर्य की वस्तु मात्र रह जाएँगे। महान कलाकार भी हमारे भीतर कौतुक का भाव न जगाकर, एक परिचय भरा अपनापन ही जगाएगा' (पृ. 39, वही)।

छायावाद की विवेचना करते समय महादेवी ब्रह्म का नाम अवश्य लेती हैं किन्तु उनके अनुसार : 'छायावाद का कवि धर्म के अध्यात्म से अधिक दर्शन के ब्रह्म का ऋणी है जो मूर्त और अमूर्त विश्व को मिलाकर पूर्णता पाता है' (पृ. 60, महादेवी का विवेचनात्मक गद्य)। छायावादी कवि प्रकृति में अपने हृदय का प्रतिबिम्ब देखता है। प्रकृति के लघु और विशाल रूपों का छायावाद ने कितना तादात्म्य किया है, इसका कवयित्री ने विशद विवेचन किया है। छायावाद की प्रकृति विषयक दृष्टि की समता उन्होंने वेदों की प्रकृति विषयक दृष्टि से की।

प्रकृति के अतिरिक्त नारी को भी छायावादी कवि ने भावजगत की मुक्ति प्रदान की। वे साहित्य में नारी स्वातंत्र्य आन्दोलन की ध्वजावाहिका रही हैं। अतः छायावाद की इस विशेषता की ओर उनका ध्यान जाना स्वाभाविक था। उन्होंने लिखा : 'सौन्दर्य की स्थूल जड़ता से मुक्ति मिलते ही नारी को प्रकृति के समान ही रहस्यमय शक्ति और सौन्दर्य प्राप्त हो गया जिसने उसके मानसिक जगत से पिछली संकीर्णता को धो डाला' (पृ. 90, वही)।

कल्पना का प्रचुर और प्रगल्भ प्रयोग छायावाद की प्रमुख विशेषता बताई जाती है। कल्पना कोई वायवी या सम्पूर्णतः अवास्तविक वस्तु नहीं है, वह यथार्थ का ही वितथीकृत या मनोनुकूलित रूप है। कल्पना सदैव यथार्थ पर आधारित होती है। महादेवी जी कहती हैं : 'कल्पना के विषय में यह स्मरण रखना उचित है कि वह स्वप्न से अधिक ठोस धरती चाहती है' (पृ. 92, वही)।

छायावाद ने हमारी राष्ट्रीय आकांक्षाओं और अभिलाषाओं को भी वाणी दी है। छायावाद की ब्रह्मवादी और दार्शनिक व्याख्या तो बहुत की गई है किन्तु उसके सामाजिक और राष्ट्रीय रूप को ओझल कर दिया गया है। लेकिन महादेवी ने

छायावादी कविता के राष्ट्रीय रूप की उपेक्षा नहीं की है। वे कहती हैं : 'राष्ट्र की विषम परिस्थितियों ने भी छायायुग की करुणा में एक रहस्यमयी स्थिति पाई। जैसे परम तत्त्व से तादात्म्य के लिए विकल आत्मा का क्रन्दन व्यापक है, वैसे ही राष्ट्रतत्त्व की मुक्ति में अपनी मुक्ति चाहनेवाली राष्ट्रात्मा का निषाद भी विस्तृत है' (पृ. 100, वही)।

'रहस्यवाद' नामक निबन्ध में आधुनिक रहस्यवाद में बुद्धितत्त्व का योगदान स्वीकार करते हुए प्राचीन भारतीय साहित्य में उसकी स्थिति प्रकट की गई है।

'गीतिकाव्य' नामक निबन्ध में गीत की परिभाषा वे इस प्रकार देती हैं : 'सुख-दुःख की भावावेशमयी अवस्था विशेष का, गिने-चुने शब्दों में स्वरसाधना के उपयुक्त चित्रण कर देना ही गीत है।' अर्थात् गीत में भावना और संगीत के सामंजस्य को वे अनिवार्य मानती हैं। अपने काल को महादेवी जी गीत-प्रधान कहती हैं। उनका कहना होने के कारण उन सभी प्रवृत्तियों के मूल रूपों का परिचय देने में समर्थ है जो हमारे काव्य में सूक्ष्म और विकसित होती रह सकीं' (पृ. 164, महादेवी का विवेचनात्मक गद्य)।

'विवेचनात्मक गद्य' का अत्यन्त महत्त्वपूर्ण निबन्ध 'सामयिक समस्या' है, जिसमें महादेवी ने समकालीन साहित्यिक समस्याओं पर विचार किया है। इसमें महादेवी का यथार्थवादी विवेचक रूप देखने में आता है। छायावादी कवियों को प्रायः लोग कोमल एवं सुकुमार भावनाओं का ही साहित्यकार कहते रहे हैं। उनके गद्यकार या यथार्थवादी रूप को या तो भुलाया जाता रहा है या उसकी उपेक्षा की जाती रही है। महादेवी जी ने छायावादी कवियों की सामाजिक या यथार्थवादी रचनाओं की अनदेखी नहीं की है। उन्होंने लिखा है कि 'यथार्थ जीवन की विषमता का चित्र न देकर कवियों ने कहीं विषमता के प्रभाव और कहीं सामंजस्य के भाव को वाणी दी है, पर इतिवृत्तात्मक यथार्थ का प्रश्न भी उनके मन में बार-बार उठता रहा। रहस्योपासक प्रसाद का 'कंकाल' जैसा उपन्यास, दार्शनिक रचनाओं के आचार्य निराला की भिखारी-जैसी रचनाएँ और व्यंग्य भरा गद्य, 'पल्लव' के कवि की पाँच कहानियाँ आदि में अन्तर्मुखी प्रेरणा का यथार्थ से परिचय है।' महादेवी के इस उद्धरण को देखने से ज्ञात होता है कि प्रगतिवाद किस प्रकार छायावाद के पेट में से निकला है, इससे वे परिचित थीं। विनम्रतावश महादेवी ने अपनी गद्य रचनाओं का—जिनमें उनकी यथार्थवादी और प्रगतिवादी दृष्टि ने पता नहीं कितने उपेक्षित पात्रों को अपने स्पर्श से अमर कर दिया है, उल्लेख नहीं किया।

'सामयिक समस्या' में महादेवी जी ने उस उदीयमान धारा पर विचार किया है जो आगे चलकर प्रगतिवाद के नाम से प्रतिष्ठित हुई। प्रगतिवादी धारा के साहित्यकार मध्यवर्ग के थे। यह स्थिति जहाँ उन्हें निम्न वर्ग की समस्याओं को सहानुभूतिपूर्वक देखने की सुविधा देती थी, वहाँ एक सीमा तक उनसे अलग भी रखती थी। हिन्दी के प्रगतिवादी साहित्य की यह एक बहुत बड़ी कमी रही कि उसमें निम्न वर्ग से आया हुआ कोई महत्त्वपूर्ण साहित्यकार नहीं दिखलाई पड़ता। महादेवी इस खतरे से

अवगत थीं। उन्होंने लिखा : 'इतना स्पष्ट है कि श्रमिकों की वाणी में बोलनेवाली यह कविता ऐसे मध्यवर्ग के कंठ से उत्पन्न हो रही है जो श्रमिक जीवन से नितान्त अपरिचित और अपने जीवन की विषमता से पूर्णतः क्लान्त है' (पृ. 214) तथा 'यदि आज का कवि अपनी बौद्धिक ऊँचाई से उतनी निम्न भूमि पर उतर सकता तो उस धरातल के जीवों के कंठ में वाणी आ जाने की भी सम्भावना थी और इनके कंठ में सत्य का बल आ जाने की भी। उस स्थिति में उस जीवन के चित्र इतने सजीव और बोलते हुए बन जाते कि उपेक्षा करनेवाले न उन्हें अनदेखा कर पाते, न अनसुना।' छायावादी कवयित्री महादेवी वर्मा के आलोचनात्मक विचारों में लोकवादी यथार्थवादिता का आग्रह स्पष्ट है।

पं. शान्तिप्रिय द्विवेदी

पं. शान्तिप्रिय द्विवेदी यद्यपि छायावादी कवि के रूप में हमारे सामने नहीं आए किन्तु उनकी आलोचना का अधिकांश ऐसा है मानो किसी छायावादी कवि—जैसेकि शायद पंत ने आलोचना की हो! उनका गद्य छायावादी गद्य का स्वरूप प्रस्तुत करता है। उनकी आलोचना को प्रभाववादी आलोचना के उदाहरण के तौर पर प्रस्तुत किया जाता है। प्रभाववादी आलोचना को आलोचना कहा जाए या नहीं—यह विवाद का विषय है। पं. रामचन्द्र शुक्ल ऐसी आलोचना को आलोचना नहीं मानते। उनका मत है कि 'प्रभावाभिव्यंजक समीक्षा कोई ठीक-ठिकाने की वस्तु ही नहीं। न ज्ञान के क्षेत्र में उसका कोई मूल्य है, न भाव के क्षेत्र में। उसे समीक्षा या आलोचना कहना ही व्यर्थ है' (पृ. 564, हिं. सा. इ.)। उनके अनुसार, ऐसी आलोचना से कवि के 'भाव को ठीक-ठीक हृदयंगम करने में सहारा नहीं मिलता, इसमें आलोचना की भाव-भंगी और सजीले पदविन्यास द्वारा मनोरंजन होता है।' वे हिन्दी आलोचना में इस पद्धति के विकास को भी बंगाल से आया हुआ मानते हैं : 'बात यह है कि इधर अभिव्यंजना का वैचित्र्य लेकर 'छायावाद' चला, उधर उसके साथ ही प्रभावाभिव्यंजक समीक्षा (Impressionist Criticism) का फैशन बंगाल होता हुआ आ धमका' (वही)। प्रभावाभिव्यंजक समीक्षा का फैशन बंगाल से आया या नहीं, यह तो स्पष्ट नहीं है, लेकिन यह निश्चित है कि इस प्रकार की समीक्षा जो हिन्दी में एक विशिष्ट गद्य शैली में विकसित हुई है, छायावाद के साथ आई है। छायावाद के साथ इसका सम्बन्ध इतना घनिष्ठ है कि इसे छायावादी आलोचना भी कह सकते हैं।

पं. शान्तिप्रिय द्विवेदी ने जो आलोचनात्मक कृतियाँ प्रस्तुत की हैं, वे केवल प्रभाववादी आलोचना का ही रूप नहीं प्रस्तुत करतीं। वे व्याख्यात्मक आलोचना में भी प्रवृत्त दिखलाई पड़ते हैं। सच्ची बात यह है कि उनका प्रभाववादी आलोचना से व्याख्यात्मक आलोचना की ओर विकास हुआ है। यों उनकी प्रभाववादी आलोचना भी सूक्ष्म संकेत-सूत्रों से शून्य नहीं है। इस शैली में भी वे कभी-कभी इतने पते की बात कह जाते हैं कि उनकी प्रभाववादी आलोचना भी ठीक-ठिकाने की और

तर्कपूर्ण बन जाती है। उन्होंने समाजवाद का विधिवत अध्ययन किया था, यह हमें ज्ञात नहीं, किन्तु उन्हें पूँजीवादी व्यवस्था से घृणा थी और समाजवाद के प्रति उनके मन में ललक थी, यह उनकी पंक्तियों से झलकता है। किन्तु वे समाजवाद को भोगवाद का व्यवस्थापक मात्र मानते थे। उसकी आवश्यकता वे स्वीकार करते थे किन्तु समाजवादी नैतिकता से वे अपरिचित ही रहे। वे 'वस्तु' में निहित 'भाव' को नहीं देख पाते। उनकी यह सीमा सबसे अधिक प्रकट हुई है 'शुक्ल जी का कृतित्व' नामक लेख में। वे लिखते हैं : 'शुक्ल जी का मनोविज्ञान पंचभूतात्मक है, अतएव उन्हें भाव-सत्य नहीं, वस्तु-सत्य अभिप्रेत है' (पृ. 131, सामयिकी, सं. 2005)। शुक्ल जी 'भाव' से क्या समझते हैं, उनका 'भाव' वस्तु पर कितना आधारित है, इसे समझ लेने पर द्विवेदी जी का यह आरोप निरर्थक हो जाता। प्रभाववादी आलोचना की सफाई देते हुए द्विवेदी जी लिखते हैं : 'प्राभाविक आलोचना द्वारा आलोचना में भी अनुभूति का परिचय मिलता है। अनुभूति के लिए रसज्ञता ही नहीं, रसार्द्रता भी चाहिए' या 'प्राभाविक आलोचना में काव्य का हृदय पक्ष रहता है।' शुक्ल जी रसार्द्रता के विरोधी नहीं हैं लेकिन आलोचना को रसार्द्रता से गीला नहीं होना चाहिए। पं. शान्तिप्रिय द्विवेदी की ऐसी ही किसी उक्ति पर पं. हजारीप्रसाद द्विवेदी ने उनसे कहा था कि गीली मिट्टी से मकान नहीं बन सकता।

फिर भी, यह सुखद आश्चर्य है कि आलोचक पं. रामचन्द्र शुक्ल के कृतित्व की समीक्षा पं. शान्तिप्रिय द्विवेदी ने अत्यन्त तर्कपूर्ण ढंग से और सहानुभूतिपूर्वक की है। पं. शान्तिप्रिय द्विवेदी की पीढ़ी में ऐसे आलोचक बहुत कम हुए हैं जिन्होंने शुक्ल जी पर विचार करते समय उनके सम्बन्ध में इतनी महत्त्वपूर्ण बातें कही हों। शुक्ल-पूर्व हिन्दी समालोचना के बारे में उनका विचार है कि '...हमारे संस्कार मध्यकालीन (मुस्लिमकालीन) बने हुए थे, फलतः काव्य हमारे लिए मनोरंजन की कला था, वाणी-विनोद था। अतएव समालोचना के नाम पर जो काव्य-सम्बन्धी विवाद हुए, वे भी साहित्य में डिबेटिंग क्लबों का मनोरंजन ही सुलभ कर रहे थे। ब्रजभाषा की शृंगारिक रचनाओं को लेकर ही ये साहित्यिक डिबेट चल रहे थे और जिस प्रकार उस युग के कवियों में एक काव्य प्रतियोगिता चल रही थी, उसी प्रकार उनके अर्वाचीन हिमायतियों में रीझ-बूझ की प्रतिद्वन्द्विता चल पड़ी—यह थी हमारे साहित्य की तुलनात्मक समालोचना' (पृ. 116-117, सामयिकी)।

यानी जिसे हम हिन्दी की तुलनात्मक समालोचना कहते हैं, उनकी प्रवृत्ति रीतिकालीन गोष्ठियों से मिलती-जुलती है और मध्यकालीनता सूचित करती है। पं. शान्तिप्रिय द्विवेदी की दृष्टि प्रभाववादिता से हटकर जब वस्तून्मुख होती है तो यथार्थ की इतनी गहराई तक भी पहुँच सकती है।

इसी यथार्थपरक दृष्टि का पता वे छायावाद के विकास की चर्चा करते समय भी देते हैं। शुक्ल जी ने छायावाद को हिन्दी पर बंगला प्रभाव कहकर छुट्टी कर दी थी किन्तु द्विवेदी जी उसे राष्ट्रीय जागृति की चेतना से जोड़ते हैं : 'इसके बाद ज्यों-ज्यों राष्ट्रीय जागृति ने हमारे जीवन की सीमा का विस्तार किया, त्यों-त्यों

साहित्य में आदान के अन्य माध्यमों से भी हम परिचित होते गए—संस्कृत के बाद बंगला से, बंगला के बाद अंग्रेजी से भी हम आदान लेने लगे। आज उस युग की खड़ी बोली की कविता छायावाद के रूप में अपने क्लाइमेक्स पर पहुँच चुकी है' (पृ. 118, वही)।

पं. शान्तिप्रिय द्विवेदी ने शुक्ल जी की ऐसी व्यक्तिगत विशेषता का उल्लेख किया है जिसने उनके लेखन को अत्यधिक प्रभावित किया है। 'असल में शुक्ल जी की प्रवृत्ति यह रही है कि वे तटस्थ रहकर किसी निर्माण कार्य को देखते थे और जब वह अपने में पूर्ण हो जाता था तब उसके मूल को आँकते थे। इमारत बन जाने पर उसकी नींव देखते थे' (पृ. 119, सामयिकी)।

द्विवेदी जी ने शुक्ल जी की इस प्रवृत्ति का मिलन समाजवादी और भौतिकवादी विचारधारा के साथ करके यह अनुमान प्रकट किया है कि शुक्ल जी और कुछ दिनों जीवित रहते तो समाजवाद को स्वीकार कर लेते : 'हम देखते हैं कि संस्कारों और रुचियों के निजी सीमाबन्धन के बाहर शुक्ल जी को अन्य प्रयत्न प्रारम्भ में असन्तोषजनक जान पड़े हैं, बाद में उन नये प्रयत्नों के स्थान बना लेने पर, निर्माण कार्य हो जाने पर शुक्ल जी को अपने ढंग से उनका भी समर्थन करना पड़ा है, कुछ असन्तोष के साथ, यथा—छायावाद का। आगे चलकर यही बात समाजवाद के बारे में भी होती' (पृ. 120, वही)।

शान्तिप्रिय द्विवेदी के इस अनुमान को डॉ. रामविलास शर्मा के शुक्ल-सम्बन्धी विचारों के साथ देखा जाए तो इस अनुमान की वास्तविकता प्रकट हो जाती है। समाजवादी तो शुक्ल जी को डॉ. शर्मा ने भी नहीं कहा है, हाँ : 'शुक्ल जी की गम्भीरता का कारण उनका सामाजिक दृष्टिकोण है। यह हिन्दी के मानवतावादी, सामन्त-विरोधी और देशभक्त लेखक हैं' (पृ. 254, आचार्य रामचन्द्र शुक्ल और हिन्दी आलोचना)।

पं. शान्तिप्रिय द्विवेदी ने छायावाद पर भी महत्त्वपूर्ण विचार प्रकट किए हैं। वे छायावादी कवियों—विशेषत: पंत के अथक प्रशंसक हैं। जब वे प्रशंसा करने लगते हैं तो भावोच्छल हो उठते हैं। ऐसे अवसरों पर उनका गद्य गद्य-काव्य हो उठता है। पं. शान्तिप्रिय द्विवेदी की अधिकांश आलोचना इसी प्रकार की है। किन्तु दो ऐसी बातें हैं जिनके कारण उनकी आलोचना महत्त्वपूर्ण बनी रहती है। एक तो वे कविता के सहृदय पाठक की अभिव्यक्ति होती हैं : दूसरे, उनकी दृष्टि सामाजिक धरातल पर वस्तून्मुखी है। जहाँ ये दोनों बातें मिलती हैं, उनकी समीक्षा विवेच्य विषय को समझाने में बहुत दूर तक सहायता करती है। द्विवेदी जी के छायावाद विषयक विचारों का कुछ उल्लेख ऊपर किया जा चुका है। छायावाद के प्रशंसक होते हुए भी द्विवेदी जी ने उसकी सीमाओं को देखा है। उन्होंने वायवी और आकाशचारी छायावाद के जागतिक आधार को ढूँढ़ने की कोशिश की है और लिखा है कि वह अपने युग से प्रेरित अवश्य था किन्तु वह अपने समय का सहचर नहीं बन सका, छायावाद क्रियात्मक सर्ववाद नहीं बन सका। यथार्थवाद, निराशावाद और सुखवाद को उसने

अपने पुराकालीन सगुण-निर्गुण दृष्टिकोण से ही देखा। वह अपने समय का विकास ग्रहण नहीं कर सका जितना तुलसी ने अपने समय में, गांधी ने अपने समय में। 'द्विवेदी युग गांधी युग तक बढ़ आया था, किन्तु छायावाद, रवीन्द्र युग वैभव के भाव-युग में ही स्थिर रहा' (पृ. 198, वही)।

छायावादी कवियों के विषय में कहा जाता है कि वे व्यक्तिवादी कवि थे। किन्तु स्थिति यह है कि '...छायावाद का कवि स्वानुभूत सुख-दुखों को आत्मविस्मृत ही करता रहा है। छायावाद के जो कवि स्वानुभूत सुख-दु:खों को आत्मविस्मृत नहीं करना चाहते थे, ये प्रगतिवाद में चले गए' (पृ. 197, आचार्य रामचन्द्र शुक्ल...)।

शान्तिप्रिय जी को स्पष्टता के लिए उदाहरण के तौर पर निराला का नाम लेना चाहिए था। यह निराला और पंत के प्रगतिवाद में अन्तर है—निराला 'सरोज-स्मृति' जैसी व्यक्तिगत विषयों पर लिखी गई कविताओं में भी प्रगतिवादी दिखलाई पड़ते हैं, वे स्वानुभूति के कारण प्रगतिवादी दिखलाई पड़ते हैं जबकि पंत की प्रगतिवादी रचनाओं में बौद्धिक सहानुभूति ही मिलती है।

जो लोग शान्तिप्रिय जी को केवल प्रभाववादी आलोचक मानते हैं, उन्हें छायावाद-सम्बन्धी उनकी इन पंक्तियों को पढ़ना चाहिए : '...ब्रजभाषा के समय में यदि सामन्तवादी सामाजिक वातावरण था, तो छायावादकाल में पूँजीवादी सामाजिक वातावरण। दोनों में अन्तर केवल अतीत और वर्तमान साम्राज्यवाद का है। मूलत: दोनों की विषम सामाजिक व्यवस्था एक-सी है। इस व्यवस्था के वर्तमान रहते केवल आदर्श का आदेश देकर ही व्यक्तियों को संयमित नहीं बनाया जा सकता...ब्रजभाषा के शृंगार-काव्य में जो कुछ भावात्मक था, वह अब अभावात्मक हो गया। जीवन का जो दैन्य पहले कला से ढँका हुआ था, वह अब उघर रहा है' (पृ. 188, वही)।

छायावाद को द्विवेदी युग का विकास मानने का सुपरिणाम यह हुआ कि पं. शान्तिप्रिय द्विवेदी ने छायावाद की ही परिधि में गद्य-कृतियों पर भी विचार किया है। उनके अनुसार, छायावाद के कारण 'कविता तो हृदय का छन्द पाकर भावात्मक हो ही गई; कहानी, उपन्यास, नाटक और निबन्ध भी हृदय का अन्त:सूत्र पा गए' (पृ. 228, सामयिकी)। प्रेमचन्द के महत्त्व पर अपने विचार प्रकट करते हुए उन्होंने लिखा है : 'प्रेमचन्द ने कथानकों का रुख बदला, चरित्र-चित्रण की कला दी, आदर्श को सामाजिक व्यक्तित्व दिया' और 'काव्य में खड़ी बोली गूँज गई थी, प्रेमचन्द के आगमन से वह गद्य में भी गूँज गई' (पृ. 220, वही)।

यही नहीं, छायावाद युग के कवियों और गद्यकारों की समान भाव-भूमि को रेखांकित करते हुए वे कहते हैं : 'गांधीवाद के साहित्यकार प्रेमचन्द, मैथिलीशरण, सियारामशरण और जैनेन्द्र तथा छायावाद के कलाकार प्रसाद, पंत, निराला और महादेवी—ये सब एक ही परिवार की प्रजाएँ हैं, इनमें शिल्पभेद है, मनोभेद नहीं। भारतेन्दु युग से लेकर छायावाद युग तक एक ही मनोजगत का उत्तरोत्तर विकास है क्योंकि इनका सांस्कृतिक धरातल एक है' (पृ. 225, वही)।

पं. शान्तिप्रिय द्विवेदी को प्रभाववादी और छायावादी आलोचक कहना अनुचित नहीं है। इसमें कोई सन्देह नहीं कि वे साहित्य की प्रतिक्रिया बौद्धिक अवधारणाओं के माध्यम से नहीं बल्कि रससिक्त भाषा—यानी काव्य में करते हैं। उनका गद्य प्रायः गद्यकाव्य जैसा दिखलाई पड़ता है। किन्तु महत्त्वपूर्ण बात यह है कि वे सहृदय पाठक और भावुक की प्रतिक्रिया हैं—इसलिए वे पाठक को बहुत कुछ दे पाती हैं। इसके अलावा, जैसाकि हमने देखा है कि कभी-कभी वे अपनी दृष्टि समाज और साहित्य के स्रोत जीवन पर भी डालते हैं, दोनों का तालमेल बैठा लेते हैं और उन सम्बद्ध सन्दर्भ सूत्रों को भी खोज लेते हैं जो उनके लेखन को सच्ची आलोचना के रूप में प्रस्तुत करती हैं।

पं. शान्तिप्रिय द्विवेदी के ललित गद्य ने हिन्दी पाठकों की संख्या में वृद्धि की है। सुगठित और आकर्षक वाक्य-रचना में वे निष्णात हैं। आज ऐसे कई लोग हिन्दी की सेवा कर रहे हैं जो हिन्दी साहित्य की ओर केवल 'हमारे साहित्य-निर्माता' जैसी रचनाएँ पढ़कर आकृष्ट हुए थे। पं. शान्तिप्रिय द्विवेदी सार्थक गद्यकार एवं आलोचक थे।

शुक्लानुवर्ती आलोचक

शुक्ल जी की आलोचना दो बातों में विशिष्ट है : 1. शुक्ल जी साहित्य की समीक्षा सहृदयतापूर्वक करते हैं, और कोई पंक्ति उन्हें क्यों अच्छी लग रही है, यह बताते समय उस परिस्थिति की व्याख्या करते हैं, जो पंक्ति द्वारा संकेतित होती है। 2. वे परिस्थिति और भाव का सम्बन्ध जोड़कर उनकी व्याख्या करते हैं और अपनी व्याख्या के सन्दर्भ में काव्यशास्त्रीय विवेचना करते हैं। शुक्ल जी जीवन से काव्य के शास्त्र की ओर जाते हैं, शास्त्र से शुरुआत नहीं करते। वे लोकाग्रही आलोचक एवं आचार्य हैं। यहाँ उन आलोचकों की चर्चा की जा रही है जिनकी आलोचनात्मक कृतियों में आचार्य शुक्ल की ये विशेषताएँ परिलक्षित होती हैं। लेकिन यह समझ रखना आवश्यक है कि शुक्ल जी के प्रभाव से उनका परवर्ती शायद ही कोई आलोचक बचा हो। यहाँ केवल उन आलोचकों की बात की जा रही है जिनकी भाषा का गठन, और उसकी शैलीगत भंगिमाएँ आचार्य शुक्ल से मिलती-जुलती हैं। ऐसे आलोचकों में पं. कृष्णशंकर शुक्ल और पं. विश्वनाथ प्रसाद मिश्र प्रमुख हैं। इनके विषय में बात यहीं से शुरू करना उचित जान पड़ता है कि ये दोनों ही आचार्य शुक्ल के शिष्य हैं।

पं. कृष्णशंकर शुक्ल

आचार्य शुक्ल ने पं. कृष्णशंकर की दो पुस्तकों 'केशव की काव्य-कला' और 'कविवर रत्नाकर' की प्रशंसा करते हुए अपने इतिहास में लिखा था : ' 'केशव की काव्य-कला' में पं. कृष्णशंकर शुक्ल ने अच्छा विद्वत्तापूर्ण अनुसन्धान भी किया है। उनका 'कविवर रत्नाकर' भी कवि की विशेषताओं को मार्मिक ढंग से सामने रखता है' (पृ. 562)। इसके पहले उन्होंने निर्णयात्मक और व्याख्यात्मक ढंगों से युक्त समालोचना की असली पद्धति कहा था। 'असली पद्धति' की विशेषता थी कि 'ये पुस्तकें कवि के बाह्य और आभ्यन्तर, दोनों का अच्छा परिचय कराती हैं' (वही)।

पं. कृष्णशंकर शुक्ल मार्मिक भाव-भूमि पर स्थित होकर समीक्षा में प्रवृत्त होते हैं। अच्छा आलोचक अच्छा पाठक भी होता है, यह कहा जा चुका है। यहाँ इस बात पर भी विचार कर लेना चाहिए कि अच्छे पाठक से हमारा तात्पर्य क्या हो सकता है।

व्यक्ति अपने जीवन में जिन वस्तुओं; व्यक्तियों या दृश्यों के सम्पर्क में आता है, वे उसके भावजगत का निर्माण करते हैं। यह भावजगत व्यक्ति के बाह्यांतर जगत

के आधार पर निर्मित होता है। यह अन्य व्यक्तियों के इसी प्रकार के भाव-जगतों के समान भी होता है और उनसे भिन्न भी। अच्छा पाठक काव्य को अपने निजी जगत में उतार लेता है, बुरा पाठक नहीं उतार पाता। पाठक कवि द्वारा अभिव्यक्त भावों को— ये भाव कवि के जगत के घनीभूत रूप हैं जो शब्दों में बँधकर हमारे पास आते हैं, अपने भाव-जगत में उतार लेता है। आलोचक भाव को उस सन्दर्भ में देखता है जो उनका मूल स्रोत है। जो आलोचक इस सन्दर्भ को खोल सकता है, उसकी व्याख्या कर सकता है, वही सफल कहा जाएगा। आलोचना की सार्थकता रसास्वाद में पाठक की सहायता करना है। जिसे हम रसास्वादन कहते हैं, वह है क्या ? वह वस्तुत: शब्दों द्वारा संकेतित जगत में लीन हो पाना है।

पं. कृष्णशंकर शुक्ल हिन्दी के उन गिने-चुने आलोचकों में से हैं जिनकी रचनाओं से उनकी रसग्राहिता की क्षमता तो प्रकट होती ही है, रसग्रहण करने में पाठकों को सहायता भी मिलती है। शब्दों में निहित जगत का उद्घाटन करके रचना की विपुल अर्थ-सम्पदा पाठक को प्रदान करने की जितनी शक्ति उनके पास है, उतनी कम लोगों के पास दिखलाई पड़ती है। 'केशव की काव्य-कला' में जिस तत्त्वान्वेषिणी दृष्टि और पुष्ट एवं गम्भीर गद्य-शैली के दर्शन होते हैं, वह हिन्दी के अधिकांश ख्यातनामा आलोचकों की रचनाओं में भी देखने को नहीं मिलती।

पं. कृष्णशंकर शुक्ल का मत है कि 'काव्यानन्द हृदय की सहानुभूति की परिधि के विस्तार से प्राप्त होता है' (पृ. 18, केशव की काव्य-कला)। अपने इस मत की व्याख्या उन्होंने 'कविवर रत्नाकर' में की है। उनके अनुसार, बाह्य परिस्थितियाँ अपने आघात से हमारे मानस में आन्दोलन तथा गति उत्पन्न कर देती हैं। अहंकार के आधार पर हम प्रिय और अप्रिय जनों या वस्तुओं का घेरा बनाते हैं। इसी प्रकार का घेरा पशु भी बनाते हैं। अपने बालक को दुलार करते समय भोली-सी प्रतीत होती हुई सिंहनी अपने शत्रुओं के सामने अपनी मातृ-सुलभ कोमलता छोड़ भयानक बाघिन हो जाती है। '...इस प्रकार हम देखते हैं कि इष्टानिष्ट विशेषण विशिष्ट जगत का जाल जैसा हमारे चारों ओर फैला है, वैसा पशु-पक्षियों के चारों ओर भी।...जब तक हम अपना तथा अपने बन्धुओं का अनिष्ट करनेवाले को शत्रु समझते हैं तब तक हम उसी भूमि पर हैं जहाँ पशु-पक्षी हैं, पर जब हम उस व्यक्ति को मारने को झपटते हैं जिसने किसी अनाथ बालक या अनाथ अबला का अनिष्ट किया है तो हम उस सामान्य भाव-भूमि पर आते हैं जहाँ मनुष्यता निवास करती है तथा जहाँ पशुता—चाहे यह पशुओं की हो, चाहे मनुष्यों की—कभी आ ही नहीं सकती' (पृ. 3-4, कविवर रत्नाकर)।

यह सामान्य भाव-भूमि ही काव्य भूमि है। इस पर पहुँचने के लिए हमें अपनी भाव-परिधि का विस्तार करना होता है। जो अपनी भाव-परिधि का विस्तार नहीं कर सकते—वे न काव्य की भूमि तक पहुँच सकते हैं, न मनुष्यता की। यानी काव्य मनुष्यता का गुण है और भाव-परिधि का विस्तार—दूसरों की स्थिति को अपना सकने की क्षमता ही मनुष्य को मनुष्यता से विभूषित करती है। जो स्वार्थी हैं, वे मनुष्य होते हुए भी पशु हैं। काव्य को संकीर्णता का विरोधी बताकर शुक्ल जी उसे

मनुष्यता का लक्षण मानते हैं। भाव-परिधि का विस्तार या अविस्तार मनुष्यता और पशुता का भेदक लक्षण है। इसी धारणा के प्रकाश में वे भर्तृहरि के 'साहित्य संगीत कला विहीन:' की अत्यन्त मार्मिक और आधुनिक व्याख्या करते हुए कहते हैं : 'कुछ लोगों को अपने छोटे जगत का इतना मोह होता है कि वे बाहर आ ही नहीं सकते। इन्हीं को तपस्वी भर्तृहरि ने बिना पूँछ और सींग का पशु कहा है। ...केवल काव्य की अतिशयोक्ति ही नहीं है, सूक्ष्म विचारधारा भी है। अभावुक तथा असहृदय व्यक्ति वास्तव में पशु ही हैं क्योंकि वे उसी छोटे संसार में कीड़ा किया करते हैं जिसमें अन्य पशु तथा पक्षी समूह' (पृ. 6, क. र.)।

पुरानी उक्तियों के अर्थ विस्तार—परम्परा-प्राप्त अर्थ के अतिरिक्त उनमें नवीन अर्थवत्ता ढूँढ़ने की क्षमता पं. कृष्णशंकर शुक्ल में विद्यमान है, इसमें कोई सन्देह नहीं। प्रसिद्ध समालोचक और कवि इलियट ने तो अर्थविस्तार को ही आलोचक का धर्म माना है। ऊपर भर्तृहरि के प्रसिद्ध श्लोक की जो व्याख्या इन्होंने की है, वह नवीन और विश्वसनीय है। यहाँ एक और उक्ति का उदाहरण देना चाहूँगा जिसकी पं. कृष्णशंकर शुक्ल ने इसी प्रकार की नवीन और विश्वसनीय व्याख्या की है। यह प्रसिद्ध उक्ति गोस्वामी तुलसीदास की है :

'स्याम गौर किमि कहौं बखानी
गिरा अनयन नयन बिनु बानी।'

पं. कृष्णशंकर शुक्ल का विचार है : 'भावुक कवि बड़बड़िया नहीं होता। जिस कवि के पास कथ्य होता है, वह दूर की कौड़ी नहीं लाता।'...जिन कवियों के पास अनुभूति-पोषित मार्मिकता है, वे दूर न जाकर अपने पास ही की वस्तु कुछ सूक्ष्मता तथा सहृदयता से देखते हैं। ऐसे कवि बड़े संयम से बहुत कुछ कहने के प्रलोभन को रोक लेते हैं। संयम कहना पड़ा, क्योंकि साधारण कवियों से ऐसे अवसरों पर रुका ही नहीं जाता...भाव की अनिवार्यता जैसे उन्हें मूक कर देती हो! 'जिन कवियों के पास वाणी है, उनके नेत्र नहीं हैं। जिनके नेत्र हैं, उनके वाणी नहीं रहती। जो बड़बड़ाते हैं, उनके हृदय के नेत्र नहीं हैं। जिन्होंने भावों की मार्मिक अनुभूति प्राप्त की है, वे फिर बड़बड़ाते नहीं :

'गिरा अनयन नयन बिनु बानी।'

तुलसी की इस मार्मिक उक्ति का सम्भवत: यही भाव है (पृ. 28, वही)। 'गिरा अनयन नयन बिनु बानी' का यह अर्थ खोजने और उसे एक रचना-सिद्धान्त के रूप में प्रस्तुत करने के पीछे आलोचक की जो रसग्राहिता, पर्यवेक्षण-शक्ति एवं चिन्तन गम्भीरता प्रकट होती है, उस पर कुछ अधिक लिखने की आवश्यकता नहीं है।

'केशव की काव्य-कला' में केशव का जीवन, उनके ग्रन्थ तथा टीकाकार, भाव व्यंजना, बाह्य दृश्य चित्रण, प्रबन्ध कल्पना, अलंकार, भाषा, आचार्यत्व तथा पांडित्य इत्यादि पर सम्यक् रूप से विचार किया गया है। 'जीवन' के अन्तर्गत प्रधान रूप से यह दिखाया गया है कि केशव पर वातावरण का कितना अधिक प्रभाव पड़ा है। कवि अपनी प्रतिभा का इच्छानुकूल उपयोग करने में स्वतंत्र नहीं होता। वह कविता में किसे

सम्बोधित कर रहा है, इसका भी काफी प्रभाव पड़ता है। केशव पर सहानुभूतिपूर्वक विचार करनेवाला आलोचक इस तथ्य की उपेक्षा करके कोई निर्णय नहीं देगा कि केशव दरबारी कवि थे, दरबारी वातावरण का प्रभाव उनकी कविता पर पड़ना अनिवार्य था। 'इन्द्रजीत के अखाड़े में विचरण करनेवाले दरबारियों में काव्योचित वैसी सहानुभूति न रही होगी, जैसीकि अपेक्षित है। केशव को ऐसे ही लोगों को प्रसन्न करने को काव्य-रचना करनी पड़ी इसीलिए हम उनके काव्यों में वैसी गम्भीरता, वैसी भावुकता नहीं पाते' (पृ. 18-19, के. का.)।

आचार्य रामचन्द्र शुक्ल ने लिखा है कि 'केशव को कवि हृदय नहीं मिला था।' पं. कृष्णशंकर शुक्ल यद्यपि उनका विरोध नहीं करते, फिर भी उनसे सहमत नहीं। केशवदास के काव्य में कमियाँ दिखाते हुए भी पं. कृष्णशंकर शुक्ल उन्हें कवि हृदय से वंचित नहीं मानते। इनके अनुसार केशव में सबसे बड़ी कमी यह है कि '...किसी भाव या रस को पाठकों के हृदय में कैसे जगाया जावे, यह केशव नहीं जानते थे। सम्भवत: केशवदास जी यही समझते थे कि विभावादि की योजना मात्र से कविकर्म की इतिश्री हो जाती है।' ...फल हुआ कि केशवदास जी ठूँस-ठूँस विभावादि की योजना ही करने में रह गए, वास्तविक रसोद्रेक का कला-कौशल उनमें न आ पाया' (पृ. 20, वही)।

पं. कृष्णशंकर शुक्ल आचार्य रामचन्द्र शुक्ल की भाँति लोकमंगल या लोक-कल्याण को काव्य में प्रमुख स्थान देनेवाले आलोचक हैं। तत्त्वदर्शी आलोचक कभी-कभी कवियों को काव्य-रचना के भी सुन्दर संकेत देते हैं। राम को मर्यादा पुरुषोत्तम और कृष्ण को लीला पुरुषोत्तम कहा जाता है। हिन्दी साहित्यकारों ने राम का रूप तो सामाजिक आदर्शों के पालक और संस्थापक के रूप में चित्रित किया है, किन्तु कृष्ण के रसिक रूप का ही अधिक चित्रण किया है। लेकिन कृष्ण का चरित्र क्या केवल 'गोपी-पीन पयोधर मर्दन' करनेवाला ललित नायक बनने ही के योग्य है? क्या वे 'महाभारत' के प्रतिपादक योद्धा नीतिवान और गीता के उपदेशक योगेश्वर नहीं थे? पर हिन्दी कवियों को क्या कहा जाए? प्रिय प्रवास में कृष्ण के इस रूप को उभारने का क्षीण प्रयास किया गया है, किन्तु उनका ध्यान कृष्ण चरित्र के घटना-बहुल पक्षों की ओर गया ही नहीं। पं. कृष्णशंकर शुक्ल हिन्दी कवियों की इस कमी की चर्चा तो करते ही हैं, वे कृष्णचरित्र पर आधारित महाकाव्य की सम्भावना का संकेत भी करते हैं : 'कृष्णचरित्र के बहुमुखी प्रयत्नों में वास्तव में सब रसों की सामग्री मिल जाती है। एक ओर यशोदा के आँगन में कीड़ा करते हुए कृष्ण हमारे हृदय में वात्सल्य भाव जगाते हैं, दूसरी ओर कंस का अंग-भंग करते हुए अपने को वज्र से भी अधिक कठोर सिद्ध करते हैं। जिन कृष्ण को एक बार गोपियों के प्रणय-कलह निपटाने से अवकाश न मिलता था, उन्हीं को हम कुरुक्षेत्र के मैदान में बड़ी-बड़ी कठिन राजनीतिक समस्याओं को सुलझाते हुए पाते हैं। जो एक ओर राधा के मान-कलह से क्षुब्ध हो जाते हैं, वे ही दूसरी ओर रणांगण में गीता के अनासक्तियोग का उपदेश देते हुए दृष्टिगोचर होते हैं। ऐसे व्यक्ति के चरित्र में किस रस को आश्रय न मिल जाएगा!

परन्तु केशव क्या, हिन्दी के किसी भी कवि का ध्यान कृष्ण के चरित्र की इस व्यापकता की ओर न गया' (पृ. 29, के. का.)।

पं. कृष्णशंकर शुक्ल यह नहीं मानते कि 'केशव को कवि हृदय नहीं मिला था।' उन्हें कवि-हृदय मिला था और उन्होंने अच्छी कविताएँ भी लिखी हैं। इन्होंने केशव के कई पद्यों को उद्धृत और उनकी व्याख्या करके प्रकट कर दिया है कि केशव समर्थ कवि हो सकते थे। जहाँ उनका पांडित्य प्रदर्शन या शृंगार का अनुचित आग्रह आगे नहीं आया है, वहाँ पर कविताएँ अच्छी और मार्मिक बन पड़ी हैं। किसी कवि की अच्छी पंक्तियों की पहचान आलोचना की महत्त्वपूर्ण कसौटी है। सिद्धान्त-विवेचना, व्याख्या—सब अपनी जगह ठीक हैं किन्तु इन सबकी सफलता इसी बात में है कि वे आलोचक और पाठक की अच्छी पंक्तियों की पहचान में सहायता करें। पं. कृष्णशंकर शुक्ल ने केशव के कई ऐसे पद्य उद्धृत किए हैं जो केशव के प्रबल आलोचक आचार्य शुक्ल को भी अच्छे लगते। नीचे का पद्य ऐसा ही सहज और मार्मिक है :

'हसि बोलत ही जु हँसे सबके सब, लाज भगावत लोग भगै,
कछु बात चलावत घैरु चले मन, आनत ही मनमत्थ जगै।
सखि तू जु कहै सु हुती मन मेरे हु, जानि चहे नहियौ उमगै,
हरि त्यों टुक डीठि पसारत ही, अंगुरीन पसारन लोग लगै।'

केशव के सुन्दर भाव-व्यंजक पद्यों को उद्धृत कर उनकी मार्मिकता दिखाते हुए पं. कृष्णशंकर शुक्ल इस निष्कर्ष पर पहुँचते हैं : 'जो पद्य स्थान-स्थान पर केशव की सुन्दर भाव-व्यंजना के उदाहरणस्वरूप उद्धृत किए हैं, वे इस बात का पर्याप्त प्रमाण देते हैं कि कवि में सच्चे कवियों की क्षमता अवश्य थी। परन्तु वे व्यंजना अथवा ध्वनि को काव्य का महत्त्वपूर्ण अंग नहीं मानते थे। इसलिए हृदय के गम्भीर भावों के उद्‌घाटन तथा अभिव्यंजन की विशेष आवश्यकता उन्हें प्रतीत नहीं हुई' (पृ. 33, वही)।

पं. कृष्णशंकर शुक्ल ने केशव की काव्य-कला की विवेचना उसी पद्धति से की है जिस पद्धति से आचार्य शुक्ल ने की थी। किन्तु पद्धति एक होने पर भी निष्कर्ष एक से नहीं हैं। केशव के प्रति पं. कृष्णशंकर शुक्ल ने अधिक सहानुभूति से काम लिया है।

पंडित जी की दूसरी आलोचनात्मक कृति कविवर रत्नाकर हैं जिसमें उन्होंने रत्नाकर जी की रचनाओं की व्याख्या-विवेचना की है। इसमें इन्होंने रत्नाकर की काव्यभूमि, अभिव्यंजन-शैलियाँ, विभाव-चित्रण, भाव-व्यंजना, भक्ति-भावना, अलंकार, भाषा पर विचार किया है।

पं. कृष्णशंकर शुक्ल की दोनों आलोचनात्मक कृतियों—'केशव की काव्य-कला' और 'कविवर रत्नाकर'—को ध्यान से देखने पर पता चलता है कि शुक्ल जी ने पुस्तकों में केशव और रत्नाकर की रचनाओं की विवेचना की है किन्तु विवेचना की मूल प्रवृत्ति काव्य शास्त्रात्मक है : यानी अन्तर्मन में वे हिन्दी के काव्यशास्त्र की रचना कर रहे थे। वे रचनाओं की पंक्तियों को भाव, अलंकार, छन्द इत्यादि सिद्धान्तों के उदाहरण में प्रस्तुत करते हैं। वे काव्य-सम्बन्धी विचारों को समझाते-समझाते उनकी व्याख्या

करते हैं और अपनी व्याख्या के निष्कर्ष की पुष्टि के लिए उदाहरण देते हैं। केशव और रत्नाकर की रचनाओं का उपयोग उनके यहाँ प्रधानत: इसी रूप में किया गया है।

काव्यशास्त्र का निर्माण काव्य के आधार पर किया जाता है, काव्य की विवेचना जीवन की विवेचना पर आधारित होती है। सौभाग्यवश हिन्दी साहित्य को संस्कृत साहित्य का समस्त काव्य-चिन्तन उत्तराधिकार में प्राप्त हो गया है। किन्तु 'प्राप्त हो गया है' कहना ठीक नहीं है, 'प्राप्त हो सकता है' कहना ठीक होगा। उत्तराधिकार में पिता की सम्पत्ति, जमीन, हाथी, घोड़े तो सन्तानों को अनायास प्राप्त हो जाते हैं किन्तु ज्ञान और साहित्य का उत्तराधिकार अर्जित करना पड़ता है। इसी अर्जित करने की प्रक्रिया में समर्थ पीढ़ियाँ परम्परा का विकास भी करती हैं। परम्परा को अर्जित वही कर सकता है जो उसका विकास कर सकता है। इसका रहस्य क्या है! बात यह है कि जिस प्रकार कविता का समझ में आने का मतलब श्रोता या पाठक के अनुभव द्वारा उसका पुष्ट हो जाना है, उसी प्रकार ज्ञान और शास्त्र का भी। 'शास्त्र भी हमारी समझ में तभी आता है जब वह हमारे अनुभव से पुष्ट या समर्थित हो जाता है। इसलिए शास्त्रों का कुछ अंश कभी-कभी गत-मूल्य भी हो जाता है। ऐसा अंश वह है, जो हमारे अनुभव द्वारा समर्थित, पुष्ट और प्रमाणित नहीं होता।' हिन्दी में संस्कृत काव्यशास्त्र की परम्परा का ऐसा विकास आचार्य रामचन्द्र शुक्ल ने किया था। विकास का कार्य पं. कृष्णशंकर शुक्ल की दो आलोचनात्मक कृतियों—'केशव की काव्यकला' और 'कविवर रत्नाकर'—के द्वारा भी हुआ है। कविवर रत्नाकर के 'अलंकार' और 'भाषा' नामक दो अध्याय इस दृष्टि से महत्त्वपूर्ण हैं। रत्नाकर जी की रचनाओं में प्रयुक्त अलंकारों की जो विवेचना पंडित जी ने की है, उससे लगता है कि वे अलंकारों को भाषा से अलग नहीं मानते बल्कि वे भाषा की ही विशिष्ट 'भंगिमाएँ' और चेष्टाएँ हैं। पंडित जी ने अलंकारों की परीक्षा-विवेचना आचार्यों द्वारा बनाये गए नियमों और लक्षणों के आधार पर नहीं की है बल्कि भाव-व्यंजना में सहायक या बाधक के रूप में की है। विभावना में कारण के बिना कार्य दिखाया जाता है और अतिशयोक्ति में कारण-कार्य का एकसाथ होना तथा कारण के पहले ही कार्य का हो जाना दिखाया जाता है; लोक में तो ऐसा नहीं होता, फिर कवि ऐसा क्यों दिखाते हैं? 'कवि की इतनी सामर्थ्य नहीं कि वह प्रकृति के स्वभाव-सिद्ध नियमों को परिवर्तित कर दे। फिर उसकी कल्पना ऐसे अद्‌भुत दृश्य कैसे उपस्थित कर पाती है? कवि शब्दों की योजना ऐसी करता है जिससे प्राकृतिक नियमों का खंडन होता हुआ प्रतीत होता है। पर वास्तव में ऐसा नहीं होता। कवि अपनी सम्मोहिनी सृष्टि से हमें मुग्ध कर देता है, फिर हम तात्त्विक अन्वेषण में तत्पर न होकर उसके साथ-साथ लगे फिरते हैं। ऐसी योजनाओं से चमत्कार की सृष्टि होती है, पर एक कुशल कवि चमत्कार की सृष्टि करते हुए भी अपने लक्ष्य अर्थात् भाव पर दृष्टि रखता है' (पृ. 239-40, क. र.)।

पंडित जी ने 'भाषा' के अन्तर्गत लक्षणा की जो सूक्ष्म विवेचना की है, वह अत्यन्त गम्भीर तथा महत्त्वपूर्ण है। भाषा पर विचार करते समय उन्होंने जो सूत्र प्रस्तुत किए हैं, उनके सहारे हम साहित्य की कई गुत्थियों को सुलझा सकते हैं।

व्यंजना के लिए तो पंडित जी उचित परिस्थिति-योजना को आवश्यक मानते ही हैं, वे भाषा-प्रयोग और उसके प्रभाव के क्षेत्र में भी परिस्थिति को अत्यन्त आवश्यक मानते हैं। परिस्थिति का सम्बन्ध इस प्रकार सीधे शब्द-शक्ति से जाकर जुड़ जाता है। जो लोग साहित्य की शाश्वतता और शुद्धता पर ज्यादा बल देते हैं, उन्हें भाषा के विषय में पं. कृष्णशंकर शुक्ल के विचारों को अवश्य पढ़ना चाहिए : 'शब्दों में विचारों को व्यक्त करने तथा भावों को उद्‌बोधित करने की शक्ति अवश्य है, पर इस शक्ति का पूर्ण विकास उपयुक्त तथा अनुकूल परिस्थितियों की योजना पर निर्भर है।...'शीतल जल प्रस्तुत है'—इस वाक्य को ले लीजिए। इसके भिन्न-भिन्न ऋतुओं में तथा भिन्न-भिन्न व्यक्तियों पर भिन्न-भिन्न प्रभाव पड़ेंगे। जेठ की गर्मी में प्यास से व्याकुल व्यक्ति पर जो प्रभाव पड़ेगा, वह जाड़े के दिनों में कभी न पड़ेगा।...किसी घटना से अपना सम्बन्ध होने या न होने से भी उस विषय के समाचार का भाव भिन्न हो जाता है। 'युद्ध में सब सैनिक मारे गए'—इस समाचार का सब व्यक्तियों पर एक-सा प्रभाव नहीं पड़ता। यदि सुननेवाले का उस सेना से कोई भी सम्बन्ध नहीं है तो वह इससे अधिक प्रभावित न होगा, पर यदि उस सेना के सैनिकों में सुननेवाले का पुत्र भी रहा हो तो वह इस समाचार से अत्यन्त चंचल हो उठेगा। —इन्हीं सब विशेषताओं को जिनके कारण शब्दों के या वाक्यों के रागात्मक प्रभाव में भेद पड़ता है, हम परिस्थितियाँ कहते हैं। इन सबका विचार किसी कवि की भाव-व्यंजना के अध्ययन के साथ-साथ प्रासंगिक होता है' (पृ. 269-70, क. र.)।

लक्षणा की एक प्रणाली यह है कि वह सूक्ष्म संवेदनों को स्थूल संवेदनों के माध्यम से संकेतित करती है। बात यह है कि हम स्थूल से शायद ज्यादा परिचित होते हैं। किसी संवेदन को प्रकट करने के लिए हम उसे अधिक-से-अधिक परिचित रूप में समझना-समझाना चाहते हैं। बात को मीठी या कड़वी इसीलिए कहा जाता है। बात की प्रियता या अप्रियता के संवेदन को मीठी या कड़वी बना दिया जाता है। इसी बात को पं. जी ने एक और स्थान पर यों कहा है : 'लक्षणा भावों को ऐसे गोचर (मूर्त) रूप में उपस्थित करती है कि वे सुग्राह्य होकर हमारे हृदयों से अपना रागात्मक सम्बन्ध स्थापित करते चलते हैं' (पृ. 272)। इस सूत्र की उदाहरण द्वारा व्याख्या वे इस प्रकार करते हैं : 'किसी व्यक्ति के हृदय में कुछ अनुकूल परिस्थितियों के उपस्थित होने से आनन्द हुआ है। कवि चाहता है कि श्रोता भी इस आनन्द का निकटतम संवेदन प्राप्त करें। कवि के लिए उस आनन्द का प्रत्यक्षीकरण करना आवश्यक है। कवि उस आनन्द-मग्न व्यक्ति के लिए कहता है कि उसका हृदय हरा हो गया। जब समय पर वृष्टि होने से पादपों को अनुकूल जल मिल जाता है तो वे हरे हो जाते हैं। यदि पादपों के भी हृदय मान लिया जाए तो उनका हरा-भरा होना उनके आनन्द का बाह्य प्रत्यक्षीकरण या फल होगा। यद्यपि जीवधारी आनन्द की अवस्था उपस्थित होने पर स्वरूपत: हरे 'वाच्यार्थ के द्वारा' नहीं होते। पर कवि वनस्पति जगत में प्राप्त होनेवाले दृश्य का मनुष्य जगत में प्राप्त होनेवाले संवेदन पर आरोप करता है। ऐसे आरोप लक्षणा के द्वारा प्राप्त होते हैं तथा भाव-व्यंजना के लिए बहुत ही आवश्यक उपकरण हैं' (वही)।

'केशव की काव्य-कला' और 'कविवर रत्नाकर'—इन आलोचनात्मक कृतियों के अतिरिक्त पं. कृष्णशंकर शुक्ल ने आधुनिक हिन्दी साहित्य का इतिहास भी लिखा है। इस इतिहास की महत्ता को ठीक-ठीक समझने के लिए यह आवश्यक है कि हम जान लें कि यह ग्रन्थ आचार्य रामचन्द्र शुक्ल के इतिहास के प्रथम संस्करण (सं. 1986—ई. 1929) और दूसरे संस्करण (सं. 1997—ई. 1940) के बीच सं. 1991—ई. 1934 में निकला था। इस इतिहास ग्रन्थ को 'आधुनिक हिन्दी साहित्य का इतिहास' या 'खड़ी बोली हिन्दी साहित्य का इतिहास' समझना चाहिए।

इस पुस्तक की अन्तर्योजना अत्यधिक सुष्मित है। पूर्वपीठिका में हिन्दी साहित्य के पूर्ववर्ती तीनों कालों—आदि, भक्ति और रीति का संक्षिप्त परिचय दे दिया गया है। तदुपरान्त रीतिकाल और आधुनिक काल के मध्यवर्ती—ब्रजभाषा कवियों का परिचय दिया गया है, जिसका उद्देश्य यह दिखाना प्रतीत होता है कि ब्रजभाषा काव्यधारा क्षीण रूप में ही सही, आधुनिक काल के प्रारम्भ तक प्रवाहित होती रही है। यही नहीं, ब्रजभापा में आधुनिक विचारों के साहित्य की भी थोड़ी-बहुत रचना हुई है। भारतेन्दु हरिश्चन्द्र, बा. राधाकृष्णदास, प्रताप नारायण मिश्र, प्रेमघन, हरिऔध, श्रीधर पाठक, रत्नाकर, देवीप्रसाद पूर्ण, रामचन्द्र शुक्ल, सत्यनारायण कविरत्न, वियोगी हरि की गणना इसी धारा में की गई है। वस्तुतः ब्रजभाषा में खड़ी बोली की जो प्रतिस्पर्धा चली, उसका स्वरूप प्रकट करने के लिए इस धारा का निदर्शन उचित था। इनमें से कई कवि ऐसे हैं जिन्होंने खड़ी बोली में भी कविता की है। 'हरिऔध' तो कालान्तर में खड़ी बोली के प्रबल समर्थक कवि के रूप में सामने आए।

आधुनिक काल के तीन विभाग किए गए हैं : 1. प्रारम्भिक काल, 2. मध्य काल और 3. नवीनकाल। इसके पूर्व प्रस्तावना में खड़ी बोली का विकास और इतिहास बताया गया है। जिसे अन्य विचारकों और इतिहासकारों ने भारतेन्दु युग, द्विवेदी युग और छायावाद युग कहा है, उन्हें ही पं. कृष्णशंकर शुक्ल ने प्रारम्भिक काल, मध्यकाल और नवीनकाल कहा है। प्रत्येक काल के गद्य और पद्य साहित्यों पर अलग-अलग विचार किया गया है। पुस्तक की इस अन्तर्योजना का वास्तविक लाभ 'नवीनकाल' के विवेचन को हुआ है। 'छायावाद' से केवल विशिष्ट काव्य धारा का अभिप्राय ग्रहण करना आज रूढ़ि बन गई है। छायावाद का जो विवेचन अभी तक देखने में आया है, उसमें केवल काव्य पर विचार किया गया है (पं. शान्तिप्रिय द्विवेदी को छोड़कर), यह बात ठीक नहीं लगती। जिस युग की उपज छायावाद है, उसमें केवल कवि ही नहीं हुए हैं। यदि यह सच है कि साहित्य अपने काल से प्रभावित होता है तो किसी विशिष्ट युग के कवियों और गद्यकारों को कहीं न कहीं समभागी होना चाहिए—प्रसाद, पंत, निराला, महादेवी के ही युग में यानी छायावादी युग में ही प्रेमचन्द, उग्र, रामचन्द्र शुक्ल भी लिख रहे थे। अवश्य ही उनमें एक विशिष्ट सीमा तक साहित्यिक एकसूत्रता मिलनी चाहिए। एक ही युग के सशक्त साहित्यकार युग की प्रमुख भाव-दृष्टि के सहभागी होते हैं—उनमें अपने युग का मुहावरा मिलना चाहिए। इन साहित्यकारों की इस समानता पर हिन्दी के चिन्तकों ने बहुत कम ध्यान दिया है। यह

कहना भी कठिन है कि पं. कृष्णशंकर शुक्ल ने 'युग के मुहावरे के साझीदार' के रूप में उन्हें एक साथ रखा है, किन्तु उनकी मर्मग्राहिणी दृष्टि ने प्रेमचन्द की कुछ ऐसी विशेषताओं का उल्लेख...सोदाहरण अवश्य किया है। वे लिखते हैं : '(प्रेमचन्द की रचनाओं में) प्रस्तुत भावों तथा प्रसंगों का मेल मिलाने तथा भावों को स्पष्ट तथा उद्दीप्त करने को कुछ अनुभूति पर निर्भर अप्रस्तुत परिस्थितियाँ बड़ी मार्मिकता से जड़ दी जाती हैं' (पृ. 239, आ. हिं. सा. इ.)।

पंडित जी प्रेमचन्द की एक अन्य विशेषता बताते हुए लिखते हैं : 'इनके वर्णनों में काव्योचित कल्पना तथा चित्रण का पुट भी रहता है। एक उदाहरण—इस पर्वतमालाओं से घिरे हुए गाँवों में आकर उन्हें जिस शान्ति और आनन्द का अनुभव हुआ, उसके बदले में वह ऐसे-ऐसे कई राज त्याग कर सकते थे' (वही)।

इसी प्रकार रायकृष्णदास और उग्र इत्यादि के जो उदाहरण दिये गए हैं, वे भी इस दृष्टि से विचार करने योग्य हैं।

'अप्रस्तुत योजना, कल्पना, चित्रण—ये गुण जो प्रेमचन्द में बताए गए हैं, वे छायावादी काव्य की प्रमुख विशेषताएँ हैं। आज के आलोचकों को पं. कृष्णशंकर शुक्ल के संकेत-सूत्रों से उस काल को समझने में मदद मिलेगी।'

आधुनिक युग की विशेषताओं पर विचार करते हुए वे 'विज्ञानवाद' को आधुनिक युग की सबसे बड़ी विशेषता मानते हैं। दूसरी विशेषता यह कि अब लोग परलोक के बदले इस लोक को ही अधिक महत्त्व देने लगे हैं : 'जनसाधारण को अब स्वर्ग की उतनी लगन प्रतीत नहीं होती। लोग संसार ही को स्वर्ग बनाने की अधिक चिन्ता में हैं' पृ. 532, आ. हिं. सा. इ.)।

इसी आधुनिकता की पृष्ठभूमि में पंडित जी ने नवीनकाल (छायावाद शब्द का प्रयोग उन्होंने पूरी पुस्तक में कहीं नहीं किया है) की रचनाओं की प्रवृत्तियों की विवेचना की है। उन्होंने इस काल की रचनात्मक प्रवृत्तियों का आधार तत्कालीन सामाजिक राजनीतिक परिवेश में ढूँढ़ा है। किसी की काल की परिस्थितियाँ जटिल एवं परस्पर विरोधी होती हैं। टकराव और संघर्ष या विरोध का क्रम सदैव चला करता है। साधारण इतिहासकार परिस्थितियों की प्रमुख प्रवृत्तियाँ तो देख लेते हैं किन्तु उनकी विरोधी प्रवृत्तियाँ जो उन्हीं से लिपटी होती हैं, नहीं देख पाते। फलतः वे साहित्य के इतिहास की भी कुछ प्रवृत्तियों का आधार ढूँढ़ लेते हैं, किन्तु विरोधी प्रवृत्तियों को नहीं समझ पाते। यह स्थिति की द्वन्द्वात्मकता को न समझने के कारण होता है। छायावाद के हर्ष-मिश्रित विषाद, सामाजिकता-मिश्रित वैयक्तिकता के स्वर को लोग समझ-समझा नहीं पाते। पं. कृष्णशंकर शुक्ल ने स्थिति की द्वन्द्वात्मकता को सही ढंग से देखने की कोशिश की है। यह कोशिश उन्होंने 1934 ई. में की थी, यह तथ्य उनके प्रयास को और मूल्यवान बना देता है।

नवीनकाल में आशा का जो संचार मिलता है, उसका सम्बन्ध वे देश के नवजागरण से स्थापित करते हैं। 'आत्मविश्वास के भाव जाग्रत हो उठे। हमारी पराधीनता का कारण शारीरिक शक्तिहीनता ही है, यह भ्रम दूर होने लगा। पराधीनता का जुआ भारी

पड़ने लगा, अखरने लगा। महत्त्वाकांक्षा जागी। उज्ज्वल भविष्य के स्वप्न देखे जाने लगे। उधर से भी आश्वासन दिया गया। हमें प्रतीत हुआ कि हमारी पराधीनता की रात्रि का अब अवसान होने ही को है। मंगलप्रभात पास ही है...अभिलाषाएँ पहले ही से तीव्र हो उठीं...आत्मविश्वास महत्त्वाकांक्षा के जो भाव हमारे आजकल के साहित्य में दिखाई पड़ते हैं, उनका कारण ये ही राजनीतिक परिस्थितियाँ हैं। इस उल्लास के साथ-साथ नैराश्य की एक धारा भी प्रवाहित हो रही है। उसका कारण अभी तक जीवन में सफलता न मिलना ही है। यदि सफलता मिल गई होती तो करुणा तथा कसक की कहानी तथा वेदना के संगीत की ध्वनि मन्द पड़ गई होती। अभी तो यह ऐसी ही रहेगी' (पृ. 229, आ. हिं. सा. इ.)।

स्वाधीनता एक मनोवृत्ति है, केवल भौतिक स्थिति नहीं। वह जीवन के प्रत्येक क्षेत्र पर अपना प्रभाव डालती है। स्वाधीनता-आन्दोलन ने हमारे पारिवारिक और व्यक्तिगत सम्बन्धों को भी तोड़कर, नये सिरे से व्यवस्थित करने का उद्यम किया। सम्बन्धों को तोड़ने के साथ कुछ लोगों को व्यवस्थित करने का ध्यान नहीं रहता और वे सामाजिक जीवन में उच्छृंखलता के उद्‌घोषक बन जाते हैं। कविता को तोड़कर सब लोग उसे कविता बनाने का ध्यान नहीं रखते। कुछ लोग कविता को सीधे अकविता ही बना देते हैं। हमारे समाज के विभिन्न क्षेत्रों में जो असन्तोष दिखलाई पड़ता है, उसकी शुरुआत 'नवीनकाल' या उससे भी पहले हुई थी : 'वैवाहिक जीवन इत्यादि के नियंत्रणों को उपेक्षा से देखते हुए स्वच्छन्द विचरणशीलत्व को लक्ष्य बनाकर प्रेम के जो स्वप्न देखे जाएँगे, उनमें यदि रोने-तड़पने के अधिक अवसर आवें तो आश्चर्य नहीं' (वही)।

कहने का तात्पर्य यह कि 'नवीनकाल' की साहित्यिक प्रवृत्तियों के निर्माण में राजनीतिक, सामाजिक, पारिवारिक उल्लास और अवसाद का हाथ है। पं. कृष्णशंकर शुक्ल 'छायावाद' नाम नहीं स्वीकार करते, न ही वे पं. रामचन्द्र शुक्ल की भाँति छायावाद को 'चित्रात्मक शैली' मात्र मानते हैं। वे 'नवीनकाल' को बाह्य प्रभाव की उपज भी नहीं मानते। 'नवीनकाल' नाम देने से ही प्रकट है कि यह काल पिछले कालों की प्रवृत्तियों का विकास है।

'नवीनकाल' के सभी प्रमुख साहित्यकारों की आलोचनात्मक विवेचना उनके इतिहास ग्रन्थ में मिल जाती है। कई ऐसे साहित्यकारों को भी उन्होंने अपनी पुस्तक में स्थान दिया है जो अन्य लेखकों द्वारा उपेक्षित रहे हैं। गोपालसिंह 'नेपाली' और बालकृष्ण राव उन दिनों बिलकुल नये रचनाकार रहे होंगे किन्तु इस पुस्तक में उन्हें भी उपयुक्त स्थान मिला है। पं. कृष्णशंकर शुक्ल ने यद्यपि छायावाद के चारों प्रमुख कवियों—प्रसाद, निराला, पंत और महादेवी—पर विस्तारपूर्वक लिखा है किन्तु उनका मन सबसे ज्यादा पंत की कविताओं में लगा है। कुछ दिनों बाद जब आचार्य रामचन्द्र शुक्ल के इतिहास का द्वितीय संस्करण निकला तो उसमें भी पंत की ही समीक्षा सबसे अधिक सहानुभूतिपूर्वक की गई मिलती है। प्रसाद को पं. कृष्णशंकर शुक्ल प्रेम का और निराला को अद्वैत भक्ति और प्रेम का कवि मानते हैं। पंडित जी ने 'नवीनकाल' के कवियों पर कोई स्वतंत्र पुस्तक नहीं लिखी है और इनके एतद्विषयक विचार इसी

इतिहास-ग्रन्थ में मिलते हैं। इस काल के कवियों पर विचार करते समय उनकी जिन पंक्तियों को उदाहरणस्वरूप प्रस्तुत किया गया है, उससे लेखक की रसग्राहिता और इन कवियों की रचनाओं में उसकी 'पैठ' का संकेत मिलता है। प्रसाद की 'कामायनी' सन् 1934 तक निकली नहीं थी और निराला की 'राम की शक्ति-पूजा' भी नहीं निकली थी। पंत जी की कुछ ही कृतियाँ तब तक प्रकाशित हुई थीं। 'कामायनी' और 'राम की शक्ति-पूजा' की विवेचना के बिना इन कवियों की समीक्षा पुस्तक में अपूर्ण और किसी सीमा तक कमजोर भी लगती है, किन्तु पंत की समीक्षा के विषय में यह बात नहीं कही जा सकती। इस पुस्तक के बाद पंत पर जो भी महत्त्वपूर्ण लेखन हुआ, उस पर पं. कृष्णशंकर शुक्ल की समीक्षा का थोड़ा-बहुत प्रभाव सर्वत्र दिखलाई पड़ता है। पंत की जिन पंक्तियों को यहाँ उद्धृत किया गया है, उनमें से अधिकांश आचार्य शुक्ल के इतिहास में और प्राय: सभी डॉ. नगेन्द्र के 'सुमित्रानन्दन पंत' में उद्धृत मिलती हैं। आचार्य शुक्ल के यहाँ पंक्तियाँ भिन्न सन्दर्भ-सूत्रों में उद्धृत की गई हैं। एकाध स्थलों पर विपरीत निष्कर्ष निकालने के लिए भी। पं. कृष्णशंकर शुक्ल ने 'अहे तिमिर चरते शशि-शावक' इत्यादि पंक्तियों की प्रशंसा करते हुए लिखा है : 'नक्षत्रों से अन्धकार दूर नहीं हो पाता, पर जिस स्थान पर वे उगे रहते हैं, वहाँ कुछ प्रकाश रहता है। कवि कल्पना करता है कि वे शशि के शावक हैं तथा अन्धकार-रूपी तृण को चुग रहे हैं। अन्य उपमानों का माधुर्य तथा सूझ देखी जा सकती है' (पृ. 363, आ. हिं. सा. इ.)।

आचार्य शुक्ल 'अहे तिमिर चरते शशि-शावक' को उद्धृत करके कुछ पंक्तियाँ (जिनकी कृष्णशंकर शुक्ल ने प्रशंसा की है) छोड़ देते हैं और :

'इन्दु दीप से दग्ध शलभ शिशु,
शुचि उलूक नव हुआ विहान,
अन्धकारमय मेरे उर में
आओ छिप जाओ अनजान।'

उद्धृत करके लिखते हैं, 'सवेरा होने पर नक्षत्र भी छिप जाते हैं, उल्लू भी। बस, इतने से साधर्म्य को लेकर कवि ने नक्षत्रों को उल्लू बनाया है—साफ-सुधरे उल्लू सही—और उन्हें अँधेरे उर में छिपने के लिए आमंत्रित किया है' (पृ. 698, वही)।

पं. कृष्णशंकर शुक्ल ने पंत की जिस विशेषता की व्याख्या अत्यन्त मार्मिकता और सूक्ष्मता के साथ की है, वह है—कवि का वर्ण परिज्ञान और उसकी योजना। पंत जी ने एक पंक्ति में 'तम' को 'कोमल' और 'श्यामल' कहा है :

'मृदु-मृदु स्वप्नों से भर अंचल, नव नील-नील कोमल-कोमल
छाया तरु वन में तम श्यामल'

कवि शब्दों के प्रयोग में कितना कुशल है, और इस कुशलता के पीछे कितनी भावुकता, कितनी संवेदनशीलता, स्पर्श और वर्णज्ञान है! कवि स्पर्श को वर्ण और वर्ण को स्पर्श की इन्द्रियों से कैसे ग्रहण करता है, इसे प्रकट करते हुए पंडित जी लिखते हैं : 'गुलाबी रेशमी पत्थर यद्यपि छूने में कठोर होगा पर नेत्रों को मुलायम-सा लगेगा। ऐसी ही भावना से प्रेरित होकर पंत जी ने अनेक सुन्दर उद्भावनाएँ की हैं। नीचे की

(यहाँ ऊपर की) पंक्तियों में श्यामल तम को कोमल कहा गया है। यदि काला अन्धकार होता तो उसे कठोर विशेषण अवश्य प्राप्त हुआ होता। रंगों का सूक्ष्म ज्ञान न रखनेवालों को तो काले तथा श्याम में कुछ भेद प्रतीत न होगा...श्याम कुछ गहरा तथा कठोर होगा। श्यामल के 'लकार' ने उसे उच्चारण-माधुर्य के साथ-साथ, स्पर्श सुकुमारता भी प्रदान की है' (पृ. 358, आ. हिं. सा. इ.)।

डॉ. नगेन्द्र ने भी आगे चलकर इसी प्रकार अत्यन्त सहृदयता के साथ पंत जी द्वारा प्रयुक्त दो शब्दों 'रोर' और 'रोल' में 'र' और 'ल' में प्रभाव-भेद ('सुमित्रानन्दन पंत' में) दिखाया है।

जैसाकि पहले कहा जा चुका है, पं. कृष्णशंकर शुक्ल अत्यन्त मार्मिक भाव-भूमि पर स्थित होकर आलोचना कार्य में प्रवृत्त होते हैं। वे रसग्राही पाठक एवं लोकानुभव द्वारा रचना की व्याख्या कर पानेवाले समर्थ समीक्षक हैं। यह दूसरी बात है कि युग केशव और रत्नाकर जैसे कवियों के लिए बहुत अनुकूल नहीं था। यह बात 'शीतल जल प्रस्तुत है' की विभिन्न सन्दर्भों में विभिन्न प्रतिक्रिया ढूँढ़ सकने वाले आलोचक को समझ लेनी चाहिए थी किन्तु इस ओर उनकी दृष्टि न गई। फलतः केशव और रत्नाकर के विषय में हिन्दी-जगत ने आचार्य शुक्ल की ही धारणा स्वीकार की—पं. कृष्णशंकर शुक्ल की नहीं।

'आधुनिक हिन्दी साहित्य का इतिहास' आचार्य शुक्ल के 'हिन्दी साहित्य का इतिहास' के दूसरे संस्करण के पूर्व निकला था। इस तथ्य को ध्यान में रखें तो व्यवस्था और योग्यता की दृष्टि से 'आधुनिक हिन्दी साहित्य का इतिहास' 'हिन्दी साहित्य का इतिहास' का पूरक लगता है।

पं. विश्वनाथ प्रसाद मिश्र

मिश्र जी के अध्ययन-लेखन का प्रधान-क्षेत्र रीतिकाल रहा है। उन्होंने रीतिकाल के कवियों—बिहारी, केशव, घनानन्द, भूषण, रसखान आदि—पर स्वतंत्र पुस्तकें लिखी हैं, या उनका सम्पादन किया है। रीतिकाल के अप्रतिम आचार्य भिखारीदास की रचनाओं का भी सम्पादन उन्होंने किया है। अभी हाल ही में अत्यन्त परिश्रम एवं निष्ठा से उन्होंने 'रामचरितमानस' का सुसम्पादन किया है जो उनकी कई वर्षों की अनवरत साधना का परिणाम है।

मिश्र जी ने यद्यपि विशेष रूप से कार्य रीतिकाल पर किया है, किन्तु उनके आलोचनात्मक विचार अन्य क्षेत्रों के विषयों पर भी पर्याप्त मिलते हैं। संस्कृत और रीतिकालीन काव्यशास्त्र का उन्होंने गम्भीर अध्ययन किया है। वे भारतीय काव्य-शास्त्र के विभिन्न सम्प्रदायों के मतों की विवेचना अत्यन्त स्पष्ट और सुलझे रूप में प्रस्तुत करते हैं। किन्तु सर्वत्र वे शास्त्रीय मतों का उल्था ही नहीं करते, बीच-बीच में उनकी पुनर्व्याख्या भी करते दिखलाई पड़ते हैं। भारतीय काव्यशास्त्र में 'सामाजिक' और 'सहृदय' दो शब्द ऐसे हैं जिन पर बहुत विचार किया गया है। आज भी इनका स्वरूप-

निर्धारण करने के लिए बहुत परिश्रम किया जाता है। मिश्र जी का विचार है कि सहृदय का वास्तविक अर्थ हृदयवाला नहीं हो सकता क्योंकि हृदय तो प्राणिमात्र में होता है, फिर सहृदय का अभिप्राय क्या है? उनके अनुसार : 'सहृदय वह है जो आश्रय के हृदय से अपना हृदय मिला सके, जो अपने हृदय को दूसरे के हृदय से मिला सके, उसके हृदय की सहानुभूति कर सके' (पृ. 147, वाङ्मय विमर्श, प्रथम उपस्करण)। 'सामाजिक' का सम्बन्ध वे समाज से जोड़ते हैं। सहृदयता और सामाजिकता एक-दूसरे के पूरक हैं। दोनों एक-दूसरे को प्रभावित तो करते ही हैं। वह सहृदयता क्या, जो सामाजिकता को ध्यान में न रखे और वह सामाजिकता क्या, जो सहृदयता को ध्यान में न रखे! मिश्र जी के शब्दों में सामाजिक का अर्थ है : 'समाज की भावना के अनुरूप आस्वाद लेनेवाला। संक्षेप में इसका तात्पर्य यह हुआ कि समाजगत भावना तथा हृदयगत भावना का ग्राहक ही सहृदय-सामाजिक है। इसको विश्लिष्ट करके यों भी कह सकते हैं कि यदि काव्य में समाजगत अनुभूति की अभिव्यक्ति न हो, सर्वसामान्य अनुभूति की व्यंजना न हो तो सामाजिक के लिए वह अग्राह्य हो सकती है' (पृ. 147, वही)।

शास्त्रकारों ने जिसे 'रसाभास' कहा है, वह वस्तुतः क्या है? वह रसव्यंजना में सामाजिकता—यानी सामाजिक औचित्य का साथ न देना है। 'यह 'रसाभास' और कुछ नहीं है, जहाँ सामाजिक की अनुभूति के विपरीत अनुकूल वैयक्तिक अनुभूति काव्य में आ जाती है, वहाँ रसाभास हो जाता है'। समाज ही वस्तुतः रस-विधान का, उसके औचित्य का साधक है : 'तो यह क्यों न कहा जाए कि 'रस प्रक्रिया' में सामाजिकता ही प्रमुख है?' औचित्य विचार का दूसरा नाम 'सामाजिकता विचार' है (वही)। आगे इसी के प्रकाश में काव्य के विषय में अपना मन्तव्य प्रकट करते वे लिखते हैं : 'केवल किसी की चित्तवृत्ति का प्रतिपादन ही काव्य नहीं है, वस्तुतः काव्य में सामाजिकता-विधायक निर्माण अपेक्षित है। यदि यह न माना जाएगा तो सभी वक्ता कवि हो जाएँगे' (पृ. 147-48, वही)।

'रस', 'सामाजिक' और 'सहृदय' की यह आधुनिक व्याख्या है। इसे शास्त्र की समाजगत व्याख्या कहा जा सकता है। सामाजिकता और सहृदयता यानी समाज और व्यक्ति का परस्पराश्रय द्वन्द्वात्मक है। जो लोग सामाजिकता को वैयक्तिकता का विरोधी समझते हैं, उन्हें पं. विश्वनाथ प्रसाद की इस व्याख्या पर विचार करना चाहिए। सामाजिकता व्यक्ति की 'संकीर्णता को तोड़ती है; किन्तु उसे नष्ट नहीं करती, उसका विकास करती है।' 'औचित्य' के सम्बन्ध में मिश्र जी ने जो मत व्यक्त किए हैं, उन पर भी या तो हिन्दी के अन्य चिन्तकों ने ठीक से विचार नहीं किया है, या उनका समुचित प्रचार नहीं हो पाया है, नहीं तो आलोचक औचित्य के आग्रह को रस का विरोधी न समझते।

पं. विश्वनाथ प्रसाद मिश्र आचार्य शुक्ल की परम्परा के लोकवादी चिन्तक हैं। उन्होंने रस के अलौकिकत्व पर विचार करते हुए स्पष्ट रूप से कहा है कि काव्यानुभूति प्रत्यक्षानुभूति से सर्वथा भिन्न नहीं होती। प्रत्यक्षानुभूति काव्यानुभूति का आधार है। हाँ, काव्यानुभूति परिष्कृत अवश्य होती है। लेकिन इसे आध्यात्मिक या दूसरे लोक

की अनुभूति समझना ठीक नहीं है। 'शास्त्रों में 'अलौकिक या ब्रह्मानन्द' सहोदर शब्द केवल रसानुभूति की स्थिति और प्रक्रिया समझाने के लिए प्रयुक्त हुए हैं, उसे प्रत्यक्षानुभूति से एकदम पृथक् घोषित करने के लिए नहीं' (पृ. 220, वाङ्मय विमर्श)।

इसमें कोई सन्देह नहीं कि काव्यशास्त्रीय व्याख्या के सूत्र मिश्र जी को पं. रामचन्द्र शुक्ल से ही मिले हैं। निष्कर्ष मिश्र जी के वही हैं; हाँ, विचार-सरणि कभी-कभी भिन्न-सी दिखाई पड़ती है। 'शुक्ल जी की आलोचना के अन्तर्विरोध मिश्र जी के यहाँ समाप्त नहीं दिखाई पड़ते बल्कि और दृढ़ता एवं आग्रह के साथ सामने आते हैं।' मिश्र जी की आलोचना की यह बहुत बड़ी दुर्बलता है। यह विचित्र और दुर्लभ संयोग ही है कि इतने गम्भीर विद्वान ने समसामयिक आलोचना को इतना कम प्रभावित किया। इसका मुख्य कारण यह है कि मिश्र जी ने अपने अध्ययन का उपयोग किसी नवीन मार्ग को खोजने के प्रयास में नहीं किया, बल्कि पं. रामचन्द्र शुक्ल की आलोचनात्मक धारणाओं को ही समर्थित किया। ध्यान देने की बात है कि मिश्र जी ने शुक्ल जी की ऐसी ही धारणाओं का समर्थन विशेष रूप से किया है जिनकी समसामयिक आलोचक आलोचना करते रहे हैं। शुक्ल जी कबीरदास की रहस्यपरक कविताओं को साम्प्रदायिक समझते थे, मिश्र जी ने इसी मत की पुनरुक्ति की है। 'कबीर की रचनाएँ शुद्ध काव्य के अन्तर्गत आ सकती हैं, इसमें सन्देह है। योग-साधन की प्रक्रिया का उल्लेख करनेवाली, नाड़ी, चक्र, सुरत, निरत, ब्रह्मरन्ध्र आदि का विवरण देनेवाली रचनाएँ काव्य के अन्तर्गत नहीं मानी जा सकतीं। जिनमें प्रेमतत्व का निरूपण है या जिनमें पति-पत्नी, सेव्य-सेवक, पिता-पुत्र आदि सम्बन्धों से रहस्य-संकेत कर दिये गए हैं, वे ही किसी प्रकार काव्य के भीतर ली जा सकती हैं' (पृ. 258, वही)।

'सब रचनाएँ शुद्ध काव्य के अन्तर्गत आ सकती हैं, इसमें सन्देह है' से प्रकट होता है कि कुछ रचनाएँ शुद्ध काव्य के अन्तर्गत आ सकती हैं। लेकिन 'प्रेमतत्त्व निरूपण' या 'लौकिक' सम्बन्धों वाली कविताएँ भी 'किसी प्रकार' ही काव्य के भीतर ली जा सकती हैं। 'किसी प्रकार' से लगता है कि या तो मिश्र जी कबीरदास पर अहसान कर रहे हैं या वे महसूस करते हुए भी साफ नहीं कहते कि कबीरदास की सारी रचनाएँ शुद्धकाव्य के अन्तर्गत नहीं आ सकतीं। आदिकाल और भक्तिकाल या इन कालखंडों के कवियों पर मिश्र जी की धारणाएँ सामान्यत: वही हैं जो पं. रामचन्द्र शुक्ल की थीं।

पं. विश्वनाथ प्रसाद मिश्र ने विशेष कार्य रीतिकाल पर किया है। इस काल के नामकरण और इसकी विशेषताओं को लेकर उन्होंने शुक्ल जी से भिन्न मत भी प्रस्तुत किए हैं। उन पर विचार कर लेना आवश्यक है। मिश्र जी हिन्दी साहित्य के उत्तरमध्यकाल को पं. रामचन्द्र शुक्ल द्वारा दिये गए 'रीतिकाल' के नाम से अभिहित नहीं करना चाहते। वे इस काल को 'शृंगारकाल' कहना अधिक उचित समझते हैं। उनके अनुसार : 'रीति शब्द बाह्यार्थ का ही बोधक है, आभ्यन्तरार्थ का नहीं।' उस काल का आभ्यन्तर वर्ण्य 'शृंगार' था। 'रीति' की सीमा में जितनी कृतियाँ समाविष्ट हैं, वे अधिकतर 'शृंगार' की हैं।...यदि रीतिकाल के समस्त ग्रन्थों की छानबीन की जाए तो यह स्पष्ट हो जाता है कि सभी प्रकार के ग्रन्थों में शृंगार तो किसी-न-किसी

रूप या परिमाण में अवश्य मिल जाता है, अर्थात् दूसरे रस का वर्णन करनेवाले भी शृंगार का वर्णन अवश्य करते थे, पर शृंगार की 'अभिव्यक्ति करनेवाले बहुत-से ऐसे मिलेंगे जिन्होंने दूसरे रसों का नाम भी नहीं लिया' (पृ. 357-58, हिन्दी साहित्य का अतीत शृंगार-काल, प्रथम संस्करण)। 'इसके अतिरिक्त 'रीति' में बिहारी और घनानन्द जैसे कवियों की समाई नहीं होती। बिहारी की रचनाओं का अर्थ समझने के लिए काव्यरीति का ध्यान अवश्य रखना पड़ता है किन्तु ये रीति के प्रतिनिधि कवि नहीं हैं। घनानन्द, आलम, बोधा, ठाकुर तो रीति से सर्वथा असम्बद्ध हैं। ऐसी स्थिति में इन्हें 'रीतिकाल' का कवि कहना उचित नहीं है। तत्कालीन परिस्थिति को देखने पर भी इनका प्रतिपाद्य शृंगार ही ठहरता है। इस प्रकार चाहे जिस दृष्टि से देखें, अलंकृत-काल और रीतिकाल नाम व्याप्ति के बोधक नहीं प्रतीत होते। उन्हें हटाने की आवश्यकता है और उनके स्थान पर 'शृंगारकाल' की स्पष्ट अपेक्षा जान पड़ती है' (पृ. 361, वही)।

'रीतिकाल' के लिए 'शृंगारकाल' नामकरण मिश्र जी की मौलिक सूझ नहीं है। पं. रामचन्द्र शुक्ल ने इतिहास में यह नाम भी सुझाया था। 'वास्तव में शृंगार और वीर—इन्हीं दो रसों की कविता इस काल में हुई। प्रधानता शृंगार की ही रही। इससे इस काल को रस के विचार से कोई शृंगारकाल कहे तो कह सकता है' (पृ. 241, आ. हिं. सा. इ.)। मिश्र जी ने इस काल के कवियों का विभाजन रीतिबद्ध, रीतिसिद्ध और रीतिमुक्त श्रेणियों में किया है। इनमें 'रीतिबद्ध' शब्द का प्रयोग तो शुक्ल जी के यहाँ मिल जाता है, रीतिसिद्ध और रीतिमुक्त का (सम्भवत:) नहीं। इस विभाजन का आधार तो वही विशेषताएँ हैं जो शुक्ल जी ने बताई थीं, नामकरण अवश्य मिश्र जी का है। नामकरण करके मिश्र जी ने शुक्ल जी के 'रीतिकाल' नामकरण को पुष्ट कर दिया है—इस पर कदाचित उनका ध्यान नहीं गया। 'रीति' वह मानदंड हुआ जिसके आधार पर इस काल के कवियों को श्रेणीबद्ध किया जा सकता है, यह बात मिश्र जी के विभाजन से पुष्ट हो जाती है। फिर 'शृंगारकाल' कहने की कोई आवश्यकता ही नहीं रह जाती।

मिश्र जी शुद्ध साहित्य की दृष्टि से रीतिकाल को हिन्दी का सबसे समृद्ध काल मानते हैं। 'सच पूछा जाए तो शुद्ध साहित्य की दृष्टि से निर्माण करनेवाले कर्ता इस युग में जितने अधिक हुए, हिन्दी साहित्य के सहस्र वर्षों के दीर्घकालीन जीवन में उतने अधिक कर्ता शुद्ध साहित्य की दृष्टि से निर्माण करनेवाले कभी नहीं हुए। आधुनिक काल में भी नहीं।...हिन्दी का सच्चा साहित्य-युग यदि कोई था तो वस्तुत: यही था' (पृ. 585, आ. हिं. सा. इ.)।

मिश्र जी के इस कथन का स्रोत भी शुक्ल जी के इतिहास में मिल जाता है। 'इन रीति ग्रन्थों के कर्ता भावुक, सहृदय और निपुण कवि थे। उनका उद्देश्य कविता करना था, न कि काव्यांगों का शास्त्रीय पद्धति पर निरूपण करना। अत: उनके द्वारा बड़ा भारी कार्य यह हुआ कि रसों (विशेषत: शृंगार रस) और अलंकारों के बहुत ही सरस और हृदयग्राही उदाहरण अत्यन्त प्रचुर परिमाण में प्रस्तुत हुए। ऐसे सरस और मनोहर उदाहरण संस्कृत के सारे लक्षण ग्रन्थों से चुनकर इकट्ठे करें तो भी उनकी इतनी अधिक

संख्या न होगी' (पृ. 237, वही)। शुक्ल जी का 'सरस मनोहर उदाहरण' मिश्र जी के यहाँ 'शुद्ध साहित्य' हो गया है। मिश्र जी अपने मन की बात आगे कहते हैं : 'भक्ति की धारा का हिन्दी साहित्य में कितना ही महत्त्व क्यों न हो, यह तो मानना ही पड़ेगा कि भक्ति ही उसका साध्य थी, कविता उसके लिए साधन मात्र थी।...पर रीति की धारावालों का साध्य काव्य ही था, साधन भी काव्य ही था' (पृ. 585, वही)। आगे चलकर वे स्वच्छन्द धारा के कवियों के विषय में भी यही कहते हैं। 'स्वच्छन्द धारा का साध्य शुद्ध काव्य था और साधन भी काव्य ही था'(पृ. 586, वही)। मिश्र जी के मन में यह बात बसी हुई मालूम पड़ती है कि रीतिकालीन काव्य भक्तिकालीन साहित्य से अधिक 'शुद्ध' साहित्यिक है क्योंकि भक्तिधारा का साध्य काव्य नहीं था, रीति-धारा का था यद्यपि यह बात उन्होंने कहीं स्पष्ट रूप से कही नहीं है।

शुद्ध साहित्य के पक्षधर हिन्दी के कई और आलोचक भी हैं। वे भूल जाते हैं कि काव्य को साध्य मानकर जो साहित्य रचा जाएगा, वह महान नहीं हो सकता। शुक्ल जी ने प्रबन्ध काव्य को जो इतना महत्त्व दिया था, उसके मूल में भी कहीं-न-कहीं यह बात है। जो साधन है, वही साध्य कैसे होगा। मिश्र जी सिद्धान्त से तो लोकवादी हैं किन्तु व्यावहारिक समीक्षा करते समय वे 'रीतिवादी' हो जाते हैं। उनके ऊपर रामचन्द्र शुक्ल की अपेक्षा लाला भगवानदीन का अधिक प्रभाव प्रकट होता है। 'स्वच्छन्द धारा का साध्य काव्य था', इसे स्वीकार करने में स्वयं घनानन्द को कठिनाई होती : 'लोग हैं लागि कबित्त बनावत मोहिं तो मेरे कवित्त बनावत'। उनकी कविता का भी उद्देश्य भक्त कवियों की ही भाँति अपने इष्ट सुजान के प्रति आत्म-निवेदन था। काव्य तो उसका साधन था—साध्य नहीं! अस्तु।

पं. विश्वनाथ प्रसाद मिश्र ने कुछ रीतिकालीन कवियों की व्यावहारिक आलोचना भी की है। उन्होंने बिहारी पर स्वतंत्र आलोचनात्मक ग्रन्थ लिखा है तथा रामचरितमानस एवं केशवदास, भूषण, पद्माकर, नरोत्तमदास, भिखारीदास घनानन्द की रचनाओं का सम्पादन-संकलन किया है। आलोचना की पद्धति उन्होंने पं. रामचन्द्र शुक्ल की ही अपनाई है। उन्होंने 'बिहारी की वाग्विभूति' में सतसई की परम्परा, दोहे की समास पद्धति, बिहारी की जानकारी, अलंकार-योजना, अप्रस्तुत विधान, रूपचित्रण, और अनुभव-विधान आदि पर गम्भीरता एवं विद्वत्तापूर्वक विचार किया है। इसमें यद्यपि अधिकांशत: शुक्ल जी के सूत्रों की ही व्याख्या मिलती है किन्तु बिहारी पर वह पहली गम्भीर आलोचनात्मक पुस्तक है। इसमें बिहारी के दोहों पर पूर्ववर्ती साहित्य का प्रभाव, दोहों की समुचित व्याख्या, उनका काव्यशास्त्रीय निरूपण अत्यन्त विशद पद्धति पर किया गया है। बिहारी पर अभी भी ऐसी कोई और पुस्तक देखने में नहीं आई।

भूषण प्राय: वीररस के कवि के रूप में ही प्रसिद्ध हैं। किन्तु वह रीतिबद्ध कवि भी थे। मिश्र जी ने उनके इस रूप पर अधिक विचार किया है और शिवराज भूषण का सम्पादन अत्यन्त परिश्रमपूर्वक किया है। इस पुस्तक में भूषण से सम्बन्धित और उनके काव्य में उल्लिखित व्यक्तियों और स्थानों का परिचय दिया गया है। 'हिन्दी साहित्य का अतीत' में मिश्र जी ने भूषण की पंक्तियों और कई ऐतिहासिक तथ्यों का

साम्य दिखाया है। इतिहास को काव्य पर और काव्य को इतिहास पर आरोपित करने के बजाय रचनाओं के भीतर से ही ऐतिहासिक तथ्यों की समानता दिखाने का यह कार्य अत्यन्त स्तुत्य एवं अनुकरणीय है। काव्य-वर्णन भी वस्तुतः बाह्य दृश्यों एवं घटनाओं पर आधारित होते हैं, वे केवल उड़ान नहीं होते।

वस्तुतः पं. विश्वनाथ प्रसाद मिश्र आलोचक कम और गम्भीर अनुसंधित्सु विद्वान अधिक हैं। निष्ठा और परिश्रम से वे शब्दों के अर्थों, साहित्यिक कृतियों के पुनरुद्धार और उनके पाठशोध में एक दीर्घ अवधि तक निरत रहे हैं। घनानन्द के प्रति उनका अनुराग शुक्ल जी की प्रेरणा से हुआ होगा। किन्तु घनानन्द की कृतियों की खोज, उनकी रचनाओं का पाठ-शोध, उनकी अनेक दुरूह और जटिल पंक्तियों की व्याख्या और फिर उन कृतियों का सुसम्पादन पं. विश्वनाथ प्रसाद का योगदान है। इसी प्रकार रीतिकाल के सम्बन्ध में उनके नामकरण का शायद उतना अधिक महत्त्व नहीं है, महत्त्व है रीतिकालीन कवियों की कृतियों के सम्पादन, उनकी व्याख्याओं, तत्कालीन कविता पर दरबारी, फारसी, उर्दू कविताओं के वातावरण के प्रभाव की खोज का। 'रामचरितमानस' के सुसम्पादन के लिए निश्चित रूप में वे हिन्दी साहित्य-प्रेमियों के बीच दीर्घकाल तक स्मरण किए जाएँगे। पं. विश्वनाथ प्रसाद मिश्र आलोचक रूप में कम, साहित्य के व्याख्याता और विद्वान सम्पादक के रूप में अधिक महत्त्वपूर्ण हैं। प्रकारान्तर से उन्होंने हिन्दी आलोचना को भी निश्चित रूप से समृद्ध किया है—यदि आलोचना उनकी व्याख्याओं का लाभ उठा पाए। आखिरकार आलोचना साहित्य की जानकारी के ही आधार पर की जा सकती है। सच पूछा जाए तो शुक्लोत्तर समीक्षा को पं. विश्वनाथ प्रसाद मिश्र जैसे मर्मज्ञ साहित्य-व्याख्याकारों की अधिक आवश्यकता थी, साहित्य को न समझकर या कम समझकर आलोचना में प्रवृत्त होनेवाले लेखकों की कम।

पं. चन्द्रबली पांडेय और श्री लक्ष्मीनारायण सुधांशु की गणना शुक्लानुवर्ती समालोचकों में की जानी चाहिए। इनमें पांडेय जी की प्रवृत्ति मुख्यतः अनुसन्धानात्मक है। उन्होंने कालिदास, शूद्रक एवं तुलसीदास की जीवनियों पर विविध प्रकार से विचार करके उन पर पूरे ग्रन्थ लिखे हैं। हिन्दी भाषा के प्रश्न को लेकर छोटे-बड़े अनेक परिपत्र लिखे हैं। इन परिपत्रों की विशेषता यह है कि वे केवल प्रचारात्मक नहीं हैं। उनका उद्‌देश्य हिन्दी भाषा का प्रचार-प्रसार करना अवश्य होता है किन्तु उनमें पांडेय जी की गम्भीर अनुसंधित्सु वृत्ति पूर्णतः परिलक्षित होती है। पांडेय जी ने एक स्वतंत्र ग्रन्थ 'तसव्वुफ और सूफी मत' नाम से लिखा है, जिसमें इस मत पर पहली बार इतनी गम्भीरता से विचार किया गया है। इसे भी आलोचनात्मक ग्रन्थ न समझकर अनुसन्धान ही समझना ठीक है क्योंकि इसमें हिन्दी के सूफी काव्य की नहीं बल्कि सूफी सिद्धान्तों की विवेचना की गई है।

श्री चन्द्रबली पांडेय ने केशवदास पर एक आलोचनात्मक ग्रन्थ अवश्य लिखा है, जिसमें केशव का जीवन-वृत्त, केशव की प्रबन्ध-पटुता, केशव का कवि-कर्म तथा केशव का व्यक्ति-विचार की विवेचना की गई है।

श्री लक्ष्मीनारायण सुधांशु की पुस्तक 'काव्य में अभिव्यंजनावाद' 1936 ई. में पहली बार प्रकाशित हुई थी। भूमिका में सुधांशु जी ने लिखा है : 'इटली के प्रसिद्ध लेखक बेनेडेटो क्रोचे ने सौन्दर्यशास्त्र पर एक पुस्तक लिखी है। आरम्भ में मैंने क्रोचे के सौन्दर्य-विषयक कुछ सिद्धान्तों की विवेचना की है। विवेचना करते समय मेरा ध्यान बराबर अपनी भाषा तथा विचार की सांस्कृतिक विशेषता की ओर रहा है।' वस्तुतः इस पुस्तक में क्रोचे के अभिव्यंजनावाद पर कम, उसके प्रकाश में भारतीय काव्यशास्त्र की कुछ बातों तथा हिन्दी के नवीन काव्य की कुछ विशेषताओं पर अधिक विचार हुआ है। 'क्रोचे का अभिव्यंजनावाद' क्या है, इसे भली भाँति कहीं नहीं समझाया गया है। इसमें क्रोचे द्वारा प्रवर्तित सहजानुभूति अवधारणा का उल्लेख बहुशः हुआ है, उसकी विशेषताएँ और उसका महत्त्व भी अच्छी तरह बताया गया है, किन्तु सहजानुभूति क्या है, यह पाठक को स्पष्ट नहीं होता। अलबत्ता एक स्थान पर 'अभिव्यंजना और कला' अध्याय में आनुषंगिक रूप से ही सही, पर सहजानुभूति की स्पष्ट व्याख्या यों की गई है : 'यहाँ अनुभूति और सहजानुभूति का अन्तर स्पष्ट करने के लिए यह कहना आवश्यक है कि अनुभूति बाह्य जगत के प्रभाव से उत्पन्न होती है और सहजानुभूति कल्पना का बोध पक्ष है' (पृ. 73, काव्य में अभिव्यंजनावाद)।

सुधांशु जी ने अभिव्यंजनावाद पर भारतीय दृष्टि से ही नहीं, भारतीय काव्यशास्त्र की पृष्ठभूमि में भी विचार किया है। इससे भारतीय काव्यशास्त्र में अन्तर्निहित अभिव्यंजनावाद के तत्त्वों पर तो प्रकाश पड़ जाता है किन्तु यूरोपीय साहित्यशास्त्र में अभिव्यंजनावाद की क्या स्थिति और भूमिका रही है, यह नहीं स्पष्ट होता—जबकि पुस्तक मूलतः क्रोचे के विचारों को लेकर लिखी जाने का दावा करती है।

इस पुस्तक का महत्त्व इस बात में है कि इसमें साहित्य-रचना की कई महत्त्वपूर्ण प्रवृत्तियों पर अत्यन्त मार्मिकता और सहृदयता के साथ विचार किया गया है, जिनसे सुधांशु जी की मर्मग्राहिता, विद्वत्ता और सहृदयता का पता चलता है। प्रारम्भिक अध्याय में संस्कृत साहित्यशास्त्र का परिचय जिस स्पष्टता के साथ दिया गया है, वह अन्यत्र कम दिखलाई पड़ेगा। जिस समय यह पुस्तक लिखी गई थी, उस समय तो अभिव्यंजनावाद नया विषय था ही, अब भी इस पर हिन्दी में बहुत कम लिखा गया है। पुस्तक में अपने विचार सुधांशु जी ने सर्जनात्मक स्तर पर प्रस्तुत किए हैं।

शुक्लानुवर्ती आलोचक, साधारणतः पं. रामचन्द्र शुक्ल के आलोचनात्मक सूत्रों की या तो व्याख्या करते हैं, या उनका आस्फालन करते हैं। पं. कृष्णशंकर शुक्ल और पं. चन्द्रबली पांडेय ने केशवदास के साहित्य का अध्ययन शुक्ल जी की अपेक्षा अधिक व्यापक दृष्टि से किया है, किन्तु ये आलोचक शुक्ल जी की आलोचनात्मक पद्धति और दृष्टि को ही अपनाते हैं। इनके निष्कर्ष अवश्य किंचित भिन्न हैं किन्तु पद्धति वही है। पं. विश्वनाथ प्रसाद मिश्र रीतिकाल का नया नामकरण करने का प्रयास करते हैं किन्तु यह प्रयास अपने में न महत्त्वपूर्ण है, न मौलिक। सुधांशु जी तो व्यावहारिक समीक्षा के क्षेत्र में प्रविष्ट ही नहीं हुए हैं। पं. कृष्णशंकर शुक्ल ने अलबत्ता नवीन साहित्य को भी एक व्यवस्थित, क्रमबद्ध और आधुनिक दृष्टि से समझने-समझाने का कार्य

किया है। जैसाकि पहले कहा गया है, मिश्र जी और पांडेय जी का योगदान आलोचना के क्षेत्र में न होकर अनुसन्धान, सम्पादन और विद्वत्ता के क्षेत्र में है। शुक्लानुवर्ती आलोचक पं. रामचन्द्र शुक्ल की परम्परा का विकास नहीं करते, इनकी समाई उन्हीं के आलोचक व्यक्तित्व में हो जाती है। इन्हें शुक्लानुवर्ती इसी बात को ध्यान में रखकर कहा गया है।

ये आलोचक पं. रामचन्द्र शुक्ल की आलोचनात्मक विसंगतियों को दूर करने का प्रयास नहीं करते, बल्कि इनमें से कुछ उन्हें और दृढ़ करते हैं। अपभ्रंश रचनाओं, नाथ सिद्धों, निर्गुण सन्तों और छायावाद के सम्बन्ध में शुक्ल जी की मान्यताओं में जो विसंगतियाँ हैं, उन पर इन आलोचकों ने ध्यान नहीं दिया है। पं. विश्वनाथ प्रसाद मिश्र जैसे विद्वान आलोचकों ने तो उन विसंगतियों के लिए शुक्ल जी का अनावश्यक समर्थन करके उन्हें और दृढ़ कर दिया है।

वस्तुतः शुक्ल जी की आलोचना-पद्धति का विकास शुक्लानुवर्ती आलोचकों द्वारा नहीं, आगे चलकर मानवतावादी और प्रगतिशील आलोचकों द्वारा हुआ।

इधर विश्वविद्यालय की उच्च कक्षाओं में हिन्दी के प्रवेश पा जाने से विश्वविद्यालयों में हिन्दी का अनुसन्धान और आलोचना का कार्य अत्यन्त द्रुत गति से आगे बढ़ा। 1947 ई. में जब भारत स्वतंत्र हुआ तो हिन्दी राजभाषा घोषित हुई। इससे हिन्दी विभागों का प्रसार तो हुआ ही, विभागों के उच्चपदस्थ विद्वानों की शक्ति भी बढ़ी। अवश्य ही इससे विश्वविद्यालयों में हिन्दी अध्यापकों का सम्मान भी बढ़ा। किन्तु इस सम्मान के साथ-साथ हिन्दी के पठन-पाठन या साहित्य की आलोचना में गम्भीरता भी आई—यह कहना अभी कठिन है। हिन्दी के आलोचना क्षेत्र में पहले से कार्य करनेवाले विद्वानों के हाथ में हिन्दी विभागों के उच्च पद आए। उन्हें अपने अधीनस्थ विद्यार्थियों और अध्यापकों के साथ हिन्दी अनुसन्धान और आलोचना को विकसित करने के लिए अभूतपूर्व सुविधाएँ मिलीं।

इस स्थिति के कारण कुछ ऐसे लोग आलोचना में प्रवृत्त हुए जिन्होंने मुख्यतः विश्वविद्यालयों के पाठ्यक्रम को ध्यान में रखकर इस क्षेत्र में काम किया है। इन लोगों में से कुछ ने साहित्य के व्यापक प्रश्नों को सुलझाने की भी कोशिश की है, लेकिन इनका ध्यान मुख्यतः विश्वविद्यालयों के विद्यार्थी ही हैं। इनकी पुस्तकें प्रचलित भी विद्यार्थी और अध्यापक वर्ग में अधिक रही हैं। इस विषय में यह कहना आवश्यक जान पड़ता है कि विद्यार्थियों को ध्यान में रखकर पुस्तकें लिखना हेय कार्य नहीं है। यह न भूलना चाहिए कि पं. रामचन्द्र शुक्ल और पं. हजारीप्रसाद द्विवेदी के इतिहास विद्यार्थियों की आवश्यकताओं की पूर्ति के लिए लिखे गए हैं। प्रश्न यह है कि आप विद्यार्थियों को कितना बताना चाहते हैं? विद्याथियों को ध्यान में रखकर पं. रामचन्द्र शुक्ल ने लिखा था और डॉ. श्यामसुन्दर दास ने भी। लेकिन बाबू साहब के ग्रन्थों का विचार-जगत अपेक्षाकृत संकीर्ण है। उसकी उपयोगिता सीमित है। विश्वविद्यालयों में हिन्दी के विभागों और विद्यार्थियों की संख्या में वृद्धि होने के कारण ऐसे अध्यापक-आलोचकों की एक फौज तैयार हो गई है जो माँग और पूर्ति के आधार पर रचनाएँ

प्रस्तुत करती है। इन अध्यापक-आलोचकों की संख्या अधिक है तो इनकी क्षमताओं में भी महान अन्तर है। इनमें कई श्रेणियाँ हैं। 'कलाओं और साधनाओं' का जो 'ताँता' शुक्ल जी के समय में शुरू हुआ था, वह दिन दूना रात चौगुना तरक्की ही करता गया है। इसमें से कुछ लेखक तो ऐसे हैं जिन्होंने सचमुच छात्रोपयोगी पुस्तकें लिखी हैं, जिन्हें पढ़कर चतुर विद्यार्थी और अध्यवसायी अध्यापक लाभान्वित हो सकते हैं, जैसे—बाबू गुलाब राय, पं. विनयमोहन शर्मा, डॉ. विजयेन्द्र स्नातक, डॉ. रामरतन भटनागर, विश्वम्भरनाथ उपाध्याय, डॉ. सत्यपाल चुघ, डॉ. तारकनाथ बाली इत्यादि। ऊपर जो नाम गिनाए गए हैं, उनमें डॉ. विनयमोहन शर्मा और डॉ. विजयेन्द्र स्नातक ने थोड़ा-बहुत काम साहित्य के व्यापकतर क्षेत्रों में भी किया है। इनके पास क्षपता और दृष्टि है, लेकिन इन्होंने शुद्ध आलोचना के क्षेत्र में इतना कम काम किया है कि इन पर स्वतंत्र रूप से लिखने की आवश्यकता नहीं समझी जा रही है। डॉ. विनयमोहन शर्मा ने प्रसाद-साहित्य मुख्यत: 'आँसू' का अध्ययन किया है। डॉ. स्नातक ने बाबू गुलाबराय के साथ पं. रामचन्द्र शुक्ल पर एक महत्त्वपूर्ण संकलन तैयार किया है जो शुक्ल जी पर बहुत अच्छी सामग्री प्रस्तुत करता है। डॉ. स्नातक ने विभिन्न विषयों पर उच्च कोटि के निबन्ध लिखे हैं, किन्तु किसी स्वतंत्र साहित्यकार पर कोई गम्भीर पुस्तक नहीं लिखी है। प्रपद्यवादी कवि पं. श्री नलिन विलोचन शर्मा ने भी फुटकर निबन्धों के रूप में प्रखर आलोचना प्रतिभा का परिचय दिया है। साहित्य की मार्मिकता को आँकने की दृष्टि और उनके व्यापक अध्ययन तथा उनकी समर्थ भाषा का प्रभाव पाठकों पर पड़ता है। उन्होंने 'इतिहास-दर्शन' नामक पुस्तक में पहली बार हिन्दी साहित्य-इतिहास के लेखन के सैद्धान्तिक और व्यावहारिक प्रश्नों पर एक स्वतंत्र पुस्तक भी लिखी। लेकिन कुल मिलाकर इन आलोचकों ने हिन्दी के गम्भीर अध्येताओं और समकालीन आलोचकों पर कोई उल्लेखनीय प्रभाव नहीं डाला। इनमें जिन कुछ लोगों के पास सचमुच की आलोचनात्मक दृष्टि है भी, वे शुद्ध साहित्यिक विषयों पर बहुत कम लिखते हैं। बाबू गुलाबराय से लेकर भारतभूषण सरोज—या देशराज भाटी तक इन आलोचकों की जितनी बड़ी संख्या है, उतना ही कम हिन्दी आलोचना पर इनका प्रभाव है।

डॉ. जगन्नाथ शर्मा और डॉ. इन्द्रनाथ मदान ने भी ऐसी अनेक पुस्तकें लिखीं और संकलित की हैं कि उन्हें उपर्युक्त श्रेणी में रखा जा सके। लेकिन डॉ. शर्मा एक ओर यदि संकलन-परम्परा में आते हैं तो 'कहानी का रचना-विधान' जैसी पुस्तक लिखने के कारण गम्भीर आलोचकों की पंक्ति में भी अपना स्थान बना लेते हैं। यद्यपि 'कहानी का रचना-विधान' में भी ज्यादातर पश्चिमी और भारतीय विचारकों की बातों को ही दुहराया गया है, लेकिन दो बातों के कारण यह पुस्तक महत्त्वपूर्ण हो गई है। एक तो इसमें विचारों को जिस ढंग से व्यवस्थित किया गया है, वह लेखक का है; दूसरे, इसमें शायद पहली बार कहानी के रूप संघटकों का सोदाहरण विश्लेषण किया गया है। कहानी के विभिन्न तत्त्व कथानक के मोड़ों के साथ किस प्रकार ग्रथित होते हैं, इसे कहानी प्रस्तुत करके व्यावहारिक ढंग से समझा दिया गया है। पुस्तक के जिस अध्याय में 'वातावरण' की व्याख्या की गई है, वह मौलिक और विशद है। कहानी के अतिरिक्त

डॉ. शर्मा ने गद्य-शैली का भी सुसंगत अध्ययन 'हिन्दी गद्य-शैली का विकास' नामक पुस्तक में प्रस्तुत किया है। डॉ. साहब ने इस शैली के सिद्धान्त पक्ष का निरूपण, शैली के अवयव, शैलीगत गुण-अवगुण रचना की दृष्टि से किया है। पुस्तक के प्रारम्भ में हिन्दी गद्य के प्रारम्भिक रूप-विकास का खोजपूर्ण इतिहास प्रस्तुत किया गया है और तत्पश्चात् विभिन्न शैलीकारों के गुण-दोषों का विवेचन किया गया है।

डॉ. जगन्नाथ शर्मा के विचार सूत्रबद्ध और व्यवस्थित होते हैं। उनमें विचारगत सघनता मिलती है जो शुक्ल जी से प्रभावित है किन्तु अपरिचित शब्दों के प्रयोग प्राय: चौंकानेवाले और दुरूह हो उठते हैं।

'हिन्दी कहानी का रचना-विधान' जैसी पुस्तक के कारण डॉ. जगन्नाथ शर्मा यदि गम्भीर शुक्लोत्तर समीक्षकों में स्थान बना लेते हैं तो 'हिन्दी-कहानी अपनी जबानी' या 'कविता और कविता' की भूमिका के कारण डॉ. मदान शुक्लोत्तर समीक्षा में सद्य:प्रवर्तित रूपवादी आलोचकों में गणनीय हो जाते हैं। लेकिन डॉ. मदान बहुत दिनों से लिख रहे हैं। अभी तक उन्होंने जो कुछ लिखा है, उसके अधिकांश का प्रतिनिधित्व उनकी रूपवादिता नहीं करती। इसलिए उन पर यही विचार कर लेना समीचीन जान पड़ता है।

यद्यपि डॉ. मदान ने हिन्दी कविता पर भी काफी लिखा है लेकिन गद्य साहित्य की समीक्षा उन्हें अधिक रुचिकर प्रतीत होती है। उपन्यास और कहानी की समीक्षा उन्होंने अधिक रुचि लेकर की है। 'प्रेमचन्द : एक विवेचन' में उन्होंने प्रेमचन्द के उपन्यासों और उनकी कहानियों पर व्यवस्थित ढंग से विचार किया है। उन दिनों डॉ. मदान सम्भवत: कृति की राह से गुजरने पर ज्यादा बल नहीं देते थे बल्कि 'जिस 'वर्ग-संघर्ष' को उन्होंने (प्रेमचन्द ने) अपने उपन्यासों और कहानियों में इतनी स्पष्टता से चित्रित किया है, उसी वर्ग-संघर्ष की दृष्टि से पुस्तक में उनकी कला का विवेचन और उनके मस्तिष्क का अध्ययन करने का प्रयास' करने की जरूरत समझते थे यानी उन दिनों कृति की राह से गुजरते थे तो विशेष दृष्टि के साथ। उनका विचार था कि 'कोई भी लेखक चाहे वह कितना ही महान क्यों न हो, अपने समय की उपज होता है। वह अनजान में ही उन सामाजिक और राजनीतिक समस्याओं को अपना लेता है, जो एक विशेष युग के व्यक्ति को प्रभावित करती हैं' (आमुख : 'प्रेमचन्द : एक विवेचन', दूसरा संशोधित संस्करण)। डॉ. मदान ने इस पुस्तक में प्रेमचन्द की कृतियों का अध्ययन मुख्यत: पात्रों के वर्गों के आधार पर किया है : मध्य वर्ग, भूमिपति, उद्योगपति, किसान और अछूत, किसान-होरी नामक अध्यायों में। शुरू के अध्याय 'पूर्व पीठिका' में उस समाजैतिहासिक-आर्थिक-राजनीतिक आन्दोलन का विवरण दिया गया है जो प्रेमचन्द की रचनाओं की पृष्ठभूमि है। डॉ. मदान ने कई स्थलों पर दिखाया है कि कई पात्रों और कथावस्तुओं की प्रेरणा प्रेमचन्द को तत्कालीन नेताओं और राजनीतिक घटनाओं से मिली है। इसके अनुसार प्रेमचन्द की महानता का कारण उनकी यह विशेषता है कि 'इस ऐतिहासिक युग में प्रेमचन्द ने उन मूल सामाजिक समस्याओं को समझा, जो कि समाधान चाहती थीं। समस्त सामाजिक वर्गों से इन

समस्याओं का जो सम्बन्ध था, उसका स्पष्टीकरण भी उन्होंने किया और अपने उपन्यासों और कहानियों में उनका ठोस विवेचन किया' (पृ. 31, वही)। डॉ. मदान ने प्रेमचन्द के पात्रों और कथावस्तुओं की व्याख्या तत्कालीन सामाजिक-राजनीतिक आन्दोलनों, प्रेमचन्द के व्यक्तिगत जीवन और विभिन्न वर्गों के आधार पर किया है।

इधर डॉ. मदान ने प्रगतिशीलता और आधुनिकता, दोनों मानदंडों को त्याग दिया है, या शायद वे मानदंड-विहीनता को ही आधुनिकता समझते हैं तथा कविता और कहानी, दोनों की समीक्षा करते समय 'कृति की राह से गुजरने की' चेष्टाएँ की हैं। किसी कृति पर अपनी दृष्टि क्यों आरोपित की जाए? आलोचक तो आलोचक, कृतिकार को भी अपनी दृष्टि नहीं आरोपित करनी चाहिए, नहीं तो रचना में 'दरार' पड़ जाती है यानी रचनात्मकता खंडित हो जाती है। कृति पूर्ण जन्म लेने के बाद कृतिकार से भी अलग हो जाती है। आलोचक ज्यादातर कृति की राह से गुजरने के बजाय अपनी दृष्टियाँ आरोपित करके रचना के गुण-दोष बखानते रहे हैं। कोई कृति जैसी है, उसे उसी रूप में ग्रहण करना चाहिए। उसमें यह होना चाहिए, यह नहीं होना चाहिए, यह बताना आलोचना का काम नहीं है। कृतिकारों को आलोचकों से हमेशा शिकायत रही है कि उनकी रचनाओं पर ठीक-ठीक विचार नहीं किया गया है। समकालीन आलोचक प्राय: असन्त ही साबित होते रहे हैं। 'भवभूति की यह कथा और गाथा है तो उधर शेक्सपियर की यही कहानी है। इसी तरह की दास्तान फ्रांस की है, इकबाल ने तो लिख ही दिया :

'हज़ारों साल नरगिस अपनी बेनूरी पे रोती है
बड़ी मुश्किल से होता है चमन में दीदावर पैदा।' '

[समकालीन आलोचना : इन्द्रनाथ मदान]

आलोचना की इस दुख-भरी गाथा का कारण है आलोचकों का कृति की राह से न गुजरना।

लेकिन वे कहीं भी 'कृति की राह से गुजरने' की पद्धति को समझाते नहीं। खुद तो गुजर जाते हैं, दूसरों को गुजरने का रास्ता बताने की उदारता नहीं दिखाते। सवाल 'राह से गुजरने' का नहीं, चश्मा उतारकर और आँखें खोलकर यानी एक निराविल दृष्टि अर्जित करके कृति को देखते हुए गुजरने का है। जल्दी-जल्दी भी गुजरना ठीक नहीं—थोड़ा रुक-रुककर चीजों को ध्यान से देखते-सुनते-समझते हुए गुजरना ठीक है। डॉ. मदान जिसे 'आलोचकों का आरोपण' कहते हैं, वह आलोचकों की दृष्टि है। दृष्टि रचनाकारों के पास भी होती है। कालिदास, भवभूति, तुलसीदास, प्रेमचन्द, निराला, मुक्तिबोध—सभी ने जीवन को अपने युग की दृष्टि से देखा है। यह युग की दृष्टि का अन्तर था कि इतने बड़े कवि तुलसी राम का गुणगान करते हैं तो निराला केवल शक्ति-पूजा ही नहीं लिखते, 'विधवा' और 'भिक्षुक' भी लिखते हैं। इसी तरह रीतिकाल के आचार्य यदि 'भूषण बिनु न विराजही' कहते हैं तो पं. रामचन्द्र शुक्ल 'लोकमंगल' की बात करते हैं। कृति में दरारें हो सकती हैं और आलोचना अपूर्ण हो

सकती है, किन्तु आलोचना की असफलताएँ ही नहीं हैं, उसका एक सफल और गौरवमय इतिहास भी है। केवल असफलता की बात करना आलोचना की राह से गुजरना नहीं, उसके एक पक्ष से आँखें मूँद लेना है।

हर प्रकार के वाद से मुक्त होकर कृति को परखने का आग्रह स्वयं एक बल है और उस विचारधारा से सम्बद्ध है जो विभिन्न आन्दोलनों और पक्षों में अपने को किसी से प्रतिबद्ध नहीं करती। हमारी रुचि और हमारी सहृदयता भी इतनी स्वतंत्र और स्वच्छन्द नहीं है; वह हमारे अनुभवों से बद्ध है। हमारे अनुभव हमारी परिस्थितियों से बद्ध हैं। इस कारण आलोचक यदि किसी कृति की व्याख्या, देशकाल, रचनाकार की स्थिति, उसके सामाजिक विचार आदि की दृष्टि से करते हैं तो उससे रचना और रचनाकार को समझने में सहायता मिलती है। कृति की राह से गुजरना उचित है, लेकिन कृति को देखने की दृष्टि प्राप्त करके।

प्रमुख शुक्लोत्तर समीक्षक

शुक्ल जी की कई धारणाओं का विरोध यद्यपि प्रसाद, पंत, निराला, शान्तिप्रिय द्विवेदी आदि ने भी किया है, किन्तु शान्तिप्रिय जी को छोड़कर ये लोग मुख्यतः कवि थे, आलोचक नहीं। इनकी आलोचनात्मक कृतियों में विचारों की गरिमा और उत्तेजना चाहे जितनी मिले, उनमें कोई सुसंगत व्यवस्था नहीं है। इन विचारों का आलोचनात्मक महत्त्व है, किन्तु इन्हें 'आलोचना' कहने में संकोच होगा। शान्तिप्रिय जी की कृतियाँ भी छायावादी कवियों की आलोचनात्मक कृतियों के साथ स्थान पाने योग्य हैं। शुक्ल जी के जीवनकाल में ही लेखन प्रारम्भ करनेवाले जिन तीन आलोचकों ने शुक्लोत्तर समीक्षा को प्रभावित और संचालित किया है, वे हैं : पं. नन्ददुलारे वाजपेयी, पं. हजारीप्रसाद द्विवेदी और डॉ. नगेन्द्र।

इन आलोचकों ने कई विषयों पर विचार करते समय शुक्ल जी की धारणाओं पर गम्भीर और तीव्र प्रतिक्रिया व्यक्त की है, इसलिए शुक्ल जी का उल्लेख तत्तत् प्रसंगों में आना आवश्यक होगा।

पं. नन्ददुलारे वाजपेयी

पं. नन्ददुलारे वाजपेयी के आलोचना ग्रन्थ—'हिन्दी साहित्य : बीसवीं शताब्दी'—में पं. रामचन्द्र शुक्ल पर तीन लेख संकलित हैं। पहले लेख में उनके महत्त्व और उनकी देन की चर्चा है—कहा जाता है कि वाजपेयी जी ने यह लेख शुक्ल जी की मृत्यु के पश्चात् लिखा था। शेष दो लेख शुक्ल जी के जीवनकाल में ही लिखे गए थे। इन दो लेखों में अधिकतर शुक्ल जी की समीक्षा की सीमाएँ बताई गई हैं।

वाजपेयी जी का कहना है कि 'स्थूल व्यवहारवाद को निस्सीम बतलाकर और रहस्यवाद की कनकौए से तुलना कर विद्वान शुक्ल जी ने नवीन कविता के साथ अन्याय किया है' (पृ. 65, हिं. सा. बी. श., नवीन संस्करण)। अपने कथन को वाजपेयी जी ने प्रमाणित कैसे किया है, इसे देखिए :

'छायावाद अथवा रहस्यवाद का क्षेत्र विस्तीर्ण है। मनुष्य के अध्यात्म पक्ष का सम्पूर्ण निरूपण इस प्रकार की कविता की सीमा के अन्तर्गत है और अध्यात्म पक्ष के अन्तर्गत समस्त जीवन की व्याख्या की जा चुकी है। हम जिस अर्थ में छायावाद अथवा रहस्यवाद को लेते हैं, उसमें ब्लेक ही नहीं, वर्ड्सवर्थ, शेली, कीट्स आदि अनेक

प्रमुख कवियों की रचनाएँ आ जाती हैं। कवि शेली ने इस पार्थिव संसार से चिढ़कर, जो सौन्दर्यपूर्ण काल्पनिक सृष्टि की है, वहाँ कवि की अध्यात्मोन्मुख भावना अपना मूल्य खो नहीं देती। वह भी छायावाद है' इत्यादि (वही)।

वड्र्सवर्थ, शेली और पंत तो शुक्ल जी के भी प्रिय कवि थे। वाजपेयी जी ने वड्र्सवर्थ, शेली की जिन काव्यगत विशेषताओं का उल्लेख किया है, उसे शुक्ल जी स्वाभाविक रहस्य-भावना कहते हैं और इसकी अभिव्यक्ति के वे प्रशंसक हैं। ब्लेक और वड्र्सवर्थ की रहस्य-भावनाओं में क्या अन्तर है? सच्चाई तो यह है कि रहस्यवाद की हिमायत करने पर भी वाजपेयी जी उसका उतना विश्लेषण नहीं करते जितना कि उसे 'कनकौआ' कहनेवाले शुक्ल जी। शुक्ल जी ने लिखा है कि 'रहस्यवाद तीन रूपों में गृहीत मिलता है : (1) भावोपलब्धि के साधन के रूप में, (2) ज्ञानोपलब्धि के साधन के रूप में, और (3) अर्थोपलब्धि के साधन के रूप में। उन्होंने लिखा है : 'शिशिर के अन्त में धूल छाई रहने के कारण किसी बड़े मैदान के क्षितिज से मिले हुए छोर पर वृक्षावलि की जो 'धुँधली श्यामल रेखा' दिखाई पड़ती है, उसके पार हमारी कल्पना को किसी अत्यन्त प्रिय और मधुर अतीत या भविष्य जगत के अवस्थान के लिए अवकाश मिलता है' (पृ. 49, भक्ति का विकास, सूरदास)। 'रहस्य-भावना का यदि कहीं मूल्य हो सकता है तो भाव के क्षेत्र में...पर यदि वह उसी क्षेत्र के प्रकृत विधान के भीतर रहे और उसमें भी उपयुक्त अवसर पर योग दे' (वही)। जायसी के रहस्यवादी काव्य के विषय में वे लिखते हैं : 'हिन्दी के कवियों में यदि कहीं रमणीय और सुन्दर अद्वैती रहस्यवाद है तो जायसी में' (पृ. 164, जायसी ग्रन्थावली की भूमिका)। सूफी कवियों के प्रसंग में 'परोक्ष ज्योति और सौन्दर्यसत्ता की, और... लौकिक दीप्ति और सौन्दर्य की अभिव्यक्ति करनेवाली रहस्यवादी कविता की चर्चा करते हुए वे शेली के विषय में लिखते हैं : 'अंग्रेज कवि शैली की रचनाओं में इस प्रकार के रहस्यवाद की झलक बड़ी सुन्दर दृश्यावली के बीच दिखाई देती है' (पृ. 165, वही)। इस सन्दर्भ में शुक्ल जी ने शेली की कविता 'इन सॉलीच्यूड्स' उद्धृत की है।

'नवीन कविता' यानी छायावाद के साथ अन्याय करने का प्रश्न अवश्य विचारणीय है। उनका विचार था कि छायावाद की काव्य-शैली यूरोप से बंगाल होती हुई हिन्दी में आई है—रवीन्द्रनाथ ठाकुर के प्रभाव से। हिन्दी की स्वच्छन्दतावादी धारा श्रीधर पाठक से होकर मुकुटधर पांडेय आदि की कविताओं के द्वारा आगे बढ़ रही थी कि छायावाद की धूम मची। छायावाद पर रवीन्द्रनाथ के प्रभाव को किसी ने नहीं नकारा है। शिकायत यह है कि शुक्ल जी छायावाद को काव्य-शैली मात्र मानते हैं। जहाँ तक कथ्य का प्रश्न है, उन्होंने छायावाद की विशिष्ट भावभूमि के विषय में स्पष्ट रूप से कुछ नहीं लिखा है। यहाँ शुक्ल जी चूकते नजर आते हैं। छायावाद यदि विशिष्ट काव्य-शैली है तो उसकी कोई विशिष्ट भावभूमि भी अवश्य होनी चाहिए। इसमें कोई सन्देह नहीं कि पं. नन्ददुलारे वाजपेयी ने छायावाद की भावभूमि को पहचाना है। आचार्य शुक्ल के छायावाद-सम्बन्धी विचारों की सीमाओं का उल्लेख पं. शान्तिप्रिय द्विवेदी और

डॉ. नगेन्द्र आदि आलोचकों ने भी किया है। पं. शान्तिप्रिय द्विवेदी ने तो छायावाद का सम्बन्ध गांधीयुग की आशाओं-आकांक्षाओं से जोड़ा। किन्तु छायावाद का सामाजिक सन्दर्भ जितनी स्पष्टता के साथ वाजपेयी जी ने बताया है, उतना उनकी पीढ़ी के किसी अन्य समालोचक ने नहीं बताया। शुक्ल जी ने इसकी कोई आवश्यकता ही नहीं समझी थी। वाजपेयी जी लिखते हैं : 'नई छायावादी काव्यधारा का भी एक आध्यात्मिक पक्ष है, परन्तु उसकी मुख्य प्रेरणा धार्मिक न होकर मानवीय और सांस्कृतिक है। उसे हम बीसवीं शताब्दी की वैज्ञानिक और भौतिक प्रगति की प्रतिक्रिया भी कह सकते हैं। ...आधुनिक और परिवर्तनशील समाज-व्यवस्था और विचार-जगत में छायावाद भारतीय आध्यात्मिकता की नवीन परिस्थिति के अनुरूप स्थापना करता है। जिस प्रकार मध्ययुग का जीवन भक्ति-काव्य में व्यक्त हुआ, उसी प्रकार आधुनिक जीवन की अभिव्यक्ति इस काव्य में हो रही है। अन्तर है तो इतना ही कि जहाँ पूर्ववर्ती भक्तिकाव्य में जीवन के लौकिक और व्यावहारिक पहलुओं को गौण स्थान देकर उनकी उपेक्षा की गई थी, वहाँ छायावादी काव्य प्राकृतिक सौन्दर्य और सामयिक जीवन-परिस्थितियों से ही मुख्यतः अनुप्राणित है। ...वह पूर्ववर्ती भक्तिकाव्य की प्रकृति-निरपेक्षता और संसार-मिथ्या की सैद्धान्तिक प्रतिक्रियाओं का विरोधी है' (पृ. 31 9-20, आधुनिक साहित्य, सं. 2007)।

छायावाद के भौतिक सन्दर्भ का संकेत देते हुए भी वाजपेयी जी छायावाद की आध्यात्मिकता पर बल देते हैं। छायावाद का लक्षण बताते हुए वे लिखते हैं : 'मानव अथवा प्रकृति के सूक्ष्म किन्तु व्यक्त सौन्दर्य में आध्यात्मिक छाया का भान मेरे विचार से छायावाद की एक सर्वमान्य व्याख्या हो सकती है' (पृ. 161, हिं. सा. बी. श.)। सौन्दर्य की स्थूलता या सूक्ष्मता समझ में आनी मुश्किल है। इसके अलावा 'आध्यात्मिक छाया' भी व्याख्या-सापेक्ष है। शुक्ल जी ने आध्यात्मिकता की व्याख्या करने का प्रयास किया था। 'विश्व प्रपंच' की भूमिका में उन्होंने आध्यात्मिकता की भौतिकता समझी-समझाई है। वाजपेयी जी 'आध्यात्मिकता' के विषय में शुक्ल जी से सहमत नहीं प्रतीत होते। लेकिन वे आध्यात्मिकता से क्या समझते हैं, यह पाठकों पर नहीं खुलता।

छायावाद के कवि 'प्रसाद' पर वाजपेयी ने कई निबन्ध लिखे हैं, जिनका संकलन 'जयशंकर प्रसाद' में हुआ है। इन निबन्धों में प्रसाद जी के प्रायः समस्त कृतित्व की समीक्षा हो गई है। 'कामायनी' की विस्तृत और विशद समीक्षा इस पुस्तक में की गई है। 'कामायनी' को शुक्ल जी ने एकांगी काव्य समझा था। उनका मत था कि 'जिस सम्बन्ध का पक्ष कवि ने अन्त में सामने रखा है, उसका निर्वाह रहस्यवाद की प्रकृति के कारण काव्य के भीतर नहीं होने पाया है। पहले कवि ने कर्म को बुद्धि या ज्ञान की प्रवृत्ति के रूप में दिखाया, फिर अन्त में कर्म और ज्ञान के बिन्दुओं को अलग-अलग रखा' (पृ. 691, आ. हिं. सा. इ.)।

शुक्ल जी की विचारसरणि में बुद्धि, ज्ञान और कर्म के विरोध के लिए स्थान नहीं था। बुद्धि के जिस अतिचार को प्रसाद और वाजपेयी जी इतना हानिकर और विगर्हणीय बताते हैं, शुक्ल जी उसे बुद्धि न कहकर दुर्बुद्धि कहते। ज्ञान को वे भावना का विरोधी

नहीं बल्कि उसका सहचर समझते हैं। कर्म को वे धर्म का अनिवार्य अंग मानते हैं। वस्तुतः जो समन्वय प्रसाद जी को इतना काम्य है, वह शुक्ल जी की चिन्तना में दिखलाई पड़ता है, प्रसाद और वाजपेयी में नहीं। हम देख चुके हैं कि 'करुणा' को शुक्ल जी प्रयत्नावस्था का बीज-भाव मानते हैं। करुणा के भाव को संवेदन से अलग नहीं किया जा सकता। फिर वे 'संवेदन! जीवन जगती को जो कटुता से देता घोंट' की आलोचना कैसे न करते?

'मनु का मन था विकल हो उठा संवेदन से खाकर चोट।
संवेदन! जीवन जगती को जो कटुता से देता घोंट॥
संवेदन का और हृदय का यह संघर्ष न हो सकता।
फिर अभाव असफलताओं की गाथा कौन कहाँ बकता?'

इन पंक्तियों में व्यवहृत 'संवेदन' शब्द पर विचार करते हुए शुक्ल जी कहते हैं : 'इन पंक्तियों में तो संवेदन 'बोध-वृत्ति' के अर्थ में व्यवहृत जान पड़ता है क्योंकि सुख-दुःखात्मक अनुभूति के अर्थ में लें तो हृदय के साथ उसका संघर्ष कैसा? बोध के एकदेशीय अर्थ में भी यदि हम 'संवेदन' को लें तो भी उसे भावभूमि से खारिज नहीं कर सकते। श्रद्धा जिस करुणा, दया आदि की प्रवर्त्तिका कही गई है, वह दूसरों की पीड़ा का संवेदन ही तो है' (पृ. 691-92, वही)।

बात यह है कि शुक्ल जी भौतिक ज्ञान-विज्ञान के विकास को मानवता के लिए अहितकर नहीं मानते, वे बुद्धि के विकास को अहितकर नहीं मानते। उनके अनुसार ज्ञान के साथ-साथ भाव का विस्तार होता है और होता रहेगा। कवि या आलोचक को हृदय और बुद्धि में सामंजस्य ढूँढ़ने का प्रयास करने की आवश्यकता है न कि भौतिक विकास से घबराने की जरूरत है। क्योंकि जीवन और जगत से परिचित होते हुए ही हम उससे प्रेम करना भी सीखते चलेंगे।

इस तथ्य पर ध्यान न देने के कारण ही वाजपेयी जी 'कामायनी' के अन्तर्गत बुद्धि और हृदय के समन्वय की वकालत करते हैं और बुद्धि की 'अति' से चिन्तित हैं। उनका विचार है कि 'मनु जितनी बुद्धि का भार सहज रूप से वहन कर सकता है, अथवा जितनी अतिरिक्त बुद्धि वह सँभाल सकता है, उतनी ही उसे धारण करनी है...किन्तु मनु तो उतने से सन्तुष्ट नहीं हुआ और बुद्धि का अधिपति बनने का दम भरने लगा। स्पष्ट ही उसका माथा फिर गया था, अन्यथा वह ऐसे दुस्साहस का काम न करता। आधुनिक मानव भी तो यही कर रहा है। यह मन की शक्ति या पहुँच के बाहर बुद्धि को दौड़ाकर जो भयानक आविष्कार करता जा रहा है, उसका परिणाम क्या वह अभी नहीं भोग रहा? क्या इसी पद्धति पर चलने से आज निकट भविष्य में ही मानवीय सभ्यता के विनाश की आशंका नहीं हो रही? प्रसाद जी का सन्देश बुद्धि, भावना और क्रिया का समान विकास करना होने के कारण बुद्धि की एकाकी उन्नति का यहाँ निषेध किया गया है। यह मानना संगत न होगा कि प्रसाद जी बुद्धि के विरोधी थे। हाँ, वे बुद्धिवाद की 'अति' के विरोधी अवश्य थे' (पृ. 94-95, जयशंकर प्रसाद, सं. 2007)।

शुक्ल जी का विचार था कि मानवता को खतरा बुद्धिवाद से नहीं, बुद्धिहीनता से है। आधुनिक चिन्तक शुक्ल जी के साथ कहेगा कि बुद्धि का एकांगी विकास सम्भव ही नहीं है। 'कामायनी' की सारी आधुनिकता की पोल खुल जाती है जब इसी 'बुद्धिवाद की अति' से कुपित होकर प्रसाद जी यंत्रों के विकास से 'जीवनी' का जर्जर होना मानते हैं :

'प्रकृत शक्ति तुमने यंत्रों से सबकी छीनी।
शोषण कर जीवनी बना दी जर्जर झीनी॥'

शुक्ल जी बुद्धि की इस विगर्हणा के विरुद्ध थे।

वाजपेयी जी ने प्रसाद के उपन्यास 'कंकाल' तथा उनके नाटकों पर जो आलोचनात्मक निबन्ध लिखे हैं, वे महत्त्वपूर्ण हैं। 'कंकाल' की विशेषताओं का जैसा सूक्ष्म आकलन उन्होंने किया है, उससे उनकी आलोचनात्मक प्रतिभा का संकेत मिलता है। 'कंकाल' केवल दुःखान्त उपन्यास ही नहीं है—उसकी करुणा और दुःखान्तता में जो प्रखर व्यंग्य छिपा है, उसे न देखना 'कंकाल' को पूरी तरह न समझना है। यह व्यंग्य उपन्यास का कोई अंग बनकर नहीं आता है।

वाजपेयी जी ने स्वीकार किया है कि 'कंकाल' में प्रोपेगेंडा है। 'कंकाल' के सन्देश पर विचार करते हुए वाजपेयी जी कुछ ऐसी विचारोत्तेजक और अर्थवान पंक्तियाँ लिख जाते हैं जिनसे प्रकट होता है कि उन्होंने समाज और साहित्य के अन्तर-सम्बन्धों की छानबीन बहुत गहरे पैठकर की थी।' यही नहीं, इससे यह भी पता चलता है कि वह अपनी मान्यताओं को कितने स्पष्ट और सुनिश्चित शब्दों में रख सकते थे। इन पंक्तियों में वे शुक्ल जी की गम्भीरता और दो टूक कहनेवाली परम्परा को विकसित करनेवाले आलोचक के रूप में हमारे सामने आते हैं : 'इस शब्द (प्रोपेगेंडा) से हिन्दी के साहित्यिक डरते-से हैं, क्योंकि इसने प्रेमचन्द जी को भी बदनाम किया है। पर वास्तव में यह डर मिथ्या है। प्रत्येक साहित्यकार जीवन और जगत-सम्बन्धी अपने अनुभव और अपनी धारणाएँ रखता है जो उसकी साहित्यिक कृतियों में प्रतिफलित हुआ करती हैं। जिसके ये अनुभव और धारणाएँ जितनी अधिक दृढ़ होंगी और जो जितने अधिक कौशलपूर्वक उनकी शक्ति समेटकर अपने साहित्य में संकलित कर सकेगा, उसकी कृति उतनी ही अधिक शक्तिशालिनी होगी' (पृ. 46, जयशंकर प्रसाद)।

वाजपेयी जी की कुशल दृष्टि ने साहित्य में बौद्धिकता और सामाजिकता के दबाव को पहचान लिया है। उन्होंने लिखा कि हिन्दी में समय के प्रवाह के अनुकूल अब साहित्य के द्वारा सामाजिक समस्याओं को सुलझाने की चेष्टा भी की जाने लगी है। साथ ही साहित्य की अभिव्यंजना शैलियों का इस रूप में 'विकास भी हो रहा है कि उन्हें समझने के लिए बुद्धि का अधिकाधिक आभास आवश्यक है। उन सबसे परिचित हुए बिना आलोचक बनने की लालसा रखने पर बँधी हुई प्रतिष्ठा के खो जाने का खतरा भी है (पृ. 48, वही)।

'कंकाल' पर व्यक्त विचारों का ही विकास हमें 'प्रगतिशील साहित्य' नामक उस निबन्ध में मिलता है जिसे उन्होंने 1940 ई. में अखिल भारतीय हिन्दी साहित्य सम्मेलन

के पूना अधिवेशन में पढ़ा था और जो 'आधुनिक साहित्य' में संकलित है। यह देखना मनोरंजक है कि यद्यपि प्रेमचन्द और वाजपेयी जी में 'हंस' के आत्मकथांक को लेकर काफी नोक-झोंक हुई थी, लेकिन प्रगतिशील साहित्य के सम्बन्ध में उनके और प्रेमचन्द के विचारों में काफी समानता है। साहित्य और प्रोपेगेंडा का उल्लेख अभी किया गया है। प्रेमचन्द ने वाजपेयी जी को ही उत्तर देते हुए लिखा था : "अगर प्रोपेगेंडा न हो, तो संसार में साहित्य की जरूरत न रहे। जो प्रोपेगेंडा नहीं कर सकता, वह विचारशून्य है और उसे कलम हाथ में लेने का कोई अधिकार नहीं। मैं उस प्रोपेगेंडा को गर्व से स्वीकार करता हूँ' (पृ. 98, हि. सा. बी.)। प्रेमचन्द और वाजपेयी दोनों प्रगतिशीलता को साहित्य का शाश्वत लक्षण मानते हैं : 'साहित्य के सभी नये आन्दोलन एक अर्थ में प्रगतिशील कहे जा सकते हैं क्योंकि वे किसी-न-किसी नई सामाजिक या सांस्कृतिक प्रगति से उत्पन्न होते और किसी-न-किसी नवीन विचारधारा के सहचर हुआ करते हैं' (पृ. 326, आधुनिक-साहित्य)। अतः प्रेमचन्द की ही भाँति वाजपेयी जी भी कहते हैं कि 'किसी विशिष्ट साहित्यिक आन्दोलन को ही प्रगतिशील कहने से भ्रम होता है, हमारे पहले के आन्दोलन प्रगतिशील नहीं थे' (वही)।

साहित्य के सामाजिक उत्तरदायित्व का अर्थ यह नहीं है कि साहित्य को यह उत्तरदायित्व ग्रहण करने के लिए अतिरिक्त आयास की आवश्यकता पड़ती है। यदि यह सत्य है कि मनुष्य सामाजिक प्राणी है तो निश्चित है कि उसकी चेतना के तन्तु भी सामाजिक धातुओं से निर्मित होते हैं। व्यक्तिगत भाव जैसी चीज का अव्वल तो होना ही असम्भव प्रतीत होता है और यदि ऐसी कोई चीज है भी तो उसकी साहित्य में कोई आवश्यकता नहीं है। साहित्यकार के निजी और सामाजिक व्यक्तित्वों में एकसूत्रता बनी रहती है। सामाजिकता साहित्यकार की निजी विशेषताओं को समृद्ध करती है और साहित्यकार की अभिव्यक्ति सामाजिकता को। वाजपेयी जी ने प्रगतिशील साहित्य के इस मूलभूत लक्षण को आँक लिया था। आलोचक वाजपेयी जी अपने विचारों को विश्वसनीय ढंग से कहना जानते हैं। उन्होंने दृढ़ स्वर से अपना मत प्रकट किया कि 'मेरी समझ में साहित्य केवल व्यक्तिगत भावों के प्रदर्शन की भूमि नहीं हो सकता। व्यक्तिगत भाव भी आखिर क्या है? उस व्यक्ति विशेष पर पड़े हुए विभिन्न ज्ञात-अज्ञात उपकरणों का प्रभाव ही तो। वे उपकरण उसे कहाँ से मिले? अपने समय के समाज, और सामाजिक चेष्टाओं से। तब प्रश्न यह है कि वह उस समाज और उन चेष्टाओं को आँख मूँदकर क्यों ले? आँखें खुली क्यों न रखें, और क्यों न अपने सामूहिक उत्तरदायित्व को समझें? यह केवल एक उत्तरदायित्व ही नहीं है, व्यक्तित्व का उन्नायक साधन भी है। फिर यह ऊपर से लादा हुआ कोई बोझ नहीं है, यह तो मनुष्य के सामाजिक प्राणी होने की स्वाभाविक सूचना है' (पृ. 329, आधुनिक साहित्य)।

पं. नन्ददुलारे वाजपेयी ने जीवनोन्मुखता और उसकी उद्देश्ययुक्त नियोजना को प्रगतिशीलता का लक्षण माना है। उन्होंने प्रगतिशील साहित्य का जैसा विश्लेषण किया है, उससे प्रकट है कि वे प्रगतिशीलता को उत्कृष्ट साहित्य के लिए अनिवार्य मानते हैं। उनके अनुसार : उदासीन, केवल कौतूहलवर्धक और अतिशृंगारी प्रवृत्तियाँ

प्रगतिशीलता की विरोधी हैं। प्रगतिशील साहित्यकार के लिए आवश्यक है कि परिवर्तन के क्रम को समझे। इसके लिए उसको नवीन समस्याओं के सम्पर्क में आने और नवीन ज्ञान का उपयोग करने की आवश्यकता पड़ती है। परिवर्तन का क्रम समझकर ही साहित्यकार दृष्टि-सम्पन्न एवं जागरूक हो सकता है। यानी साहित्य जीवन के संघर्षों के बीच रहकर रचा जाता है और उसका उद्देश्य जीवन को समृद्ध और सम्पन्न बनाना होता है। 'जो कवि सामाजिक जीवन की जितनी ही महान हलचलों के बीच से गुजरेगा और साथ ही जितना ही अनुभवसम्पन्न होगा, उसकी साहित्यिक सम्भावनाएँ उतनी ही विशाल होंगी' (पृ. 329, वही)। हमारी पीढ़ी के युवा साहित्यकारों को यह देखकर प्रसन्नता होगी कि वाजपेयी जी जैसे संयत आलोचक ने साहित्यकार को सामयिक जीवन की महान हलचलों से गुजरने की सलाह दी थी। प्रगतिशीलता समय-सापेक्ष्य है। इस समय-सापेक्ष्यता को वाजपेयी जी ने तर्कपूर्ण पद्धति से समझाया है। भूत और भविष्य को हम वर्तमान के व्यवहार को समझकर ही देख पाते हैं। इसलिए साहित्यकार के लिए जो चीज सबसे अधिक महत्त्वपूर्ण है, वह है वर्तमान व्यवहार की समझ और उसका मार्मिक चित्रण। इससे अधिक की चिन्ता करने की आवश्यकता साहित्यकार को नहीं है। साहित्यकार समस्या का हल नहीं रखता—कम-से-कम उसके लिए यह जरूरी नहीं है। व्यवहार के मार्मिक चित्रण से वाजपेयी जी का तात्पर्य प्रगति के संघर्ष या उसकी द्वन्द्वात्मकता से प्रतीत होता है। वे लिखते हैं कि 'यदि साहित्यकार की दृष्टि अपने समय की प्रमुख समस्याओं पर पूरे तौर से पड़ी है और उसने अपने साहित्य में उनका मार्मिक चित्रण किया है तो यह बात विशेष महत्त्व की नहीं है कि वह उनका क्या हल हमारे सामने रखता है। रचयिता की बौद्धिक तीव्रता और ग्राहिका शक्ति का आभास हमें इतने से भी मिल सकता है कि उसने अपने समय की विभिन्न सामाजिक प्रगतियों और मार्ग में आनेवाली दिक्कतों को देखा है या नहीं' (पृ. 331, आधुनिक साहित्य)?

प्रगतिशीलता समय सापेक्ष्य है। इसका तात्पर्य यह भी है कि हमें साहित्यकारों की प्रगतिशीलता की जाँच उनकी समकालीनता के सन्दर्भ में करनी पड़ेगी। कोई भी साहित्यकार प्रगतिशील या अप्रगतिशील समकालीनता के सन्दर्भ में होता है—इसे समझाते हुए वाजपेयी जी लिखते हैं : 'वर्षों पूर्व मैथिलीशरण जी के अथवा प्रेमचन्द जी के सामने जो प्रश्न थे और उन पर जिस प्रकार की प्रतिक्रिया उनकी थी, वही या उतनी ही आज भी हमारी हो, यह आवश्यक नहीं। न यही आवश्यक है कि आज हम उन्हें समय से पिछड़ा हुआ सिद्ध करने में अपने समय और शक्ति का अपव्यय करें। हम उन्हें आज का नेता नहीं मानते, इतना ही हमारे लिए बस होना चाहिए। साहित्य के इतिहास में उनका जो स्थान है, उसे उनसे कोई नहीं छीन सकता' (पृ. 331, वही)। साहित्य निर्माण के लिए समसामयिक जीवन के महत्त्व पर पुनः बल देते हुए वाजपेयी जी लिखते हैं : 'किन्तु एक बात मैं यहाँ अवश्य कहूँगा। जिन मानसिक उद्वेलनों और विचार-चक्रों का सृजन हमारे युग में हो रहा है, वे ही उत्कृष्ट काव्य के रूप में परिणत होने योग्य हैं' (पृ. 337, वही)।

समसामयिकता को इतना सार्थक और महत्त्वपूर्ण उस समय के किसी अन्य आलोचक ने बताया है, मुझे नहीं मालूम। यही नहीं 'प्रगतिशील साहित्य' नामक निबन्ध में वाजपेयी जी स्पष्ट रूप से कहते हैं कि 'आज हिन्दी में साहित्य-सृजन का क्षेत्र समाजवादी विचारों का ही क्षेत्र है। आज हिन्दी में श्रेष्ठ साहित्य के सृजन के कौन-कौन-से क्षेत्र हैं? निश्चय ही समाजवादी विचारों के क्षेत्र...' (पृ. 337, वही)।

पं. शान्तिप्रिय द्विवेदी ने पं. रामचन्द्र शुक्ल के विषय में लिखा था कि यदि वे कुछ दिन और जीवित रहते तो शायद समाजवादी विचारधारा को अपना लेते। वाजपेयी जी की इन पंक्तियों को देखकर क्या यह नहीं कहा जा सकता कि कम-से-कम 'प्रगतिशील साहित्य' निबन्ध के लेखक-आलोचक पं. नन्ददुलारे वाजपेयी, शुक्ल जी की परम्परा का विकास करनेवाले आलोचक हैं?

वाजपेयी जी ने प्रयोगवादी रचनाओं पर भी विचार किया है। उन्होंने तारसप्तक के संकलनकर्ता और सम्पादक अज्ञेय के वक्तव्य की आलोचनात्मक छानबीन की है। उनका विचार है कि इस संकलन का परवर्ती काव्य पर जो प्रभाव पड़ा है, उसे देखते हुए इसे महत्त्वपूर्ण कहा जा सकता है किन्तु वक्तव्य से तो यही पता चलता है कि तारसप्तक के कवि या कम-से-कम इसके सम्पादक अपने को हिन्दी साहित्य की परम्परा और धारा से अलग या विशिष्ट प्रकट करना चाहते हैं। इसीलिए वे रह-रहकर 'प्रयोग' पथ के अन्वेषण और अभेद्य क्षेत्रों में जाने की स्वाभाविक प्रेरणा वगैरह की बातें करते हैं। जो लेखक अपने को विशिष्ट और असाधारण समझेगा, उसके लेखन में भी एक खास तरह के अलगाव और कठाव की मुद्रा होगी। अज्ञेय के लेखन में यह मुद्रा उलझाव का भी रूप लेती है जो उनके पैरिन्थीसिस-बहुल गद्य में देखी जाती है। वाजपेयी जी अज्ञेय के सम्पादकीय वक्तव्य में से कुछ टुकड़ों—जैसे : 'वे किसी एक स्कूल के नहीं हैं, किसी मंजिल पर पहुँचे हुए नहीं हैं, अभी राही हैं...राही नहीं, राहों के अन्वेषी' हैं, 'उनमें मतैक्य नहीं है। सभी महत्त्वपूर्ण विषयों पर उनकी राय अलग-अलग है' या 'सभी प्रकार के इतर साधनों से कवि उद्योग करने लगा कि अपनी उलझी हुई संवेदना की सृष्टि को पाठकों तक अक्षुण्ण पहुँचा सके'—को चुन लिया है और विचार-विवेचन के उपरान्त इस नतीजे पर पहुँचे हैं कि प्रयोगवादी रचना की परिभाषा हुई : 'उलझी हुई संवेदना की अभिव्यक्ति के लिए अथवा अभेद्य क्षेत्रों में जाने की स्वाभाविक प्रेरणावश सीधी-तिरछी लकीरों, सीधे या उलटे अक्षरों आदि का उपयोग करते हुए कभी किसी विषय पर सहमत न होनेवाले अन्वेषियों की रचना' (पृ. 21, आ. सा.)।

उलझी हुई संवेदना की अभिव्यक्ति से वाजपेयी जी इस निष्कर्ष पर पहुँचते हैं कि 'कवि पर एक अतिरिक्त बुद्धिवादिता का शासन है। वह अनिश्चित मानसिक स्थिति का व्यक्ति है और काव्य की वास्तविक भावभूमि पर पहुँचने में अक्षम है' (पृ. 22, वही)। अभेद्य क्षेत्रों में जाने की स्वाभाविक प्रेरणा को वे उस वैचित्र्यवाद का मूल समझते हैं जो केशवदास में विद्यमान थी और जिसके पीछे 'कोई गम्भीर भावना काम करती नहीं जान पड़ती'। कभी किसी विषय में सहमत न होनेवाले

अन्वेषकों का मतलब उनके अनुसार यह है कि उनमें सामाजिक उत्तरदायित्व की भावना का अभाव है।

इसमें कोई सन्देह नहीं कि तारसप्तक के सम्पादकीय और अन्य कई कवियों के वक्तव्यों में वैचित्र्य-प्रदर्शन की रुचि विद्यमान है। वाजपेयी जी ने उन वक्तव्यों पर जो विचार प्रकट किए हैं, उनसे असहमति कठिन है। किन्तु वाजपेयी जी जैसे समालोचक को 'वक्तव्यों' को इतनी दूर तक अपनी समीक्षा का विषय बनाना बहुत उचित नहीं प्रतीत होता। उन्हें प्रयोगवादी रचनाओं पर ही अधिक ध्यान देना चाहिए था। रचनाओं की समीक्षा करने के पूर्व ही केवल वक्तव्यों के आधार पर रचनाओं के विषय में अपनी धारणा घोषित कर देने से उन पर पूर्वग्रह का सन्देह होता है।

और यह पूर्वग्रह और भी पुष्ट हो जाता है जब वे गजानन माधव मुक्तिबोध की इन सशक्त-पंक्तियों की आलोचना में प्रवृत्त होते हैं :

'इतने प्राण, इतने हाथ, इतनी बुद्धि,
इतना ज्ञान, संस्कृति और अन्त:शुद्धि
इतना दिव्य, इतना भव्य, इतनी शक्ति
यह सौन्दर्य, वह वैचित्र्य, ईश्वर भक्ति
इतना काव्य, इतने शब्द, इतने छन्द
इतना ढोंग, जितना भोग है निर्बन्ध
इतना गूढ़, इतना गाढ़., सुन्दर जाल
केवल एक जलता सत्य देते टाल।'

समाजवादी क्षेत्र को सर्जन का क्षेत्र माननेवाले वाजपेयी जी इस बात को देखने में चूक जाते हैं कि सारी पंक्तियाँ 'केवल एक जलता सत्य देते टाल' पर आकर किस तरह टूट जाती हैं और पूँजीवादी व्यवस्था की ऊपरी चकाचौंध को हटाकर उसका खोखलापन प्रकट कर देती हैं। प्राण, हाथ, दिव्य, भव्य, चित्र, सौन्दर्य, गूढ़-गाढ़ सौन्दर्य जाल उस नकली शोषक और कृत्रिम व्यवस्था को ढकनेवाले प्रतीक हैं जो आर्थिक विषमता के जलते हुए सत्य को टालते रहते हैं। यह कविता प्रयोगवादी है कि नहीं, हम नहीं जानते किन्तु प्रगतिवादी और समाजवादी अवश्य है। वाजपेयी जी जैसे प्रखर आलोचक से आशा की जाती थी कि वे कविता की शक्ति को देखते किन्तु वे इस प्रकार की हल्की शब्दावली में इसकी अनदेखी कर जाते हैं : 'चौथी पंक्ति में 'सौन्दर्य', 'वैचित्र्य' और 'ईश्वर भक्ति' का समन्वय किया गया है, मानो एक ही पिता के ये दो पुत्र और एक कन्या हो...' (पृ. 39, आ. सा.)।

आलोचकीय गम्भीरता और दायित्व का पूर्ण पालन देखना हो तो आचार्य महावीरप्रसाद द्विवेदी, रत्नाकर, मैथिलीशरण गुप्त पर वाजपेयी जी द्वारा लिखित उन निबन्धों को देखना होगा जो 'हिन्दी साहित्य : बीसवीं शताब्दी' में संकलित हैं। आचार्य महावीरप्रसाद द्विवेदी का महत्त्व और उनके योगदान पर विचार करते हुए वाजपेयी जी ने लिखा है : 'जो कुछ कार्य द्विवेदी जी ने किया, वह अनुवाद का हो, काव्य-रचना का हो, आलोचना का हो, अथवा भाषा-संस्कार का हो, या केवल

साहित्यिक नेतृत्व का ही हो, वह स्थायी महत्त्व का हो या अस्थायी—हिन्दी में युग विशेष के प्रवर्तन और निर्माण में सहायक हुआ है। उसका ऐतिहासिक महत्त्व है। उसी के आधार पर नवीन युग का साहित्य-प्रासाद खड़ा किया जा सका है। उनकी समस्त कृतियाँ युग की प्रतिनिधि होने का गौरव रखती हैं' (पृ. 3, हिं. सा. बी. श.)।

आचार्य द्विवेदी का साहित्यिक व्यक्तित्व अपने युग की राष्ट्रीय आशाओं-आकांक्षाओं का प्रतिनिधित्व करता था। उनके परुष व्यक्तित्व ने यदि हिन्दी खड़ी बोली को गठित, व्यवस्थित और एकरूप किया तो उनके प्रेरणादायक व्यक्तित्व ने हिन्दी को मैथिलीशरण गुप्त जैसा कवि दिया। छायावाद को द्विवेदी युग का विद्रोही स्वर तो बहुत जोर-शोर से कहा जाता है लेकिन यह आँकने का प्रयास कम किया जाता है कि द्विवेदी युग को लाँघकर हिन्दी में छायावाद नहीं आ सकता था। छायावाद द्विवेदी युग का विद्रोह कम, विकास अधिक है। हमारे देश की प्रगति का द्विवेदी युग के साहित्य ने साथ दिया है, इसे वाजपेयी जी ने देखा और समझा है : 'दीनता और दरिद्रता के प्रति सहानुभूति, समय की सामाजिक और राजनीतिक प्रगति का साथ देना, शृंगार के विलास-वैभव का निषेध—ये सब द्विवेदी युग के आदर्श हैं। मध्यवर्ग की राष्ट्रीय भावना जो अमीरों के आतंक से छूट नहीं पाई थी, द्विवेदी युग की आधारशिला है' (पृ. 12, हिं. सा. बी. श.)।

बाबू जगन्नाथ दास 'रत्नाकर' के काव्य की परीक्षा-समीक्षा करते वाजपेयी जी ने यह मत व्यक्त किया है कि रत्नाकर जी का काव्य-प्रयत्न क्लासिक-शैली की सुरक्षा की ओर है। लेकिन उनकी प्रतिभा मौलिक न होकर अनुकरणात्मक है। वस्तुतः क्लासिक-शैली का अन्त हो जाने पर उसके प्रति कवियों के मन में आकर्षण बढ़ जाना स्वाभाविक था। रत्नाकर जी का काव्य इसी विगत के प्रति ललक की भावना से उद्‌भूत है। यह ठीक है कि 'रत्नाकर जी अपने काव्य में जीवन की ऐसी कोई मौलिकता और अनिवार्यता लेकर नहीं आए। उसके स्थान पर वे उक्ति-कौशल, अलंकार, भाषा की कारीगरी और छन्दों की सुघरता और पांडित्य लेकर आए थे', लेकिन रत्नाकर का महत्त्व इस बात में है कि उन्होंने 'हमें पहले के सुने, पर भूलते हुए गान फिर से गाकर सुनाए, पिछली याद दिलाई और हमारे विस्मृत स्वर का सन्धान किया।' इन पंक्तियों से पता चलता है कि वाजपेयी जी विकास की द्वन्द्वात्मक गति से परिचित ही नहीं बल्कि उसके आधार पर काव्य की परीक्षा भी करने के हिमायती हैं। हमारी स्थिति को अतीत, वर्तमान और भविष्य में बाँटना आसान है किन्तु इससे स्थिति का सही रूप खुलता नहीं। स्थिति में अतीत, वर्तमान और भविष्य—तीनों का मिश्रण होता है। वाजपेयी जी ने रत्नाकर के काव्य की जाँच इसी दृष्टि से की है।

काव्य-कौशल के साथ रत्नाकर के काव्य में जो प्रवाह और सहजता है, वह केवल कौशल और अभ्यास-साध्य नहीं है। 'ब्रजभाषा' में काव्य-रचना करने की उनमें प्रतिभा थी—इसमें कोई सन्देह नहीं। रत्नाकर के छन्दों के सहज प्रवाह को दिखाने के लिए वाजपेयी जी ने उनके एक कवित्त की तुलना खड़ी बोली में निष्णात कवित्त-लेखक 'अनूप' के एक छन्द से की है और प्रकट किया है कि कविता का जैसा सहज प्रवाह

ब्रजभाषा में रह सकता है, खड़ी बोली में नहीं। रत्नाकर जी के कवित्तों में जो बात है, वह 'केवल शब्द-सौन्दर्य की बात नहीं है, छन्द के घटनाजन्य सौन्दर्य की, पंक्ति-पंक्ति की, एक दूसरी की सन्निधि की और इस सन्निधि में सन्निहित संगीत की बात है।'

रत्नाकर के काव्य की समीक्षा करते हुए वाजपेयी जी ने एक अत्यन्त महत्त्वपूर्ण बात कही है। वे लिखते हैं : 'विगत युग के संस्कारों की स्थापना नव्यतर युग में करना निसर्गतः एक कृत्रिम प्रयास है। वह काव्य सुशोभन और गौरवास्पद हो सकता है किन्तु वह युग का अनिवार्य काव्य नहीं हो सकता। उत्कृष्ट साहित्य सदैव अनिवार्य हुआ करता है' (पृ. 21, हिं. सा. बी. श.)।

जिस रचना के बगैर काम चल सकता है, उसके लिखित और अलिखित होने से कोई फर्क नहीं पड़ता। समाजवादी विचारक जिसे ऐतिहासिक आवश्यकता कहते हैं, उसी को वाजपेयी जी रचना की अनिवार्यता कह रहे हैं। किसी रचना को अनिवार्य कहने का तात्पर्य यह है कि वह सच्चे अर्थों में युग की स्थितियों को अभिव्यक्त करती है, वह मानवता की यात्रा-पथ की स्मारिका है और ज़िसके अलिखित रह जाने से युग-मन की झाँकी से मानव-समाज वंचित रह जाएगा। 'रामायण' से लेकर 'गोदान' और 'राम की शक्ति-पूजा' तक की उत्कृष्ट रचनाएँ इसी दृष्टि से अनिवार्य रचनाएँ कही जाएँगी।

मैथिलीशरण गुप्त, रत्नाकर से भिन्न कोटि के कवि हैं। उन्होंने अपने युग की स्थितियों को बहुत बड़ी सीमा तक अभिव्यक्त किया है। मैथिलीशरण जी हिन्दी के इस युग के पहले कवि हैं जिन्होंने कविता की ज्योति समय, समाज और आत्मा के भीतर देखी है : '...युग के विकासोन्मुख जीवन का साक्षात्कार करने और उसे वाणी का परिधान पहनाकर नयनाभिराम बना देने के कारण, इस युग में गुप्त जी जन-समाज के प्रथम कृती-कवि कहे जाएँगे' (पृ. 31, वही)।

युग की परिस्थितियाँ कवि के अन्तर्मन पर जो प्रभाव डालती हैं, वे कवि को वस्तु-चयन करने की दृष्टि देती हैं। किन्तु यह प्रभाव इतना सूक्ष्म होता है कि पाठक और सामान्य आलोचक तो दूर, स्वयं कवि इनसे सब समय परिचित नहीं रहता। हमारे बाहर का विशाल और व्यापक परिवेश कितने अनजाने रूप से हममें प्रविष्ट होकर हमारी आत्मा और दृष्टि को प्रभावित कर देता है, इसे जानना अत्यन्त कठिन कार्य है। 'जयद्रथ-वध' जैसी रचनाओं में युग का प्रभाव—जो अत्यन्त सूक्ष्म है, देखना और समझना वाजपेयी जी जैसे कुशल एवं मर्मभेदी आलोचक का ही काम था। प्रभाव जितना ही गहरा और व्यापक होगा, उतना ही वह रचना में सावयव रूप से सम्पूर्णता में अभिव्यंजित होगा, केवल यत्र-तत्र स्फुट निदेशों और प्रसंगों में नहीं। वह स्फुट वर्णनों में ही नहीं, कथावस्तु के चयन, उसके प्रस्तुतीकरण, अभिव्यक्ति-भंगिमा और अन्ततः शैली में व्यंजित होगा। आधुनिकता गुप्त जी की 'भारत-भारती' की कला और अभिव्यंजना शैली में उतनी नहीं परिलक्षित होती जितनी 'जयद्रथ-वध' में। 'भारत-भारती' की लोकप्रियता को देखते हुए यह कहने के लिए साहस की अपेक्षा थी। ऐसा साहस वाजपेयी जी में था। उन्होंने 'भारत-भारती' और

'जयद्रथ-वध' की तुलना करते हुए अपना निश्चित मत यों व्यक्त किया है : 'जयद्रथ-वध' के मूल में राष्ट्रीय चेतना का उत्कर्ष 'भारत-भारती' से किसी कदर कम नहीं है, अधिक ही है। नवयुवक वीर अभिमन्यु राष्ट्रीय यज्ञ में अपने प्राणों की आहुति चढ़ा देता है। माता और पत्नी का अनुराग उसके मार्ग में बाधक नहीं होता। सप्तरथियों के दुर्भेद्य चक्र की परवाह उसे नहीं और शस्त्रों के कट जाने पर भी—निशशस्त्र होकर भी—वह बहादुरी के साथ उनका सामना करता है। परन्तु आततायियों का जमघट शस्त्र बल से और (द्रोणाचार्य के) शास्त्र बल से भी, न्याय युद्ध की परिपाटी को तोड़कर इस वीर का संहार कर डालता है। क्या यही हमारी वर्तमान परिस्थिति नहीं है' (पृ. 35, हिं. सा. बी. श.) ?

कथानक तो पुराना है जयद्रथ वध का, किन्तु इस कथानक की ऐसी व्यवस्था करना कि हमें उसमें वर्तमान परिस्थिति दिखलाई पड़े—गुप्त जी की आधुनिकता है। इस आधुनिकता की पहचान भी आँखोंवाला आधुनिक आलोचक ही कर सकता था।

मैथिलीशरण गुप्त का साहित्य परिमाण और विषय, दोनों दृष्टियों से विपुल है। उनकी रचनाओं की परीक्षा की जाए तो पता चलेगा कि हिन्दी काव्य के कई वाद और कई धाराओं के वे समुच्चय हैं। उनके यहाँ द्विवेदी युग इतिवृत्तात्मकता, स्वच्छन्दता और छायावादिता, सबकुछ मिलेगी। लेकिन गुप्त जी की आत्मा मध्यवर्गीय, मर्यादावादी ग्रामीण भारतीय की है। पारिवारिकता उनकी एक अन्य प्रमुख विशेषता है। उन्हें गृहस्थ जीवन का कवि कहा जा सकता है। एक अन्य विशेषता जिसकी ओर वाजपेयी जी का ध्यान गया है, वह है गुप्त जी का वाग्वैदग्ध्य। लेकिन इस वाक्चातुरी की कला से उन्हें इतना मोह है कि उनके काव्य का औदात्य तो खंडित ही हो जाता है, वांछित प्रभाव भी पाठक पर नहीं पड़ने पाता। प्रबन्ध काव्य में यह वाक्चातुर्य आवश्यकता से अधिक होने पर अनर्थ कर देता है। 'साकेत' के कवि से वाजपेयी जी को शिकायत है कि 'उसका प्रथम सर्गवाला वाक्छल और सभाचातुरी नहीं छूटी। दुख है कि वह लगातार आठ सर्गों तक नहीं छूटी। छन्द बदलते गए, पर छन्दों में भी पूरी शक्ति नहीं आई। महाकाव्य और सभाचातुरी में बहुत बड़ा अन्तर है। वन जाते समय उद्भ्रान्त प्रजा-जन राम को घेर लेते हैं तब प्रजा की प्रीति-शृंखला तोड़ने के लिए भी राम वाक्चातुरी ही दिखाते हैं : 'तुम लोग भद्र-अवज्ञा मत करो'। उपयुक्त भावोद्वेगों का प्रदर्शन करने में गुप्त जी की कला समर्थ नहीं हुई' (पृ. 49, हिं सा.)।

'साकेत' के प्रबन्ध में सुषमा का अभाव है। उसके किसी पात्र में क्रिया की शक्ति तो जैसे दिखलाई ही नहीं पड़ती। कथानक में किन घटनाओं को कितना विस्तार मिलना चाहिए, इसका ध्यान रखने से मस्तिष्क पर औदात्य का प्रभाव नहीं पड़ता। 'साकेत' में स्थान-स्थान पर रसमय वर्णन खंड मिलेंगे; किन्तु कुल मिलाकर उसका कोई व्यापक प्रभाव नहीं पड़ता। वाजपेयी जी ने लिखा है कि 'साकेत' का कवि न राम का भक्त मालूम पड़ता है, न लक्ष्मण का, न भरत का। वह प्रशंसक केवल उर्मिला का है। लेकिन उर्मिला को प्रधानता देने का रहस्य क्या ? क्या उर्मिला के प्रति गुप्त की भक्ति-भावना

सहज और कृत्रिम है ? नहीं, वह 'चित्र' के दूसरे पहलू को दिखाने के उत्साह का शिकार है। वह काव्य की उपेक्षिता उर्मिला को उपेक्षित नहीं रहने देना चाहता। 'साकेत' की समीक्षा करने के दौरान वाजपेयी जी 'साकेत' के छन्दों पर विचार करते हुए यह मत प्रकट करते हैं कि 'साकेत' के छन्द हिन्दी खड़ी बोली की शक्ति प्रकट करते हैं...उसके आवर्त-विवर्त से भाव-प्रतिमाएँ भी खड़ी करते हैं' (पृ. 39, हि. सा.)।

पं. नन्ददुलारे वाजपेयी की समीक्षा कृतियों को देखने पर ज्ञात होता है कि वे आचार्य रामचन्द्र शुक्ल की परम्परा के समीक्षक हैं। उनकी सामर्थ्य शुक्ल जी का विरोध करने में नहीं बल्कि उनका समर्थन करने या उनके द्वारा निकाली हुई समीक्षा-पद्धति पर चलने में प्रकट हुई है। वाजपेयी जी को इस बात का श्रेय मिलेगा कि छायावाद, प्रगतिवाद, महावीरप्रसाद द्विवेदी, पं. रामचन्द्र शुक्ल, मैथिलीशरण गुप्त, प्रसाद, निराला, दिनकर और प्रयोगवादी रचनाओं की उन्होंने गम्भीर या विस्तृत समीक्षा की। सामयिक जीवन की हलचलों को वे साहित्य-रचना के लिए महत्त्वपूर्ण मानते थे। मृत्यु के कुछ दिनों पूर्व ही नई कविता के कवियों पर 'धर्मयुग' में उनकी लेखमाला प्रकाशित हुई थी। उनकी स्पष्ट, निश्चित और आत्मविश्वासपूर्ण शैली अपने उत्कृष्ट रूप में शुक्ल जी की शैली का स्मरण कराती है। उनकी शैली में पत्रकारिता भी दिखाई पड़ती है, विशेष कर उन लेखों में, जिनमें उत्तर-प्रत्युत्तर का क्रम चला है। उनकी गद्य-शैली में चिन्तन, व्यक्तिगत रुचियों और सम्बन्धों की गन्ध भी कभी-कभार मिलती है। वे प्रगतिशील आलोचक माने जाएँगे। उन्होंने स्पष्ट लिखा कि समाजवादी विचारों के क्षेत्र में ही उत्कृष्ट सर्जन की सम्भावना है। ऐसी बेलाग बात को जिस संयत रूप में उन्होंने कहा है, वह उनके आत्मविश्वास का परिचायक है। वे आलोचना के नाम पर खिलवाड़ नहीं करते, रचना में डूबने की क्षमता रखते हैं और उसकी बुद्धिसंगत व्याख्या करने की भी। वाजपेयी जी को प्रधानत: खड़ी बोली के हिन्दी साहित्य का समीक्षक मानना उचित है। कहने को उन्होंने सूरदास पर भी पूरी पुस्तक लिखी है किन्तु उसमें शास्त्र-चर्चा ही है, व्यावहारिक समीक्षा केवल नाममात्र को है।

पं. हजारीप्रसाद द्विवेदी

द्विवेदीजी ने लेखन यद्यपि शुक्ल जी के जीवनकाल में ही प्रारम्भ कर दिया था, किन्तु जिस कृति ने लोगों का ध्यान उनकी ओर विशेष रूप से आकृष्ट किया, उसके प्रकाशन काल के आस-पास ही शुक्ल जी का देहान्त हो गया। जिस महत्त्वपूर्ण कृति का उल्लेख अभी किया गया है, वह 'हिन्दी साहित्य की भूमिका' है। 'हिन्दी साहित्य की भूमिका' में शुक्ल जी की कई साहित्येतिहास सम्बन्धी धारणाओं से मतभेद प्रकट किया गया है। यह समझना उचित नहीं है कि द्विवेदी जी और शुक्ल जी का मतभेद केवल साहित्य के ऐतिहासिक प्रश्नों को ही लेकर है। साहित्येतिहास विषयक मतभेद के पीछे उनकी साहित्यिक धारणाओं का मतभेद है जिन्होंने हिन्दी समीक्षा को भी प्रभावित किया है। उसकी चर्चा यहाँ आवश्यक है।

शुक्ल जी यद्यपि साहित्य को जनता की चित्तवृत्ति का प्रतिबिम्ब मानते हैं किन्तु इतिहास लिखते समय उन्होंने साहित्य के स्वरूप का अध्ययन शिक्षित जनता की प्रवृत्तियों को ध्यान में रखकर किया है। उनके शब्द हैं : 'शिक्षित जनता की जिन-जिन प्रवृत्तियों के अनुसार हमारे साहित्य के स्वरूप में जो-जो परिवर्तन होते आए हैं, जिन-जिन प्रभावों की प्रेरणा से काव्यधारा की भिन्न-भिन्न शाखाएँ फूटती रही हैं, उन सबके सम्यक् निरूपण तथा उनकी दृष्टि से किए गए सुसंगत काल विभाग के बिना साहित्य के इतिहास का सच्चा अध्ययन कठिन दिखाई देता था' (प्रथम संस्करण का वक्तव्य, हिं. सा. इ.)।

इसके थोड़ा ही आगे वे शिक्षित जनता की प्रवृत्तियों पर एक बार फिर बल देते हुए कहते हैं : 'पाँच-छह वर्ष पहले छात्रों के उपयोग के लिए मैंने कुछ संक्षिप्त नोट तैयार किए थे जिनमें परिस्थिति के अनुसार शिक्षितजन समूह की बदलती हुई प्रवृत्तियों को लक्ष्य करके हिन्दी साहित्य के इतिहास के काल विभाग और रचना की भिन्न शाखाओं के निरूपण का एक सच्चा ढाँचा खड़ा किया गया था' (वही)।

ध्यान देने की बात है कि शुक्ल जी यद्यपि साहित्य को जनता की चित्तवृत्ति का सच्चा प्रतिबिम्ब मानते हैं किन्तु इतिहास उन्होंने शिक्षित जनसमूह की बदलती हुई प्रवृत्तियों को ध्यान में रखकर लिखा था।

'जनता' और 'शिक्षित जनता' में अन्तर है। शुक्ल जी के इस दृष्टिकोण ने उसके इतिहास विशेष कर आदिकाल और भक्तिकाल को काफी प्रभावित किया है।

साहित्य और साहित्य का इतिहास, दोनों को समझने और परखने का दृष्टिकोण एक है। हम देखेंगे कि नाथ, सिद्ध और निर्गुण धारा के कवियों की समीक्षा करते समय शुक्ल जी के इस दृष्टिकोण ने उन्हें काफी प्रभावित किया है। शुक्ल जी ने अपने इतिहास में जहाँ-जहाँ अशिक्षित या अर्द्धशिक्षित शब्दों का प्रयोग किया है, उन्हें यदि ढूँढ़ा जाए तो यह तथ्य आश्चर्यजनक रूप से प्रकट होता है कि इनका प्रयोग उन्होंने वीरगाथाकाल और भक्तिकाल पर लिखते समय नाथ-सिद्धों और ज्ञानश्रायी धारा के निर्गुण कवियों के ही सन्दर्भ में किया है। कुछ उदाहरण देखे जा सकते हैं :

'वज्रयानी सिद्धों ने निम्न श्रेणी की प्रायः अशिक्षित जनता के बीच किस प्रकार के भावों के लिए जगह निकाली, यह दिखाया जा चुका है' (पृ. 20, हिं. सा. इ., सप्तम संस्करण)।

'सामान्य अशिक्षित या अर्द्धशिक्षित जनता पर इनकी बानियों का प्रभाव इसके अतिरिक्त और क्या हो सकता था' (पृ. 61, वही)!

'संस्कृत बुद्धि, संस्कृत हृदय और संस्कृत वाणी का यह विकास इस शाखा—ज्ञानाश्रयी में नहीं पाया जाता जो शिक्षित समाज को अपनी ओर आकर्षित करता। पर अशिक्षित जनता और निम्न श्रेणी की जनता पर इन सन्त-महात्माओं का बड़ा भारी उपकार है' (पृ. 71 हिं. सा. इ.)।

'भक्ति या विनय के सीधे-सादे भाव सादी भाषा में कहे गए हैं (गुरु नानक

के द्वारा), कबीर के समान अशिक्षितों पर प्रभाव डालने के लिए टेढ़े-मेढ़े रूपकों में नहीं' (पृ. 84, वही)।

सर्जनात्मक साहित्य और शिक्षा में कोई अन्योन्याश्रित सम्बन्ध नहीं है। ऐसा होता तो लोक-साहित्य को साहित्य न कहा जाता। शुक्ल जी इस तथ्य को नहीं जानते थे—ऐसा कहना तो दुस्साहस मात्र होगा, लेकिन निर्गुणधारा को ज्ञानाश्रयी कवियों पर उन्हें एक बार जो अशिक्षा और असाहित्यिकता का सन्देह हुआ, सो अन्त तक बना रहा।

माना कि कबीर अशिक्षित थे और सुनी-सुनाई बातों का उपदेश ज्ञानी की मुद्राओं में दिया करते थे। यह भी मान लिया जाए कि उनकी रचनाओं में ऐसा बहुत-कुछ है जो अन्तस्साधनापरक और साम्प्रदायिक रहस्यवादी है, फिर भी कबीर की साहित्यिक पंक्तियों के विषय में पं. रामचन्द्र शुक्ल को अपनी राय देनी चाहिए थी। उनके जैसे तत्त्वाभिनिवेषी समालोचक भी जब किसी कवि की केवल असाहित्यिक या शुष्क रचनाओं के ही उदाहरण देकर उसे साम्प्रदायिक, शुष्क एवं असाहित्यिक घोषित कर देते हैं और ऐसी मार्मिक पंक्तियों की उपेक्षा कर जाते हैं तो चूक जाते हैं :

'अंखड़ियाँ झाईं परी पंथ निहारि निहारि,
जीभड़ियाँ छाला पड़्या नाम पुकारि पुकारि।
नैना नीझर लाइसा, रहट बसै निस-जाम,
पपिहा ज्यूँ पिव-पिव करों कबहु मिलहुगे राम।
अंखड़ि प्रेम-कसाइयाँ लोग जाणैं दुःखड़ियाँ,
साई अपणै कारणै रोई रोई रत्तड़िया।
हँसि हँसि कन्त न पाइए जिनि पाँया तिन रोई,
जो हँसि हँसि ही हरि मिलै तो न दुहागिनि कोई।' —इत्यादि

ज्ञान और दृष्ट संसार हमें अदृष्ट और अज्ञात सत्ता की ओर उन्मुख करता है। स्वयं शुक्ल जी के अनुसार यह जिज्ञासा सच्ची रहस्य भावना का आधार है। कबीरदास ने अपने भाव जिस अज्ञात प्रियतम को निवेदित किए हैं, वह मानव-चेतना द्वारा संकेतित है। इसलिए ऐसी कविताओं को ऊटपटाँग या ज्ञानवानी न समझकर साहित्यिक समझना उचित है। पं. रामचन्द्र शुक्ल कबीर में सहृदयता तो कहीं पाते ही नहीं, प्रशंसा भी करते हैं तो यह कहकर कि 'कबीर की उक्तियों में कहीं-कहीं विलक्षण 'प्रभाव' और 'चमत्कार' है।' शुक्ल जी की पदावली से परिचित पाठक जानता है कि वे विलक्षणता और 'चमत्कार' को काव्य में कितना महत्त्व देते हैं। उनकी यह प्रशंसा (?) इस विचार की रोशनी में ही देखी जाएगी : 'कबीर अपने श्रोताओं पर यह अच्छी तरह भासित करना चाहते थे कि हमने ब्रह्म का साक्षात्कार कर लिया है, इसी से वे प्रभाव डालने के लिए बड़ी लम्बी-चौड़ी गर्वोक्तियाँ भी कभी-कभी कहते थे' (हिं. सा. इ.)।

कबीर ने जीवन काशी में बिताया और मृत्यु के समय मगहर में जाकर अपने शरीर का त्याग किया। कहा जाता है कि काशी में मरने से मुक्ति मिलती है, मगहर में मरने से गधे का जन्म धारण करना होता है। मृत्यु और मृत्यु के बाद की आशंका बड़े-बड़े विद्रोहियों को विचलित कर देती है। भारत के युवा विद्रोही बुढ़ापे में भक्त हो जाते

दिखलाई पड़ते हैं। कबीरदास को इन अन्धविश्वासों और ढकोसलों की निस्सारता पर अटल विश्वास था। वे इस प्रवाद और अन्धविश्वास को तोड़ने के लिए ही अन्तकाल में मगहर गए होंगे। इस पर टिप्पणी करते हुए शुक्ल जी केवल यह लिखते हैं : 'कबीर ने मगहर में जाकर शरीर त्याग किया जहाँ इनकी समाधि अब तक बनी है' (पृ. 79, वही)।

मगहर में मरने के पीछे जो दृढ़ता और प्रखरता है, उसके बारे में आचार्य मौन हैं।

जाहिर है कि कबीरदास को अधिक समझने की जरूरत बनी हुई थी। इस धारा के कवियों, विशेषत: कबीर की साधना की ऐतिहासिक छानबीन आचार्य हजारीप्रसाद द्विवेदी ने अपने ग्रन्थ 'कबीर' में की। कबीर की जाति, निर्गुणसाधकों की परम्परा, उनकी साधना की विशेषताओं, इस्लाम का उन पर प्रभाव आदि के विषय में द्विवेदी जी ने अज्ञातपूर्व और यथासम्भव प्रामाणिक सूचनाएँ दी हैं। द्विवेदी जी कवि की परिस्थिति को, जिसमें वे कवि के जीवन-सम्बन्धी सारी बातों को शामिल समझते हैं, उसकी समीक्षा कर पाने के लिए जरूरी मानते हैं। उनका विचार यह है कि 'किसी रचना का सम्पूर्ण आनन्द पाने के लिए रचयिता के साथ हमारा घनिष्ठ परिचय और सहानुभूति मनुष्यता के नाते भी आवश्यक है। हमें आलोचक होने के पहले आलोच्य ग्रन्थकार का विश्वासपरायण मित्र बनना चाहिए। तभी हम उसके वक्तव्य के उचित श्रोता हो सकेंगे। क्योंकि उस हालत में ही उसके व्यक्तिगत सुख-दु:ख के साथ गम्भीर सहानुभूति का भाव रख सकते हैं। सूरदास, तुलसीदास, रसखान और घनानन्द आदि कवियों के बारे में जो किंवदन्तियाँ प्रसिद्ध हैं, उनसे सिद्ध होता है कि जीवन की छोटी-छोटी घटनाएँ भी कभी-कभी महान पुरुषों को इस प्रकार का झटका देती हैं कि उनके जीवन की दिशा ही बदल जाती है। कवि का जीवन उसकी कृतियों के समझने का प्रधान सहायक है (पृ. 14, साहित्य सहचर)।

द्विवेदी जी ग्रन्थ के अध्ययन के लिए ग्रन्थकार का अध्ययन और ग्रन्थकार के अध्ययन के लिए उसके जीवन परिवेश और परम्परा का अध्ययन आवश्यक समझते हैं। वे किसी कृति की आलोचना उसके ऐतिहासिक और सामाजिक सन्दर्भ में करने के पक्षधर हैं। परम्परा का अध्ययन करने की आवश्यकता पर जोर देते हुए वे कहते हैं कि 'कवि को पूर्ववर्ती और समसामयिक कवियों की तुलना में रखकर देखने का अर्थ है कि हम मानते हैं कि संसार में कोई घटना अपने-आपमें स्वतंत्र नहीं है। पूर्ववर्ती और पार्श्ववर्ती घटनाएँ वर्तमान घटनाओं को रूप देती रहती हैं, इसलिए जिस किसी रचना या वक्तव्य वस्तु का हमें स्वरूप निर्णय करना हो, उसे पूर्ववर्ती और पार्श्ववर्ती घटनाओं की अपेक्षा में देखना चाहिए (पृ. 12, सा. स.)।

यदि कवि की रचना उसके व्यक्तित्व से और उसका व्यक्तित्व अपने देशकाल की उपज होता है तो निश्चित है कि प्रत्येक रचना पर अपने विशिष्ट काल की विशेषता की छाप रहती है और उसे देश, काल एवं परिवेश से अलग करके नहीं परखा जा सकता यानी कालिदास एक खास जाति और खास काल में ही हो सकते थे। एस्किमो जाति के बच्चे को चाहे जितनी भी संस्कृत रटा दीजिए, वह कालिदास नहीं बन सकता और न इस युग का बड़ी-से-बड़ी शक्तिवाला संस्कृतज्ञ ही कालिदास-सा हो सकता है।

'कालिदास उसी समय में उसी परिस्थिति में और उसी जाति में हो सकते थे, जिसमें हुए थे' (पृ. 16, वही)। एक वाक्य में, साहित्यकार अपनी परिस्थिति की उपज होता है और उसका अध्ययन करने के लिए उसकी परिस्थिति का अध्ययन अनिवार्य है।

आचार्य द्विवेदी की समीक्षा-दृष्टि मुख्यत: ऐतिहासिक-सामाजिक है। यद्यपि सूर-साहित्य की रचना भी इसी दृष्टि से की गई थी, किन्तु इस दृष्टि से लिखी गई महत्त्वपूर्ण पुस्तक 'कबीर' है। पुस्तक कबीर के अध्ययन के लिए प्राय: सभी महत्त्वपूर्ण उपादानों को व्यवस्थित रूप में प्रस्तुत करती है और कबीर के सम्बन्ध में फैले हुए अनेक प्रवादों, किंवदन्तियों और किस्सों-कहानियों के जालों को हटाकर और उन्हीं की सहायता से प्रामाणिक जानकारी देती है। उनको कुछ लोग मुसलमान कहते थे, कुछ लोग हिन्दू। यदि कबीरदास जुलाहा थे तो मुसलमान थे, फिर उन्होंने इस्लाम का खंडन और कई बातें हिन्दुओं जैसी क्यों कीं ? द्विवेदी जी ने इतिहास के कुहासे को चीरकर उनकी जाति, उस जाति की जीवित परम्परा और उसमें कबीरदास का स्थान खोजा है। जब हमें इन बातों का पता चल जाता है कि :

(1) आज की वयन-जीवी जातियों में से अधिकांश किसी समय ब्राह्मण श्रेष्ठता को स्वीकार नहीं करती थीं;

(2) जोगी नामक आश्रम-भ्रष्ट बारियों की एक जाति सारे उत्तर और पूर्व भारत में फैली थी। ये नाथ-पंथी थे। कपड़ा बुनकर और सूत कातकर या गोरखनाथ और भरथरी के नाम पर भीख माँगकर जीविका चलाया करते थे;

(3) इनमें निराकार भाव की उपासना प्रचलित थी। जाति-भेद और ब्राह्मण-श्रेष्ठता के प्रति इनकी कोई सहानुभूति नहीं थी, और न अवतारवाद में ही कोई आस्था थी;

(4) आस-पास के वृहत्तर हिन्दू-समाज की दृष्टि में ये नीच और अस्पृश्य थे।

(5) मुसलमानों के आने के बाद, धीरे-धीरे मुसलमान होते रहे;

(6) पंजाब, युक्त प्रदेश (उत्तर प्रदेश), बिहार और बंगाल में इनकी कई बस्तियों ने सामूहिक रूप से मुसलमानी धर्म ग्रहण किया था

और

(7) कबीरदास इन्हीं नव-धर्मान्तरित लोगों में पालित हुए थे (पृ. 13-14, कबीर)।

तब हमें पता चल जाता है कि क्यों 'उनके तथा 'निर्गुणवाद' वाले और दूसरे सन्तों के वचनों में कहीं भारतीय अद्वैतवाद की झलक मिलती है, कहीं योगियों के नाड़ी चक्र की, कहीं सूफियों के प्रेमतत्त्व, कहीं पैगम्बरी कट्टर खुदावाद की और कहीं अहिंसावाद की' (पृ. 7, हिं. सा. इ.)।

देश और काल का प्रभाव शब्दों पर उनके अर्थ और व्यवहार पर भी पड़ता है। ऐसा देखने में आता है कि एक ही शब्द विभिन्न युगों में एकाधिक अर्थ देता है। 'भारतीय वाङ्मय' का अध्ययन करनेवाले जानते हैं, किसी शब्द को उसके ठीक अर्थ में समझने-समझाने के लिए काफी परिश्रम करना पड़ता है। फिर साधनागत पारिभाषिक शब्दों

का ठीक-ठीक अर्थ खोजे बिना प्राचीन साहित्य को समझ पाना असम्भव है। यह बात द्विवेदी जी ने समझाई है कि शब्द भी कवि के देश-काल और उसके परिवेश के महत्त्वपूर्ण अंग होते हैं। उनसे परिचित हुए बिना किसी भी काल के साहित्य को ठीक-ठीक नहीं समझा जा सकता। उसे समझाना और उसकी समीक्षा करना तो दूर की बात है। कबीर साहित्य में प्रयुक्त होनेवाले 'खसम' शब्द के उदाहरण से इस बात को समझा जा सकता है। 'खसम' शब्द का प्रयोग सरहजा आदि की रचनाओं में गगन समान (ख-गगन-सम) के अर्थ में प्राप्त होता है।

जैसे :

'सब्ब रुअ तहि खसम करिज्जइ
खसम सहावें मण वि धरिज्जइ।'

अवधूत गीता में इसी स्थिति का बोध 'गगनोपम' शब्द से किया जाता है (पृ. 76, कबीर पर उद्धृत)। अब कबीरदास के यहाँ 'खसम' शब्द क्या व्यक्त करता है, इस पर द्विवेदी जी का कहना है कि 'जब यह शब्द कबीरदास तक पहुँचा तब तक इससे मिलता-जुलता एक अरबी शब्द खसम (पति) भी भारतवर्ष की सीमा में पहुँच चुका था। कबीरदास को यह शब्द दो मूलों से प्राप्त हुआ। हठ-योगियों के माध्यम से यह आत्मा के शून्यचक्र में पहुँचकर समभाव की अवस्था को प्राप्त होने के अर्थ में आया और मुसलमानी माध्यम से पति के अर्थ में। हमने पहले ही देखा कि कबीरदास योगियों के कृच्छाचार द्वारा प्राप्त समाधि को बहुत ऊँची अवस्था नहीं मानते थे' (पृ. 77, कबीर)। 'यही कारण है कि खसम का अर्थ सब समय उन्होंने निकृष्ट पति समझा' (पृ. 78, कबीर)। कबीरदास द्वारा प्रयुक्त 'खसम' शब्द की जटिल अर्थ-बोधकता के पीछे एक इतिहास है जिसे द्विवेदी जी ने समझाया है। इसी प्रकार उन्होंने अवधू निरंजन, धर्म, सून्य, सहज, याद और बिन्दु आदि साधनागत पारिभाषिक शब्दों को भी उनके इतिहास के आलोक में देखकर उनका अर्थ निश्चित किया है। इन सबसे सन्त साहित्य का मर्म खुलता है।

शब्दों के इतिहास के अतिरिक्त द्विवेदी जी कबीर साहित्य को पूर्ववर्ती और पार्श्ववर्ती साधनाओं के सन्दर्भ में परखते हैं। पं. रामचन्द्र शुक्ल का विचार था कि कबीर मूर्तिपूजा का खंडन 'मुसलमानी जोश' के साथ करते थे। द्विवेदी जी ने नाथ-सिद्धों की साधनाओं और उनकी रचनाओं की व्याख्या करके यह दिखाया कि यह सब कबीर ने पूर्ववर्ती साधकों से ग्रहण किया था। जाति-भेद और ऊँच-नीच तथा बाह्य कर्मकांड पर प्रहार करने की इस देश में बहुत पुरानी परम्परा है।

इस ऐतिहासिक-सामाजिक दृष्टि ने हिन्दी साहित्य के आदिकाल और भक्तिकाल सम्बन्धी पूर्व मान्यताओं को झकझोर दिया है। शुक्ल जी का विचार था कि भक्ति की भावना हिन्दी-भाषी क्षेत्र में मुसलमानों से पराजय के कारण पैदा हुई। 'इतने भारी राजनीतिक उलटफेर के पीछे हिन्दू जनसमुदाय पर बहुत दिनों तक उदासी-सी छाई रही। अपने पौरुष से हताश जाति के लिए भगवान की शक्ति और करुणा की ओर ध्यान ले जाने के अतिरिक्त दूसरा मार्ग ही क्या था' (पृ. 60, हिं. सा. इ.)?

भक्ति साहित्य जैसे उत्कृष्ट साहित्य का स्वर पराजय और निराशा का नहीं है, इसे शुक्ल जी से अधिक कौन समझ सकता था! लेकिन उन्हें भक्ति-पूर्व नाथ-सिद्धों की परम्परा का ऐतिहासिक विश्लेषण करने का अवसर नहीं मिला था। भक्ति-पूर्व धर्म-साधनाओं का विश्लेषण करनेवाले द्विवेदी जी ने देखा कि यदि मुसलमान न आए होते तो भी हिन्दी साहित्य का अधिकांश वैसा ही होता जैसाकि आज है। द्विवेदी जी ने हिन्दी साहित्य के उद्भव-काल के पूर्व जाकर उसकी प्रवृत्तियों और उनके स्वाभाविक विकास को देखा है। उनका मत है कि हिन्दी साहित्य निराशा और पराजय मनोवृत्ति का साहित्य नहीं है। इस क्षेत्र की जातीय चिन्ताधारा का स्वाभाविक विकास हमें साहित्य में मिलता है। आज भक्तिकाल के उद्भव पर यह बहस खत्म-सी हो चुकी है और अब शुक्ल जी के एतद्विषयक विचारों की सीमाओं को लगभग स्वीकार कर लिया गया है। यह सबकुछ 'हिन्दी साहित्य की भूमिका' के प्रकाशन के बाद हुआ है। 'भूमिका' आज प्रकाशित होनेवाली भारी-भरकम पुस्तकों की तुलना में काफी छोटी और पतली पुस्तक है। पुस्तक के प्रारम्भ में एक पृष्ठ प्रकाशक की ओर से है, और एक ही पृष्ठ लेखक का 'प्राक्कथन' या 'उपोद्घात' नहीं, 'निवेदन' है। लेकिन पुस्तक के प्रारम्भ में ही एक-दो छोटे-छोटे पैराग्राफों में जो दृढ़ता और स्पष्टता और आत्मविश्वास दिखलाई पड़ता है, वह द्विवेदी जी की ही अन्य कृतियों में दुर्लभ है।

'आज से लगभग हजार वर्ष पहले हिन्दी साहित्य बनना शुरू हुआ था। इन हजार वर्षों में हिन्दीभाषी जनसमुदाय क्या सोच-समझ रहा था, इस बात की जानकारी का एकमात्र साधन हिन्दी साहित्य ही है। एक यह कि हिन्दी साहित्य एक हतदर्प पराजित जाति की सम्पत्ति है, इसलिए उसका महत्त्व इस जाति के राजनीतिक उत्थान-पतन के साथ अंगागि भाव से सम्बद्ध है और दूसरा यह कि ऐसा न भी हो तो भी वह एक निरन्तर पतनशील जाति की चिन्ताओं का मूर्त प्रतीक है, जो अपने-आपमें कोई विशेष महत्त्व नहीं रखता। मैं इन दोनों बातों का प्रतिवाद करता हूँ। ...मैं इस्लाम के महत्त्व को भूल नहीं रहा हूँ लेकिन जोर देकर कहना चाहता हूँ कि अगर इस्लाम नहीं आया होता तो भी इस साहित्य का बारह आना वैसा ही होता, जैसा आज है' (पृ. 2, हिं. सा. भू.)।

इस उद्धरण में कुछ बातें रेखांकित की जा सकती हैं :

(1) जनसमुदाय जो सोच-समझ रहा था, हिन्दी साहित्य उसकी जानकारी का साधन है;

(2) हिन्दी साहित्य हतदर्प पराजित जाति की सम्पत्ति नहीं है; और

(3) अगर इस्लाम नहीं आया होता तो भी हमारा साहित्य करीब-करीब वैसा ही होता, जैसाकि आज है।

बातें कहने के लिए तीन हैं, लेकिन जरा-सी ही गहराई से सोचने पर पता चल जाता है कि ये तीनों वक्तव्य परस्पर-पूरक हैं और एक ही सूत्र की तर्कपूर्ण परिणति हैं। सूत्र हैं : साहित्य जनसमुदाय के विचारों को सोचने-समझने का साधन है, यानी साहित्य जनसमुदाय की अभिव्यक्ति है, आश्चर्यजनक समानता है—'हिन्दी साहित्य

का इतिहास' और 'हिन्दी साहित्य की भूमिका' की प्रारम्भिक पंक्तियों में। शुक्ल जी और द्विवेदी जी, दोनों शुरू में ही 'जनता' या 'जनसमुदाय' की बातें करते हैं—लेकिन इतिहास-लेखन की पद्धति में अन्तर है। शुक्ल जी साहित्य को शिक्षितों की अभिव्यक्ति मानते हैं। वे साहित्य का अधिकारी भी शिक्षितों को ही मानते हैं। हमने देखा है कि जो साहित्य अर्द्धशिक्षितों, अशिक्षितों और सामान्य जनसमुदाय को प्रभावित करने के लिए लिखा गया, वह उन्हें पसन्द नहीं है।

द्विवेदी जी आदिकालीन साहित्य का अध्ययन कथानक-रूढ़ियों और काव्य-रूढ़ियों के द्वारा करना उचित समझते हैं। कथानक-रूढ़ियाँ और काव्य-रूढ़ियाँ वस्तुत: तत्कालीन सामान्य मनुष्य की उस धारणा एवं दृष्टि की परिचायिकाएँ हैं जो रचनाओं के कथानकों का ढाँचा गढ़ती हैं। द्विवेदी जी तथ्य और कल्पना के मिश्रण को आदिकालीन हिन्दी साहित्य की मुख्य प्रवृत्ति मानते हैं। भारतीय साहित्य में एक-दो नहीं, अनेक काव्य और कथा-कहानियाँ मिलेंगी जिनमें ऐतिहासिक व्यक्ति को निजन्धरी व्यक्तित्व बना दिया जाता है। विक्रमादित्य, कालिदास, अकबर, गोरखनाथ, मत्स्येन्द्र नाथ, कबीर—इन सबके साथ कितनी कहानियाँ गढ़कर चस्पाँ कर दी गई हैं। दूर की बात जाने दें, हमारे समय के ही महापुरुष गांधी और नेहरू के विषय में कितनी कहानियाँ गढ़ी गई हैं। नेहरू के विषय में यह कहानी कि उनके कपड़े पेरिस से धुलकर आते थे, कितने विश्वास के साथ कही और सुनी जाती है! मनोरंजक बात तो यह है कि स्वयं नेहरू जी ने इन किंवदन्तियों का खंडन किया लेकिन भारतीय जनमानस है कि वह अपनी चिराचरित विशेषता को छोड़ने के लिए तैयार नहीं। वस्तुत: तथ्य के साथ कल्पना का मिश्रण भारतीय जनमानस की भी प्रवृत्ति है जो साहित्य में प्रतिफलित हुई है। आचार्य हजारीप्रसाद द्विवेदी ने चूँकि साहित्य के स्रोत साहित्यिक प्रवृत्तियों को सामूहिक-शिक्षित और अशिक्षित, दोनों मानव जीवन के सन्दर्भ में देखा है, इसलिए उनकी दृष्टि इस ओर गई है। वे 'पृथ्वीराज रासो' और 'पद्‌मावत' में प्रयुक्त कथानक-रूढ़ियों की चर्चा करते हुए कहते हैं :

'सम्भावनाओं पर बल देने का परिणाम यह हुआ है कि हमारे देश के साहित्य में कथानक को गति और घुमाव देने के लिए कुछ ऐसे अभिप्राय बहुत दीर्घकाल से व्यवहृत होते आए हैं, जो बहुत थोड़ी दूर तक यथार्थ होते हैं और जो आगे चलकर कथानक रूढ़ि में बदल गए।...चित्तौड़ के राजा से सिंहल देश की राजपुत्री का विवाह हुआ था या नहीं, इस ऐतिहासिक तथ्य से कुछ लेना-देना नहीं है; हुआ हो तो बहुत अच्छी बात है, न हुआ हो तो होने की सम्भावना तो है ही। राजा से राजकुमारी का विवाह नहीं होगा तो किससे होगा? शुक नामक पक्षी थोड़ा-बहुत मानव-वाणी का अनुकरण कर लेता है, और भी तो कर सकता था। जितनी शक्ति उसे प्राप्त है, उससे अधिक की सम्भावना तो है ही। ऋषि के वरदान से वह शक्ति बढ़ सकती है। ऋषि के शाप से पतित गन्धर्व यदि सुग्गा हो गया होता तो पुनर्जन्म के संस्कार उसको कला-मर्मज्ञ भी बना सकते हैं। इस प्रकार सम्भावना पक्ष पर जोर देने के कारण बहुत-सी कथानक रूढ़ियाँ इस देश में चल पड़ी हैं' (पृ. 80, आदिकाल)।

द्विवेदी जी की बहुत बड़ी शक्ति है—सारे पांडित्य और शास्त्र-ज्ञान को क्षण भर में दबाकर सहज और सामान्य आदमी की तरह वस्तुओं को देख और सोच पाने की। उन विद्वानों और बुद्धिजीवियों की शक्ति बहुत क्षीण हो जाती है जो सामान्य व्यक्ति की तरह देख और सोच नहीं पाते। विडम्बना यह होती है कि शास्त्र आधारित होते हैं, सामान्य जीवन के पर्यवेक्षण पर और उन्हीं शास्त्रों को पढ़कर शास्त्रज्ञ विद्वान सामान्य जीवन को देख पाने की शक्ति खो बैठते हैं। शास्त्र चाहे जितने सुव्यवस्थित क्यों न हों, जीवन से पीछे ही रहेंगे। जो कुछ हमारे इर्द-गिर्द हो रहा है, वह सिद्धान्त और शास्त्र से आगे का है। उस विद्वान का योगदान सचमुच ही महत्त्वपूर्ण होता है जो शास्त्रज्ञ होते हुए भी शास्त्रों और किताबी दुनिया की इस सीमा को पहचानते हैं। द्विवेदी जी इस सीमा को न केवल पहचानते हैं बल्कि उसे लाँघ भी सकते हैं। सामान्य जीवन के पर्यवेक्षण के आधार पर निष्कर्ष तक पहुँचने की पद्धति वैज्ञानिक एवं आधुनिक है। वर्तमान के आधार पर अतीत का पुनर्निर्माण करना साहित्येतिहास ही नहीं, ज्ञान की अन्य शाखाओं की भी स्वीकृत पद्धति हो चली है। भौतिक विज्ञान तो पर्यवेक्षण पर आधारित ही है। नृतत्त्वशास्त्र और भाषाविज्ञान में भी उपलब्ध सामग्री के सहारे पूर्वस्थिति तक पहुँचा जाता है। इस पद्धति का उत्तम उदाहरण भाषाविज्ञान में देखा जा सकता है जिसमें तुलनात्मक पद्धति (Comparative Method) और आन्तरिक पुनर्निर्माण (Internal Reconstruction) के सहारे भाषाओं की पूर्वस्थितियों की जानकारी हासिल की जाती है। आचार्य हजारीप्रसाद द्विवेदी की सहजता, लोकचेतना और सामान्य मनुष्य की दृष्टि से साहित्य को देख पाने की शक्ति ने उन्हें वैज्ञानिक इतिहासकार बनाया है। इस तथ्य को जान लेने पर ही उनकी लोकवादिता, सहजता और सामान्य बने रहने की शक्ति की सार्थकता समझ में आती है। कथानक-रूढ़ियों और काव्य-रूढ़ियों की दृष्टि से साहित्य को देखने का आग्रह साहित्य को तत्कालीन मनुष्य की दृष्टि से देखने का आग्रह है और तत्कालीन मनुष्य की दृष्टि वे अपने काल के मनुष्य से प्राप्त करते हैं।

शुक्ल जी के बाद हिन्दी पाठकों, विद्यार्थियों, अध्यापकों और आलोचकों की दृष्टि और रुचि पर जितना अधिक प्रभाव द्विवेदी जी की कृतियों का पड़ा है, उतना किसी आलोचक का नहीं। रसग्राहिता द्विवेदी जी की सबसे बड़ी शक्ति है और यहाँ स्मरण रखना चाहिए कि आलोचक की भी सबसे बड़ी कसौटी रसग्राहिता ही है। कबीर, सूरदास, कालिदास और अपभ्रंश साहित्य पर लिखी गई रचनाओं में द्विवेदी जी की रसग्राहिता के प्रचुर प्रमाण मिलेंगे।

द्विवेदी जी शास्त्रीय और मनोवैज्ञानिक चिन्तन-प्रक्रिया से रचना के विषय में अपना मत प्रमाण-पुष्ट करने की अधिक चिन्ता नहीं करते। रचना के विश्लेषण के नाम पर वे भावपरक व्याख्या में प्रवृत्त हो जाते हैं—लेकिन उनकी समीक्षा की शक्ति का रहस्य भी हमें जान लेना चाहिए। द्विवेदी जी भावपरक व्याख्या करते समय भी दलित द्राक्षा के समान हृदय का अशेष रस, अपेक्षाकृत कम उड़ेलते हैं। जहाँ वे अत्यन्त भावविभोर दिखाई पड़ते हैं, वहाँ भी वे प्राय: कवि की भावनाओं का गद्यानुवाद कर

रहे होते हैं : 'कबीर ने इस प्रेम-लीला को एक बहुत ही वीर्यवती साधना के रूप में देखा है। एक बार जिसे भगवान की रहस्य-केलि की पुकार सुनाई दे जाती है, वह व्याकुल हो उठता है, प्रिय-मिलन के लिए उसकी तड़पन संसार के किसी और विरह-व्यापार से तुलनीय नहीं हो सकती। चकई का विरह प्रसिद्ध है, पर वह भी तो रात की समाप्ति के बाद प्रिय के साथ आसानी से मिल जाती है। राम का विरह इतना आसान नहीं है। एक बार जो इस विरह की चपेट में आ गया, वह कुछ ऐसा बेहाल हो जाता है कि कहकर प्रकाश करना कठिन है। उसे न दिन में सुख मिलता है, न रात में; न सपने में न, जागरण में, न धूप में, न छाँह में। राम-विरह का मारा भक्त हर एक साधक से पूछता रहता है कि वह कहाँ है, उसका प्रियतम किधर है, उसके पास जाने का रास्ता क्या है? वह ठीक उस विरह से ऊबी विरहिणी के समान होता है जो हर एक राहगीर से पूछती रहती है कि उसके प्रियतम कब आएँगे' (पृ. 191, कबीर)।

उद्धरण की प्रथम दो पंक्तियों में द्विवेदी जी ने कबीर द्वारा अभिव्यक्त विरह की विशेषताएँ बताई हैं। बाकी पंक्तियों को साधारण बुद्धि का पाठक प्रभाववादी समीक्षा का नमूना समझ बैठेगा। लेकिन ये पंक्तियाँ वस्तुतः कबीरदास के दोहों का सुन्दर गद्यानुवाद हैं :

'चकवी बिछुटी रैणि की आइ मिली परभाति,
जो जन बिछुरे राम से तो दिन मिलें न राति।
बासरि सुख ना रैण सुख ना सुख सपुनै माँहि,
विरहिन ऊभी पंथसिरि पंथी बूझै धाइ,
एक सबद कहि पीव का कब रे मिलैंगे आइ।'

कवि की अभिव्यक्ति तक पाठक को ऐसे भाव-पथ के द्वारा पहुँचा देना कि उसे पता ही न चलने पाए कि वह लेखक को नहीं, कवि को ही पढ़ रहा है, द्विवेदी जी की आलोचना और गद्य-शैली की भी विशेषता है। अभ्यास करके देखा जा सकता है कि यह गद्यशैली उसी को नसीब होगी जो कवि की रचना में डूब सका है। प्रेमचन्द की विशेषता बताते हुए वे लिखते हैं : 'अगर कोई उत्तर भारत की समस्त जनता के आचार-विचार, भाव, भाषा, रहन-सहन, आशा-आकांक्षा, दुःख-सुख और सूझ-बूझ को जानना चाहे तो प्रेमचन्द से अधिक उत्तम परिचायक इस युग में नहीं पा सकेगा।' इसी कथन को जैसे और अधिक पुष्ट करते हुए वे लिखते हैं : 'कोई भी जिज्ञासु मानवती बहू को, कोठे पर बैठी हुई वार-विलासिनी को, रोटियों के लिए ललकते हुए भिखमंगे को, कूट परामर्श में लीन गोयन्दों को, ईर्ष्या-परायण प्रोफेसरों को, दुर्बल हृदय बैंकरों को, साहसी चमारों को, ढोंगी पंडित को, फरेबी पटवारी को और नीचाशय अमीर को देख सकता है और निश्चिन्त होकर विश्वास कर सकता है कि जो कुछ उसने देखा है, वह गलत नहीं है। इससे अधिक सचाई के साथ दिखा सकनेवाले परिदर्शक को हिन्दी और उर्दू की दुनिया नहीं जानती' (पृ. 25, साहित्य सहचर)। इसमें प्रेमचन्द-विषयक पहले कथन को पुष्ट-भावपरक व्याख्या से पुष्ट किया गया है। लेकिन इसमें जो प्रवाह है, वह भावुकता का नहीं है। यहाँ प्रेमचन्द साहित्य के

पर्यवेक्षण से अर्जित बोध गुणात्मक रूप में परिवर्तित होकर भाव बन गया है। यहाँ भाव-प्रवाह, बोध-पुष्ट है, अत: विश्वसनीय है। द्विवेदी जी ऐसी भावोच्छलता को समीक्षा के क्षेत्र में वर्जित नहीं समझते। इसलिए प्रभाववादी समीक्षा के विषय में आचार्य रामचन्द्र शुक्ल ने जो कुछ लिखा है, उसको ज्यों-का-त्यों मान लेने को वे तैयार नहीं दिखते। शुक्ल जी ने लिखा था कि प्रभावाभिव्यंजक समालोचना कोई ठीक-ठिकाने की वस्तु ही नहीं।...उसे वे समीक्षा कहने को भी तैयार नहीं थे। उनका विचार था कि आलोचना कवि के लक्ष्य को, उसके भाव को ठीक-ठीक समझने या हृदयंगम करने के लिए है, न कि सजीले पद-विन्यास द्वारा मनोरंजन के लिए। इस पर द्विवेदी जी का कहना है कि 'आचार्य शुक्ल का यह वक्तव्य जहाँ विशुद्ध बुद्धिमूलक चिन्तन को प्रधान मानकर समालोचना के प्रभाववादी रूप की उचित समीक्षा करता है, वहाँ यह भुला देता है कि काव्य की समीक्षा जितनी भी बुद्धिमूलक क्यों न हो, है वह भाववेग को समझने का प्रयत्न ही। सहृदय के हृदय में वासना रूप से स्थित भाव ही तो काव्य के अलौकिक चमत्कार का कारण है; रस सहृदय के स्वाकार से अभिन्न है। फिर वह निस्संग कैसे हो सकता है? जब तक सहृदय का व्यक्तित्व कवि के साथ एकाकार नहीं हो जाता तब तक रस का अनुभव नहीं हो सकता। समीक्षक जब तक अपना अहंकार लेकर बैठा रहेगा, तब तक रस नहीं पा सकेगा।' स्वयं शुक्ल जी ने कहा है कि 'काव्य का चरम लक्ष्य सर्वभूत को आत्मभूत कराके अनुभव कराना है। उसके साधन में भी अहंकार का त्याग आवश्यक है' (पृ. 29, साहित्य सहचर)।

द्विवेदी जी साहित्य को सामाजिक सन्दर्भों में देखने और परखने का आग्रह करते हैं। सामाजिकता का यह आग्रह ही उन्हें 'मानवतावादी' बनाता है। वे जीवन्त मनुष्य और उसके समूह 'समाज को मनुष्य की सारी साधनाओं का केन्द्र और लक्ष्य' मानते हैं। साहित्य भी उन्हीं रेखाओं में से एक है जो संस्कृति का चित्र उभारते हैं। इसलिए साहित्य को ठीक-ठीक समझने में संस्कृति की सभी शाखाओं का अध्ययन सहायता करता है। हिन्दी के चिन्तकों में द्विवेदी जी ने इस दिशा में सर्वाधिक कार्य किया है। वे साहित्य की बात करते-करते चित्र, संगीत, नृत्य, विज्ञान, इतिहास आदि की जो बातें करने लगते हैं, इसी कारण। वे जिस युग के साहित्य की विवेचना करने में प्रवृत्त होते हैं—उस युग के समूचे मनुष्य—उसकी समस्त साधनाओं को समझ लेना चाहते हैं। मनुष्य समझ में आ गया है तो साहित्य को समझने-समझाने में देर नहीं लगेगी। मानवता के इतिहास का बोध उसकी विकास-यात्रा के बोध के बिना हो नहीं सकता। द्विवेदी जी इसी विकास-यात्रा को मनुष्य की 'जय-यात्रा' कहते हैं, जिसका स्मरण करते ही उनकी रक्त-शिराएँ झनझनाने लगती हैं। सभी साधनाओं, मर्यादाओं, मानदंडों, शास्त्रों, विधि-निषेधों से अधिक महत्त्वपूर्ण है मनुष्य, और उसकी सभी चेष्टाओं का अध्ययन इस जय-यात्रा के सन्दर्भ में ही करना सारवान है। जो बात मनुष्य और उसके विकास को ध्यान में रखकर नहीं की जाती, वह निस्सार है। डॉ. देवराज ने उनके बारे में बहुत ठीक बात कही है कि 'द्विवेदी जी मुख्यत: एक पंडित हैं—एक महापंडित या स्कॉलर, जिनका प्रभुत्व-क्षेत्र सांस्कृतिक इतिहास है। साथ ही उनके व्यक्तित्व में

मानववादी जीवन-दृष्टि का आवेगात्मक आकलन भी है। यदि द्विवेदी जी इस दृष्टि को समग्रता में आत्मसात न कर चुके होते तो वे ऐसे सशक्त उद्‌गार न प्रकट कर पाते, जैसे उन्होंने जगह-जगह किए हैं : 'मनुष्य की जीवन-शक्ति बड़ी निर्मम है। वह सभ्यता और संस्कृति के वृथा मोहों को रौंदती चली आ रही है...शुद्ध है केवल मनुष्य की दुर्दम जिजीविषा। वह गंगा की अबाधित अनाहत धारा के समान सबकुछ को हज्म करने के बाद भी पवित्र है' (पृ. 56, प्रतिक्रियाएँ)।

'मनुष्य की जय-यात्रा' में और गंगा के समान अबाधित अनाहत धारावाली मनुष्य की दुर्दम जिजीविषा में विश्वास रखनेवाला, चिन्तक प्रगतिशीलता में भी विश्वास रखेगा।

'मनुष्य की जय-यात्रा, और मनुष्यता का स्वर्ण-युग भविष्य में है, अतीत में नहीं—इन दो विश्वासों में समानता है। यही कारण है कि द्विवेदी जी की गणना हिन्दी के प्रगतिशील आलोचकों में की जा सकती है। हिन्दी के प्रगतिशील आन्दोलन को द्विवेदी जी ने अत्यन्त सहानुभूति के साथ देखा है। प्रगतिशील साहित्य की मूल प्रेरणा सामूहिक मनुष्य की मुक्ति-कामना है। इस कामना की आशंसा करते हुए वे कहते हैं कि 'अगला कदम सामूहिक मुक्ति का है—सब प्रकार के शोषणों से मुक्ति का।...जब-जब ऐसे बड़े आदर्श के साथ मनुष्य का योग होता है, तब-तब साहित्य नये काव्य-रूपों की उद्‌भावना करता है' (पृ. 495, हिन्दी साहित्य, प्र. सं.)। प्रगतिशील-आन्दोलन की समता भक्ति आन्दोलन में करते हुए उसके खतरों से उसे आगाह करते हैं। साम्प्रदायिक कट्टरता में भक्ति आन्दोलन को हानि पहुँचाई थी, साम्प्रदायिक कट्टरता प्रगतिशील आन्दोलन के लिए भी हानिकर होगी। 'प्रगतिशील आन्दोलन बहुत महान उद्‌देश्य से चालित है। इसमें साम्प्रदायिक भाव का प्रवेश नहीं हुआ तो इसकी सम्भावनाएँ अत्यधिक हैं। भक्ति के महान आन्दोलन के समय जिस प्रकार एक अदम्य दृढ़ आदर्श निष्ठा दिखाई पड़ी थी, जो समाज को नये जीवन-दर्शन से चालित करने का संकल्प वहन करने के कारण अप्रतिरोध्य शक्ति के रूप में प्रकट हुई थी, उसी प्रकार यह आन्दोलन भी हो सकता है। भक्ति का महान आन्दोलन साम्प्रदायिकता की चट्टान से टकराकर चूर्ण-विचूर्ण हो गया। इस आन्दोलन में भी एक प्रकार की साम्प्रदायिकता के उगने के चिह्न दीखने लगे हैं' (पृ. 501, वही)।

मानवतावादी और प्रगतिशील दृष्टि के कारण ही द्विवेदी जी प्रेमचन्द साहित्य की महानता को समझ सके हैं। ध्यान देने की बात है, प्रगतिवादी आलोचकों को छोड़ दें तो हिन्दी के वरिष्ठ आलोचकों यानी वाजपेयी, द्विवेदी और नगेन्द्र में प्रेमचन्द को प्रथम श्रेणी का साहित्यकार केवल द्विवेदी जी मानते हैं।

प्रगतिशीलता और भक्ति—दोनों में अपने विश्वासों के प्रति दृढ़ निष्ठा का भाव विद्यमान है। हिन्दी में समन्वय सन्तुलन, सामंजस्य की धूम काफी अरसे से है। इसके सबसे अधिक शिकार तुलसी बाबा हुए हैं, तुलसीदास को समन्वयवादी कहकर उनकी कुछ ऐसी तसवीर पेश की जाती है गोया तुलसीदास सबकुछ को स्वीकार कर सकते थे! उनके सिद्धान्तों और विशेष कर उनके व्यक्तित्व की प्रखरता और अडिगता को

ऐसे लोग बिलकुल भुला देते हैं। लोग यह भी भुला देते हैं कि तुलसी ने 'तजिए ताहि कोटि बैरी सम जद्यपि परम सनेही' लिखा था, और यह भी भुला देते हैं कि 'राम नाम का भरम है आना' लिखनेवाले कबीरदास के लिए (बिना उल्लेख किए)

'कहहिं सुनहिं अस नीच नर ग्रसे जे मोह पिसाच
पाखंडी हरिपद बिमुख जानहिं झूठ न साँच'

लिखा था। विरोधियों की निन्दा करते समय प्रत्येक भक्त कवि की सरस्वती प्रवाहित हो उठती है। इसलिए साम्प्रदायिक कट्टरता से भयभीत होते हुए भी कट्टरता से बहुत डरने की कोई जरूरत नहीं है—कम-से-कम प्रगतिशील की दृष्टि में।

इस तरह की बात अपने को 'अनेकान्तवादी' घोषित करनेवाले द्विवेदी जी की भी है। सन्तुलित दृष्टि क्या है, इस पर विचार करते हुए वे लिखते हैं : 'दो या कई अतिवादिताओं से बचकर कोई मध्यम मार्ग निकालने को सन्तुलित दृष्टिकोण नहीं कहते', क्योंकि ऐसी व्याख्या में एक प्रकार की समझौतावाली मनोवृत्ति का आभास मिलता है जो सत्य-निर्णय में सब समय सहायक नहीं होता। '...इसलिए मेरा मत है कि सन्तुलित दृष्टि वह नहीं है जो अतिवादिताओं के बीच एक मध्यम मार्ग खोजती फिरती है, बल्कि वह है जो अतिवादियों की आवेग तरल विचारधारा का शिकार नहीं हो जाती और किसी पक्ष के उस मूल सत्य को पकड़ सकती है जिस पर बहुत बल देने और अन्य पक्षों की उपेक्षा करने के कारण उक्त अतिवादी दृष्टि का प्रभाव बढ़ा है' (पृ. 131-32, साहित्य सहचर)।

आचार्य हजारीप्रसाद द्विवेदी ने वर्तमान साहित्य में बहुचर्चित शब्द आधुनिकता पर भी विचार किया है। वस्तुत: 'आधुनिकता' पर सम्यक् विचार पुरातनता को जानकर ही किया जा सकता है। द्विवेदी जी का अगाध पांडित्य आधुनिकता की भी व्याख्या करने में सहायक होता है।

आधुनिकता वैज्ञानिकता के सहारे आई है। वह हमें अधिक वस्तुपरक बनाती है। वह रोमांटिक भावुकता को स्वीकार नहीं करती। वस्तु को आत्मगत दृष्टि से नहीं बल्कि तद्गत या वस्तुगत दृष्टि से देखना सत्य को देख पाने की शर्त है। आचार्य द्विवेदी ने इसे अत्यन्त स्पष्ट और सुसंयत शब्दों में समझाया है : 'अत्यन्त आधुनिक कवि इस भावुकता को पसन्द नहीं करता। वह वस्तु को आत्मनिरपेक्ष भाव से देखने को ही सच्चा देखना मानता है। यह बात उसके निकट सत्य नहीं है कि वस्तु को उसने वैसा देखा, बल्कि यह कि वस्तु उसके बिना भी वैसी है। इस वैज्ञानिक चित्त-वृत्ति का प्रधान आनन्द कौतूहल में है, उत्सुकता में है, आत्मीयता में नहीं। और जैसाकि इस विषय के पंडितों ने बताया है, विश्व को व्यक्तिगत आसक्त भाव से न देखकर तद्गत और अनासक्त भाव से देखना ही आधुनिक दृष्टिकोण से जगत को देखने का प्रयत्न करना है' (पृ. 28, सा. स.)।

'आधुनिकता ने जिस सीमा तक विज्ञान को प्रमुखता दी है, उसी सीमा में धर्म (मजहब) के महत्त्व को कम किया है। विज्ञान की कोई दिलचस्पी इस जगत की नियन्ता चेतन शक्ति में नहीं है। अगर ऐसी कोई शक्ति है भी तो विज्ञान उसे वैज्ञानिक

ढंग से ही प्रतिपादित करने में विश्वास रखता है। आधुनिक विचारधारा में धर्म का स्थान विज्ञान और ईश्वर का स्थान मनुष्य ने ले लिया है। ईश्वर को हटाकर मनुष्य अधिक आत्मविश्वासी हो गया है। प्रत्येक वैज्ञानिक आविष्कार ईश्वर और धर्म को पीछे ढकेलता गया, पर मनुष्य अपने-आप अत्यधिक विश्वासपरायण हो गया। उन्नीसवीं शताब्दी जिस प्रकार नास्तिकता-प्रधान युग है, उसी प्रकार आत्म-विश्वासपरायण भी' (पृ. 29, वही)।

अनासक्त भाव से देखना आधुनिकता की पहली शर्त है। यह बोध व्यक्ति से भी अधिक महत्त्वपूर्ण (यथार्थ को समझने के लिए) दृश्य यानी परिवेश को मानता है। व्यक्ति के हित-अहित को ध्यान में रखकर देखना एक बात है और व्यक्ति की दृष्टि से देखना दूसरी बात है। आधुनिक दृष्टि व्यक्ति की दृष्टि से देखने पर नहीं, व्यक्ति के लिए देखने पर जोर देती है। 'पहली चिन्ता में व्यक्ति प्रधान था, दूसरी में दृश्य प्रधान हो गया था। पहली का दृश्य द्रष्टा के मन से विमुख होकर सामने जाता था, दूसरी का द्रष्टा दृश्य के पीछे छिप जाता है। यही नया दृष्टिकोण है' (पृ. 3, वही)।

आधुनिक यथार्थवादी दृष्टि ईश्वर के स्थान पर मनुष्य को बिठाती है तो व्यक्ति के स्थान पर समाज को भी बिठाती है। वह जनतांत्रिक और समाजवादी है। इसीलिए द्विवेदी जी आधुनिकता के दो प्रधान लक्षण मानते हैं : (1) परलोक के स्थान पर इहलोक की प्रतिष्ठा और (2) व्यष्टि के स्थान पर समष्टि की प्रतिष्ठा। आधुनिकता के इतने स्पष्ट और निश्चित लक्षण आचार्य द्विवेदी जी जैसा मानवतावादी पंडित ही बता सकता था। आधुनिकता पुरातनता से विद्रोह नहीं, उसका विकास है, यह न समझनेवाले हिन्दी के कई अन्य आलोचक यही कहते हुए दीखते हैं कि समष्टि और इहलौकिकता की बात तो वेदों में भी मिलती है। सवाल किसी बात के मिलने का नहीं बल्कि दृष्टि और आग्रह का है। जो लोग यह मानते हैं कि प्राचीन भारत में व्यष्टि के स्थान पर समष्टि, परलोक के स्थान पर इहलोक और ईश्वर के स्थान पर मनुष्य की प्रतिष्ठा इतने ही आग्रह के साथ भी थी, उनकी प्राचीनता, और पांडित्य से केवल ईर्ष्या की जा सकती है।

द्विवेदी जी समाजवादी दर्शन को न तो जड़वादी या भौतिक मानते हैं, न उसे भारतीयता के अनुपयुक्त या प्रतिकूल। जो लोग समाजवाद पर मनमाने फतवे दिया करते हैं, उन्हें यह देखना चाहिए कि भारतीयता को सचमुच जाननेवाला विद्वान समाजवाद को क्या समझता है। समाजवाद को अभारतीय, संस्कृति के विरुद्ध घोषित करनेवाले 'भारतीयता' को समझने की ही परवाह नहीं करते, 'समाजवाद' को तो वे क्या समझेंगे! द्विवेदी जी में इतनी विचार-शक्ति है कि वे समाजवादी भौतिकता की परमार्थिकता समझ सकें। सम्पन्न और सुखी जीवन बिताते हुए अन्न-वस्त्र के आध्यात्मिक महत्त्व को समझ पाना कठिन है। लेकिन जो चिन्तक परिवेश की विषमता को देखने की दृष्टि रखते हैं, वे आचार्य द्विवेदी के निम्नलिखित शब्दों की सार्थकता समझ सकते हैं : 'साधारणतः समझा जाता है कि यह (समाजवादी) विचार-पद्धति आर्थिक दृष्टि की उपज नहीं कही जा सकती। परन्तु एक बार महान संकल्प और

तितिक्षा की वृद्धि पर ध्यान दें तो स्पष्ट हो जाएगा कि इसमें एक बहुत बड़ी बात है जो केवल आर्थिक नहीं कही जा सकती। यह मनुष्य-जीवन को कल्याण मार्ग की ओर ले जाने के जीवन-दर्शन से अनुप्रतिष्ठित है। मैं ऐसे संकल्प को जड़वादी या भौतिक कहने में हिचकता हूँ। साहित्य को महान बनाने के मूल में साहित्यकार का महान संकल्प होता है। वह संकल्प इस विचार-पद्धति के साथ है। मेरा विचार है कि अपने देश की विशाल आध्यात्मिक परम्परा मूलत: इसकी भावधारा से विरुद्ध नहीं पड़ती। यह और बात है कि इसका विनियोग सब समय ठीक रास्ते नहीं होता' (पृ. 134-35, सा. स.)।

द्विवेदी जी ने यद्यपि काव्यशास्त्र पर विशेष रूप से कुछ लिखने में उत्साह नहीं दिखाया है, लेकिन इस बीच उनकी कुछ ऐसी रचनाएँ सामने आई हैं जो हिन्दी काव्यशास्त्र के निर्माण में बहुत दूर तक सहायक होंगी। 'सिसृक्षा का स्वरूप' जैसे निबन्धों में उन्होंने रचना की मूल वृत्ति और उसके इतिहास को जाँचने की ओर ध्यान दिया है। काव्य-रचना में 'मिथक' के अध्ययन पर भी वे हमारा ध्यान आकृष्ट कर रहे हैं। कालिदास की लालित्य-योजना में उन्होंने कालिदास की रचनाओं में से ही कालिदास काव्य का शास्त्र-निर्मित करने का प्रयास किया है। कृती-तत्त्वान्वेषी, विनिवेशन, अन्यथाकरण, अन्वयन, भावानुप्रवेश, यथालिखिताभाव, करण-निगम, जैसे शब्दों का प्रयोग और उनकी मौलिक व्याख्या करके उन्होंने भारतीय काव्यशास्त्र को कुछ नये शब्द और कुछ नई धारणाएँ देने का प्रयास किया है। सच्चा और विश्वसनीय काव्यशास्त्र काव्य की व्याख्या से प्रादुर्भूत होता है, वह काव्य को समझने की प्रतिक्रिया का फल है, काव्यशास्त्र की उपयोगिता कविता को समझने की प्रक्रिया में योग देने में है, उसका मानदंड स्थिर करने में नहीं। 'कालिदास की लालित्य-योजना' कालिदास की कविता के आस्वादन की प्रक्रिया के रूप में लिखी गई है। उपर्युक्त शब्द उसी प्रक्रिया के बीच कालिदास के काव्य की व्याख्या के दौरान लाए गए हैं।

डॉ. नगेन्द्र

डॉ. नगेन्द्र द्वारा लिखित, 'सुमित्रानन्दन पंत' शुक्ल जी के जीवनकाल में ही निकल चुकी थी। सौभाग्यवश उन्होंने इस पुस्तक पर अपनी सम्मति भी दी थी। छायावाद की समीक्षा की चर्चा करते हुए उन्होंने लिखा : 'काव्य की 'छायावाद' कही जानेवाली शाखा चले काफी दिन हुए, पर ऐसी कोई समीक्षा-पुस्तक देखने में न आई जिसमें उक्त शाखा की 'रचना-प्रक्रिया (Technique) प्रसार की भिन्न-भिन्न भूमियाँ' सोच-समझकर निर्दिष्ट की गई हों। केवल प्रो. नगेन्द्र की 'सुमित्रानन्दन पंत' पुस्तक ही ठिकाने की मिली है' (पृ. 564, हिं. सा. इ.)। इस पुस्तक के प्रारम्भ में ही 'छायावाद' नाम से जो अध्याय है, उसमें छायावाद की विशेषताएँ, सौन्दर्यभावना (प्रकृति), मानव जगत के प्रति भावना, पुरातन के प्रति पर्यावर्तन, आत्माभिव्यंजन (व्यक्तित्व), नीति विद्रोह, करुणा की धारा दु:खवाद, रहस्यवाद और शैली कला पर विचार किया गया है।

छायावाद की विशेषताओं के स्पष्ट और पृथक् निर्देशन से शुक्ल जी को सन्तोष हुआ होगा। यह भी ध्यान रखने की बात है कि छायावादी कवियों में से पंत ही उन्हें भी सबसे अधिक प्रिय थे।

सुमित्रानन्दन पंत की विशेषता इस बात में है कि इसमें आलोचना काव्य के आधार पर या उसी के सहारे की गई है। पंत की कविताओं की व्याख्या की गई है और उस व्याख्या के दौरान आलोचनात्मक सूत्र निकाले गए हैं। इस पुस्तक में डॉ. नगेन्द्र की समीक्षा विवेच्य-काव्य पर आधारित है। वे पंत के काव्य की व्याख्या सहृदय पाठक की हैसियत से करते हैं। 'सुमित्रानन्दन पंत' का पाठक डॉ. नगेन्द्र के आलोचक की अपेक्षा उनके सहृदय से अधिक प्रभावित होता है। आलोचक के अन्य गुण उसकी सहृदयता के रहने पर ही सहायक हो सकते हैं 1 डॉ. नगेन्द्र पंत जी को 'सुन्दर के कवि' ही मानते हैं : 'यद्यपि उनका सुन्दर शिवं और सत्यं से शून्य नहीं है' (पृ. 17, सु. पं., सप्तम् संस्करण)। पंत जी में उन्हें जो बात सबसे मुख्य प्रतीत होती है, वह है उनकी सुमन-चयन प्रवृत्ति (वही)। 'सुमन-चयन' की यह प्रवृत्ति आलोचक में भी है। डॉ. नगेन्द्र ने इस पुस्तक में पंत के मार्मिक स्थलों की भावपूर्ण व्याख्या की है, और इसमें कोई सन्देह नहीं कि व्याख्या के लिए जिन पंक्तियों को उन्होंने चुना है, उनसे प्रकट हो जाता है कि डॉ. नगेन्द्र छायावाद के सौन्दर्य को पहचान सके हैं। अल्मोड़े के बसन्त पर लिखी गई पंक्तियों की व्याख्या वे यों करते हैं : '...सौन्दर्य के अन्तर में प्रवेश करने की शक्ति पंत जी में अक्षय है। अल्मोड़े की चित्रित घाटी में पला हुआ यह भावुक कवि प्रकृति के रंगीन स्वरूप में घुलमिल-सा गया है। उसका सूक्ष्म-से-सूक्ष्म क्रिया-कम्पन इसके हृदय में पुलक और प्राणों में स्पन्दन भर देता है। कोमल-प्रकृति के सूक्ष्म स्पन्दनों की पंत जी को दिव्य अनुभूति है। जब प्रकृति के लीला-क्षेत्र में नव-वसन्त का आगमन होता है तो कवि का हृदय भी एक नवीन राग और उल्लास से भर जाता है—प्रत्येक चित्र उसकी आँखों के द्वार से सीधा आत्मा तक पहुँच जाता है :

'लो चित्र-शलभ-सी पंख खोल
उड़ने को है चित्रित घाटी
यह है अल्मोड़े का वसन्त
खिल पड़ी निखिल पर्वत घाटी' (पृ. 18, सु. पं.)।

इन पंक्तियों की ऊपर जो व्याख्या की गई है, उसमें तत्त्वान्वेषण नहीं, प्रभावाभिव्यक्ति है, लेकिन आगे चलकर वे कवि की कलात्मक विशेषताओं की व्याख्या करने का और अधिक सार्थक प्रयास करते हैं। गुंजन के शब्दों में, भाषा की विशेष कोमलता के कारण एक रुनझुन मिलती है जो 'ज्योत्स्ना' के नाट्य-गीतों में एक विशेष लय और ताल से संचालित होती है। 'ज्योत्स्ना' में कवि ने नृत्य के साधर्म्य के अनुकूल गीत-रचना की है, उसमें नाटकीय कौशल दृष्टिगत होता है :

'सरल चटुल विमल विपुल,
हिम-शिशु हुलसाए' (पृ. 63, वही)।

'सुमित्रानन्दन पंत' में पंत की रचनाओं में से उत्कृष्ट भावपरक व्याख्या पाठकों को मिल जाती है। चूँकि आलोचक द्वारा अच्छी पंक्तियाँ निकालकर पाठकों के सामने रखी गई हैं इसलिए यह व्याख्या या आलोचना विश्वसनीय लगती है।

किसी कवि के कला-पक्ष की व्याख्या भाव-पक्ष के सहारे ही की जा सकती है। 'सुमित्रानन्दन पंत' में 'कला' के अन्तर्गत जो विवेचना की गई है, वह पुस्तक का श्रेष्ठ अंश है। यह देखकर थोड़ा सुखद आश्चर्य ही होता है कि उस समय के भावुक हृदय आलोचक डॉ. नगेन्द्र ने अपने प्रिय कवि पंत के विषय में इतनी बेलाग बात कह दी थी : 'पंत जी प्रधान रूप से कलाकार ही हैं। इनके काव्य में सबसे प्रथम कला का, उसके उपरान्त विचारों का, अन्त में भावों का स्थान रहता है' (पृ. 45, 340, वही)।

'वीचि-विलास' की 'मेरे उर में भर यह रोर' और 'सन्ध्या-युगान्त' की 'मधुर-नूपुर-ध्वनि खग कुल रोल' पंक्तियों पर विचार करते हुए डॉ. नगेन्द्र ने लिखा है : 'कवि ने वीचियों की ध्वनि के लिए 'रोर' और खगकुल के साथ 'रोल' का प्रयोग किया है। इस 'र' और 'ल' के सूक्ष्म अन्तर में ही एक भाव सन्निहित है—'र' के द्वारा लहरों का बिखरता हुआ शब्द और 'ल' द्वारा पक्षियों का कुछ बँधा हुआ तीव्र स्वरव्यंजित होता है—अस्तु' (पृ. 51, 347, वही)। आप कह सकते हैं कि 'र' और 'ल' पर इन विशेषताओं का आरोपण बहुत-कुछ आत्मगत है, वस्तुगत नहीं (यद्यपि भाषा-वैज्ञानिक दृष्टि से डॉ. नगेन्द्र का समर्थन किया जा सकता है। 'र' उत्क्षिप्त ध्वनि है और 'ल' पार्श्विक। वायु का जितना बिखराव 'र' के उच्चारण में होगा, 'ल' में नहीं)। फिर भी आप उस दृष्टि के प्रयास को दाद दिये बिना नहीं रह सकते जो इतना सूक्ष्म पर्यवेक्षण करना चाहती है।

पुस्तक के कमजोर स्थल वे हैं, जहाँ डॉ. नगेन्द्र 'छायावाद' और 'प्रगतिवाद' के उद्भव और विकास की कार्य-कारण परम्परा की विवेचना में प्रवृत्त होते हैं। डॉ. नगेन्द्र छायावाद को 'स्थूल के प्रति सूक्ष्म का विद्रोह' कहते हैं और प्रगतिवाद के विषय में लिखते हैं कि वह छायावादी सूक्ष्मता के प्रति स्थूलता का विद्रोह था। इस विद्रोह के औचित्य की स्थापना करते हुए उन्होंने लिखा है कि अनुभव का साधन इन्द्रियाँ ही होने के कारण स्वभावत: वह पार्थिव एवं स्थूल की ओर सरलता से आकर्षित हो जाता है। ऐसा अज्ञात रूप से प्रकृति के अनुरोध मात्र से ही होता रहता है और शनै-शनै: जब यह स्थूलोपासना एक निर्दिष्ट सीमा तक पहुँच जाती है, मनुष्य का चिर-प्रसुप्त चेतन एक साथ एक ठेस खाकर विद्रोह कर उठता है। यह विद्रोह सर्वकालीन एवं सार्वदेशिक है। भारत के भिन्न-भिन्न युगों एवं संसार के सभी देशों का साहित्यिक इतिहास इसका साक्षी है और अन्त में जब द्विवेदी युग में कविता उपयोगितावाद और भौतिकता की तुष्टि का एक मात्र माध्यम बनकर केवल सुधार-उपकरण ही रह गई तो भावुकता ने पुन: एक नये रूप से विद्रोह खड़ा किया। ...सारांश यह है कि स्थूल के प्रति सूक्ष्म का विद्रोह ही छायावाद का आधार है (पृ. 1-2, सु. पं.)।

डॉ. नगेन्द्र प्रगतिवाद को सूक्ष्म के प्रति स्थूल का विद्रोह मानते हैं। वे लिखते हैं : 'स्थूल ने एक बार फिर सूक्ष्म के विरुद्ध विद्रोह किया। यह प्रतिक्रिया दो रूपों में व्यक्त

हुई—एक तो छायावाद की पलायन वृत्ति के विरुद्ध; दूसरी, उसकी अमूर्त उपासना के विरुद्ध।...इन्हीं दोनों प्रवृत्तियों का सम्मिलित रूप आज प्रगतिवाद के नाम से पुकारा जाता है' (पृ. 132-33, वही)।

छायावाद द्विवेदीयुगीन स्थूलता और भौतिकता के प्रति सूक्ष्मता का विद्रोह था और प्रगतिवाद सूक्ष्मता के प्रति स्थूलता का विद्रोह था। डॉ. नगेन्द्र साहित्य के परिवर्तनों को युगीन शक्तियों से प्रभावित विकास के रूप में नहीं, स्थूलता और सूक्ष्मता के सन्दर्भ में देखते हैं। परिवर्तनों को देखने का यह सन्दर्भ ठीक नहीं जँचता। छायावाद द्विवेदी युग का उससे विद्रोह नहीं, उसका विकास था। यह नहीं हुआ कि दिवेदी युग की सारी विशेषताओं को छायावाद ने छोड़ दिया। छायावाद द्विवेदी युग की कई विशेषताओं को साथ लिये हुए विकसित हुआ है। मुकुटधर पांडेय, रामनरेश त्रिपाठी और मैथिलीशरण गुप्त द्विवेदी युग के कवि हैं लेकिन उनके काव्य में छायावाद की विशेषताएँ स्पष्ट हैं। इसीलिए यहाँ कहा गया है कि छायावाद और प्रगतिवाद को स्थूलता और सूक्ष्मता, या प्रतिक्रिया और विद्रोह के सन्दर्भ में देखना उचित नहीं है। इन काव्यधाराओं का सम्बन्ध सामाजिक परिस्थितियों से जोड़कर ही इन्हें समझा-समझाया जा सकता है। क्या 'प्रिय की सुधि-सी सरिताएँ' लिखनेवाले रामनरेश त्रिपाठी स्थूल कवि और 'वह तोड़ती पत्थर' लिखनेवाले निराला सूक्ष्म कवि हैं?

'आज की हिन्दी कविता और प्रगति' अध्याय में प्रगतिवाद की विवेचना करते हुए डॉ. नगेन्द्र लिखते हैं : 'परन्तु शोषक वर्ग की अतुल सहायक शक्ति है प्राचीन संस्कृति; अतः उसका पुनर्निर्माण अनिवार्य है।...गत युग का सत्य, शिव, सुन्दर आज निर्जीव है। पिछले सभ्य, शिष्ट और संस्कृत विशेषण आज मन को कुत्सित लगते हैं, क्योंकि उनके पीछे बुर्जुआ (अभिजात वर्ग की) या फ्यूडल (सामन्ती) प्रेरणाएँ थीं' (पृ. 134, सु. पं.)।

ये विचार डॉ. नगेन्द्र के अपने नहीं हैं, बल्कि प्रगतिवाद की तब तक की गतिविधि का अध्ययन करने के बाद उनके द्वारा प्रकट किए गए हैं, अर्थात् यह धारणा उनके अनुसार प्रगतिवाद की है।

डॉ. नगेन्द्र ने प्रगतिवाद पर स्वतंत्र रूप से भी एक लेख लिखा है। यह लेख उनकी पुस्तक 'आधुनिक हिन्दी कविता की मुख्य प्रवृत्तियाँ' में संकलित है। इनमें डॉ. साहब ने प्रगतिवाद पर अपने सुचिन्तित विचार व्यक्त किए हैं। लेख की प्रारम्भिक पंक्तियाँ हैं :

प्रगति का साधारण अर्थ है बढ़ना। जो साहित्य जीवन को आगे बढ़ाने में सहायक हो, वही प्रगतिशील साहित्य है। इस दृष्टि से विचार करेंगे तो तुलसीदास सबसे बड़े प्रगतिशील लेखक प्रमाणित होते हैं। भारतेन्दु बाबू और द्विवेदी युग के लेखक मुख्यतः मैथिलीशरण गुप्त भी इस अर्थ में प्रगतिशील लेखक हैं। परन्तु आज का प्रगतिवादी इनमें से किसी को भी प्रगतिशील नहीं मानेगा—ये सभी तो उसके मतानुसार प्रतिक्रियावादी लेखक हैं (पृ. 99, आ. हिं. क. प्र.)।

उन्होंने यह नहीं बताया कि 'आज का प्रगतिवादी इनमें से किसी को भी प्रगतिशील नहीं मानेगा—ये सभी तो उसके मतानुसार प्रतिक्रियावादी लेखक हैं' का आधार क्या

है ? कुछ प्रगतिशील लेखकों ने तुलसी पर ब्राह्मणवादिता का आरोप लगाया है। किन्तु ऐसे भी प्रगतिशील आलोचक हैं जिन्होंने उनका तीव्र विरोध किया है। डॉ. रामविलास शर्मा 'तुलसी के सामाजिक मूल्य' नामक लेख में तुलसी को भारत का श्रेष्ठ भक्त कवि कहते हैं। उनके अनुसार, 'तुलसीदास मानवीय करुणा के अन्यतम कवि हैं' (पृ. 38, साहित्य स्थायी मूल्य और मूल्यांकन)। डॉ. शर्मा ने ही 'भारतेन्दु युग' नामक पुस्तक लिखी है जिसमें उन्होंने भारतेन्दु के विषय में लिखा है : 'अगर हम कहें कि भारतेन्दु का व्यक्तित्व 'महान' था तो यह 'महान' 'शब्द' प्यारे हरीचन्द के व्यक्तित्व के आगे घटिया मालूम होगा।...तब से (अपने समय से) अब तक जितने महान साहित्यकार हिन्दी में हुए हैं, उनमें से कोई भी दूसरे लेखकों के हृदय में और पाठकों के भी—वह स्थान नहीं बना सका जो प्यारे हरीचन्द ने 36 साल की मामूली अवस्था में बना लिया था' (पृ. 157, भारतेन्दु युग)।

स्पष्ट है कि प्रगतिवादी के मतानुसार : 'तुलसी या भारतेन्दु प्रतिक्रियावादी लेखक नहीं हैं।'

प्रगतिवादी विचारधारा पर आक्षेप करते हुए डॉ. नगेन्द्र लिखते हैं कि 'साहित्य अपने मूलरूप में सामाजिक या सामूहिक चेतना नहीं है, वह तो वैयक्तिक चेतना ही हो सकती है। मनुष्य पहले व्यक्ति है, पीछे समाज की इकाई और उसका पहला रूप ही मौलिक रूप है' (पृ. 104, आ. हिं. क. प्र.)।

व्यक्ति और समाज के प्रश्न का डॉ. साहब ने इतना अधिक सरलीकरण करके बहुत जल्दी अपना दृढ़ मत भी प्रकट कर दिया है। जिसे वैयक्तिक चेतना कहा जाता है, क्या उस पर सामाजिक चेतना का कोई प्रभाव नहीं होता ? 'मनुष्य पहले व्यक्ति होता है, समाज की इकाई पीछे'—यह कह देना इतना आसान नहीं मालूम पड़ता, क्योंकि उसे शारीरिक और वैचारिक, दोनों दृष्टियों से मनुष्य जाति का इतिहास उत्तराधिकार में मिलता है। वह आँख खोलकर जिस समाज को देखता है, वही समाज उसके व्यक्तित्व का निर्माण करता है। बालक मनुष्य समाज के बीच पले तो नागरिक होता है, जन्मते ही भेड़िया उठा ले जाये तो 'भेड़िया-बालक' आत्माभिव्यक्ति नहीं कर पाता।

डॉ. नगेन्द्र की 'सबसे बड़ी आपत्ति प्रगतिवाद के मूल्यों से ही है। वह साहित्य और पैदावार का सीधा सम्बन्ध स्थापित करते हुए उसे रोटी-पानी या जीवन के सामाजिक प्रश्नों को हल करने का सीधा साधन मानकर बहुत ही सस्ता बना देता है' (पृ. 105, आ. हिं. क. प्र.)।

इस उद्धरण में 'सीधा सम्बन्ध' टुकड़ा ध्यान देने योग्य है। प्रगतिवादी साहित्य और पैदावार में (पैदावार की पद्धति में) सम्बन्ध अवश्य मानते हैं किन्तु सीधा सम्बन्ध नहीं मानते। 'सम्बन्ध' और 'सीधा सम्बन्ध' को लेकर मार्क्सवादियों के बीच जो खासा विवाद हुआ है, उससे डॉ. नगेन्द्र अपरिचित होंगे, यह विश्वास नहीं होता।

1890 ई. में जे. ब्लाक को लिखित पत्र में एंगेल्स ने कहा था : 'वास्तविक जीवन में उत्पादन और पुनरुत्पादन इतिहास के अन्तिम निर्णयक तत्त्व हैं, इससे अधिक का न तो मार्क्स ने, न मैंने कोई दावा किया है। अब यदि कोई इसे विकृत करके कहे कि

आर्थिक तत्त्व ही निर्णयक है तो वह हमारे दावे को निरर्थक; अरूप और बेहूदे रूप में पेश करता है' (पृ. 62, द नॉवेल एंड द पीपुल, राल्फ फॉक्स से उद्धृत)।

राल्फ फॉक्स का विचार है कि 'यह निरर्थक दावा करना कि मार्क्स कला-कृतियों एवं भौतिक और आर्थिक कारणों में सीधा सम्बन्ध मानता था, मार्क्सवाद को विकृत करना है। मार्क्स ने यह नहीं कहा' (पृ. 63, नॉवेल एंड द पीपुल)।

आर्थिक व्यवस्था और कला के सम्बन्ध पर प्रगतिवादी मत यह है। 'यह सत्य है कि आर्थिक व्यवस्था ही वह मूलाधार है जिसमें परिवर्तन होने के फलस्वरूप समाज के ऊपरी ढाँचों—न्याय, राजनीतिक, धर्म, सौन्दर्य दर्शन में भी परिवर्तन हो जाता है। लेकिन आर्थिक ढाँचे का सीधा प्रभाव ऊपरी ढाँचे पर पड़ता है, यह कहना गलत है। साथ ही ऊपरी ढाँचे से प्रत्येक क्षेत्र के परिवर्तन में एकरूपता नहीं ढूँढ़ी जा सकती। आर्थिक या सामाजिक व्यवस्था में परिवर्तन होने पर 'कानून' सबसे अधिक प्रभावित होता है, अत: सामाजिक अवस्था के अनुरूप उसमें बहुत शीघ्रता से परिवर्तन होता है। पर कला के क्षेत्र में ऐसा नहीं होता। इस परिवर्तन का न्यूनतम प्रभाव कला पर पड़ता है' (पृ. 158, प्रगतिशील आलोचना, डॉ. रवीन्द्रनाथ श्रीवास्तव से उद्धृत)।

डॉ. नगेन्द्र को प्रगतिवाद में तन्मयता या विसर्जन की भी कमी खटकती है। वे लिखते हैं : 'एक और आक्षेप जो प्रगतिवाद के मूल सिद्धान्तों पर किया जा सकता है, वह यह है कि इसका दृष्टिकोण मूलत: वैज्ञानिक होने के कारण बौद्धिक एवं आलोचनात्मक है। अतएव स्वभाव से ही उसमें वह तन्मयता या आत्मविसर्जन नहीं है जो काव्य के लिए अनिवार्य है' (पृ. 107, आ. हिं. क. प्र.)।

यानी डॉ. साहब वैज्ञानिक, बौद्धिक और आलोचनात्मक दृष्टिकोण को काव्य के लिए प्रतिकूल मानते हैं। ये भावुकता के प्रतिकूल हो सकते हैं, भावना के नहीं। प्रगतिवादी आन्दोलन जिस महान उद्‌देश्य से परिचालित है, उसकी ओर डॉ. नगेन्द्र ने कोई ध्यान नहीं दिया है। मानव को शोषण से मुक्ति दिलाने का अभियान मानवीय भावना से रहित है—यह कैसे कहा जा सकता है ? यही कारण है कि डॉ. नगेन्द्र जहाँ प्रगतिवाद में तन्मयता या आत्मविसर्जन का अभाव पाते हैं, वहाँ आचार्य हजारीप्रसाद द्विवेदी प्रगतिशील आन्दोलन की समानता भक्ति आन्दोलन से करते हैं। 'प्रगतिशील आन्दोलन बहुत महान उद्‌देश्य से चालित है।...भक्ति के महान आन्दोलन के समय जिस प्रकार एक अदम्य दृढ़ निष्ठा दिखाई पड़ी थी, जो समाज को नये जीवन-दर्शन से चालित करने का संकल्प वहन करने के कारण अप्रतिरोध्य शक्ति के रूप में प्रकट हुई थी, उसी प्रकार यह आन्दोलन भी हो सकता है' (पृ. 501, हिं. सा., 1952)।

डॉ. नगेन्द्र ने श्री मैथिलीशरण गुप्त के सुप्रसिद्ध प्रबन्ध-काव्य 'साकेत' पर एक स्वतंत्र आलोचना पुस्तक लिखी है, 'सुमित्रानन्दन पंत' के समान इस पुस्तक की भी विशेषता 'साकेत' के मार्मिक स्थलों की पहचान और उनकी भावपरक व्याख्या है। डॉ. नगेन्द्र ने गुप्त जी की कृतियों में गार्हस्थ जीवन-चित्रण की प्रमुख विशेषता को रेखांकित किया है। वे कहते हैं : 'जिसने गुप्त जी के काव्यों का एक बार भी अध्ययन किया है, वह अवश्य ही मान लेगा कि उनको गृहस्थ जीवन के चित्र खींचने में अद्वितीय

सफलता मिली है। यह युग राष्ट्रीयता का होने के कारण लोग उनकी राष्ट्रीयता को ले उड़े, अन्यथा उनकी प्रधान विशेषता गृहस्थ जीवन के सुख-दुख की व्यंजना ही है' (पृ. 18, साकेत : एक अध्ययन, दशम् संस्करण)।

डॉ. नगेन्द्र ने 'साकेत' के कथावस्तु की परीक्षा करते हुए उर्मिला के विरह-वर्णन को उसकी मुख्य घटना माना है। उन्होंने इस बात को भी लक्षित किया है कि गुप्त जी ने कथानक सम्बन्धी कई मौलिक उद्‌भावनाएँ भी की हैं। 'साकेत' के मार्मिक स्थलों की भावपूर्ण व्याख्या इस पुस्तक में अत्यन्त समर्थ रूप में की गई है, इसमें कोई सन्देह नहीं। 'साकेत में विरह', 'साकेत के भावपूर्ण स्थल' और 'साकेत का सांस्कृतिक आधार'—इस आलोचना पुस्तक के मुख्य अंश हैं जो डॉ. नगेन्द्र की रसग्राहिणी शक्ति का परिचय देते हैं। 'साकेत का सांस्कृतिक आधार' अध्ययन के अन्तर्गत कवि के काव्य पर 'गांधीवाद का प्रभाव' भी दिखाया है और इस प्रकार 'साकेत' में युग-भावनाओं की अभिव्यक्ति को भी दिखाने की ओर ध्यान दिया है। गांधी-युग का प्रभाव उर्मिला के विरह-वर्णन पर भी पड़ा है। उर्मिला का विरह सूरदास की गोपियों के विरह से भिन्न है। उर्मिला अन्य प्रोषित-पतिकाओं से भी सहानुभूति रखती है। यह सहानुभूति—अर्थात् अपने दुख के साथ-साथ दूसरों के दुखों का भी ध्यान रखना गांधीवादी विचारों का प्रभाव है। इसी प्रकार स्वप्न में प्रिय को आया देखकर कर्तव्यपरायणता का इतना ध्यान रखना कि :

'प्रभु कहाँ, कहाँ किन्तु अग्रजा
वह नहीं फिरे, क्या तुम्हीं फिरे
हम गिरे अहो ! तो गिरे, गिरे,'

कहना भी गांधीवादी व्यक्तित्व की विशेषता ही है। इसी प्रकार कैकेयी के चरित्र का जो उज्ज्वलीकरण (white washing) की गई है, उस पर गांधी जी के 'पाप से घृणा करो किन्तु पापी से प्रेम' सिद्धान्त-वाक्य का प्रभाव दिखाई पड़ता है। किन्तु आलोचक ने इन व्यक्तित्वों के निर्माणकारी आधुनिक विचारों और प्रभावों का उल्लेख नहीं किया है।

'रामचरितमानस' और 'साकेत' की तुलना करते हुए डॉ. नगेन्द्र ने ठीक ही लिखा है कि 'तुलसीदास विरोधियों के प्रति एकदम असहिष्णु हैं, परन्तु गुप्त जी को उनसे कोई वैर नहीं। 'साकेत' की कैकेयी, मेघनाद और रावण—तीनों इसके साक्षी हैं। मानव को मानव के रूप में समझना इस युग की विशेषता है। उसको 'साकेत' में जिस आग्रह के साथ ग्रहण किया गया है, उस आग्रह के साथ मानस में नहीं' (पृ. 172, सा. अ.)।

डॉ. साहब के अनुसार : ' 'साकेत' स्वरूप से जीवन काव्य है' और 'वह भारतीय-जीवन का प्रतिनिधि काव्य है' (पृ. 174, वही)।

लेकिन 'साकेत' का प्रबन्धत्व इतना क्षीण है और जो प्रबन्धत्व है भी, उसका विभाजन इतना असंगत है कि उसे महाकाव्य या भारतीय जीवन का प्रतिनिधि काव्य कहना उचित नहीं प्रतीत होता। डॉ. नगेन्द्र ने स्वयं लिखा कि 'वास्तव में यह काव्य घटनाप्रधान नहीं है—इसमें चरित्र की प्रधानता है' (पृ. 5, वही)। 'साकेत' में प्रबन्धत्व

की कमी पं. रामचन्द्र शुक्ल को खटकी थी। उन्होंने लिखा : 'दोनों में ('साकेत' और 'यशोधरा' में काव्यत्व का तो पूरा विकास दिखाई पड़ता है, पर प्रबन्धत्व की कमी है।...'साकेत' की रचना तो मुख्यत: इस उद्‌देश्य से हुई कि उर्मिला 'काव्य की उपेक्षिता' न रह जाए...राम के अभिषेक की तैयारी से लेकर चित्रकूट में राम-भरत मिलन तक की कथा आठ सर्गों तक चलती है, इत्यादि)।

उर्मिला वस्तुत: प्रगीतात्मक पात्र है। उसको आधार बनाकर उद्धव-शतक या सन्देशरासक जैसा ललित काव्य तो लिखा जा सकता है किन्तु कोई जीवन-काव्य नहीं। जीवन में जो विषमता, दुर्गमताएँ और व्यापकता होती है, वह उर्मिला के चरित्र में नहीं है। 'विरह' उर्मिला के जीवन की सबसे बड़ी घटना बन सकती है किन्तु किसी जीवन-काव्य की नहीं। ऐतिह्य से भी हमें इस विषय में कोई सहायता नहीं मिलती। बहुत खींचने-खाँचने पर भी उर्मिला का चरित्र रीतिकाल के घेरे से बाहर बहुत कम आ पाता है। क्या यह अकारण है कि उर्मिला का विरह-वर्णन कवि ने मुक्तकों में किया है? संयोग-वर्णनों में भी वह रीतिकालीन विदग्धा-नायिका के रूप में ही हमारे सामने आती है। ऐसे घटना-शून्य चरित्र को आधार बनाकर महाकाव्य या जीवन-काव्य लिखा ही नहीं जा सकता। इस तथ्य का संकेत शुक्ल जी के इस कथन में पाया जा सकता है : 'बात यह है कि इनकी ('साकेत', 'यशोधरा') रचना उस समय हुई जब गुप्त जी की प्रवृत्ति गीतकाव्य या नये ढंग के प्रगीत मुक्तकों (Lyrics) की ओर हो चुकी थी' (पृ. 614, हिं. सा. इ.)।

डॉ. नगेन्द्र एक अरसे से लगभग तीस वर्षों से साहित्य-साधना में रत हैं। 'सुमित्रानन्दन पंत' और 'साकेत अध्ययन' के अतिरिक्त भी उन्होंने अनेक साहित्यिक निबन्ध लिखे हैं। उनके लेखों का पूर्ण संग्रह अभी-अभी 'आस्था के चरण' नाम से प्रकाशित हुआ है। इन निबन्धों को पढ़ने से ज्ञात हो जाता है कि उन्होंने समीक्षा-कर्म को कितनी गम्भीरता से निभाया है। आज जबकि समीक्षा के नाम पर व्यक्ति-राग-द्वेष का ही बोलबाला है, डॉ. नगेन्द्र की समीक्षा-विषयक गम्भीरता सचमुच प्रशंसनीय है। अपने विषय के प्रतिपादन में वे विरोधी के तर्कों को समेटते रहते हैं और अपनी बात को नाना तर्कों से प्रमाणित कर देते हैं। किसी लेखक या किसी रचना पर डॉ. नगेन्द्र के फुटकर निबन्ध ज्ञानवर्धक और विश्वसनीय होते हैं। 'आस्था के चरण' में 'कृतिकार और कृति' शीर्षक के अन्तर्गत संकलित निबन्धों में से कई निबन्ध उत्कृष्ट कोटि के हैं। डॉ. श्यामसुन्दर दास की आलोचना-पद्धति, केशवदास का आचार्यत्व, रीतिकाल के कवि-आचार्यों का योगदान, फ्रायड और हिन्दी साहित्य, 'कामायनी' का अंगी रस, 'उर्वशी', 'कुरुक्षेत्र', 'त्यागपत्र' और 'नारी', 'सुखदा', 'पंत जी की भूमिकाएँ' जैसे निबन्धों को पढ़कर डॉ. नगेन्द्र की सूक्ष्म और स्वयं अभिभूत न होनेवाली दृष्टि का परिचय मिलता है। निर्भ्रान्त ढंग से अपनी बात को बलपूर्वक कहना डॉ. नगेन्द्र की शैली की विशेषता है। उनके पास सुचिन्तित तर्कपाश होता है और वे एक के बाद एक तर्कों से क्रमश: आगे बढ़ते हुए अपना मत दृढ़ रूप में प्रकट करके ही रुकते हैं। मत और धारणा से मतभेद हो सकता है, लेकिन ढंग गम्भीर होता है।

डॉ. नगेन्द्र के दीर्घकालीन साहित्य-साधना का सिद्धान्त रूप में जो प्रतिफलन हुआ है, वह 'रस-सिद्धान्त' नामक ग्रन्थ के रूप में प्रकट हुआ है। लेखक ने इसे अपनी साहित्य-साधना का उत्तमांश कहा है। इस पर इससे पूर्व लिखी गई पुस्तकों में आचार्य रामचन्द्र शुक्ल की 'रस-मीमांसा' की ही सर्वाधिक प्रसिद्धि थी। आचार्य शुक्ल की मीमांसा के बाद यदि डॉ. नगेन्द्र ने 'रस सिद्धान्त' पर ग्रन्थ लिखकर उसे प्रकाशित कराया तो निश्चित रूप से उन्होंने स्वतंत्र चिन्तन के उपरान्त कुछ नये विचार सामने लाने की आवश्यकता का अनुभव किया होगा। ज्ञात होता है कि आचार्य शुक्ल के समय में भी लोग 'रस' के नाम पर नाक-भौं सिकोड़ते थे और इसी पर थोड़ा झुँझलाकर उन्होंने इन्दौरवाले भाषण में कहा था : 'दिन में सैकड़ों बार 'हृदय की अनुभूति, हृदय की अनुभूति' चिल्लाएँगे पर, रस का नाम सुनकर ऐसा मुँह बनाएँगे मानो उसे न जाने कितना पीछे छोड़ आए हैं! भलेमानस इतना भी नहीं जानते कि हृदय की अनुभूति ही साहित्य में 'रस' और 'भाव' कहलाती है। 'रस-सिद्धान्त' की रचना के समय भी कुछ लोग रस की महत्ता के प्रति उपेक्षा का भाव दिखाते दिखलाई पड़ते हैं।' 'रस-सिद्धान्त' का 'शक्ति और सीमा' नामक अध्याय देखने पर प्रकट हो जाता है कि 'नई कविता रस की कविता नहीं है'—इस धारणा का निरसन करने की ओर लेखक ने पूरा ध्यान दिया है और यदि अज्ञेय नई कविता को रस की कविता नहीं मानते तो डॉ. नगेन्द्र ने उनकी कविता (सोन-मछली) में ही रस प्रमाणित कर दिया है।

काव्य के आस्वाद से जो अनुभूति होती है, उससे किसी को इनकार नहीं है। विवाद उस अनुभूति के नाम और उसके स्वरूप-निर्धारण में है।

अज्ञेय का मत है कि अनुभूति आज की कविता में भी है, किन्तु रस जिस व्यवस्था पर आधारित है, वह आस्तिकता है। आज के जीवन में वह आस्तिकता नहीं है, इसलिए आज के काव्य-आस्वाद को 'रस' नाम देना उचित नहीं है।

लेकिन डॉ. नगेन्द्र 'रस' को आस्तिकता पर आधारित न मानकर मानव-संवेदना पर आधारित मानते हैं। उनके अनुसार : 'साहित्य की भूमिका में जब तक मानव-संवेदना से अधिक रमणीय सत्य की उद्‌भावना नहीं होती, तब तक रस सिद्धान्त से अधिक प्रामाणिक सिद्धान्त की प्रकल्पना भी नहीं की जा सकती' (पृ. 363, र. सि.)।

रस की अनुभूति आनन्द-रूप ही होती है या और भी कुछ, इस पर भी विवाद है, और डॉ. नगेन्द्र ने इस विवाद को शान्त करने का प्रयास किया है। हिन्दी के रस-चिन्तकों में केवल आचार्य रामचन्द्र शुक्ल 'रस की आनन्दरूपता' का स्पष्ट विरोध करते हैं अन्यथा 'आचार्य केशवप्रसाद मिश्र, पं. रामदहिन मिश्र, डॉ. भगवानदास, डॉ. श्यामसुन्दर दास, डॉ. गुलाबराय, आचार्य हजारीप्रसाद द्विवेदी—सभी रस को आनन्दस्वरूप ही मानते हैं' (पृ. 99, र. सि.)।

शुक्ल जी के अनुसार : 'मेरी समझ में 'रसास्वादन का प्रकृत स्वरूप 'आनन्द' शब्द से व्यक्त नहीं होता। 'लोकोत्तर', 'अनिर्वचनीय' आदि विशेषणों से न तो उसके अवाचकत्व का परिहार होता है, न प्रयोग का प्रायश्चित्त। क्या क्रोध, शोक, जुगुप्सा आदि, आनन्द का रूप धारण करके ही श्रोता के हृदय में प्रकट होते हैं, अपने प्रकृत

रूप का सर्वथा विसर्जन कर देते हैं ? उसे कुछ भी लगा नहीं रहने देते ?...क्या मृत पुत्र के लिए विलाप करती हुई शैव्या से राजा हरिश्चन्द्र का कफन माँगना देख-सुनकर आँसू नहीं आ जाते, दाँत निकल पड़ते हैं ?...क्या कोई दु:खान्त कथा पढ़कर बहुत देर तक उसकी खिन्नता नहीं बनी रहती ? चित्त का यह द्रुत होना क्या आनन्दगत है ? इस 'आनन्द' शब्द ने काव्य के महत्त्व को बहुत-कुछ कम कर दिया है—उसे नाच-तमाशे की तरह बना दिया है' (पृ. 80, रस मीमांसा, तृतीय संस्करण)।

डॉ. नगेन्द्र इस कथन को आनन्द सिद्धान्त पर सबसे निर्मम प्रहार कहते हैं। डॉ. नगेन्द्र इसका उत्तर यों देते हैं : 'माना कि 'सत्य हरिश्चन्द्र' का प्रेक्षण सहृदय 'दाँत निकालने के लिए नहीं करता, पर क्या आँसू बहाने के लिए' वह समय और धन का व्यय कर रहा है' (पृ. 100, वही) ? और इसके बाद डॉ. नगेन्द्र ने केलकर बाटवे, देशपांडे, जोग, अतुलचन्द्र गुप्त, रवीन्द्र नाथ, मोहित लाल मजुमदार, अरस्तू, लोंजाइनस, विक्टर ह्यूगो, शिलर, कॉलरिज, वर्ड्सवर्थ इत्यादि को आनन्द रूप के समर्थक के रूप में उल्लिखित किया है। केवल तोल्स्तोय और रिचर्ड्स ही आनन्दरूप को स्वीकार नहीं करते जान पड़ते। किन्तु 'प्रश्न तो अब भी बना हुआ है।'

शुक्ल जी लोक को प्रमाण माननेवाले आचार्य हैं। सामान्य अनुभव यह है कि सीता-राम के विवाह का दृश्य देखकर हम सुखी होते हैं और सीताहरण का दृश्य देखकर दुखी। यह कहना कि दोनों दृश्यों को देखकर समान भाव से हमें 'आनन्द' की प्राप्ति होती है, लोकानुभव के विरुद्ध है। राम-विवाह जब हुआ होगा—लोगों को प्रसन्नता हुई होगी। (यहाँ इतिहास और पुराण का विवाद उठाना अप्रासंगिक है) सीता-हरण से राम को दु:ख हुआ होगा। काव्यगत सुख-दुख का आधार जागतिक यानी घटित या कल्पित व्यापार से है। इनके आस्वाद में भी यह अन्तर बना रहता है। अन्य रस-चिन्तक कहते हैं, दोनों की परिणति आनन्दानुभूति में होती है। तो, शुक्ल जी प्रश्न करते हैं : 'क्या क्रोध-शोक-जुगुप्सा आदि आनन्द का रूप धारण करके ही श्रोता के हृदय में प्रकट होते हैं ? अपने प्रकृत रूप का सर्वथा विसर्जन कर देते हैं ? उसे कुछ भी लगा नहीं रहने देते ?'

आनन्दवादी रसशास्त्री कहता है, काव्यानन्द लोकोत्तर एवं अनिर्वचनीय है। लेकिन इस लोकोत्तरत्व का रहस्य क्या है ?

काव्य शब्द-व्यापार है। शब्द जीवन-जगत के प्रतीक हैं—वे स्वयं जीवन-जगत नहीं हैं।—प्रतीक या प्रतिनिधि अपने मूल से भिन्न होता है। किसी ने मुझे चार डंडे मारे तो इस मार की पीड़ा, मारने की धमकी से भिन्न होगी। काव्य की अनुभूति भी इसी प्रकार जीवन और जगत के बोध से मिलती-जुलती होने पर भी उससे भिन्न होती है; यानी वही नहीं होती, उसी तरह होती है। पढ़ने या नाटक देखने से जो दु:ख होता है, वह प्रत्यक्ष या भोगे हुए दु:ख से थोड़ा भिन्न होता है। लेकिन भिन्न होते हुए भी वह दु:ख ही होता है, आनन्द नहीं हो जाता।

लेकिन आनन्दवादी के पास एक और तर्क है। वह कहता है कि यदि दु:खान्त काव्य को पढ़-देखकर हमें दु:ख होता है तो हम उसे बार-बार पढ़ते-देखते क्यों हैं ?

कोई आँसू बहाने के लिए नाटक नहीं देखता। निश्चित है कि न कोई दाँत निकालने के लिए नाटक देखता है, न आँसू बहाने के लिए। दुःखान्त काव्य में यदि दुःख न हो तो उसकी गरिमा ही न रहे। सीता का हरण हो रहा है और उसे पढ़कर या देखकर हमें आनन्द नहीं, ब्रह्मानन्द प्राप्त हो रहा है—और वह भी सहृदय को। बात यह है कि दुःखान्त घटनाओं पर समय और कल्पना का पर्दा पड़ा हुआ है, इसीलिए हम दुःखमय घटनाओं से बहुत दूर तक सुरक्षित हैं। फिर कर्मफल और जन्मान्तर का सिद्धान्त दुःखान्त काव्य को त्रासदी नहीं बनने देता। इसीलिए कर्म-फल और जन्मान्तर सिद्धान्त से रहित ग्रीक त्रासदियों में 'केथारिसिस' की धारणा आई। अरस्तू ने दया (pity) और भय (fear) को विरेचन (catharsis) का माध्यम बताया था। विम्सट और ब्रुक्स ने यह कहा है कि 'त्रासदी का प्रभाव हमारे ऊपर क्या पड़ता है, इसका पता लगाना साहित्यिक आलोचना की अपेक्षा प्रायोगिक मनोविज्ञान का कार्य अधिक है' (पृ. 37, लिटरेरी क्रिटिसिज्म, ए शॉर्ट हिस्ट्री)।

कर्मफल, जन्मान्तर सिद्धान्त और आस्तिकता के अभाव में भी काव्य का आस्वाद आनन्दरूप बना रहेगा—इसमें सन्देह है। लेकिन, हम फिर दुःखात्मक काव्य का सेवन क्यों करते हैं? क्योंकि दुःख भी हमें स्वस्थ करता है, संसार की गति को समझाता है, हमें अधिक विवेकवान बनाता है और सबसे बड़ी बात यह है कि मानवीय संघर्षों और स्थितियों से हमारा परिचय कराता है, और उनके परिचय के द्वारा हमें अधिक मानवीय बनाता है। यह सिद्धि इतनी भव्य है कि इसे 'आनन्द' शब्द से व्यक्त नहीं किया जा सकता। सम्भवतः इसीलिए रिचर्ड्स के अनुसार : 1. काव्य की अनुभूति आह्लाद रूप नहीं है। 2. उसमें परस्पर विरोधी अन्तःवृत्तियों का सूक्ष्म सन्तुलन रहता है। 3. वह आह्लाद की अपेक्षा अधिक वैविध्यपूर्ण, परिपूर्ण, एवं उदात्त होता है (पृ. 105, र. सि.)।

यह सारा गड़बड़झाला काव्यानन्द को ब्रह्मानन्द सहोदर मान लेने से हुआ है। ध्यान रखना चाहिए कि काव्यानन्द ब्रह्मानन्द नहीं, 'ब्रह्मानन्द सहोदर' है; इसके अतिरिक्त काव्यानन्द को 'ब्रह्मानन्द सहोदर' कहना भी 'अर्थवाद' है। काव्य का रस जीवन का रस है। जीवन का आस्वाद सुख-दुःखमय है, तो रस में भी सुख और दुःख, दोनों होंगे। काव्य में जीवन चाहे जितने परिवर्तित रूप में हमारे सामने आए, उसमें जीवन के सभी तत्त्व किसी-न-किसी रूप में अवश्य विद्यमान होंगे।

'रस सिद्धान्त' में विविध विषयों की जिस गम्भीरता से विवेचना की गई है, वह समसामयिक आलोचना में कम दिखलाई पड़ती है। लेकिन जैसाकि डॉ. देवराज ने लिखा है : 'डॉ. नगेन्द्र के आलोचक व्यक्तित्व की सबसे बड़ी कमी सांस्कृतिक चेतना का अभाव है' (पृ. 55, प्रतिक्रियाएँ)। उनकी लेखनी पर फ्रायड का प्रभाव तो दिखलाई पड़ता है किन्तु डारविन के विकासवाद—जिसने ऐतिहासिक दृष्टिकोण को भी अत्यधिक प्रभावित किया है—मार्क्स के द्वन्द्वात्मक भौतिकवाद का कोई प्रभाव नहीं दिखलाई पड़ता। सम्भवतः इसीलिए वे सिद्धान्तों को सार्वभौम और शाश्वत घोषित करने में नहीं हिचकते। उनमें संकल्प-दृढ़ता और अध्यवसाय एवं भावुकता—जो उन्हें

रस-ग्रहण की शक्ति देती है, किन्तु जनवादी अवधानता कम है। साहित्यिक समस्याओं पर विचार करते समय वे इतिहास-बोध का उपयोग प्रायः नहीं करते। इसीलिए वे लोकमंगल और रसवाद या काव्यास्वाद में परस्पर-विरोध भी ढूँढ़ लेते हैं। 'रसवाद' की शक्ति पर प्रकाश डालते हुए वे लिखते हैं : 'रसवाद के आधार पर ही आचार्य शुक्ल जायसी और तुलसी, बिहारी और घनानन्द के साथ न्याय कर सके हैं—जहाँ वे ऐसा नहीं कर सके हैं, वहाँ उनका लोक-मंगल सिद्धान्त बाधक हुआ है, रसवाद नहीं। और इसका प्रमाण है 'भ्रमर गीत सार' की भूमिका। जब तक वे रस सिद्धान्त का आँचल पकड़े रहते हैं, सहृदयता सूर की काव्यानुभूति का छककर पान करती है, किन्तु ज्योंही लोक-मंगल की भावना हावी हो जाती है, शुक्ल जी मथुरा और ब्रज की दूरी के आधार पर, विरह और औचित्य का निर्णय करने लगते हैं' (पृ. 333, र. स.)।

औचित्य का सम्बन्ध 'रसवाद' से भी होना चाहिए। इस औचित्य के मानदंड विकसित या परिवर्तित होते रहते हैं। आज तुलसी और सूर का अध्ययन रीतिकालीन दृष्टि से नहीं किया जा सकता। 'केशवदास' के ह्रास का क्या कारण है? माइकेल मधुसूधन दत्त के 'मेघनाद-वध' का अनुवाद राष्ट्रकवि मैथिलीशरण गुप्त ने किया है। क्या मेघनाद-वध को भक्तिकाल का सहृदय पसन्द करता? 'राम की शक्ति-पूजा' के राम की संघर्ष-शिथिलता, निराशा और दैवीशक्ति की न्यायप्रियता पर सन्देह में हमारे युग का पाठक और आलोचक औचित्य पाता है, इसलिए उसकी अनुभूति जागती है। लोकमंगल की भावना युग की औचित्य-भावना का ही द्योतक है। इसके बिना आज के पाठक की अनुभूति नहीं जागेगी। लोकमंगल की भावना की स्थापना करके शुक्ल जी ने रसवाद को ही पुष्ट किया था, क्योंकि वे वैज्ञानिक और सांस्कृतिक दृष्टि-सम्पन्न आचार्य थे।

'रस सिद्धान्त' का महत्त्व उसके प्रयास में है। यह ग्रन्थ भारतीय साहित्य-साधना के प्रति लेखक की आस्था और निष्ठा का परिचायक है। इस ग्रन्थ की सफलता इस बात में है कि इसने हिन्दी के चिन्तकों को अपने देश के साहित्य-शास्त्र की एक महत्त्वपूर्ण चिन्ता धारा के प्रति उन्मुख और आकृष्ट कर दिया है। हिन्दी की अगली पीढ़ी इस विषय में जो चिन्तन करेगी, उसके लिए यह ग्रन्थ सन्दर्भ के लिए आवश्यक होगा।

डॉ. देवराज

कुछ और आलोचक हैं, जिन्हें किसी विशिष्ट विचारधारा का आलोचक नहीं कहा जा सकता। वे आलोचना को उदार और स्वतंत्र बनाये रखने के पक्ष में ज्ञात होते हैं। ऐसे आलोचकों में डॉ. देवराज प्रमुख हैं। कहने को तो ये आलोचक स्वतंत्र तथा स्वच्छन्द हैं, किन्तु किसी विशिष्ट विचारधारा से अपने को न जोड़ पाने के कारण ये हिन्दी की मुख्य आलोचनाधारा से अलग तो दिखलाई ही पड़ते हैं, इनके विचारों में संगति भी अपेक्षाकृत कम मिलती है। व्यावहारिक समीक्षा में प्रवृत्त होने पर इनकी आलोचना लचर पड़ जाती है। क्योंकि साहित्य की व्याख्याएँ न तो समाजैतिहासिक

भूमि पर करते हैं, न भारतीय काव्यशास्त्र की परिचित भूमि पर। इसीलिए इनकी स्थिति कुल मिलाकर फुटकर निबन्ध-लेखक या समीक्षाकार (रिव्यूअर) की ही रह जाती है। आलोचक के रूप में अज्ञेय को भी इसी कोटि में रखा जाएगा। अन्तर केवल यह है कि इन आलोचकों ने हिन्दी के प्राचीन और नवीन साहित्यकारों की रचनाओं की विवेचना की है जबकि 'अज्ञेय' का आलोचनात्मक या विचारात्मक गद्य अधिकांशत: अपने रचनानुभवों या अपने साहित्यकार के ही इर्द-गिर्द घूमता है। अज्ञेय का आलोचनात्मक गद्य वस्तुत: उनकी रचनाओं की भूमिका या कुंजी के रूप में पढ़ा जाना चाहिए, उसका महत्त्व इसी बात में है। यह अलग बात है कि अज्ञेय रचनाकार के रूप में महत्त्वपूर्ण हैं तो उनकी भूमिका भी उसी मात्रा में महत्त्वपूर्ण है।

डॉ. देवराज ने 'छायावाद का पतन' लिखकर हिन्दी पाठकों को चौंका दिया था। डॉ. देवराज दर्शन के गम्भीर विद्यार्थी हैं। छायावाद पर उनका प्रहार काफी निर्मम और एकांगी था। उसमें दार्शनिक मुद्रा और पांडित्य था, लेकिन दार्शनिक तटस्थता एवं संयम का अभाव था। छायावाद का पर्यवसान प्रगतिवाद में हुआ। छायावाद में वैयक्तिकता की प्रधानता थी। सामन्ती व्यवस्था के विरुद्ध इस वैयक्तिकता की भूमिका प्रगतिशील थी इसलिए वह भी महान साहित्य दे सकी। आगे चलकर इस वैयक्तिकता की सीमा का ज्ञान छायावादी कवियों को ही हुआ। निराला प्रारम्भ से ही विस्तृत सामाजिक दृष्टिवाले साहित्यकार थे, पंत ने युगान्त की घोषणा की। महादेवी के काव्य में ऐसा परिवर्तन नहीं दिखलाई पड़ता, फिर भी डॉ. रामविलास शर्मा ने 'रात के उर में दिवस की चाह का शर' को उनकी प्रतिनिधि पंक्ति माना है। श्रीमती महादेवी वर्मा की कविता के सामाजिक स्वर को ऐसे आलोचकों ने भी पहचाना है जिन्हें किसी तरह भी प्रगतिवादी या समाजवादी आलोचक नहीं कहा जा सकता। डॉ. सत्यपाल चुघ महादेवी की निम्नलिखित पंक्तियाँ उद्धृत करते हैं :

> 'मेरे हँसते अधर नहीं जग
> की आँसू-लड़ियाँ देखो!
> मेरे गीले पलक छुओ मत
> मुरझाई कलियाँ देखो।'

और इनकी व्याख्या करते हुए लिखते हैं :

ये मुरझाई कलियाँ और कोई नहीं, वही नारियाँ हैं, जिनके लिए महादेवी जी ने 'शृंखला की कड़ियाँ' में लिखा है : 'हमारे समाज के पुरुष का विवेकहीन जीवन का सजीव चित्र देखना है तो विवाह के समय गुलाल-सी खिली हुई स्वस्थ बालिका को पाँच वर्ष बाद देखिए; उस समय इस असमय प्रौढ़ हुई दुर्बल सन्तानों की रोगिणी, पीली माता में कौन-सी रुला देनेवाली करुणा न मिलेगी' (पृ. 23, महादेवी की काव्य-साधना और नीरजा)!

डॉ. चुघ ने एक और स्थान पर लिखा है : 'महादेवी को मन और दीपक इसलिए प्रिय हैं, क्योंकि एक स्वयं घुलकर तथा दूसरा जलकर अपने जीवन की सार्थकता सिद्ध करते हैं' (पृ. 19, वही)।

तात्पर्य यह है कि प्रगतिवाद छायावाद के पेट में से उसी तरह निकला, जैसे समाजवाद पूँजीवाद के। लेकिन डॉ. देवराज इसे नहीं मानते। उनके अनुसार : 'छायावाद के पतन का कारण उसका असामाजिक अथवा गलत विषय से उलझना नहीं था। ...हमारा विश्वास है कि अधिकांश हिन्दी पाठक, जो छायावाद से असन्तोष महसूस करते रहे हैं, मार्क्सवाद के अनुयायी नहीं हैं और न विश्व की आर्थिक-राजनीतिक व्यवस्था बदलने को ही विशेष उत्सुक रहे हैं।...प्रगतिवादी आलोचक ऐसे पाठकों की अनुभूति का सफल विश्लेषण नहीं कर पाए हैं। इसीलिए उनसे वे सब पाठक और आलोचक जो वादग्रस्त नहीं हैं, असन्तुष्ट हैं। इसीलिए हमारा विश्वास है कि प्रगतिवादी आलोचक आधुनिक हिन्दी कविता का उचित पथ-प्रदर्शन नहीं कर पाए हैं' (पृ. 9, छायावाद का पतन)। वे छायावाद के पतन का कारण शब्द-मोह, चित्र-मोह और कल्पना-मोह को मानते हैं। यानी जो छायावादी काव्य की शक्तियाँ हैं, उन्हीं को वे उसकी कमजोरियाँ मानते हैं। छायावाद के पतन में डॉ. देवराज ने काव्य-सम्बन्धी सिद्धान्त निरूपित किए हैं, वे अवश्य गम्भीर प्रतीत होते हैं--असामंजस्य विचारगत और रागात्मक या प्रेरणा का अर्थ जैसे विषयों पर। किन्तु इन सिद्धान्तों का प्रतिपादन करने के उपरान्त जब छायावादी पंक्तियों को उदाहरण रूप में उद्धृत किया जाता है तो वे सैद्धान्तिक निरूपणों से अलग जा पड़ती हैं।

इस पुस्तक की एकांगिता का इससे बड़ा प्रमाण क्या हो सकता है कि इसमें छायावाद के दोष ही दिखाए गए हैं। छायावाद अब तक की खड़ी बोली हिन्दी की सर्वाधिक सशक्त काव्यधारा थी। छायावाद ने निराला, प्रसाद, पंत जैसे कवि दिये, इसकी तरफ डॉ. देवराज का ध्यान ही नहीं गया।

डॉ. देवराज ने प्रगतिवादी समीक्षा पर भी एक स्वतंत्र लेख 'प्रगतिवादी समीक्षा : एक दृष्टि' के नाम से लिखा है। वे प्रगतिवाद पर कुछ कल्पित गुणों को आरोपित कर देते हैं, फिर उनके आधार पर प्रगतिवाद की आलोचना करते हैं। वे लिखते हैं : 'प्रगतिवाद का अनुरोध है कि साहित्य की विषय-सामग्री सामाजिक जीवन होना चाहिए, वैयक्तिक नहीं; उसमें सामाजिक जीवन का चित्र होना चाहिए, अर्थात् व्यक्ति के सुख-दु:ख एवं उन भावनाओं का, जिनका मूल सामाजिक व्यवस्था में है' (पृ. 37, प्रतिक्रियाएँ)। डॉ. देवराज प्रगतिवादी समीक्षा की सामाजिकता का समर्थन अरस्तू और रामचन्द्र शुक्ल में भी पाते हैं। प्रगतिवादी समीक्षा अन्तर्मन के विश्लेषण को हेय समझती है, इसके प्रमाण में डॉ. रामविलास शर्मा का यह वाक्य उद्धृत करते हैं : 'जो मनोविज्ञान समाज को छोड़कर व्यक्ति के अन्तर्मन का विश्लेषण करने का प्रयत्न करता है, वह अपने विज्ञान को पहले से ही अवैज्ञानिक करार देता है।' डॉ. देवराज स्वीकार करते हैं कि 'उक्त मन्तव्य में काफी सचाई है' लेकिन फिर भी प्रश्न करते हैं : 'क्या मन की प्रत्येक अवस्था और साहित्य की प्रत्येक अभिव्यक्ति का सामाजिक हेतु अथवा समकालीन समाज-व्यवस्था से सम्बन्ध होता है ? यदि हाँ, तो फिर किसी साहित्य की यह आलोचना कि वह सामाजिक नहीं है, गलत है' (वही)। प्रगतिवादी समीक्षा साहित्य का अध्ययन समाज के सन्दर्भ में करती है। समाज और साहित्य या

व्यक्ति का सम्बन्ध बहुत दूर दिखलाई पड़ता है। जहाँ नहीं मालूम पड़ता, उसमें सम्बन्ध देखने की कोशिश करनी चाहिए। लेकिन समाज को व्यक्तियों की मानसिक अवस्थाएँ और व्यक्ति भी प्रभावित करते हैं, केवल समाज ही इन्हें प्रभावित नहीं करता। द्वन्द्वात्मक पद्धति यही कहती है। डॉ. रामविलास शर्मा अन्तर्मन के विश्लेषण के विरुद्ध नहीं हैं। हाँ, वे समाज को छोड़कर व्यक्ति के अन्तर्मन के विश्लेषण के विरुद्ध हैं। हमें आशा है कि अन्तर्मन के अध्ययन में समाज को सन्दर्भवान् डॉ. देवराज भी मानते होंगे।

'एक दूसरा प्रश्न है कि एक समाज-व्यवस्था में लिखे हुए अच्छे साहित्य का—जैसे कालिदास और शेक्सपियर के नाटकों का—दूसरी समाज-व्यवस्था में साधारणीकरण कैसे सम्भव हो पाता है' (वही) ?

उत्तर है : पढ़-लिखकर, उस समाज को जानकर और कल्पना शक्ति द्वारा उस समाज-व्यवस्था में अपने को डालकर, हम तुलसीदास और कालिदास की रचनाओं का आस्वाद भी इसी प्रकार करते हैं। जहाँ इन काव्यों के समाज के कुछ नैतिक तत्त्व हमारे युगीन तत्त्वों के तीव्र विरोध में होते हैं, वहाँ हम रसास्वाद नहीं कर पाते, जैसे कि राम द्वारा शम्बूक-वध का। इस प्रश्न का उत्तर डॉ. रामविलास शर्मा ने भी अपनी पुस्तक 'साहित्य : स्थायी मूल्य और मूल्यांकन' में दिया है : 'भाव-जगत की अपेक्षा मनुष्य के धार्मिक, राजनीतिक, आर्थिक विचार जल्दी बदलते हैं। यही कारण है कि शेक्सपियर या तुलसीदास के अनेक विचारों से सहमत न होकर भी पाठक उनके साहित्य में रस लेता है—समाज-व्यवस्था के बदलने के साथ, पैदावार का तरीका और मनुष्य से आर्थिक सम्बन्ध बदलने के साथ उसके विचार भी बदलते हैं ? लेकिन नई विचारधाराओं का विकास हवा में नहीं होता, वे पहले की विचारधाराओं से अपने लिए बहुत-से तत्त्व समेटकर अपना विकास करती हैं—सम्पत्तिशाली वर्गों ने अपनी क्रान्तिकारी ऐतिहासिक भूमिका के समय ऐसी विचारधाराओं को जन्म दिया जिनके बहुत-से तत्त्व आज भी मूल्यवान हैं। परम्परा और प्रगति का यह सम्बन्ध ध्यान में रखना आवश्यक है' (पृ. 16-17, साहित्य : स्थायी मूल्य और मूल्यांकन)। और 'साहित्य के मूल्य स्थायी हैं, निरपेक्ष रूप से नहीं, सापेक्ष रूप से। देशकाल से परे नहीं, देशकाल की सीमाओं में निरन्तर विकास करती हुई मानव जाति की संचित सांस्कृतिक निधि के रूप में' (पृ. 11, वही)।

डॉ. देवराज स्वतंत्र चिन्तक हैं। वे इस बात का सतर्क प्रयत्न करते रहते प्रतीत होते हैं कि किसी से अभिभूत न हों। हिन्दी में वे सर्वाधिक प्रभावित पं. रामचन्द्र शुक्ल से हैं। विशेष रूप से उनकी रसग्राहिणी क्षमता से। 'शुक्ल जी की सबसे बड़ी शक्ति है रसग्राहिता। इतनी ठोस रसज्ञतावाले पाठक और आलोचक बहुत कम पैदा होते हैं। जो कोई भी शुक्ल जी से गहरे सम्पर्क में आता है, वह इनकी इस शक्ति से चकित और अभिभूत हुए बिना नहीं रह सकता। स्वदेश अथवा विदेश में रसग्राहिता के ऐसे असन्दिग्ध क्षमता-सम्पन्न समीक्षक कम मिलेंगे' (पृ. 21, प्रतिक्रियाएँ)।

किन्तु डॉ. देवराज के अनुसार, शुक्ल जी मूल्यांकन के सफल मानों का आविष्कार नहीं कर सके।

डॉ. देवराज अभिभूत न होने का एक नुस्खा इस्तेमाल करते हैं। वे किसी साहित्यकार को देश-विदेश के किसी काल के साहित्यकार से भिड़ा देते हैं और खुद निर्णायक बनकर मजे लेते रहते हैं। इससे वे खुद सुरक्षित हो जाते हैं। परिमल, प्रयाग की एक परिगोष्ठी में भाग लेते हुए उन्होंने चिन्ता प्रकट की कि 'हमारी भाषा में उल्लेखनीय स्थायी कृतियों का अभाव है। अंग्रेजी भाषा अथवा अंग्रेजी जाति ने एक ओर शेक्सपियर जैसे महान नाटककार और ह्यूम जैसे महत्त्वपूर्ण दार्शनिक उत्पन्न किए हैं, ऐसी पुस्तकें हमारे यहाँ क्यों नहीं लिखी जातीं—एरिक हेलर का 'द डिसइन्हेरिटेड माइंड', काफमान का 'द आउल एंड द नाइटिंगेल', कालिन विल्सन का 'आउट साइन' (पृ. 9, वही) ?

शुक्ल जी की आलोचना करते समय डॉ. देवराज ने लिखा कि 'शुक्ल जी की रसग्राहिणी क्षमता निस्संदिग्ध है, किन्तु मीमांसक की दृष्टि से, वे अरस्तू जैसे क्रान्तदर्शी प्रतिभा-मनीषियों से ही नहीं, रिचर्ड्स जैसे साधारण किन्तु वैज्ञानिक विचारकों से भी पीछे थे' (पृ. 21, प्रतिक्रियाएँ)।

इसी प्रकार : 'तुलसीदास सचमुच ही इतने बड़े कवि हैं कि खरे-से-खरे विश्लेषण की आँच को सह सकें' (पृ. 78, वही)। और डॉ. देवराज तुलसी की साहित्यिक महानता को 'कालिदास' और भवभूति के श्लोकों की खरी आँच देते हैं यानी तुलसीदास के सामने कालिदास और भवभूति को खड़ा करते हैं। इस प्रकांड पांडित्य से हिन्दी के पाठक घबराकर डॉ. देवराज की विद्वत्ता और समीक्षा-शक्ति का लोहा न मान लें तो क्या करें ? वैसे है यह शुक्ल-पूर्व युग की तुलनात्मक आलोचना का नमूना। डॉ. देवराज ने उसका अन्तरराष्ट्रीयकरण कर दिया है।

डॉ. देवराज के चिन्तन का सुदृढ़ पक्ष साहित्य और संस्कृति के प्रति उनका ऐतिहासिक और असंकीर्ण या सम्पूर्णतावादी दृष्टिकोण है। इस दृष्टिकोण को एक सीमा तक वस्तुपरक भी कहा जा सकता है। उनके चिन्तन में मानवता या सामाजिकता की उपेक्षा नहीं की गई है। मनुष्य का मानसिक जीवन, उसकी चेतना का संसार, वह जीवन जिसके द्वारा वह अपने अस्तित्व का प्रसार करता है, मुख्यतः सामाजिक अथवा मानवता का जीवन है (पृ. 100, साहित्य चिन्ता)। डॉ. देवराज साहित्य में परिवेश और निरन्तर परिवर्तमान परिवेश का प्रभाव स्वीकार करते हैं। यही नहीं, वे साहित्य में विषयवस्तु के महत्त्व को भी स्वीकार करते हैं। डॉ. देवराज की आलोचना सारतः धनात्मक या स्वीकारात्मक है। कहने का तात्पर्य यह कि जहाँ वे इस रूप में दिखाई पड़ते हैं, उनकी आलोचना सशक्त होती है। ऐसे अवसरों पर उनके ऐतिहासिक, सांस्कृतिक-बोध तथा व्यापक अध्ययन का उपयुक्त प्रतिफलन वैचारिक स्पष्टता के रूप में दिखलाई पड़ता है। कई स्थलों पर वे प्रगतिशील आलोचकों के निकट आ जाते हैं। विषयवस्तु की महत्ता प्रकट करते हुए उन्होंने लिखा है कि सिगरेट के कश और बुद्ध का गृह-त्याग, दोनों समान काव्यवस्तु नहीं बन सकते। अतीत का साहित्य हमें आज भी क्यों अच्छा लगता है, इसका उत्तर समाजैतिहासिक आधार पर देते हुए वे क्लासिकल साहित्य की अत्यन्त स्पष्ट और निर्भ्रान्त परिभाषा प्रस्तुत कर देते हैं :

'अतीत साहित्य को हम इसलिए पढ़ते हैं कि वह आज भी हमारे जीवन-स्पन्दन को वेगपूर्ण एवं समृद्ध बनाने की क्षमता रखता है। आज भी वह यथार्थ की अर्थवती छवियों में हमारी चेतना का प्रसार करता हुआ हमारे व्यक्तित्व को अधिक सचेत, रसमय और सृजनशील बनाता है। जिस साहित्य की यह क्षमता इतिहास के वर्तमान समय-बिन्दु तक निश्शेष नहीं हुई है, वह क्लासिकल साहित्य है' (पृ. 27, आधुनिक समीक्षा)।

क्लासिकल साहित्य की इतनी स्पष्ट सारवान् परिभाषा अन्यत्र दुर्लभ है।

डॉ. देवराज अपनी सहृदयता और बौद्धिकता का सुन्दर और समन्वित उपयोग करके कितनी उत्कृष्ट समीक्षा कर सकते हैं, इसका प्रमाण उनके द्वारा की गई 'त्यागपत्र', 'नदी के द्वीप' और 'बाणभट्ट की आत्मकथा' की समीक्षाएँ हैं। हाल ही में उन्होंने डॉ. रामस्वरूप चतुर्वेदी की रचनात्मक भाषा विषयक पुस्तक 'भाषा और संवेदना' की समीक्षा की है। इस समीक्षा में डॉ. चतुर्वेदी की भाषा-विषयक धारणाओं की विवेचना करने के साथ-साथ डॉ. देवराज ने एतद्विषयक जो अपने विचार प्रकट किए हैं, वे अत्यन्त प्रौढ़ और सुचिन्तित हैं। यह समीक्षा उस दुर्लभ कोटि की है जिसमें समीक्षा रचनात्मक हो उठती है। डॉ. चतुर्वेदी ने काव्यभाषा के अध्ययन की जो उपयोगिता काव्यगत मर्म को पकड़ने के लिए बताई है, भाषा-निर्माण की जिस अनवरत प्रक्रिया का उल्लेख किया है, काव्यभाषा का सम्पूर्ण और चरम अर्थ के स्थान पर उसके इच्छित आंशिक तत्त्व को लेकर ग्रहण करने की जो प्रवृत्ति बताई है—उसकी प्रशंसा डॉ. देवराज खुलकर करते हैं : 'श्री चतुर्वेदी का बारीक विश्लेषण सराहनीय ही नहीं, प्रशंसनीय है। उसकी आधारभूत काव्य-संवेदना दूर तक सही जान पड़ती है। उनका विश्लेषण जिस तथ्य की व्याख्या करता है, वह है—श्रेष्ठ लेखक द्वारा उपस्थापित अनुभव की अद्वितीयता या मौलिकता' (पृ. 173, प्रतिक्रियाएँ)।

लेकिन डॉ. देवराज जहाँ डॉ. चतुर्वेदी से असहमत हैं, समीक्षा का वह अंश कम नहीं—शायद ज्यादा महत्त्वपूर्ण है। डॉ. देवराज के शब्दों में : 'सन्दर्भ के बदले शब्दों पर अधिक गौरव देने के कारण डॉ. चतुर्वेदी साहित्यिक निर्णय के क्षेत्र में विचित्र उलझनों में पड़ गए हैं' (पृ. 179, वही)। मुंशी प्रेमचन्द की भाषा की उत्कृष्टता का रहस्य बताते हुए डॉ. साहब का लिखना कि 'प्रेमचन्द की भाषा सफल है, क्योंकि वह उनकी विशिष्ट दृष्टि से अनुप्राणित अर्थ-संहिति को ठीक-ठीक मूर्त करने में समर्थ है, उनकी गम्भीर भाषा-संचेतना का प्रमाण है।' प्रेमचन्द की भाषा के रहस्य को डॉ. साहब ने जैसे पकड़ लिया है। डॉ. देवराज का कहना है कि शब्द को अर्थ विशेष सन्दर्भ के द्वारा मिलता है। सन्दर्भ के बिना शब्दों पर विचार करना अवैज्ञानिक है। डॉ. देवराज तुलसी की एक अर्धाली का उदाहरण प्रस्तुत करके अपना मन्तव्य प्रकट करते हैं : 'रचनाकार की मौलिकता का प्रधान आधार उसके द्वारा संकेतित अर्थ-सन्दर्भ होता है, न कि अलग-अलग शब्दों का प्रयोग। तुलसी की निम्नलिखित पंक्तियों की परीक्षा कीजिए :

'पुनि आयब इहिं बिरियाँ काली। अस कहि मन बिहँसी इक आली॥'

यहाँ पाठक को यह कतई महसूस नहीं होता कि तुलसीदास बिरियाँ, बिहँसी, आदि परिचित शब्दों के अर्थ में कोई क्रान्तिकारी परिवर्तन उपस्थित कर रहे हैं। उक्त शब्दों

की रोचक अर्थवत्ता का एकमात्र कारण उनका एक अर्थपूर्ण सन्दर्भ के लिए पूरा-पूरा उपयुक्त होना है' (पृ. 178, वही)।

इन पंक्तियों में डॉ. देवराज ने अपनी सूक्ष्मग्राहिता और सामाजिक दृष्टिकोण के आधार पर आगे बढ़कर रूपवादी आलोचना की कमजोर नस पकड़ ली है, क्योंकि अर्थ-सन्दर्भ का सम्बन्ध विभावन व्यापार से है। पं. रामचन्द्र शुक्ल भी विभावन व्यापार को ही रस-निष्पत्ति में सक्षम माननेवाले आचार्य हैं।

डॉ. देवराज ने बहुत पहले 'आदिकाव्य' पर एक निबन्ध लिखा था जिसे उन्होंने 'प्रतिक्रियाएँ' में संकलित कर दिया है। यह निबन्ध उनकी सहृदयता का प्रमाण है। हिन्दी में इतने रोचक और अधिकारपूर्ण ढंग से संस्कृत के कालजयी ग्रन्थों का परिचय पं. हजारीप्रसाद द्विवेदी को छोड़कर दूसरा कोई नहीं दे सकता था। यह निबन्ध उनकी आलोचनात्मक प्रतिभा को सजीव बनाये रखनेवाली सरसता का संकेत देता है।

मार्क्सवादी आलोचना का उदय

4

प्रगतिशील लेखक संघ का प्रथम सम्मेलन लखनऊ में 1936 ई. में हुआ। इसलिए साहित्य में प्रगतिवादी आन्दोलन की शुरुआत इसी समय से मानी जानी चाहिए। इसका अर्थ यह नहीं कि हमारे साहित्य में प्रगतिशील तत्त्व इसके पूर्व सक्रिय नहीं थे। हम देख चुके हैं कि आधुनिक साहित्य प्रगतिशील तत्त्वों के प्रति आग्रहवान होकर विकसित हुआ है। प्रगतिवादी आन्दोलन का सम्बन्ध मार्क्सवाद से है किन्तु जिन वैचारिक प्रवृत्तियों के समुच्चय का नाम मार्क्सवाद है, उनमें से कई मार्क्स के पहले से सक्रिय हैं। इस बात को ठीक-ठीक न समझने के कारण लोग प्रगतिशील दृष्टिकोण को प्राचीन साहित्य एवं संस्कृति का विरोधी समझते हैं। मार्क्सवाद का दृष्टिकोण वैज्ञानिक है और वह प्राचीन साहित्य का अध्ययन तत्कालीन सामाजिक और ऐतिहासिक परिप्रेक्ष्य में करता है। प्रगतिशील लेखक संघ के प्रथम सभापति प्रेमचन्द ने कहा था : 'प्रगतिशील लेखक संघ यह नाम ही मेरे विचार से गलत है, साहित्यकार या कलाकार स्वभावतः प्रगतिशील होता है।'

प्रेमचन्द ने साहित्यकार को स्वभावतः प्रगतिशील बताया तो इस प्रगतिशीलता का लक्षण भी बताया, 'वह अप्रिय अवस्थाओं का अन्त कर देना चाहता है।' प्रेमचन्द ने साहित्यकार का यह उद्‌देश्य बताकर हमारे प्राचीन साहित्य और विशेषतः भारतेन्दु द्वारा प्रवर्तित आधुनिक हिन्दी साहित्य की परम्परा को ही स्पष्ट किया था। यह समझना कि वाल्मीकि, कालिदास और तुलसीदास प्रगतिशील नहीं हो सकते थे, क्योंकि वे मार्क्सवादी नहीं थे, हास्यास्पद है। प्रगतिशीलता का भेदक लक्षण कोई कालखंड नहीं है बल्कि अपने युग की अभिव्यक्ति है। अन्याय और अत्याचार को समाप्त करने की प्रेरणा हमारे देश के सभी महान साहित्यकारों ने दी है। साहित्यकार अपने युग की सीमाओं से सीमित अवश्य रहे हैं किन्तु उन्होंने अपने काव्य में अपने युग के अन्याय पर न्याय की विजय का वर्णन किया है। प्रेमचन्द के शब्दों में : 'अप्रिय अवस्थाओं का अन्त कर देना चाहा है।'

यह प्रगतिशीलता की सच्ची कसौटी थी। प्रेमचन्द हमारी जनता के प्रतिनिधि साहित्यकार थे। उनकी प्रगतिशीलता और साहित्यकारिता अपने देश एवं काल अर्थात् यथार्थ की भूमि पर उगी हुई थी। इसीलिए वे साहित्यकारिता और प्रगतिशीलता का अन्योन्याश्रित सम्बन्ध पहचानते थे। लेकिन यह बात उन लोगों के विषय में नहीं कही जा सकती जिन्होंने इंग्लैंड में प्रगतिशील लेखक संघ की बुनियाद डाली थी। वे

आदर्शवादी नवयुवक थे। उनके उद्देश्यों की सच्चाई से किसी को इनकार नहीं हो सकता। नई दुनिया के बनते हुए मानचित्र पर उनकी निगाहें थीं। उन्हें यूरोप और अमेरिका के आन्दोलनों की जानकारी जरूर रही होगी। लेकिन अपने देश के साहित्य की परम्पराओं की उन्हें कितनी जानकारी थी—यह नहीं कहा जा सकता। लन्दन में प्रगतिशील लेखक संघ की बुनियाद डालनेवालों ने संघ का जो घोषणा-पत्र तैयार किया था, उसे देखकर शंका होती है कि उन्हें अपने देश के प्रगतिशील साहित्यिक आन्दोलनों की जानकारी नहीं थी, वर्ना घोषणा-पत्र में इस आशय की पंक्तियाँ न होतीं : 'भारतीय साहित्य, पुरानी सभ्यता के नष्ट हो जाने के बाद से जीवन की यथार्थताओं से भागकर उपासना और मुक्ति की शरण में जा छिपा है। नतीजा यह हुआ है कि वह निस्तेज और निष्प्राण हो गया है—रूप में भी और अर्थ में भी। और आज हमारे साहित्य में भक्ति और वैराग्य की भरमार हो गई है। भावुकता ही का प्रदर्शन हो रहा है, विचार और बुद्धि का एक प्रकार से बहिष्कार कर दिया गया है। पिछली दो सदियों में विशेष कर इसी तरह का साहित्य रचा गया है जो हमारे इतिहास का लज्जास्पद काल है' (पृ. 225-26, साहित्य का उद्देश्य)।

यह घोषणा-पत्र 1935 ई. में तैयार किया गया था। उस समय नजरुल, रवीन्द्रनाथ, निराला, प्रेमचन्द, इकबाल साहित्य रचना कर रहे थे। हिन्दी कविता भारतेन्दु, द्विवेदी युग से होती हुई छायावाद तक विकसित हो चुकी थी; उर्दू में हाली का 'मुसद्दस' तो बहुत पहले लिखा जा चुका था। स्पष्ट ही घोषणा-पत्र हमारे साहित्य के क्रान्तिकारी पक्षों की उपेक्षा करता है, इसीलिए कहा गया कि विदेश में भारतीय प्रगतिशील लेखक संघ की बुनियाद डालनेवालों को भारतीय साहित्य की सच्ची जानकारी थी, इसमें सन्देह होता है।

प्रगतिशील आलोचना के सन्दर्भ में प्रेमचन्द के अध्यक्षीय भाषण और 'घोषणा-पत्र' की उक्त पंक्तियाँ काफी महत्त्वपूर्ण हैं। प्रगतिशील आलोचना यथार्थ का आग्रह करती थी। वह भारतीय साहित्य में स्वस्थ परम्परा का विकास करना चाहती थी। किन्तु प्रारम्भिक प्रगतिशील आलोचक अपने साहित्य की परम्परा का मूल्यांकन करते समय अतिसरलीकरण करते थे। वे समय की आवश्यकता समझते थे किन्तु प्राचीन एवं समसामयिक साहित्य के अन्तर्विरोधों को देखने में चूक जाते थे। प्रेमचन्द ने साहित्यकार को स्वभावत: प्रगतिशील कहकर प्रगतिशीलता ही नहीं, साहित्य की भी अत्यन्त महत्त्वपूर्ण विशेषता बताई थी। जो प्रगतिशील नहीं है, वह साहित्यकार ही नहीं है। इस दृष्टि से प्राचीन साहित्यकारों की रचनाओं का भी विश्लेषण किया जाना और प्रगतिशीलता को विवेचित किया जाना चाहिए था। किन्तु हिन्दी के प्रारम्भिक प्रगतिशील आलोचकों ने प्राचीन साहित्य कौन कहे, समसामयिक साहित्य को भी परखने में विवेक से काम नहीं लिया। घोषणा-पत्र का सूत्र पकड़कर अपने साहित्य को आँखें मूँदकर कोसना शुरू किया। 'विशाल भारत' (मार्च, 1937 ई.) में, श्री शिवदानसिंह चौहान ने 'भारत में प्रगतिशील साहित्य की आवश्यकता' नामक एक महत्त्वपूर्ण लेख लिखा था। इसमें प्रगतिशील साहित्य की विशेषता बताई गई है, हिन्दी साहित्य की संक्षेप में

पड़ताल की गई है तथा अन्त में परिवर्तित समय में प्रगतिशील साहित्य रचना की आवश्यकता पर बल दिया गया है। लेख का एक प्रकार से ऐतिहासिक महत्त्व है क्योंकि यह भारत में प्रगतिशील लेखक संघ की स्थापना के एक ही वर्ष उपरान्त प्रकाशित हुआ है। हिन्दी के किसी घोषित प्रगतिवादी आलोचक द्वारा प्रगतिवादी दृष्टिकोण से साहित्यिक विषय पर लिखा गया यह सम्भवत: प्रथम लेख है। जहाँ तक सैद्धान्तिक सूचनाएँ देने का प्रश्न है, लेख उपयुक्त एवं विश्वसनीय है किन्तु उन सिद्धान्तों के प्रकाश में हिन्दी और साहित्यकारों पर जो सम्मतियाँ दी गई हैं, उनमें सरलीकरण किया गया है। सुधी पाठक को चौहान के अध्ययन पर नहीं तो उनकी साहित्यिक रुचि पर अवश्य शंका होने लगती है। प्रगतिशील शक्ति को वे परिभाषित करते हैं कि जो न केवल संसार को स्पष्ट करती है बल्कि उसे परिवर्तित करने में भी अविरत लगी रहती है। लेकिन हिन्दी साहित्य के विषय में वे जो सम्मतियाँ देते हैं, वे बिलकुल एकतरफा है : 'भक्तिकाल में भी केवल आत्मसमर्पण, भक्ति में तल्लीनता आदि भाव ही हमारे तुलसी, सूर आदि के साहित्य में भर पाए थे। उनके बाद रीतिकाल में विचारधारा तो दूर, हमारे कवि, कविताबद्ध कोकशास्त्र लिखने लगे। उनसे इस अधोगति के अलावा और उम्मीद भी क्या की जा सकती थी! और वर्तमान काल में भी किसी स्वस्थ विचार-धारा का नाम नहीं' (वही)। लेख की तीन पंक्तियों में हिन्दी साहित्य के चारों 'कालों' को ध्वस्त कर दिया गया। कैसे माना जा सकता है कि चौहान जी ने पं. रामचन्द्र शुक्ल के 'हिन्दी साहित्य का इतिहास' को पढ़कर यह लिखा था? प्रेमचन्द को वे 'पूँजीवादी यथार्थवाद' का लेखक मानते हैं, लेकिन यह नहीं बताते कि लेखक अपने युग की सीमाओं से सीमित होता है, या 'पूँजीवादी' यथार्थवाद पूँजीवाद या सामन्तवाद की अपेक्षा प्रगतिशील है। उनका सबसे अधिक खेदजनक और चिन्त्य वक्तव्य छायावाद के बारे में है। जयशंकर प्रसाद, निराला, पंत और महादेवी का नामोल्लेख करने के बाद वे लिखते हैं : 'इनमें से कुछ स्वभावत: प्रगतिशील भी हैं, लेकिन उनकी कविताएँ प्रगतिशील न होकर प्रतिक्रियावादी होती हैं। इस छायावाद की धारा ने हिन्दी के साहित्य को जितना धक्का पहुँचाया, उतना शायद ही हिन्दू महासभा या मुस्लिम लीग ने भारत को पहुँचाया हो' (वही)। निश्चय ही चौहान जी के ध्यान में ये पंक्तियाँ लिखते समय निराला की 'बादल-राग', 'विधवा' जैसी कविताएँ नहीं थीं।

हिन्दी की प्रगतिशील आलोचना अपने साहित्य की प्रगतिशील परम्परा का परिचय स्वीकार करके आगे बढ़ने की जगह एक तरह से सर्वनिषेधात्मक और उपदेशात्मक मुद्रा के साथ चली। प्रगतिवादी आलोचकों और लेखकों ने—जिन्हें प्रगतिवादी का प्रतिनिधि समझा जाता था—खुलकर हिन्दी और संस्कृत के प्राचीन साहित्यकारों की भर्त्सना की। राहुल सांकृत्यायन, यशपाल, रांगेय राघव इसी प्रकार के प्रगतिवादी लेखक थे जो विद्वान एवं लोकप्रिय साहित्यकार होते हुए भी अक्सर ऐसी बातें लिख जाते थे जो गलत भी होती थीं और प्रगति-विरोधी भी। किसी भी साहित्यकार में दोष दिखाए जा सकते हैं। लेकिन यदि तुलसीदास जैसे अत्यन्त लोकप्रिय कवि को प्रगतिवादी विद्वान, आलोचक-लेखक इन शब्दों में स्मरण करें तो क्या समझा जाए?

'ब्रजभाषा तब भी इस बारे में कुछ समझ से काम लेती है, लेकिन तुलसी बाबा को तो हम अपनी अवधी में लुटिया ही डुबोने के लिए तैयार दीखते हैं। शायद बाबा को अपने 'मानस' पर विश्वनाथ की मुहर लगवानी थी' (राहुल, पृ. 10, हिन्दी काव्यधारा, प्रथम संस्करण)।

'रामनाम के प्रताप से जूठन बीनकर खानेवाला तुलसीदास' (रांगेय राघव, मार्क्सवाद और प्राचीन साहित्य का मूल्यांकन, डॉ. रामविलास शर्मा से उद्धृत)।

'तुलसी का भक्ति-मार्ग केवल सवर्ण हिन्दू जनता की सांस्कृतिक एकता का प्रतिपादन करता है' (यशपाल—वहीं से उद्धृत)।

तुलसीदास जैसे महान कवि को आँखें मूँदकर भला-बुरा कहना, आलोचना के नाम पर साहित्य के बदले व्यक्ति पर कीचड़ उछालना, मार्क्सवादी दृढ़ता का परिचायक नहीं है, यह अन्धी उग्रवादिता है या संकीर्णता। इन लेखकों के यहाँ विवेचना कम, विस्फोट अधिक मिलता है। प्रगतिवादी आलोचना का एक बहुत बड़ा हिस्सा ऐसा है जो इस बात का उदाहरण है कि अच्छे-से-अच्छा सिद्धान्त भी विवेकहीनता के कारण कितना भ्रष्ट हो सकता है। केवल सिद्धान्त को ध्यान में रखकर न तो साहित्य रचा जाता है, न आलोचना की जा सकती है। रचना और आलोचना की प्रक्रिया में सिद्धान्तों का भी परिष्कार होता है। केवल सिद्धान्त ही रचना और आलोचना को प्रभावित नहीं करते, आलोचना और रचना भी सिद्धान्तों को प्रभावित करती है। प्रभाव सबका एक-दूसरे पर पड़ता है। कोई भी जीवन्त प्रक्रिया प्रभावित होते रहने की प्रक्रिया है। प्रारम्भिक प्रगतिवादी आलोचना में इसका प्रमाण नहीं मिलता कि आलोचक रचनाओं से प्रभावित हो रहे हैं। वे सिद्धान्त बताते हैं और उन सिद्धान्तों के उदाहरणस्वरूप अच्छी-बुरी पंक्तियाँ उद्‌धृत करते हैं। श्री शिवदानसिंह चौहान तो पंक्तियाँ कम-से-कम उद्‌धृत करते हैं, वे केवल सिद्धान्त बखानते हैं और कवियों पर निर्णय देते हैं, जबकि श्री प्रकाशचन्द्र गुप्त के यहाँ अत्यधिक उद्धरणों से लेखों का कलेवर बढ़ाया जाता है। श्री प्रकाशचन्द्र गुप्त अंग्रेजी साहित्य के मर्मज्ञ हिन्दी लेखक हैं किन्तु उनकी आलोचना इतनी विवरणात्मक होती है कि समतल और सपाट बनकर रह जाती है। उसमें विवेच्य विषय का अन्तर्निरूपण नहीं के बराबर मिलता है। प्रकाशचन्द्र गुप्त ने प्रगतिवादी विचारधारा की दृष्टि से हिन्दी साहित्य को देखने का प्रयास अवश्य किया है। 'आधुनिक हिन्दी साहित्य : एक दृष्टि' और 'हिन्दी साहित्य की जनवादी परम्परा' में हिन्दी के प्रगतिशील तत्त्वों की परम्परा का विकास दिखाने का प्रयास किया गया है। 'आधुनिक हिन्दी साहित्य' के कई लेख ऐसे हैं जिनमें मार्क्सवाद पर आधारित प्रगतिवादी साहित्य सिद्धान्तों को समझाया गया है। इन लेखों में विदेशी आलोचकों—विशेषत: काडवेल के विचारों को बार-बार उद्धृत किया गया है। इन लेखों से मार्क्सवादी समीक्षा की कामचलाऊ जानकारी मिल जाती है। हिन्दी साहित्य से सम्बन्धित प्रथम लेख आचार्य शुक्ल की आलोचना है। श्री प्रकाशचन्द्र गुप्त उन प्रगतिवादी आलोचकों में नहीं हैं जो हिन्दी साहित्य के अतीत और उसके साहित्यकारों की भर्त्सना करना ही प्रगतिशीलता समझते हैं। उन्होंने आचार्य शुक्ल की समीक्षा के महत्त्व को भली भाँति

आँका है। 'आचार्य रामचन्द्र शुक्ल, हिन्दी आलोचना के गौरव थे। उच्चकोटि के इतिहासज्ञ, निबन्धकार, सम्पादक और कवि थे। आपने हिन्दी में एक गम्भीर शास्त्रीय आलोचना-शैली गढ़ी और उसकी नींव अपने ठोस अध्ययन और मनन पर रखी तथा अपने इतिहास में शुक्ल जी ने लेखकों और रचनाओं की साहित्यिक परीक्षा भी की। आपका इतिहास इस प्रकार वर्णनात्मक न होकर विवेचनात्मक था' (पृ. 41-42, आधुनिक हिन्दी साहित्य : एक दृष्टि)।

इसके आगे वे शुक्ल जी की जो विशेषताएँ बताते हैं। वे गलत और काफी भ्रमपूर्ण हैं और उनसे साफ प्रकट हो जाता है कि गुप्त जी ने शुक्ल जी की आलोचना का अध्ययन मनोयोग और गम्भीरता के साथ नहीं किया है। 'वैष्णव-पंथी और दार्शनिक कविता आपको विशेष प्रिय थी। भक्तिकाल की सीमाओं में आपका साहित्य-प्रेम बड़ी हद तक बँधा था। रीतिकाल और आधुनिककाल के विश्लेषण में शुक्ल जी का दृष्टिकोण काफी संकुचित है,' (पृ. 42, वही)।...'अपनी लोक-भावना को शुक्ल जी आध्यात्मिक रूप देते थे। वास्तव में शुक्ल जी की लोक-भावना लोकोत्तर कल्याण की भावना है और परलोकमुखी है' (पृ 46-47, वही)। गुप्त जी ने निराला, पंत, यशपाल और अज्ञेय की भी कृतियों पर लिखा है किन्तु वे सामान्यत: परिचयात्मक ही हैं।

यह नहीं कि इन प्रगतिवादी आलोचकों की रचनाओं की कोई उपयोगिता नहीं है या कि उन्होंने समसामयिक साहित्य को प्रभावित नहीं किया। प्रगतिवादी आन्दोलन मार्क्सवादी राजनीतिक पार्टी या पार्टियों से किसी-न-किसी रूप में सम्बद्ध था। भारतीय राजनीति में समाजवादी विचारों का प्रवेश हो चुका था। भारतीय पूँजीवाद स्थापित हो चला था और अब वह विदेशी पूँजीवाद का स्थान लेना चाहता था। छायावाद के वरिष्ठ कवियों में से एक सुमित्रानन्दन पंत और प्रेमचन्द जैसे लोकप्रिय साहित्यकारों का सहयोग प्रगतिवादी आन्दोलन को शुरू से ही मिला। हिन्दी के प्रगतिवादी आलोचकों ने विदेशी प्रगतिवादी चिन्तकों, विशेषत: लेनिन, स्टालिन, प्लेखानोव, काडवेल इत्यादि की साहित्यिक मान्यताओं से हिन्दी जगत का परिचय कराया।

लेकिन हिन्दी के उक्त प्रगतिवादी आलोचकों ने हिन्दी की प्राचीन और नवीन परम्परा का अध्ययन द्वन्द्वात्मक पद्धति पर नहीं किया। मार्क्सवादी दृष्टि मूलत: सामाजिक और ऐतिहासिक दृष्टि है। वह किसी वस्तु का अध्ययन देश-काल के परिप्रेक्ष में करती है, विवेच्य में अन्तर्विरोधों का विश्लेषण करके वैज्ञानिक ढंग से प्रतिक्रिया और प्रगति के तत्त्वों को अलग-अलग छाँटती है। इसका बहुत अच्छा उदाहरण लेनिन द्वारा की गई तोलस्तोय की समीक्षा है। लेनिन ने लिखा था कि 'तोल्स्तोय ने क्रान्ति को नहीं पहचाना था, फिर भी उनके साहित्य का अध्ययन रूसी क्रान्ति के सन्दर्भ में किया जा सकता है। अगर हमारे सामने वस्तुत: महान कलाकार है तो निश्चय ही उसकी रचनाओं में क्रान्ति के महत्त्वपूर्ण पक्षों, पहलुओं का प्रतिबिम्ब मिलेगा'—तोल्स्तोय के सन्दर्भ में साहित्यकार पर प्रकट किए गए लेनिन के उक्त विचार प्रेमचन्द के विचार (साहित्यकार स्वभावत: प्रगतिशील होता है) से मिलते हैं—यशपाल, चौहान और

रांगेय राघव से नहीं। लेनिन के अनुसार : 'कहने की जरूरत नहीं कि तोल्स्तोय इन अन्तर्विरोधों के कारण कामगर वर्ग के आन्दोलन, समाजवाद के संघर्ष या रूसी क्रान्ति में उसकी भूमिका को नहीं समझ सके, किन्तु तोल्स्तोय के विचारों और सिद्धान्तों में जो अन्तर्विरोध है, वह आकस्मिक नहीं है। ये अन्तर्विरोध 19वीं शताब्दी के अन्तिम 30–35 वर्षों के रूसी हालात के अन्तर्विरोध हैं' (पृ. 29–30, लेनिन ऑन आर्ट एंड लिटरेचर,1967)।

पं. रामचन्द्र शुक्ल ने तोल्स्तोय के आततायियों से भी प्रेम के सिद्धान्त की आलोचना की थी। लेनिन ने भी उनके 'बुराई को हिंसा से मत जीतो' वाले सिद्धान्त पर प्रहार किया है। लेकिन अन्तर्विरोधों के साथ तोल्स्तोय ने रूसी जीवन के भव्य चित्र खींचे हैं इसलिए वे लेनिन के शब्दों में रूसी जीवन के अद्वितीय चित्र खींचने वाले प्रतिभाशाली एवं महान कलाकार हैं।

स्पष्ट ही है कि हिन्दी के उक्त प्रगतिवादी आलोचक अपने साहित्य का मूल्यांकन करते समय लेनिन के रास्ते पर नहीं चल रहे थे।

हिन्दी के प्रगतिवादी आलोचकों की इस खामी की ओर प्रभावशाली ढंग से सकेत किया डॉ. रामविलास शर्मा ने।

डॉ. रामविलास शर्मा

डॉ. रामविलास शर्मा ने प्राचीन समाज और साहित्य का मूल्यांकन करने की मार्क्सवादी पद्धति की व्याख्या करते हुए लिखा : 'यह आवश्यक नहीं कि शोषक वर्ग ने जिन नैतिक अथवा कलात्मक मूल्यों का निर्माण किया है, वे सभी शोषण–मुक्त वर्ग के लिए अनुपयोगी हों।...प्राचीन साहित्य के मूल्यांकन में हमें मार्क्सवाद से यह सहायता मिलती है कि हम उसकी विषयवस्तु और कलात्मक सौन्दर्य को ऐतिहासिक दृष्टि से देखकर उनका उचित मूल्यांकन कर सकते हैं' (पृ. 21, साहित्य : स्थायी मूल्य और मूल्यांकन)। डॉ. शर्मा ने 'विषयवस्तु' और 'कलात्मक सौन्दर्य' को ऐतिहासिक दृष्टि से देखकर भारतेन्दु युग, निराला और प्रेमचन्द का मूल्यांकन किया है। उन्होंने इन तीन कृती साहित्यकारों की रचनाओं के मूल्यांकन के माध्यम से हिन्दी साहित्य की प्रगतिशील धारा का विकास स्पष्ट किया है। डॉ. शर्मा की इन कृतियों ने जहाँ आधुनिक साहित्य के विकास और उसकी लोकवादिता को स्पष्ट किया, वहाँ प्रगतिवादी आलोचना को भी हिन्दी की जातीय परम्परा से जोड़ा। उनकी इन रचनाओं से प्रगतिवादी विचारधारा को हिन्दी जगत का विश्वास प्राप्त हुआ। कालिदास, तुलसीदास की भर्त्सना करनेवाली; भारतेन्दु, निराला और प्रेमचन्द की उपेक्षा करनेवाली धारा हिन्दी जनता का विश्वास नहीं प्राप्त कर सकती थी। 'जनता, जनता' चिल्लाने और सिद्धान्त बघारने से पाठक समुदाय का विश्वास नहीं अर्जित होता।

'भारतेन्दु युग' में लेखक ने यह दिखाया है कि हिन्दी में नवीन चेतना किन व्यक्तियों और संस्थाओं के माध्यम से विकसित हो रही थी। कौन–सी परिस्थितियाँ

उस चेतना के विकास का कारण थीं और विकास के दौरान, परिस्थितियाँ भी किस प्रकार प्रभावित होकर बदल रही थीं। साहित्य इस विकास-प्रक्रिया की केवल तटस्थ झाँकी ही नहीं प्रस्तुत कर रहा था बल्कि सक्रिय सहयोग कर रहा था। यह भारतेन्दु युग की बहुत बड़ी विशेषता थी। भारतेन्दु और उनके समकालीन अन्य साहित्यकारों का महत्त्व पं. रामचन्द्र शुक्ल अपने इतिहास में भली भाँति स्पष्ट कर चुके थे। डॉ. रामविलास शर्मा ने उन्हीं के काम को आगे बढ़ाया।

नाटक, निबन्ध, कविता, कथा-साहित्य, पत्र-पत्रिकाओं—सभी के माध्यम से हिन्दी में यह आधुनिक युग का पदार्पण था। डॉ. शर्मा ने इस युग से सम्बद्ध महत्त्वपूर्ण साहित्यिकों और व्यक्तित्वों के कार्यों का विशद विवेचन किया। उन्होंने विभिन्न व्यक्तियों के कार्यों का विवरण इस प्रकार दिया है कि व्यक्ति होते हुए भी वे हमारे सामने समाज-व्यक्ति के रूप में आते हैं। उनके माध्यम से हम तत्कालीन समाज और साहित्य के विविध पक्षों का इतिहास जान नहीं, देख लेते हैं। भारतेन्दु युग में सचमुच हिन्दी को एक युग के दर्शन हो जाते हैं। डॉ. शर्मा की शैली इतनी सारग्राहिणी, तथ्यात्मक और सीधी है कि वह पाठक और वर्ण्य विषय के बीच में दिखलाई नहीं पड़ती। लगता है कि परिदृश्य, घटनाओं और तथ्यों को कोई गद्यकार अपनी दृष्टि से आपके सामने प्रस्तुत कर रहा है। ये सभी आपके सामने स्वयं प्रतिभासित होते हुए प्रतीत होते हैं। 'यह पुस्तक भारतेन्दु युग का इतिहास नहीं है। उसका रेखाचित्र कहना भी इसको अत्यधिक महत्त्व देना होगा' (निवेदन : भारतेन्दु युग)। वस्तुतः यह पुस्तक भारतेन्दु युग की प्रामाणिक शब्द चित्रावली है। यह पुस्तक इतिहास न हो, रेखाचित्र न हो, आलोचना न हो, लेकिन 'भारतेन्दु युग' से बढ़कर इस युग का किसी ने अब तक न कोई इतिहास लिखा है, न रेखाचित्र और न आलोचना।

डॉ. रामविलास शर्मा भारतेन्दु युग को राष्ट्र की नवचेतना युग का कहते हैं तो दिखाते हैं कि उस युग में अकाल पर हिन्दी 'प्रदीप' में 'होली' और 'आल्हा' छपा था। 'सार सुधानिधि', 'कवि बचन सुधा' जैसी पत्रिकाओं में देशी-विदेशी समाचारों पर निर्भीक टिप्पणियाँ लिखी जाती थीं। भारतेन्दु और प्रेमघन सीधी-सादी भाषा में कविताएँ लिखकर अंग्रेजी राज्य पर व्यंग्य करते थे। उन्हीं दिनों गदाधरसिंह नामक सिपाही ने एक किताब लिखी थी : 'चीन में तेरह मास'। इस पुस्तक में लेखक ने चीन का आँखों-देखा हाल लिखा था। इस पुस्तक पर टिप्पणी करते हुए डॉ. शर्मा ने लिखा है कि 'यह पुस्तक 319 पृष्ठों में समाप्त हुई है। इतिहास की दृष्टि से भी वह महत्त्वपूर्ण है। इसमें लेखक ने साम्राज्यवाद का नंगा चित्र खींच दिया है अथवा यथार्थ वर्णन से वह अपने-आप खिंच गया है। ये सब तिलमिला देनेवाली बातें साहित्य में आईं और लेखकों के ऊपर उनका प्रभाव पड़ा' (पृ. 21, भा. यु.)। भारतेन्दु युग केवल कविता और नाटक के माध्यम से ही नहीं उदित हुआ था, इसके उदय में पत्र-पत्रिकाओं, सभा-समितियों, विभिन्न स्वयंसेवी संगठनों और व्याख्यानों का अत्यन्त महत्त्वपूर्ण योगदान था। डॉ. शर्मा ने पुस्तक में पत्र और पत्रकार, पत्र साहित्य और प्रगति, सभा समिति और व्याख्यान नामक अध्यायों में एतद् सम्बन्धी महत्त्वपूर्ण सामग्री दी है। समूची

सामग्री इतने अनौपचारिक, सहज और अनाडम्बर भाव से प्रस्तुत की गई है कि इस सबकी जानकारी के लिए किया गया परिश्रम प्रकट नहीं होता। कहने की आवश्यकता नहीं कि यह सरलता, सहजता, परिश्रम, प्रतिभा और ईमानदारी से ही लेखक को प्राप्त होती है। सुखद आश्चर्य होता है यह देखकर कि डॉ. शर्मा ने गद्य की यह प्रौढ़ एवं अचूक शैली अपने लेखक जीवन के अल्पवय में ही प्राप्त कर ली थी।

'प्रेमचन्द और उनका युग' तथा 'निराला' पुस्तकों का ढाँचा बिलकुल वही है जो 'भारतेन्दु युग' का। विवेचना-शैली भी वही है। समाज और व्यक्ति के विश्लेषणात्मक सूत्रों की संगति उसकी रचना से बिठाई गई है और फिर रचना का समाज पर प्रभाव दिखाया गया है।

प्रेमचन्द हिन्दी और उर्दू, दोनों के महान लेखक थे। वे भारत की मिली-जुली संस्कृति के सर्वोत्तम प्रतीक थे। उन्होंने लेखन उर्दू में शुरू किया। कई उर्दू लेखकों ने विचार प्रकट किया था कि प्रेमचन्द पर तिलिस्म होशरुबा, उमराव जान अदा, 'फ़िसान-ए-आजाद' का काफी असर है। इसमें कोई सन्देह नहीं कि प्रेमचन्द ने इन रचनाओं को रस लेकर पढ़ा था। लेकिन प्रेमचन्द राजनीतिक और सामाजिक चेतना से युक्त कलाकार थे। इसलिए वे स्वभावत: हिन्दी की उस जनवादी परम्परा के विकासकर्ता हो गए जिसका प्रवर्तन भारतेन्दु युग में हुआ था। तिलिस्म होशरुबा आदि के प्रभाव के विषय में डॉ. शर्मा ने लिखा है : 'इन्हें पढ़ने से उनकी कल्पना-शक्ति प्रखर हुई और खुद भी लिखने की उन्हें प्रेरणा मिली। लेकिन प्रेमचन्द ने तिलिस्म होशरुबा का रास्ता नहीं अपनाया। उनकी रचनाएँ भारतेन्दु हरिश्चन्द्र, बालकृष्ण भट्ट और राधाकृष्णदास के कथा साहित्य का अगला और स्वाभाविक कदम थीं' (पृ. 19, प्रेमचन्द और उनका युग, संशोधित एवं परिवर्द्धित संस्करण, 1967)। भारतेन्दु और उनके सहयोगी साहित्यकारों की ही भाँति उनसे कहीं ज्यादा संघर्षशील जीवन प्रेमचन्द का था। प्रेमचन्द के व्यक्तित्व और कृतित्व में उनके युग का समाज अपनी तमाम असंगतियों, आन्दोलनों, विक्षोभों और प्रगतिकामी नवीनताओं के साथ समाहित है। प्रेमचन्द ने अपने देखे और भोगे जीवन के चित्र प्रस्तुत किए हैं। हंसराज रहबर ने प्रेमचन्द पर जो पुस्तक लिखी है, उसमें प्रेमचन्द के पात्रों और उनकी रचनाओं से भी उनके जीवन को प्रस्तुत करने में सहायता ली गई है। डॉ. रामविलास शर्मा उन आलोचकों में से हैं जो रचना को रचनाकार से काटकर देखने में विश्वास नहीं करते। यदि यह सत्य है कि रचनाकार अपने अनुभूत सत्य को साहित्य में चित्रित करता है तो उसका साहित्य समझने के लिए जरूरी है कि हम उस जीवन-पृष्ठभूमि को भी देखें जिसने साहित्यकार का भौतिक संसार रचा था। सच्चे साहित्यकार का व्यक्तित्व और कृतित्व आदर्शों की अनुकूल दिशा में चलता है। आजकल कुछ अतिरिक्त उत्साही आलोचक 'रचना के साथ न्याय करने के लिए' रचना को रचनाकार से सर्वथा विच्छिन्न करके समझना चाहते हैं। लेकिन रचना जिस संसार की उपज है, वह संसार रचना का सन्दर्भ है। इस सन्दर्भ में साहित्यकार का व्यक्तित्व प्रधान महत्त्व रखता है और इस सन्दर्भ के बिना रचना विवेचित नहीं हो सकती। डॉ. शर्मा ने भारतेन्दु, उनके सहयोगी

साहित्यकारों, प्रेमचन्द, निराला इत्यादि पर लिखते समय उनके व्यक्तित्व और कृतित्व के संगत सूत्रों को जोड़ा है। भारतेन्दु, प्रेमचन्द, निराला महान साहित्यकार और महान व्यक्ति थे। उनके जीवन और रचनादर्शों में असंगति नहीं थी।

डॉ. शर्मा ने प्रेमचन्द के प्रमुख उपन्यासों पर अलग-अलग और कहानियों पर एक ही अध्याय में विचार किया है। प्रेमचन्द के नवीन यथार्थवादी उपन्यासों की लोकप्रियता का एक शुभ प्रभाव यह पड़ा कि हिन्दी पाठक समुदाय 'चन्द्रकान्ता' जैसे तिलिस्मी, ऐयारी और कौतूहल प्रधान उपन्यासों के स्थान पर ऐसी कथाकृतियों की ओर आकृष्ट हुआ जिनमें सामाजिक यथार्थ का चित्रण होता था। प्रेमचन्द के इस महत्त्व पर जहाँ तक मेरी जानकारी है, सबसे पहले डॉ. शर्मा का ध्यान गया है। प्रेमचन्द की लोकप्रियता पर लोगों ने बहुत लिखा है, तरह-तरह की उक्तियाँ दी हैं। लेकिन इस तरह के प्रमाण देना जनवादी आलोचक डॉ. शर्मा का ही काम था : ' 'चन्द्रकान्ता' और 'तिलिस्म होशरुबा' के पढ़नेवाले लाखों थे। प्रेमचन्द ने इन लाखों पाठकों को 'सेवासदन' का पाठक बनाया। यह उनका युगान्तरकारी काम था। इन पाठकों की संख्या का अन्दाज किताबों की बिक्री और संस्करणों से नहीं लगाया जा सकता। शहर या कस्बे के किसी पुस्तकालय में जाकर प्रेमचन्द की किताबों की हालत देखिए। तरकारी काटनेवाली स्त्रियों के हाथों से लेकर लाठी को तेल पिलानेवाले दरबानों की उँगलियों तक से उनके सफे पलटे जाने से वे किस खस्ता हालत में दिखाई देती हैं। प्रेमचन्द ने 'चन्द्रकान्ता' के पाठकों को अपनी तरफ ही नहीं खींचा, 'चन्द्रकान्ता' में अरुचि भी पैदा की। जनरुचि के लिए उन्होंने नये मानदंड कायम किए और साहित्य के नये पाठक और पाठिकाएँ भी पैदा कीं। यह उनकी जबरदस्त सफलता थी' (पृ. 31, प्रे. यु.)।

'सेवासदन' पर विचार करते हुए डॉ. शर्मा ने यह मत व्यक्त किया है कि इस उपन्यास की मूल समस्या 'भारतीय नारी की पराधीनता' है। सुमन, रतन तथा अन्य पात्रों के चित्रण से प्रेमचन्द ने इसी समस्या को रेखांकित किया है। दहेज, वेश्यावृत्ति, आभूषणप्रियता—यह सब नारी-पराधीनता के ही विभिन्न पहलू हैं। इसी के साथ-साथ प्रेमचन्द ने समाज के प्रतिष्ठित लोगों का पर्दाफाश किया है। 'सेवासदन' ही नहीं, प्रेमचन्द की अधिकांश कथाकृतियों में समाज के ठेकेदारों और प्रतिष्ठित लोगों का पर्दाफाश किया गया है। यथार्थ चित्रण की सबसे महत्त्वपूर्ण विशेषता ही यह होती है कि वह नकल-असल का भेद खोल देता है। बड़े-बड़े आदर्शवादी दहेज लेने के लिए कैसी चालाकियाँ करते हैं, गदाधरसिंह कितना शंकालु है, पद्मसिंह कितनी कायरता दिखाते हैं, सुमन का प्रेमी सदन सुमन की बहन से शादी करने से इनकार कर देता है। वस्तुतः सुमन वेश्या बनकर भी नारी जाति की स्वाधीनता के लिए संघर्ष करती है। वह सदन से कहती है कि 'तुम अँधेरे में जूठन खाने पर तैयार हो, पर उजाले में निमंत्रण भी स्वीकार नहीं करनेवालों में हो।' डॉ. रामविलास शर्मा सामाजिक यथार्थ के चित्रण और तथाकथित उच्च वर्ग की झूठी महत्ता का पर्दाफाश करनेवालों में प्रेमचन्द का स्थान बहुत ऊँचे रखते हैं : 'कबीर के बाद किसी ने इतनी सचाई से ऐसे मर्मभेदी

व्यंग्य से हिन्दू धर्म और इस्लाम, दोनों धर्मों के ढोंगियों और पाखंडियों का पर्दाफाश न किया था' (पृ. 32, प्रे. यु.)।

हिन्दी के कुछ प्रतिष्ठित आलोचकों ने कहा है कि प्रेमचन्द में सूक्ष्म मनोवैज्ञानिक चित्रण कर सकने की क्षमता नहीं थी। प्रेमचन्द की लोकप्रियता को देखते हुए इस कथन की असत्यता को प्रमाणित करने की आवश्यकता नहीं रह जाती। वस्तुतः इस बीच मनोवैज्ञानिक चित्रण का मतलब यह लगाया जाने लगा कि उपन्यासकार फ्रायड या युग की पुस्तकें सामने रखकर पात्रों का चरित्र खींचता है या नहीं। हिन्दी में अज्ञेय, इलाचन्द्र जोशी आदि ने कुछ उपन्यास इस प्रकार लिखे भी जिनमें मनोविज्ञान शास्त्र को सामने रखकर पात्रों का चरित्र विकसित किया जाता था। यदि पाठकों की राय का आलोचना में कोई महत्त्व होता है तो मानना चाहिए कि इस प्रकार के उपन्यास प्रतिनिधि उपन्यास बनने के बजाय असाधारण, चरित्रों की सृष्टि मात्र करने में सफल हुए हैं। दूसरी बात यह है कि कौन-सा पात्र किस परिस्थिति में क्या करता है, इसी के आधार पर मनोवैज्ञानिक चित्रण की सूक्ष्मता या स्थूलता निर्धारित की जा सकती है। होरी और शेखर या धनिया और मालती एक-जैसा आचरण नहीं कर सकते। आलोचक प्राय: इस बात को भूल जाते हैं कि जिस मनोवैज्ञानिक चित्रण की सूक्ष्मता की बात करते हैं, वह प्रेमचन्द में है लेकिन जरूरी नहीं कि उनका चित्रण फ्रायडीय ही हो। 'प्रेमाश्रम' में एक स्थान पर मनोहर अपने पुत्र बलराज के कांस्टेबुलों द्वारा पकड़ लिये जाने पर 'बाज की तरह टूटकर बलराज के पास पहुँचा और दोनों कांस्टेबुलों को धक्का देकर बोला—छोड़ दो, नहीं तो अच्छा न होगा!—इतना कहते-कहते उसकी जबान बन्द हो गई और आँखों से आँसू निकल पड़े।' इस उद्धरण को उद्धृत करने के बाद डॉ. शर्मा टिप्पणी करते हैं : 'कुछ आलोचक कहते हैं कि प्रेमचन्द में मनोवैज्ञानिक गहराई नहीं है। मनोविज्ञान का अर्थ विकृत काम-विकार ही न हो तो यह भी बड़ा सूक्ष्म मनोवैज्ञानिक चित्रण है। बेटे की दुर्दशा देखकर बाप अपने को रोक नहीं पाता। तैश में आकर सिपाहियों को धक्का देता है, लेकिन दूसरे ही क्षण अपनी बेबसी समझकर रोने लगता है' (पृ. 51, प्रे. यु.)।

प्रेमचन्द की जिस अन्य महत्त्वपूर्ण विशेषता की ओर डॉ. शर्मा ने हमारा ध्यान खींचा है, वह है परिवर्तित समाज में मिटती और उभरती हुई शक्तियों के अंकन की क्षमता। प्रेमचन्द ने भारतीय जीवन का स्थिर नहीं, गतिमय चित्र प्रस्तुत किया है। वे होरी और गोबर, दोनों का एक साथ चित्रण कर सके हैं। उनके यहाँ ऊपर से तितली और अन्दर से मधुमक्खी मालती लोकसेविका में रूपान्तरित होती है। स्थिर चित्र खींच पाना भी आसान नहीं है किन्तु गतिमय यथार्थ को जो टूटते हुए प्राचीन और उगते हुए नवीन का 'समुच्चय' होता है, चित्रित कर पाना युगद्रष्टा कलाकार का ही काम होता है और 'प्रेमचन्द ने यथार्थ के बहाव को पकड़ लिया है।'

डॉ. रामविलास शर्मा मार्क्सवादी आलोचना के नाम पर न तो सिद्धान्तों का अधकचरापन कृतियों पर थोपते हैं, न उन्हें यांत्रिक ढंग से लागू करते हैं। प्रेमचन्द पर उन्होंने लिखा है तो प्रेमचन्द की सहज भाषा भी जैसे उन्होंने अपना ली है। वे इतना

स्वच्छ और सशक्त गद्य लिखते हैं कि इस विषय में विस्तार से लिखे जाने की जरूरत है और यहाँ उसका अवसर नहीं।

प्रेमचन्द के कई पात्रों का विकास उतना ऋजु नहीं है। उनका चरित्र-चित्रण अत्यन्त मनोवैज्ञानिक सूक्ष्मता के साथ किया गया है। यह प्रेमचन्द के शिल्प पक्ष की कमजोरी नहीं बल्कि उसकी उत्कृष्टता का प्रमाण है कि उनकी चारित्रिक जटिलता भी हमारे सामने खुलकर आती है। रमानाथ, जालपा, रायसाहब, मालती, मेहता—इन सभी पात्रों का अपना व्यक्तित्व है। ये जटिलतारहित मिट्टी के माधो नहीं बल्कि अपना स्वतंत्र व्यक्तित्व रखनेवाले जीवन्त पात्र हैं। इन जीवन्त पात्रों की रचना कर पाना प्रेमचन्द की संवेदना, पर्यवेक्षण और कलात्मक उत्कृष्टता का प्रमाण है। डॉ. रामविलास शर्मा ने प्रेमचन्द के पात्रों के जटिल और दुहरे विकास को देखा है। 'कर्मभूमि' का नायक अमरकांत पाठकों की सहानुभूति प्राप्त कर लेता है। अमर ऊपर से काफी आदर्शवादी लगता है लेकिन डॉ. रामविलास शर्मा उसके असली रूप को पेश करते हैं : 'सर्वतोमुखी क्रान्ति का यह समर्थक असल में हमेशा समझौता करता है। सकीना के मामले में वह दोहरा विश्वासघात करता है—एक तरफ अपनी स्त्री से, जो माँ बन चुकी है; दूसरी तरफ सकीना से, जो उसकी प्रेमिका है। किसानों के मामले में भी वह दोहरी दग़ा करता है—एक तरफ आत्मानन्द से, जिन्हें फँसाने का निश्चय कर लेता है; दूसरी तरफ किसानों से, जिनके सामने वह स्वच्छ देशभक्त बना रहता है' (पृ. 97, प्रे. यु.)।

यह मार्क्सवादी आलोचना का सच्चा उपयोग है। व्यक्तियों की कथनी से नहीं, उनकी करनी के आधार पर उनका मूल्यांकन कीजिए तो कलई खुल जाती है। अमरकान्त गांधीवादी पात्र है, डॉ. रामविलास शर्मा मार्क्सवादी आलोचक। यह दरअसल गांधीवादियों की मार्क्सवादी आलोचना है जो उनके अन्तर्विरोधों का सही रूप सामने रख देती है।

प्रेमचन्द के महाकाव्यात्मक उपन्यास 'गोदान' की व्याख्या डॉ. शर्मा ने मार्क्सवादी आलोचना-पद्धति से की है। उन्होंने विभिन्न पात्रों की जाँच उनकी वर्ग-स्थिति से की है और बड़ी बात यह है कि भारतीय सामाजिक व्यवस्था और इतिहास के सन्दर्भ में उनके अन्तर्विरोधों को स्पष्ट करते हुए 'गोदान' का महत्त्व आँका है। इसका नायक होरी है—कर्मफल और सामन्ती व्यवस्था में दबा हुआ। वह सचेतन पात्र नहीं। उसे अपनी शक्ति का बोध नहीं। उसमें विपत्तियों को झेलने की अपार क्षमता है किन्तु वह दमघोंटू व्यवस्था से संघर्ष नहीं कर सकता। उसका जीवन निश्चित, धीमा और त्रस्त है। डॉ. शर्मा ने लक्षित किया है कि 'गोदान' के कथानक और होरी के जीवन में समान धीमापन है। होरी 'उन तमाम गरीब किसानों की विशेषताएँ लिये हुए है जो जमींदारों और महाजनों की धीमे-धीमे लेकिन बिना रुके हुए चलनेवाली चक्की में पिसा करते हैं। 'गोदान' की गति धीमी है, होरी के जीवन की गति की तरह' (पृ. 102, वही)।

होरी में शक्ति है लेकिन व्यवस्था और शोषण के प्रति उसमें वर्गगत चेतना नहीं। पठान बनकर आए हुए मेहता के सामने बड़ी-बड़ी बातें करनेवाले बुद्धिजीवी, रायसाहब

और सम्पादक जब कायरतापूर्वक मालती का अपमान सहन करते हैं तो शोषित, पीड़ित और आजीवन सर झुकाकर अत्याचार सहनेवाला होरी पठानवेशी मेहता को उठाकर दे मारता है। डॉ. शर्मा की इस घटना पर टिप्पणी देखिए : 'जवाँमर्दी की परीक्षा में सिर्फ होरी पास होता है। खेत में कुदाल चलानेवाला किसान और मानवतावाद पर लेक्चर झाड़नेवाले वे सब सज्जन फेल हो जाते हैं।' इस घटना के वर्णन में वे प्रेमचन्द का यह सन्देश लक्षित करते हैं : 'गोदान के बाद अगला कदम यही हो सकता है कि मेहता और होरी जैसे लोग अपना एका मजबूत करके रायसाहब और उनके विलायती प्रभुओं के जाल को छिन्न-भिन्न कर दें' (पृ. 108, प्रे. यु.)।

लेकिन खुद होरी अन्धविश्वासी है। वह निरक्षर, वर्गचेतनाहीन, व्यवस्था को सिर झुकाकर स्वीकार करनेवाला गरीब भारतीय किसान है जिसके जीवन की सबसे बड़ी इच्छा सिर्फ दरवाजे पर एक गऊ बाँधने की है। वह है और उसे पोसनेवाली व्यवस्था की चक्की है। उससे उसकी छोटी-मोटी पैतृक जमीन भी छीन ली जाती है। वह सर्वहारा बन जाता है। मजूरी करता है और मजूरी करते-करते लू लगने से दम तोड़ देता है। 'वही होरी जिसने मेहता को उठाकर दे मारा था, लू खाकर मैदान में गिर पड़ता है' (पृ. 112, वही)।

होरी यदि प्रेमचन्द के जमाने का मिटता हुआ किसान है तो गोबर नये जमाने का सम्भावित सर्वहारा। प्रेमचन्द ने होरी और गोबर के चित्रण के माध्यम से बाप-बेटे, पुरानी और नई पीढ़ी ही नहीं, नये और पुराने भारत का चित्रण किया है। यह होरी के जीवन की भी सार्थकता है। डॉ. शर्मा ने संघर्षों के बीच उगते हुए भविष्य को पहचाना है। इसे पहचानना डॉ. रामविलास शर्मा जैसे भारतीय जीवन के प्रति निष्ठावान, जातीय स्वाभिमान से युक्त अचूक मार्क्सवादी आलोचक का ही काम था : 'होरी का चरित्र भारत के अजेय किसान का चरित्र है। 'गोदान' उसके भगीरथ परिश्रम की गाथा है और होरी के मरने के बाद गोबर मानो पिता के हत्यारों के लिए एक चुनौती की तरह जीवित रहता है' (पृ. 113, वही)।

प्रेमचन्द की एक और विशेषता की ओर डॉ. शर्मा ने ध्यान दिया है—और जिस पर अब प्रेमचन्द के अन्य आलोचकों की दृष्टि आश्चर्यजनक रूप से कम जाती है; वह है—हिन्दू-मुसलमान। दोनों के जीवन पर समान अधिकार से लिख सकने की शक्ति। हिन्दी और उर्दू, हिन्दू और मुसलमान, दोनों धर्मावलम्बियों के बीच ऐसा दूसरा कोई साहित्यकार नहीं हुआ जिसने साम्प्रदायिक एकता स्थापित करने के लिए साहित्य में ऐसे मार्मिक चित्र प्रस्तुत किए हैं।

डॉ. रामविलास शर्मा ने प्रेमचन्द को कबीर, तुलसी और भारतेन्दु की परम्परा से जोड़ा है। ऐसा करके डॉ. शर्मा ने केवल प्रेमचन्द को ही स्थापित नहीं किया है, प्रगतिवादी आलोचना-पद्धति को भी हमारी जातीय परम्पराओं से जोड़ा है। उन्होंने प्रेमचन्द द्वारा चित्रित भारतीय जीवन की व्याख्या करके, उसका परीक्षण-निरीक्षण करके प्रेमचन्द का मूल्यांकन किया है और प्रगतिवादी कसौटी को विश्वसनीय बनाया है।

1948 ई. में डॉ. शर्मा की पुस्तक 'निराला' प्रकाशित हुई। निराला के व्यक्तित्व से डॉ. रामविलास शर्मा की आलोचक-धर्मिता का गहरा लगाव रहा है। अपने काव्य संग्रह 'रूप तरंग' की भूमिका में उन्होंने लिखा : 'कि यदि मेरे प्रिय कवि पर प्रहार न किए गए होते तो मैं आलोचना के क्षेत्र में सम्भवतः उतरता ही नहीं।'

सन् 1934 ई. में डॉ. शर्मा ने 'निराला जी की कविता' नामक एक लेख लिखा था। इस लेख में निराला की कविताओं को लेकर लम्बे-चौड़े दावे नहीं किए गए हैं। केवल निराला काव्य का सौन्दर्य समझाया गया है। निराला के काव्य को आज भी दुरूह कहा जाता है, इस लेख के लेखन-काल में और ज्यादा कहा जाता था। लेखक ने कवि की रचनाओं में से उद्धरण चुन-चुन कर पेश किए हैं, यह बताने के लिए कि 'निराला जी की कविता समझने के लिए किसी रहस्यवाद या छायावाद और फिलॉसफी में पारंगत होने की आवश्यकता नहीं। कविता हृदय की भाषा है। उसे रस लेने के लिए भावों को सभ्य बनाना चाहिए, अपने कविता के स्वाद को सुशिक्षित बनाना चाहिए' (77, वही)।

डॉ. शर्मा निराला की पंक्तियों की परिचयात्मक भूमिका इतने सधे ढंग से देते हैं कि कविताएँ अपने-आप खुल जाती हैं। निराला के नाद-सौन्दर्य का उल्लेख पं. रामचन्द्र शुक्ल ने भी किया था, किन्तु शायद प्रशंसात्मक अर्थ में नहीं। उनका विचार था कि निराला नाद-वैचित्र्य के लिए अर्थ-संघटन की उपेक्षा कर जाते हैं। डॉ. शर्मा ने निराला के भाषा-माधुर्य की चर्चा की है—सहृदयता के साथ। उन्होंने निम्नलिखित पंक्तियाँ उद्धृत की हैं :

'आँखें अलियों सी, किन मधु की गलियों में फँसी
बन्द कर आँखें पी रही हैं मधु मौन
अथवा सोई हैं कमल-कोरकों में? बन्द हो रहा गुंजार—
जागो फिर एक बार।'

और लिखा है : 'यदि एक भी कर्कश शब्द हो तो बताइए—क, म, प आदि कोमल अक्षरों की आवृत्ति से कितना माधुर्य आ गया है' (पृ. 78, वही)!

'निराला' की अन्तर्योजना भारतेन्दु युग और प्रेमचन्द और उनके युग से मिलती-जुलती है। पुस्तक में बैसवाड़े का जीवन, साहित्य की पृष्ठभूमि और एक आकर्षक व्यक्तित्व नामक तीन अध्याय हैं, जिनमें बैसवाड़े के साहित्यिक वातावरण की विशेषता, निराला का घटना-संकुल जीवन और उनके मित्रों, परिचितों, विरोधियों, समर्थकों आदि का विवरण इस ढंग से दिया गया है कि उनकी रचनाओं की पृष्ठभूमि समझ में आ जाती है। डॉ. शर्मा ने जाने-अनजाने निश्चय ही उन घटनाओं और वातावरण के उन संघटकों का ध्यान रखकर यह विवरण दिया होगा जो निराला के कवि-व्यक्तित्व को समझने के लिए आवश्यक है। सतर्क चुनाव के अभाव में यह पृष्ठभूमि इतनी सन्दर्भवान और अशिथिल न होती। इन तीनों अध्यायों के साथ 'सांस्कृतिक जागरण' और 'परिमल', भी मिला दीजिए तो कुल 68 पृष्ठ (पुस्तक छोटे आकार की है) बनते हैं। लेकिन इतने कम पृष्ठों में ही निराला और उनके युग का पूर्ण और संश्लिष्ट चित्र

उभर आता है। 'निराला' काव्य के प्रेमियों के लिए ये पृष्ठ अनिवार्यतः पठनीय हैं। समूचे हिन्दी साहित्य में अब तक शायद ही किसी बड़े या छोटे साहित्यकार के व्यक्तित्व को इतनी प्रामाणिक सहृदयता और पठनीयता के साथ उभारा गया हो। भविष्य में निराला और उनके साहित्य का जो भी पठन-पाठन होगा, उसका आधार डॉ. रामविलास शर्मा द्वारा लिखित यह पुस्तक होगी।

आज की आलोचना यानी आज जिसे रूपवादी आलोचना-पद्धति समझा जाता है, उसमें कवि के व्यक्तित्व को सर्वथा अलग करके रचना की स्वायत्तता की रक्षा करने की बात की जाती है। उसमें रचना के द्वारा ही रचना के सौंदर्य का उद्‌घाटन करने की बात की जाती है—बाहरी कोई मूल्य आरोपित नहीं किए जाते—यह अलग प्रश्न है कि ऐसी आलोचना सम्भव है या नहीं। 'निराला' के कुछ अंश इस प्रकार की स्वस्थ आलोचना के उदाहरण में प्रस्तुत किए जा सकते हैं, जिनमें दृष्टिगत तटस्थता का डंका तो नहीं पीटा गया है लेकिन निराला की रचनात्मक आन्तरिकता को रचनात्मक रूपात्मकता से जोड़ा गया है। 'सांस्कृतिक जागरण' और 'परिमल' नामक अध्याय में कवि की एक पंक्ति में प्रयुक्त 'परिमल' शब्द से वे 'जागो फिर एक बार' कविता की पंक्तियों की अर्थ-छायाओं को प्रकाशित करते जाते हैं :

'देख पुष्पद्वार
परिमल मधु लुब्ध मधुप करता गुंजार।'

इन पंक्तियों को उद्धृत करके डॉ. रामविलास शर्मा 'निराला' के आन्तरिक रचना-संसार को 'परिमल' से जोड़ते हुए लिखते हैं। उनके 'परिमल' संग्रह की सार्थकता इस पंक्ति के 'परिमल' शब्द से प्रकट होती है। वह स्वयं वासना और सौन्दर्य के द्वार पर गुंजार करते हुए कवि हैं। कितनी ही रचनाओं में सोती हुई प्रिया को जगाने या उसके कक्ष का द्वार खुलवाने का भाव आया है। 'प्रिय मुद्रित दृग खोलो' वह गाते हैं क्योंकि वासना प्रेयसी के जीवन के उपवन में विहार करने के लिए बार-बार उनका आह्वान कर रही है। उनकी प्रसिद्ध रचना 'जागो फिर एक बार' में आकाश के तारे भी जगाने में मदद कर रहे थे, लेकिन द्वार तब तक न खुला जब तक 'अरुण पंख तरण किरण' वहाँ न पहुँची। सौन्दर्य-सम्बन्धी कविताओं में इस रचना का अन्यतम स्थान है। एक लघु चित्र से सन्तुष्ट न हो, वे सौन्दर्य के लघु-विराट चित्रों की कड़ियाँ जोड़ते चले गए हैं। उनके रहस्यात्मक संकेतों से ऐसा लगता है कि इस शृंखला में समूचा विश्व ही बँधा हुआ है। सूर्यास्त होने पर आकाश में चाँदनी देखकर यामिनीगन्धा जागती है और चकोर चन्द्रमा को चाव से जोहने लगता है। फिर सवेरा होने पर पपीहों का पिउ-पिउ रव सुनाई देता है। विरह-विदग्धा वधू बीती बातें याद करके मिलन की रातों पर वैसे ही आँसू बहाती है, जैसे कलियों से ओस की बूँदें ढुलक जाती हैं। प्रिया आह्वान करती है कि हवा में खुशबू की तरह दोनों की बुद्धि और मन रम हो जाएँ। सूर्योदय देखकर कवि-कंठ में सरस्वती जागी। इसी प्रकार दिन-रात बीतते गए और प्रकृति-पट बदलते रहे, हजारों वर्ष बीत गए और कवि की प्रिया पुकारती रही 'जागो फिर एक बार' (पृ. 54, निराला)।

जल्दी में देखने पर लगता है कि इस लम्बे उद्धरण में निराला की कविता 'जागो फिर एक बार' का गद्यान्वय मात्र किया गया है। गद्यान्वय तो यह है ही; गद्य करने में आलोचक ने अपनी ओर से कम-से-कम शब्द जोड़े हैं। लेकिन इस सरलता पर न जाइए। निराला की पक्तियों का कभी गद्यान्वय करने की कोशिश करके देखिए कि यह काम कितना आसान है। पं. रामचन्द्र शुक्ल और पं. हजारीप्रसाद द्विवेदी को छोड़कर हिन्दी के किसी अन्य वरिष्ठ आलोचक ने अभी तक इस सरल कार्य में हाथ नहीं लगाया। 'जागो फिर एक बार' वीर रस की कविता समझी जाती है। वह वीरता में कितनी सरसता और श्रृंगारिकता को छिपाए है, यह इन पंक्तियों से प्रकट होता है। गद्यान्वय का ढंग इतना सधा है कि कवि के अन्तर्जगत का सबकुछ इसमें प्रकट हो जाता है। कारण यह है कि 'जागो फिर एक बार' का सम्बन्ध-सूत्र 'परिमल' से जोड़ लिया गया है। 'परिमल' का ही उन्माद कवि की उद्‌दाम वासना और उद्‌दाम जागरण के गीतों में बिखरा है। डॉ. शर्मा ने दिखाया है कि 'निराला का सौन्दर्य-आनन्द ब्रह्मानन्द का सहचर है। सौन्दर्य या वासना की तृप्ति की परिणति शान्ति में होती है, जहाँ किसी प्रकार की ईति-भीति नहीं रहती। यह निराला की भौतिकता की आध्यात्मिकता है।' उनकी सौन्दर्य-सम्बन्धी कविताओं के अन्त में सदा यह संकेत रहता है कि तृप्ति से बढ़कर और कुछ नहीं। इसका एक सुन्दर निदर्शन 'गीतिका' में है। 'स्पर्श से लाज लगी'—इस गीत का अन्त इस प्रकार होता है :

'मधुर स्नेह के मेह प्रखरतर
बरस गए रस निर्झर झरझर
उगा अमर अंकुर उर भीतर
संस्कृति भीति भगी।'

' 'जुही की कली' में 'नम्र मुखी हँसी-खिली खेल रंग प्यारे संग' में भी यही परिणति का भाव है' (पृ. 54, वही)।

कविता का गद्यान्वय करके उसके आन्तरिक सौन्दर्य को प्रकट कर देने की आलोचक की यह क्षमता 'तुलसीदास', 'राम की शक्ति-पूजा' की व्याख्या करते समय प्रकट हुई है। जिन्होंने 'तुलसीदास' पढ़ा है, वे इसके छन्द-गठन से अप्रभावित नहीं रह सके होंगे। डॉ. शर्मा ने इसकी छन्द-रचना के बारे में लिखा है : 'छन्द भी ऐसा चुना है कि पढ़ने पर तरंगों के से भंग पाठक को आगे बहाते चलते हैं। दो पंक्तियाँ छोटी और तीसरी बड़ी मिलकर आधा बन्द बनाती हैं। इसी को दोहराने से एक पूरा बन्द बनता है। मुक्त छन्द के अलावा छन्दबद्ध कविता में निराला जी ऐसा ओज गुण पहले न ला सके थे' (पृ. 126, निराला)। डॉ. रामविलास शर्मा ने 'तुलसीदास', 'राम की शक्ति-पूजा', सरोज-स्मृति तथा अन्य कविताओं की भावपरक मार्मिक व्याख्या तो की ही है—यह व्याख्या इस दृष्टि से अत्यन्त महत्त्वपूर्ण थी कि लोग निराला की कविताओं को दुरूह और निरर्थक तक कहते थे। कविता की संगत व्याख्या कर देने से कविता की सार्थकता और विरोधियों की कविता समझने की शक्ति का रहस्य अपने-आप खुल जाता था। निराला की कविता की व्याख्या कर देने का मतलब होता

था उनके काव्योत्कर्ष को प्रकट कर देना। सम्भवतः इसीलिए डॉ. शर्मा ने निराला की कविताओं की व्याख्या करने में विशेष उद्यम किया है।

निराला अपने युग से जूझनेवाले कवि थे। वे प्रबुद्ध कवि तो थे, लेकिन उनका संघर्ष सांस्कृतिक था। इसलिए उनका संघर्ष इस देश की जनता के संघर्ष का प्रतीक बन गया। यह संघर्ष उनकी तीन लम्बी कविताओं—'तुलसीदास', 'राम की शक्ति-पूजा' और 'सरोज-स्मृति'—में अभिव्यक्त हुआ है। इन कविताओं में निराला के व्यक्तिगत और युगीन संघर्षों ने वाणी पाई है। इनमें कवि का व्यक्तित्व, युग-व्यक्ति से एकमेक हो गया है। इस तथ्य को पहचानना डॉ. रामविलास शर्मा जैसे संघर्षशील और निराला को नजदीक से जाननेवाले आलोचक का ही काम था। 'तुलसीदास' में तुलसी की कथा कही गई है किन्तु उसका अपने युग से, निराला के युग से क्या सम्बन्ध है? डॉ. शर्मा ने तुलसीदास के प्रतीकों के निहितार्थों को स्पष्ट करके इस कविता की पूर्णतर अर्थवत्ता सामने रखी है। 'रत्नावली के शब्दों में तुलसीदास को वरन् साहित्य और संस्कृति की समस्त रीतिकालीन परम्परा को धिक्कारा गया है। उसके योगिनी रूप में मध्यकालीन नारी का नायिका भेदवाला रूप जलकर भस्म हो गया है। ...उनके तुलसी के हृदय में मनुष्यों के दलित वर्ग के लिए विनीत सहानुभूति थी, उसे हम अपने वर्तमान संस्कारों के कारण बहुधा भूल जाते हैं। यदि किसी को निराला जी की कविता में उनका चरित्र अस्वाभाविक लगे तो 'रामचरितमानस' में 'बिन अन्न दुखी सब लोग मरे' आदि कलियुग का वर्णन पढ़ लेना चाहिए। इसलिए कविता में 'शेष श्वास', 'पशु मूक भाषा' आदि का उल्लेख नितान्त सार्थक है' (पृ. 134, वही)।

'तुलसीदास' का प्रारम्भ सांस्कृतिक सूर्यास्त से होता है और अन्त सूर्योदय से। इसमें बँधे रूपक को प्रकट करते हुए डॉ. शर्मा ने लिखा है : 'आरम्भ के बन्द में सांस्कृतिक सूर्यास्त के चित्रण से अन्तिम बन्द में 'पुष्कल रवि रेखा' की झाँकी तक, सम्पूर्ण कविता एक विशाल रूपक के सूत्र में बँधी हुई है' (पृ. 135, वही)।

'राम की शक्ति-पूजा', 'सरोज-स्मृति' और 'तुलसीदास' एक-दूसरे से मिली हुई कविताएँ हैं। उसका सत्य कवि के इसी जीवन का है, आज भी 'राम की शक्ति-पूजा' को एक झटके में वीर रस का काव्य कह दिया जाता है। अध्यापक और आलोचक राम की संघर्ष शिथिलता, पराजित-प्राय मनोस्थिति, रावण के खल-खल अट्टहास, स्तब्ध अमानिशा की निराशा को नजरअन्दाज कर देते हैं। 'निराला' के राम 'लीलामय भगवान' नहीं, जीवन केभौतिक संघर्ष से जूझनेवाले, अपने को कभी-कभी असमर्थ, असहाय और निराश अनुभव करनेवाले निराला के ही प्रतीक हैं। निराला अपने युग के संघर्षशील व्यक्तित्व का प्रतिनिधित्व करते हैं तो उनके राम भी उन्हीं के युग के हैं। डॉ. शर्मा ने 'राम की शक्ति-पूजा' का महत्त्व इसी बात में खोजा है : 'धिक जीवन को जो पाता ही आया विरोध'—यह पंक्ति पूरी कविता का सूत्र है। कहना न होगा कि यह पंक्ति स्वयं कवि के जीवन पर कितनी घटित होती है। राक्षस, वानर, लंका, समुद्र-तट—ये सब एक विशाल सेटिंग मात्र हैं, वास्तविक संघर्ष राम के हृदय में है। वह शक्ति की साधना कर रहे हैं और प्रश्न है कि वे विजयी होंगे या नहीं? 'तुलसीदास'

में तटस्थता अधिक है, 'राम की शक्ति-पूजा' में कवि के अपने व्यक्तित्व की छाप है' (पृ. 136, निराला)।

'राम की शक्ति-पूजा' का ही संघर्ष 'सरोज-स्मृति' में भी चल रहा है। इस सूत्र की खोज में डॉ. शर्मा ने इन दोनों कविताओं के यथार्थवादी अन्तःस्वर को स्पष्ट किया है। इस सामाजिक यथार्थवादी अन्तस्सूत्रता के अभाव में ये कृतियाँ महान नहीं बन सकती थीं। निराला का काव्य तो महान था ही, उसे हमारे लिए महान बनाने का श्रेय डॉ. रामविलास शर्मा को भी कम नहीं है। दोनों कृतियों का अन्तःस्वर एक है, इसे डॉ. शर्मा ने इस तरह प्रकट किया है। 'सरोज-स्मृति' में एक दूसरा नायक है जो 'राम की शक्ति-पूजा' के राम की तरह अपने से प्रबल शत्रु का युद्ध-कौशल देखता है। यहाँ भी एक समर का वर्णन है :

'एक साथ जब शत घात घूर्ण
आते थे मुझ पर तुले तूर्ण
देखता रहा मैं खड़ा अपल
वह शाक्षेय वह रण कौशल।'

'राम की शक्ति-पूजा' में पहले दो बन्दों के बाद जैसे युद्ध के बाद की स्तब्धता छा जाती है, वैसे ही यहाँ भी :

'व्यक्त हो चुका चीत्कारोत्कल
क्रुद्ध-युद्ध का रुद्ध कंठ फल।'

डॉ. रामविलास शर्मा ने निराला के कथा-साहित्य पर विचार करते हुए यह दिखलाया है कि उन्होंने इस क्षेत्र में भी नये और सशक्त प्रयोग किए हैं। 'कुल्ली भाट', 'चतुरी चमार', 'बिल्लेसुर बकरिहा' जैसी रचनाएँ प्रयोग की दृष्टि से साहसपूर्ण हैं तो सामाजिक यथार्थ और व्यंग्य से भरपूर भी हैं।

डॉ. रामविलास शर्मा ने हिन्दी के अत्यन्तम आलोचक पं. रामचन्द्र शुक्ल पर 'आचार्य रामचन्द्र शुक्ल और हिन्दी आलोचना' नामक पुस्तक लिखी है। कुछ दिनों पूर्व तक हिन्दी में ऐसी हवा बह रही थी कि लोग पं. रामचन्द्र शुक्ल के विचारों का विरोध करना अपनी आलोचनात्मक प्रतिभा का परिचय देना समझते थे। शुक्ल जी के आच्छादक व्यक्तित्व को देखते हुए यह अस्वाभाविक नहीं था लेकिन इस दिशा में कई साहित्य-सेवियों का उत्साह आवश्यकता से अधिक बढ़ गया था। दुर्भाग्यवश जो लोग अपने को शुक्लानुवर्ती कहते थे और शुक्ला जी के विचारों का विरोध करनेवालों का विरोध करते थे, वे शुक्ल जी की साहित्य-सेवा की महत्ता को प्रकट करने में असमर्थ थे। पं. रामचन्द्र शुक्ल हिन्दी के महान आलोचक थे। पं. हजारीप्रसाद द्विवेदी ने उन्हें आधुनिक भारत का सबसे बड़ा आलोचक कहा है। यह नहीं कि आचार्य रामचन्द्र शुक्ल और हिन्दी आलोचना के प्रकाशित होने के पूर्व लोग शुक्ल जी की श्रेष्ठता के कायल नहीं थे। लेकिन उनकी महत्ता के मूल्यांकन की आवश्यकता बनी हुई थी। असलियत यह थी कि हिन्दी के कई आलोचक अनमने भाव से शुक्ल जी का महत्त्व औपचारिक रूप से स्वीकार करके उनकी आलोचना में प्रवृत्त हो जाते थे। इस

विषय में प्रगतिवादी, गैर-प्रगतिवादी आलोचक—सब एक तरह के से थे! अजीब स्थिति थी। शुक्ल जी का महत्त्व स्वीकार भी फैशन बन गया था और उनका विरोध भी।

आज यह देखकर आश्चर्य होता है कि पं. रामचन्द शुक्ल की रचनाओं की प्रगतिशीलता को इतनी देर के बाद समझा गया। लेकिन यह आश्चर्य डॉ. शर्मा की उक्त पुस्तक की उपलब्धि है। इस पुस्तक के प्रकाशन के पूर्व उन्हें प्रगतिशील तो समझा ही नहीं जाता था, उन पर ब्राह्मणवादिता आदि का आरोप भी लगाया जाता था (इस विषय में पं. शान्तिप्रिय द्विवेदी को अपवाद मानना चाहिए जिन्होंने कहा था कि शुक्ल जी कुछ दिनों और जीवित रहते तो छायावाद की भाँति समाजवाद को भी स्वीकार कर लेते)। डॉ. शर्मा ने शुक्ल जी की प्रगतिशील भूमिका के महत्त्व को समझने की आवश्यकता का अनुभव करके पुस्तक लिखी। 'हिन्दी साहित्य में शुक्ल जी का वही महत्त्व है जो उपन्यासकार प्रेमचन्द या कवि निराला का। उन्होंने आलोचना के माध्यम से उसी सामन्ती संस्कृति का विरोध किया जिसका उपन्यास और कविता के माध्यम से प्रेमचन्द और निराला ने। शुक्ल जी ने न तो भारत के रूढ़िवाद को स्वीकार किया, न पच्छिम के व्यक्तिवाद को। उन्होंने बाह्य जगत और मानव-जीवन की वास्तविकता के आधार पर नये साहित्य-सिद्धान्तों की स्थापना की और उनके आधार पर सामन्ती साहित्य का विरोध किया और देशभक्ति और जनतंत्र की साहित्यिक परम्परा का समर्थन किया। उनका यह कार्य हर देशप्रेमी और जनवादी लेखक तथा पाठक के लिए दिलचस्प होना चाहिए। शुक्ल जी पर पुस्तक लिखने का यही कारण है' (भूमिका : आ. रा. शु. हिं. आ.)।

शुक्ल जी छायावादी कविता के विरोधी नहीं थे। उन्हें नैतिकता का 'अतिशयी आग्रही' कहनेवाले यह भूल जाते हैं कि उन्होंने द्विवेदीयुगीन इतिवृत्तात्मकता को पसन्द नहीं किया था। डॉ. रामविलास शर्मा ने संक्षिप्त शब्दों में शुक्ल जी की रुचि के बारे में साफ-साफ और पते की बात दी है : 'शुक्ल जी रीतिकालीन चमत्कारवाद के प्रेमी नहीं, वह द्विवेदी जी के तथ्यवाद के हिमायती नहीं, वह छायावादियों की अतिशय लाक्षणिकता के भी समर्थक नहीं। उनका दृष्टिकोण इन सबकी अपेक्षा ज्यादा सन्तुलित है क्योंकि उनके कलात्मक विवेचन का आधार वाल्मीकि, भवभूति और तुलसी की कविता है। दूसरे उत्थान की कविता का विवेचन करते हुए उन्होंने नैसर्गिक...स्वच्छन्दता की माँग की है...वह सच्ची रोमांटिक कविता के लिए लोकगीतों को आधार बनाना जरूरी समझते थे' (पृ. 188, आ. रा. शु. हिं. आ.)।

शुक्ल जी छायावादी अतिलाक्षणिकता का और रहस्यवादिता का विरोध करते थे। डॉ. शर्मा ने शुक्ल जी के कुछ ऐसे प्रयोगों को इकट्ठा करके यह दिखा दिया है कि वे छादावादी आन्दोलन के किन तत्त्वों का विरोध करते थे। डॉ. शर्मा यह मानते हैं कि शुक्ल जी ने छायावाद को सीमित अर्थ में लिया है। रहस्यवादिता का विरोध ठीक है किन्तु पूँजीवादी रहस्यवाद का जो जीवन की विषमताओं से कतराता है, वर्ग आधार स्पप्ट नहीं था। शुक्ल जी ने छायावाद को शैली-मात्र कहा और निराला की विधवा, इलाहाबाद के पथ पर जैसी कविताओं की तारीफ भी की लेकिन उन्होंने

व्याख्या को विस्तृत करने के बदले इन रचनाओं को ही छायावाद से बाहर की चीज समझा (पृ. 196, वही)।

डॉ. शर्मा ने इतिहासकार के रूप में भी शुक्ल जी की समीक्षा की है। इसे इस पुस्तक का कमजोर अंश कहा जाएगा। आदिकाल या वीरगाथा काल के विषय में वे यह तो दिखाते हैं कि पं. हजारीप्रसाद द्विवेदी से पहले शुक्ल जी ने भी खुमानरासो आदि की प्रामाणिकता पर सन्देह किया था। वे यह भी दिखा देते हैं कि वीरगाथा काव्य, शुद्ध वीर रस के काव्य न थे; लेकिन जब वीरगाथा काव्य शुद्ध वीर रस के काव्य न थे और वीरगाथा काव्यों से किसी स्वर्ण-युग की कल्पना नहीं करनी चाहिए, वरन् कन्या-हरण, परस्पर युद्ध और शूरता के अतिरंजित वर्णन भी, तो इससे यह निष्कर्ष कैसे निकला कि इस विशेष धारा या इस काल को वीरगाथा काल कहना उचित है? यहाँ शुक्ल जी का नामकरण उचित प्रतीत नहीं होता। द्विवेदी जी में असंगतियाँ हों भी तो डॉ. शर्मा ने इस पर ध्यान नहीं दिया कि वे इस काल को आदिकाल तत्कालीन साहित्यिक प्रवृत्तियों के आधार पर नहीं बल्कि परवर्ती हिन्दी साहित्य की प्रवृत्तियों के आधार पर कहते हैं। द्विवेदी जी वास्तविक हिन्दी साहित्य का प्रारम्भ भक्तिकाल से मानते हैं।

आश्चर्य है कि डॉ. शर्मा वीरगाथा काल की विवेचना करते समय राहुल जी के मतों का कोई उल्लेख नहीं करते। राहुल जी ने इस काल को 'सिद्ध सामन्त काल' कहा था।

कहीं-कहीं इस पुस्तक में ऐसा भाव भी दिखलाई पड़ता है कि डॉ. शर्मा शुक्ल जी के विरोधियों को ध्वस्त करने के पुण्य कार्य में लगे हैं। शुक्ल जी के विरोध का जो भोंडा फैशन चल गया था, उसे समाप्त करने के लिए यह उचित भी था।

एक आश्चर्यजनक बात यह दिखाई पड़ती है कि पं. नन्ददुलारे वाजपेयी शुक्ल-विरोधियों की पंक्ति में नहीं खड़े किए गए हैं। अवधी का सबसे मधुर रूप 'बैसवाड़ी' बोलनेवाले पं. नन्ददुलारे वाजपेयी शुक्ल जी के शिष्य थे और शुक्ल जी के जीवनकाल में ही उनकी आलोचना खुलकर करने लगे थे। कहीं-कहीं तो शुक्ल जी के लिए उन्होंने जिस भाषा का प्रयोग किया है, वह आदरसूचक भी नहीं है, मधुर भी नहीं।

डॉ. रामविलास शर्मा ने पं रामचन्द्र शुक्ल का महत्त्व तो प्रतिपादित ही किया। उन्हें हिन्दी की प्रगतिशील परम्परा का साहित्यकार सिद्ध किया। भारतेन्दु युग, प्रेमचन्द, निराला के साथ इस पुस्तक को रखकर देखें तो पता चलता है कि डॉ. रामविलास शर्मा ने आधुनिक हिन्दी साहित्य के चारों महारथियों की विवेचना करके आधुनिक साहित्य का क्रमबद्ध आलोचनात्मक इतिहास प्रस्तुत कर दिया है। सबसे बड़ी बात यह कि उन्होंने यह प्रकट कर दिया कि महान कलाकार की विवेचना करने का अर्थ होता है उसके प्रगतिशील और ह्रासोन्मुखी तत्त्वों को पहचानना। इस कार्य में बिना द्वन्द्वात्मक पद्धति का सहारा लिये अन्तर्विरोधों को नजरअन्दाज न कर पाना असम्भव है। डॉ. शर्मा ने हिन्दी की सच्ची शक्ति सामने रखी है, प्रगतिशील धारा की विश्वसनीयता और अचूकता प्रमाणित की है।

डॉ. शर्मा के आलोचक-व्यक्तित्व का अत्यन्त प्रीतिकर पक्ष उनकी विवाद-कलात्मकता (Polemics) है। हिन्दी में इस कला के धुरंधर आचार्य शुरू से ही हुए हैं। नाथ-सिद्ध, कबीर, तुलसी, भारतेन्दु, बालकृष्ण भट्ट, बालमुकुन्द गुप्त, पं. महावीरप्रसाद द्विवेदी, निराला, पं. रामचन्द्र शुक्ल इस कला के लासानी आचार्य हुए हैं। परन्तु इसका जितना रियाज डॉ. शर्मा ने किया है, उतना शायद किसी ने नहीं किया था। पोलीमिक्स डॉ. शर्मा की अवशता समझिए। लेकिन इसे कोरी विवादप्रियता समझना अनुचित है। किसी भी गलत या अनुचित बात का प्रतिकार करते रहने की शक्ति बनाए रखना अध्ययन, शक्ति, ईमानदारी और निष्ठा की माँग करता है। डॉ. शर्मा निराला के योग्य सहचर और आलोचक हैं। इस खुशामदी और अवसर-वादिता के युग में बिना लाग-लपेट के सच्ची बात कहने का जितना साहस डॉ. शर्मा में है, उतना किसी में नहीं। उनका विवादी रूप भी हिन्दी की आन्तरिक शक्ति और निर्भीकता का सच्चा प्रतीक है। इस निर्भीकता की उन्हें कितनी कीमत चुकानी पड़ी होगी, कितने प्रलोभनों से अपने को बचाए रखना पड़ा होगा, इससे पदोन्नति के रास्ते में कितनी बाधाएँ पड़ी होंगी—यह एक स्वतंत्र विषय है जिस पर कभी-न-कभी जरूर लिखा जाएगा।

कई लोग डॉ. शर्मा के इस रूप पर मुँह बिचकाते हुए मिलते हैं। लेकिन वे डॉ. शर्मा के तर्कों का उत्तर देने की कोशिश करें तो पाएँगे कि उनकी विवादप्रियता में व्यंग्यप्रियता कम है; निष्ठा, संघर्ष-परायणता, गम्भीर अध्ययन, जातीय स्वाभिमान और अन्तर्दृष्टि अधिक है। कहा जा सकता है कि डॉ. शर्मा के व्यंग्य की तीव्रता निर्मम होती है, किन्तु व्यंग्य की शक्ति का आधार सत्य होता है। इस विषय में डॉ. शर्मा ने सुमित्रानन्दन पंत के काव्य-संग्रहों—'स्वर्णभूमि' और 'स्वर्ण-किरण'—की जो आलोचना की है, लोग अक्सर उसकी चर्चा करते और कहते हुए पाए जाते हैं कि डॉ. शर्मा की कुत्सित आलोचना का उदाहरण उनकी पंत विषयक आलोचना है। डॉ. शर्मा ने इस आलोचना में क्या कहा है, इसकी चर्चा ऐसे लोग नहीं करते। पंत जी कुछ शब्दों का प्रयोग बहुत अधिक भोंडे ढंग से करते हैं, यही बात उस आलोचना में उदाहरण पेश करके कही गई है। आलोचना तेज है, लेकिन हवाई नहीं है। पंत जी के सखुन-तकिए की शिकायत शुक्ल जी ने भी की थी।'' 'बाल' शब्द जोड़ने की प्रवृत्ति बहुत अधिक पाई जाती है' (पृ. 696, हिं. सा. इ.)। 'रे ने पं. हजारीप्रसाद द्विवेदी का भी ध्यान आकृष्ट किया है' (पृ. 466, हिं. सा. इ., प्रथम संस्करण)। डॉ. शर्मा का दोष यही था कि उन्होंने उन पूरी पंक्तियों को उद्धृत कर दिया जिनमें 'चिर', 'आज' इत्यादि प्रयोग आए थे और बीच में अपनी संक्षिप्त टिप्पणियों से अपने लेख को अधिक पठनीय बना दिया। पंत जी को इन आलोचनाओं की ओर ध्यान देना चाहिए था किन्तु उन्होंने डॉ. शर्मा की इस आलोचना पर ध्यान नहीं दिया। फलत: उनके महाकाय ग्रन्थ 'लोकायतन' में 'भू जन' शब्द निहायत भोंडे ढंग से जगह-जगह प्रयुक्त हुआ है।

जब डॉ. शर्मा अपने किसी प्रिय साहित्यकार या विषय पर लिखते हैं तब उनकी भाव-तरलता और सहृदयता देखने लायक होती है। तुलसीदास, भारतेन्दु, प्रेमचन्द,

निराला, रामचन्द्र शुक्ल, पढ़ीस आदि पर लिखे गए उनके निबन्धों को पढ़ने पर ज्ञात होता है कि उनमें इतिहास-बोध की प्रखर प्रतिभा ही नहीं, रसग्राहिणी शक्ति भी है। जिस आलोचक ने भारतेन्दु, प्रेमचन्द, निराला, शुक्ल जैसे महान साहित्यकारों पर इतना परिश्रम करके पुस्तकें लिखी हों, जिसने इन साहित्यकारों को हिन्दी की जातीय प्रगतिशील परम्परा से जोड़ा, उसे केवल प्रखर आलोचक कहकर टालने की कोशिश करना अनुचित है।

डॉ. शर्मा की सशक्त गद्य शैली पर अलग से अध्ययन करने की जरूरत है। इस समय इतना अर्थगर्भित, निर्दोष और आडम्बरहीन गद्य लिखनेवाला हिन्दी में दूसरा कोई नहीं दिखलाई पड़ता। वे विशेषणों का प्रयोग यथासम्भव कम करते हैं। व्यर्थ पदावलियों के सहारे अपनी शैली का मेकअप नहीं करते। कम शब्दों में दृढ़ता से मत कैसे व्यक्त किया जाता है, इसे सीखने के लिए डॉ. शर्मा की भाषा बहुत दिनों तक आदर्श बनी रहेगी।

डॉ. नामवर सिंह

यदि प्रगतिशील आलोचना को जातीय और हिन्दी पाठकों की दृष्टि में विश्वसनीय बनाने का कार्य डॉ. रामविलास शर्मा ने किया है तो उसे सक्रिय आन्दोलन के रूप में जीवित रखने और हिन्दीभाषी बुद्धिजीवी-युवकों में तत्सम्बन्धी रुचि जाग्रत करने का कार्य डॉ. नामवर सिंह कर रहे हैं। डॉ. नामवर सिंह ने प्राचीन और नवीन साहित्य का अध्ययन किया है। हिन्दी की नव्यतम रचनाओं के आलोचक डॉ. नामवर सिंह ने अपना आलोचक जीवन 'हिन्दी के विकास में अपभ्रंश का योग' से शुरू किया था। इसके अलावा उन्होंने पं. हजारीप्रसाद द्विवेदी के साथ 'संक्षिप्त पृथ्वीराज रासो' का सम्पादन किया है। तेस्सोतेरी के प्रसिद्ध भाषाशास्त्रीय ग्रन्थ 'प्राचीन राजस्थानी' का हिन्दी में अनुवाद किया है। ब्रेख्त और एफ. आर. लीविस के परम प्रशंसक नामवर सिंह ने अपना शोध-निबन्ध पृथ्वीराज रासो की भाषा पर लिखा है।

हिन्दी के विकास में अपभ्रंश का योग और 'संक्षिप्त पृथ्वीराज रासो' यद्यपि मूलत: सम्पादन और पाठ-शोध से संबंधित कार्य हैं किन्तु डॉ. नामवर सिंह की आलोचनात्मक क्षमता के संकेत इन ग्रन्थों में मिलते हैं। प्रथम ग्रन्थ में अपभ्रंश साहित्य पर विचार करते हुए बीच-बीच में नामवर जी ने टिप्पणियाँ दी हैं, वे विचारपूर्ण और सुचिन्तित हैं। वे सूक्ष्मदर्शिता और सहृदयता के साथ मार्क्सवादी आलोचना पद्धति का रूप प्रस्तुत करती हैं। 'हिन्दी के विकास में अपभ्रंश का योग' में, 'अपभ्रंश साहित्य' नामक अध्याय में अपभ्रंश-साहित्य की कतिपय महत्त्वपूर्ण रचनाओं का परिचय देते हुए उनके सौन्दर्य-पक्षों का उद्घाटन किया गया है।

अपभ्रंश के महाकवि स्वयंभू की सीता अत्यन्त तेजस्विनी हैं। वे अग्नि-परीक्षा के समय राम को काफी खरी-खोटी सुनाती हैं : 'गुणवान् पुरुष भी हीन होते हैं, मरती हुई स्त्री पर भी विश्वास नहीं करते।' लेकिन अग्नि-परीक्षा के बाद खरी निकलने पर

वे राम को यह कहकर आश्वस्त कर देती हैं कि 'न तुम्हारा दोष है, न जनसमूह का। दोष तो दुष्कृत कर्म का है और इस दोष से मुक्त होने का एकमात्र उपाय यही है कि ऐसा किया जाए जिससे फिर स्त्री योनि में जन्म न लेना पड़े।'

इस पर टिप्पणी करते हुए डॉ. नामवर सिंह कहते हैं : '...ऐसी महिमामयी नारी को कर्मफल विश्वासी जैन कवि नीचे उतारकर रख देता है। आग से तपकर असली सीता तो शायद खरे सोने की तरह और भी कान्तिमयी होकर निकली होगी, लेकिन स्वयंभू की सीता कर्मफल की विभूति रमाए बाहर आई...कवि को क्या पता कि उसकी सृष्टि अग्नि-प्रवेश से पहले जितनी ही तेजोमयी थी, उससे निकलने के बाद उतनी ही म्लान भस्मावृत चिनगारी मात्र रह गई' (पृ. 192, हिं. वि. अ., नवीन संस्करण)।

सिद्धों की रचनाओं के विषय में उनका विचार है कि कुल मिलाकर सिद्धों की रचनाओं में जीवन के प्रति बहुत बड़ा स्वीकारात्मक दृष्टिकोण है। हेमचन्द्र के प्राकृत व्याकरण में अपभ्रंश के जो सुन्दर दोहे उद्धृत हैं, उनकी डॉ. नामवर सिंह ने अत्यन्त मार्मिक व्याख्या की है। इन दोहों को अच्छी तरह समझने के लिए जिस सन्दर्भ की जरूरत है, वह प्रस्तुत किया है और बीच-बीच में अपनी टिप्पणी दी है। यह सब इस ढंग से किया गया है कि इन दोहों को जन्म देनेवाले समाज का निहायत आत्मीय रूप हमारी आँखों के सामने उपस्थित हो जाता है।

'संक्षिप्त पृथ्वीराज रासो' में पाठशोध में पं. हजारीप्रसाद द्विवेदी का सहयोग करने के साथ-साथ डॉ. नामवर सिंह ने रासो-सम्बन्धी कुछ लेख भी उसी पुस्तक में जोड़ दिये हैं। यद्यपि ये लेख परिचयात्मक ही हैं किन्तु एकाध स्थलों पर लेखक की सहृदयता और रसग्राहिणी क्षमता के दर्शन होते हैं। गौरी की कैद में पड़े अन्धे पृथ्वीराज की आत्मग्लानि अत्यन्त करुण है।

पृथ्वीराज की इस मनोदशा का विश्लेषण करते हुए नामवर जी ने लिखा है : 'अभाव की पटभूमि में वे सुखमय दिन बड़े मोहक प्रतीत होते हैं, फिर उस मोहक पटभूमि के विरोध में कैद की दारुण दशा और भी मार्मिक हो उठी है।'

पृथ्वीराज की स्थिति और भी करुण हो उठी है जब इसी दशा में चन्दबरदाई उनसे मिलते हैं। चन्द से मिलकर राजा कुछ बोलता नहीं, बस :

'नेह नीर रुकि कंठ कवि नैन झलज्झत पानि,
बिन बोलत बोल्यो नृपति चन्द चिन्ति बर बानि।'

इस करुण स्थिति की जो व्याख्या डॉ. नामवर सिंह ने की है, वह उनकी संवेदनशीलता और सूक्ष्मग्राहिता का प्रमाण है : 'लेकिन वह प्रसंग कितना मार्मिक है, जब अन्धा नरेश अपने प्रिय सहचर चन्द का स्वर सुनता है। पहले वह पहचान नहीं पाता। फिर थोड़ी देर के बाद स्वर के सहारे पहचान लेता है। उल्लास होता है, लेकिन न जाने कितने भाव मन में उठते हैं। शायद यह कि आज इस विरुद के उपलक्ष्य में पहले की तरह पुरस्कार देने के लिए मेरे पास कुछ नहीं है। शायद यह कि आज यह विरुद व्यंग्य की तरह चुभता है, शायद यह कि अपना यह विपन्न रूप चन्द को दिखाने के लिए मैं क्यों जीवित हूँ, शायद यह कि डूबते को तिनके का सहारा मिला और बहुत

दिनों के बाद परदेश में स्वजन का स्वर सुनने का सौभाग्य प्राप्त हुआ' (पृ. 195, संक्षिप्त पृ. रा., संशोधित संस्करण)।

इन दो पुस्तकों में डॉ. नामवर सिंह के आलोचक रूप की अपेक्षा उनका शोधकर्ता, इतिहासकार रूप अधिक उभरता है, क्योंकि ये पुस्तकें आलोचनात्मक नहीं हैं। फिर भी हिन्दी साहित्य के इतिहास की एक नवीन दृष्टि, मार्क्सवादी दृष्टि देखने-समझने की शुरुआत यहाँ से हो जाती है। पं. रामचन्द्र शुक्ल ने आदिकाल को वीरगाथा काल कहा था। जिन ग्रन्थों के आधार पर उन्होंने इस काल को यह नाम दिया है, वह अन्त:प्रवृत्तियों की दृष्टि से दरबारी है। उनकी वीरता का मिलान अपभ्रंश के दोहों से किया जाए तो बात स्पष्ट हो सकती है। डॉ. नामवर सिंह ने वीरगाथाओं को क्षीयमाण मनोवृत्ति का प्रतिबिम्ब कहा है। इसकी सफाई देते हुए वे लिखते हैं : 'आचार्य शुक्ल जैसे रस-सिद्ध सहृदय समीक्षक ने जब 'रासो' ग्रन्थों को सच्ची वीरगाथा के रूप में निरूपित किया तो इसे आचार्य की सहृदयता का अतिरिक्त आरोपण ही समझना चाहिए। उन्हें यदि इन काव्यों में मध्ययुगीन यूरोप के बैलेड काव्य की झलक दिखाई पड़ी तो इसे उनके अतीत-प्रेम का प्रमाण-पत्र मानना चाहिए। इसमें कोई शक नहीं कि 'रासो' काव्यों में कहीं-कहीं सामन्तों के शौर्य का सुन्दर प्रदर्शन है और उनकी रसिकता का भी मार्मिक चित्रण हुआ है, परन्तु उन सभी वर्णनों में पुरानी रूढ़ियों और परिपाटियों का इतना संभार है कि उनमें नवोन्मेष कम, प्राचीन निष्प्राणता का संचय अधिक दिखाई पड़ता है। ऐसी वीरगाथाओं को तत्कालीन जनता की चित्त-वृत्ति का प्रतिफलन कैसे स्वीकार किया जाए जबकि बख्तियार खिलजी ने केवल दो सौ घोड़ों से समूचे अंग-बंग के राजाओं को एक लपेट में सर कर लिया और जनता के कानों पर जूँ नहीं रेंगी? जाहिर है कि सामान्य जनता की भावना का उन सामन्ती वीरगाथाओं से कोई मतलब नहीं था' (पृ. 237, हिं. वि. अ.)।

इतिहास-सम्बन्धी अपना दृष्टिकोण डॉ. नामवर सिंह ने विकसित और स्पष्ट रूप से 'इतिहास का नया दृष्टिकोण' में व्यक्त किया है। इसमें हिन्दी साहित्य के इतिहास के पुनर्लेखन की माँग की गई है। द्वन्द्वात्मक पद्धति से युक्त ऐतिहासिक भौतिकवादी दृष्टिकोण को ही इतिहास का नया दृष्टिकोण कहा गया है।

डॉ. नामवर सिंह का विचार है कि इतिहास लेखन के लिए उस तथाकथित तथ्यपरक वैज्ञानिकता से नहीं बल्कि ऐतिहासिक भौतिकवादी दृष्टिकोण की आवश्यकता है।

इसके बाद उन्होंने हिन्दी साहित्य के सन्दर्भ में द्वन्द्वात्मक पद्धति की विशेषताओं की व्याख्या की है। द्वन्द्वात्मक पद्धति की विशेषताएँ हैं : (1) किसी वस्तु, व्यक्ति, घटना, विचारों को अन्य वस्तुओं, व्यक्तियों, घटनाओं और विचार के अविभाज्य प्रसंग में देखना। (2) वस्तुओं, व्यक्तियों, घटनाओं और विचारों को गतिशील, परिवर्तनशील और क्रमबद्ध रूप में देखना। (3) विकास-क्रम को ऊर्ध्वोन्मुख और अग्रसर रूप में देखना और (4) वस्तुओं, व्यक्तियों, घटनाओं और विचारों में असंगति अथवा अन्तर्विरोध को पहचानना।

इन सिद्धान्तों को समझने से कहीं अधिक महत्त्वपूर्ण कार्य है, इनके आधार पर साहित्य की इतिहास-व्याख्या। साहित्य के अपने नियम होते हैं। इन विशेषताओं को उस पर लादा नहीं जा सकता। ऐसा करने से तो व्याख्या जड़ और यांत्रिक हो जाएगी। साहित्य समाज की उपज अवश्य है किन्तु साहित्य उत्पन्न हो जाने के बाद स्वयं प्रभावशाली शक्ति रहा है। सामाजिक गतिशीलता को समझकर उसमें साहित्य को फिट नहीं कर देना है। समाज गतिशील है तो साहित्य भी। दोनों की गतिशीलताओं में संगति बिठलानी है और संगतियों में अन्तर्निहित असंगतियों की उपेक्षा भी नहीं करनी है। यह कार्य इतना कठिन और अवधानता-सापेक्ष्य है कि भाववादी ही नहीं, मार्क्सवादी भी चूक जाते हैं, क्योंकि व्यावहारिक समस्या इतिहास की भौतिकवादी द्वन्द्वात्मक पद्धति को समझने की नहीं, उसके व्यवहार की है; साहित्य और समाज की गतिशीलता की, संगतियों और असंगतियों के नैरन्तर्य के परीक्षण-निरीक्षण की है।'साहित्य और समाज को इस तरह अलग-अलग देखने का मूल कारण यही है कि ये आदर्शवादी चिन्तक समाज और साहित्य का ठीक-ठीक सम्बन्ध नहीं समझ पाते। वे साहित्य को सामाजिक घटनाओं के अनुवाद रूप में देखते हैं। यह उनकी असंगति है। मूलतः तो वे आदर्शवादी हैं, लेकिन भौतिकवाद के दबाव के कारण समाज की उपेक्षा करने में असमर्थ हैं। इसलिए जिस तरह उनके विभाग में आदर्शवाद और भौतिकवाद अलग-अलग पड़े हैं, उसी तरह उनकी समीक्षा में भी साहित्य और समाज परस्पर विच्छिन्न हैं। विवेचन का सारा ढाँचा भौतिकवादी-सा प्रतीत होते हुए भी उनका दृष्टिकोण आदर्शवादी है। फिर चाहे वे आर्यसमाजी हों, चाहे किताबी मार्क्सवादी। साहित्य अनुकृति नहीं, रचनात्मक कृति है... । जितनी बड़ी साहित्यिक कृति होती है, उसमें वास्तविकता की रचनात्मक शक्ति भी उतनी अधिक होती है तथा अनुकृति उतनी ही कम' (वही)।

इस लेख में स्पष्टता के साथ साहित्य और उसके इतिहास का विश्लेषण करनेवाली मार्क्सवादी पद्धति की विशेषताएँ सामने रखी गई हैं। इस लेख का महत्त्व विचारों की मौलिकता में नहीं है, मार्क्सवादी पद्धति से हिन्दी साहित्य को समझने की आवश्यकता पर प्रकाश डालने में है। यह लेख हिन्दी में प्रगतिशील समीक्षा की खामियों पर चोट भी करता है और उसकी सम्भावनाओं को भी उजागर करता है। एक और दृष्टि से इस लेख का महत्त्व है। बीच में सूत्रों को समझाने के दौरान कई स्थलों पर हिन्दी साहित्य के इतिहास के सम्बन्ध में कुछ सन्दर्भवान् प्रश्न उपस्थित किए गए हैं, पूर्ववर्ती व्याख्याओं में असंगतियाँ दिखाई गई हैं और प्रश्नों के समाधान के तरीके सुझाए गए हैं।

डॉ. नामवर सिंह की 'छायावाद' नामक पुस्तक में इसी दृष्टिकोण से हिन्दी काव्य की एक धारा का विश्लेषण किया गया है। पुस्तक के शीर्षक 'छायावाद' के नीचे लिखा है : 'ऐतिहासिक सामाजिक विश्लेषण' और भूमिका की प्रथम पंक्ति है : 'यह निबन्ध छायावाद की काव्यगत विशेषताओं को स्पष्ट करते हुए छाया-चित्रों में निहित सामाजिक सत्य का उद्घाटन करने के लिए लिखा गया है।' इस पुस्तक में कुल 12 अध्याय हैं। विभिन्न अध्यायों के विवेच्य विषयों को सूचित करने के लिए जो शीर्षक दिये गए, हैं, उनमें से अधिकांश छायावादी कवियों की पंक्तियों के ही टुकड़े हैं। शीर्षकों

से ही स्पष्ट है कि विवेचन में छायावादी काव्य वस्तु से सैद्धान्तिक निष्कर्ष तक पहुँच गया है, सिद्धान्तों को यांत्रिक ढंग से छायावाद पर थोपा नहीं गया है। अध्यायों के नाम हैं—प्रथम रश्मि, केवल मैं केवल मैं, एक कर दे पृथ्वी आकाश, पल-पल परिवर्तित प्रकृति वेश, देवि माँ सहचरि प्राण, जागो फिर एक बार, कल्पना के कानन की रानी, रूप विन्यास, पद विन्यास, खुल गए छन्द के बन्द, जिसके आगे राह नहीं तथा परम्परा और प्रगति।

'प्रथम रश्मि' में ही 'छायावाद' की परिभाषा देने का प्रयास न करके एक विशिष्ट काव्यधारा के लिए प्रयुक्त इस नाम के इतिहास की खोज की गई है। इस विषय पर लिखे गए सम्भवत: प्रथम लेख से लेकर पुस्तक लेखन के समय तक 'छायावाद' शब्द का प्रयोग जिन अर्थों में किया गया है, उन पर विचार किया गया है। छायावाद पर सबसे पहले विचार करनेवाले कवि-लेखक श्री मुकुटधर पांडेय, और सुशील कुमार, महावीरप्रसाद द्विवेदी, रामचन्द्र शुक्ल, नन्ददुलारे वाजपेयी, नगेन्द्र आदि ने छायावाद को किस तरह परिभाषित किया है तथा छायावाद की काव्यवस्तु क्या है, इस सब पर विचार करके छायावाद को परिभाषित किया गया है। नाम से गुण की ओर नहीं, गुण से नाम की ओर बढ़ा गया है; तथा नामकरण की सार्थकता इस विशिष्ट काव्यधारा की काव्य-सम्पत्ति के आधार पर निश्चित की गई है। किसी वाद पर हिन्दी में इस वैज्ञानिक और निगमनात्मक ढंग से पहली बार विचार किया गया है। हिन्दी में एक कालखंड की विशिष्ट धारा को रहस्यवाद, छायावाद और स्वच्छन्दतावाद से अभिहित किया जाता है। आगे चलकर व्यवहार में रहस्यवाद मिस्टिसिज्म का पर्याय हो गया और छायावाद तथा स्वच्छन्दतावाद रोमांटिसिज्म का। डॉ. नामवर सिंह के अनुसार : '...जहाँ युग विशेष की काव्यधारा के सम्बन्ध में इन शब्दों पर विचार किया जाता है तो रहस्यवाद, स्वच्छन्दतावाद, छायावाद—तीनों एक ही काव्यधारा की विविध प्रवृत्तियाँ मालूम होती हैं।' वे मानते हैं कि छायावाद किसी एक विशिष्ट प्रवृत्ति का नाम नहीं बल्कि वह कई प्रवृत्तियों के पुंज का नाम है। 'छायावाद' की कोई संकीर्ण परिभाषा देकर फिर एक ही कवि को खंड-खंड करने के बजाय वे एक काल-खंड में लिखित कविताओं के पारस्परिक अन्तस्सम्बन्धी सूत्रों को ढूँढ़ते हैं। विषयवस्तु की दृष्टि से भिन्न दिखलाई पड़ती हुई कविताओं को जोड़ते हैं। उन्होंने लिखा है : 'छायावाद की मनमानी परिभाषा करने की अपेक्षा उसके ऐतिहासिक और व्यावहारिक अर्थ को स्वीकार करना अधिक वैज्ञानिक है' (पृ. 14, छायावाद, प्रथम संस्करण)।

छायावादी कविता का स्वर आत्मीय है। निराला ने जो 'मैं' शैली अपनाई है, वह शैली मात्र नहीं है। कवि यहाँ अपने व्यक्तित्व को प्रकट करना चाहता है। डॉ. नामवर सिंह का कहना है कि 'पुराना कवि अपने निजी प्रणय सम्बन्ध को सीधे ढंग से व्यक्त करने में असमर्थ था...सामन्ती नैतिकता का बन्धन इतना कड़ा था।' लेकिन इस बन्धन को अस्वीकार करते हुए पंत ने 'उच्छ्वास' और 'आँसू' की बालिका के प्रति सीधे शब्दों में अपना प्रणय प्रकट किया। इसी प्रकार निराला ने भी अपने जीवन की घटनाओं से सम्बन्धित कई रचनाएँ प्रस्तुत कीं जिनमें 'सरोज-स्मृति' श्रेष्ठ है। इसी

युग में हिन्दी में भी 'आत्मकथा' लिखने की धूम मची। छायावादी काव्य में व्यक्तिगत अनुभूति की जो इतनी बात की जाती है, उसके पीछे व्यक्तिवादी भावना है और 'छायावादी कविता का आरम्भ इसी व्यक्तिवादी भावना से हुआ।'

यह व्यक्तिवाद वैज्ञानिकता के सहारे सामंती संकीर्णताओं को तोड़ता हुआ हिन्दी साहित्य में आया। छायावादी कविताओं में व्यक्ति के असीम प्रसार की चेष्टा है। वैज्ञानिक अनुसन्धानों और नई खोजों ने व्यक्ति को विराट पुरुष के दर्शन करा दिये थे। व्यक्ति स्वयं वह विराट पुरुष बनना चाहता था। विराट की उपासना देश, धर्म, राष्ट्र, छन्द—सभी स्तरों पर चल रही थी। छायावादी कवियों का मन अतीत और भविष्य, दोनों में दौड़ आता है। विराट की यह उपासना अनन्त के प्रति जिज्ञासा, कौतूहल के भाव में भी प्रकट हुई है जो पंत जी जैसे कवियों की स्वाभाविक रहस्य भावना का आधार बनी है। छायावादी कवियों के यहाँ यह विराट अज्ञात है इसलिए उसमें रहस्यमयता का आकर्षण और उसकी अस्पष्टता, दोनों हैं। डॉ. नामवर सिंह ने इस रहस्यमयता, विराटता, जिज्ञासा, अस्पष्टता का व्यक्तिवादिता और वैज्ञानिकता से जो सम्बन्ध जोड़ा है, वह छायावादी कवियों की पंक्तियों पर ही आधारित है।

वस्तुत: वैज्ञानिक-विकास और व्यक्ति के विराट होने की आकांक्षा छायावाद के मूल में है। डॉ. नामवर सिंह ने इन्हीं को केन्द्र में रखकर छायावाद की विशेषताओं की व्याख्या की है। व्यक्तिवादिता एक ओर तो संकीर्णता को तोड़ती है, दूसरी ओर आत्म-प्रसार की इच्छा से विराट की उपासना में तल्लीन हो जाती है। किन्तु ज्ञान-विज्ञान की हमारी जो उपलब्धियाँ हैं, वे हमें बहुत दूर तक नहीं ले जा सकतीं। अतएव विराट का आमना-सामना होते ही छायावादी कवि के लिए वस्तुएँ अस्पष्ट और धुँधली भी हो जाती हैं। इसलिए आकर्षण और रहस्यमयता की यह मिश्रित भावना छायावादी कवि प्रत्येक दृश्य और वस्तु में पाता है। प्रकृति, नारी, देश से सम्बन्धित कविताओं की पंक्तियाँ उद्धृत करते हुए डॉ. नामवर सिंह ने उससे निष्कर्ष निकाले हैं। उन्होंने एक ही विषय पर लिखी गई छायावादी और पूर्ववर्ती कविताओं का मिलान करके छायावाद की विशेषताएँ दिखाई हैं। ऐतिहासिक दृष्टि से विवेचना करने के लिए यह तरीका लोकप्रिय करने में डॉ. सिंह का काफी हाथ है। छायावादी कवि का 'प्रकृति की ओर' दौड़ना व्यक्तिगत स्वच्छन्दता की आकांक्षा के लिए तो था ही, व्यक्तिगत स्वाधीनता का परिणाम भी था। यदि यह नूतन-प्रकृति परिचय इस स्वाधीनता का परिणाम न था तो छायावाद युग से पूर्व द्विवेदी युग और द्विवेदी युग से पूर्व भारतेन्दु युग तथा उससे भी पाँच-छ: सौ वर्षों के सम्पूर्ण मध्ययुग में ऐसा प्रकृति-प्रेम सम्भव क्यों नहीं हो सका (पृ. 33, छायावाद)?

प्राचीन कवि भी स्वाधीनता और स्वच्छन्दता की भावना से प्रकृति की शरण में जाते रहे हैं। परिचितों की क्रूरता से तंग आकर अपरिचित स्थान या प्रकृति की गोद में जाने की आकांक्षा कोई नई बात नहीं है। अपभ्रंश के स्वाभिमानी कवि पुष्पदन्त को भी राजदरबारों की अपेक्षा अरण्य का सेवन रुचिकर लगा था—यह छायावाद की ही विशेषता नहीं कही जा सकती।

लेकिन छायावाद का प्रकृति-प्रेम पूर्ववर्ती कविता से थोड़ा विशिष्ट था। उस विशिष्टता का सम्बन्ध डॉ. नामवर सिंह ने आधुनिक विज्ञान से जोड़ा है। मनुष्य जिस वस्तु को जीत लेता है, उसे पालतू बनाकर उससे प्रेम करने लगता है। जंगल के दहाड़ते हुए शेर से हम डरते हैं, किन्तु कठघरे में बन्द जीवशाला के शेर से हमारा मनोरंजन होता है। हम जिससे संघर्ष करते हैं, उसे विजित करके उससे प्रेम भी करने लगते हैं। प्रकृति-प्रेम के साथ भी यही बात है। जिस मात्रा में मनुष्य ने प्रकृति को जीता है, उसी मात्रा में उससे प्रेम भी किया है। आधुनिक विज्ञान ने प्रकृति के कई रहस्य खोले हैं, उस पर पहले से अधिक विजय प्राप्त कर ली है तो सहसा हमारा प्रेम भी उसके प्रति बढ़ गया है। छायावादी कविता में प्रकृति के प्रति प्रेमोदय का यही कारण है। 'कुछ लोगों को यह विरोधाभास प्रतीत हो सकता है किन्तु यह सच है कि विज्ञान के द्वारा प्रकृति से संघर्ष करते हुए भी आधुनिक मानव ने उससे प्रेम किया। जिस प्रकृति से संघर्ष, उसी से प्रेम—यह आधुनिक युग का ही सत्य नहीं है, बल्कि मानव जाति के समूचे इतिहास का यही निष्कर्ष है। आदिम युग से ही मनुष्य भयंकर वन्य प्रकृति से संघर्ष करता हुआ, उसे अपने अनुकूल बनाकर उसके सौन्दर्य का उद्‌घाटन करता चला आ रहा है' (पृ. 33, वही)।

प्रकृति को जीतकर उससे प्रेम करने की बात ठीक है। केवल इतना और जोड़ देना जरूरी जान पड़ता है कि प्रकृति से संघर्ष करने और उसे जीतने की प्रक्रिया में उससे हम परिचित भी होते रहते हैं...वैज्ञानिक विकास का प्रत्येक चरण वस्तुओं से हमारे परिचय को प्रगाढ़तर बनाता है। प्रेम में इस जानकारी का बहुत बड़ा हाथ रहता है। छायावादी कवि ने प्रकृति को रूढ़ि के आवरणों से मुक्त करके नई दृष्टि से देखा तो उसमें नई छवियाँ दिखाई पड़ीं, 'पुराने दृश्यों को नये रूप में तथा एकदम नये दृश्यों को चित्रित करने के अतिरिक्त छायावादी कवियों ने प्रकृति के विविध ऐन्द्रिय-बोध जगानेवाले दृश्यों का भी अंकन किया। लाल-नीले रंगों के बादल, भौंरा, कोकिल, चातक आदि के स्वर तथा कुछ फूलों की गन्धों की चर्चा सम्भवत: पहले के भी कवियों ने की है; लेकिन वर्ण, ध्वनि, गन्ध, स्पर्श और स्वाद-सम्बन्धी सूक्ष्म ऐन्द्रिय-बोध जगानेवाले दृश्य जिस मात्रा में छायावादी कवियों ने आँके—पहले नहीं मिलते' (पृ. 40, वही)!

'छायावादी कवि ने जिस प्रकार प्रकृति को मुक्त किया, उसी प्रकार नारी को भी। समाज में नारी-मुक्ति का जो आन्दोलन नारी-शिक्षा, विधवा-विवाह के रूप में आया, वही छायावादी कविता में 'देवि, माँ, सहचरि, प्राण' के रूप में प्रकट हुआ। रीतिकालीन कविता में 'नारी' नायिका थी। उसके व्यक्तित्व की सम्पूर्णता आवृत्त थी। छायावादी कविता में नारी देवि, माँ, सहचरी, प्राण—सभी कुछ हुई।

यह दूसरी बात है कि वह देवि ज्यादा हुई—माँ, प्राण कम। सहचरी तो बहुत कम हुई। नारी-भावना का उत्कृष्ट रूप प्रसाद के 'काम' प्रतीक में मिलता है। वह 'कामायनी' का पिता मंगल से मंडित श्रेय है। यह द्विवेदीयुगीन कट्टर नैतिकता की अपूर्णता को दूर करके उसका नव-विकास था। प्रसाद का 'काम' उनके 'मनु में एक ओर जीवन की लालसा उत्पन्न करता है तो दूसरी ओर कर्म की प्रेरणा भी देता है।

और इन सबके ऊपर वह मंगलमय है। प्रसाद के अनुसार, सारा श्रेय काम-मंगल से मंडित है और सम्पूर्ण सर्ग इच्छा अथवा काम का ही परिणाम है। इस तरह प्रसाद जी ने काम को वासना की सीमा से निकालकर व्यापक जिजीविषा अथवा 'इच्छा' के रूप में प्रतिष्ठित किया है। प्रेम की मूल प्रवृत्ति काम और रति को यह व्यापकता प्रदान करके प्रसाद जी ने आधुनिक जागरण की व्यापक सामाजिक चेतना को प्रतिबिम्बित और प्रभावित किया' (पृ. 50, छायावाद)।

मुक्ति या स्वाधीनता केवल भौतिक स्थिति नहीं है। वह किसी आन्दोलन या युग की धारा के सम्पूर्ण अस्तित्व की प्रवृत्ति भी है। छायावादी कवि के यहाँ मुक्ति की जो आकांक्षा प्रकृति को लेकर है, नारी के विषय में है—वह राष्ट्र के विषय में भी है। पं. नन्ददुलारे वाजपेयी, शान्तिप्रिय द्विवेदी, पं. कृष्णशंकर शुक्ल आदि आलोचकों ने छायावाद का सम्बन्ध राष्ट्रीय चेतना से जोड़ा अवश्य था; किन्तु उन्होंने उदाहरण देकर इसकी सम्यक् व्याख्या नहीं की थी। डॉ. नामवर सिंह ने यह कार्य बहुत प्रामाणिक और विश्वसनीय ढंग से, यानी छायावादी कविताओं की व्याख्या करके किया।

पुनर्जागरण ने हमारे साहित्य पर जो प्रभाव डाला था, छायावाद उसी का विकास था। पुनर्जागरण में पुनरुत्थान की भी भावना थी जो अतीत पर मुग्ध थी। छायावादी कवियों में अतीत में रहने की वृत्ति सबसे अधिक प्रसाद में थी। निराला के यहाँ राष्ट्रीय गौरव और मुक्ति की आकांक्षा अधिक सूक्ष्म रूप में व्यक्त हुई है। 'छत्रपति शिवाजी का पत्र', 'जागो फिर एक बार' में तो यह स्पष्ट ही दिखलाई पड़ती है। 'तुलसीदास' जैसी कविताओं में प्रतीकात्मक ढंग से प्रकट हुई है। इस ओर डॉ. रामविलास शर्मा ने बहुत पहले संकेत कर दिया था कि 'तुलसीदास' का प्रारम्भ सायंकाल से होता है और काव्य की समाप्ति प्राची दिशा में रवि की पुष्कल रेखा के दर्शन से होती है। डॉ. नामवर सिंह ने भी 'तुलसीदास' के विषय में लिखा है : 'हिन्दी जाति के सबसे बड़े जातीय कवि की जीवन-कथा के द्वारा निराला ने अपनी समसामयिक परिस्थितियों में रास्ता निकालने का संकेत दिया है' (पृ. 70, वही)।

'कल्पना-प्रवणता छायावाद की सर्वाधिक महत्त्वपूर्ण विशेषता बताई गई है। कल्पना-प्रवणता के पीछे जिज्ञासा और कुतूहल का भाव है। जिज्ञासा और कुतूहल का यह भाव आधुनिक विज्ञान की देन है। हर चीज के प्रति अथक जिज्ञासा और कुतूहल छायावाद का मंगलाचरण है और यही वह रचनात्मक शक्ति है जिसके द्वारा कवि, दार्शनिक अथवा वैज्ञानिक अपने-अपने क्षेत्र में कोई नई चीज़ दे जाता है' (पृ. 76, छायावाद)।

'जिज्ञासा अपने-आपमें किसी वस्तु को जानने में समर्थ नहीं है। केवल प्रश्न से ही उत्तर नहीं मिल जाता। जिज्ञासा की तीव्रता जिज्ञासु के मन में एक दूसरी शक्ति को जन्म देती है, जिसके द्वारा मन उस वस्तु के अन्तस्तल में प्रवेश करता है। इस शक्ति का नाम है—कल्पना। कल्पनाशक्ति के द्वारा मन अगम वस्तु तक भी पहुँच जाता है, दुर्लभ वस्तु को भी प्राप्त कर लेता है, अज्ञात और अज्ञेय वस्तु को भी जान लेता है तथा अदृष्ट वस्तु का भी रूप निर्धारित कर सकने में समर्थ हो जाता है। जिज्ञासा ने कवि को यही कल्पनाशक्ति प्रदान की' (पृ. 76, वही)।

मतलब यह कि जिज्ञासा कल्पना को जन्म देती है और कल्पना के सहारे जिज्ञासु अज्ञात और अज्ञेय को जानने की कोशिश करता है। डॉ. नामवर सिंह ने काव्य-रचना में कल्पना की भूमिका का महत्त्व बहुत अच्छी तरह समझाया है। वे इस विषय में थोड़ा और रमते तो यह भी प्रकट कर सकते थे कि यह कल्पना वस्तुतः अज्ञेय और अज्ञात को जानने की प्रक्रिया में एक समानान्तर सृष्टि करके सहायक होती है। किसी दृश्य या वस्तु को देखकर हमारे ऊपर जो प्रभाव पड़ता है, उस प्रभाव के ही सहारे एक समानान्तर सृष्टि करके हम प्रभाव को अभिव्यक्त करते हैं। कल्पना अज्ञेय और अज्ञात को जानने में उतनी सहायक नहीं होती जितना कि उनके प्रभाव को जानने या समझने-समझाने में। अज्ञात वस्तु के प्रभाव को समझने और बताने के लिए, वैसा ही प्रभाव उत्पन्न करने के लिए अन्य वस्तुओं की जो योजना की जाती है, कल्पना उसी में सहायक होती है। वह अनुभूति के आधार पर समान सृष्टि करके—शुक्ल जी के शब्दों में, आभ्यन्तर प्रभाव-साम्य ढूँढ़कर अज्ञात और अज्ञेय को जानने की कोशिश करती है। छायावादी कविता में कल्पना-प्रवणता इतनी अधिक है, तो आभ्यन्तर प्रभाव साम्य को प्रकट करने की सक्षम योजनाएँ अधिक हैं। छायावादी कविता की यह सर्वाधिक महत्त्वपूर्ण विशेषता है, जिसकी ओर सबसे पहले बलपूर्वक पं. रामचन्द्र शुक्ल ने संकेत किया था। निस्सन्देह इस कल्पना-प्रवणता का आधार है जिज्ञासा, जो छायावाद में आधुनिक विज्ञान के कारण आई थी।

डॉ. नामवर सिंह ने छायावाद की व्याख्या को विस्तृत किया है। उन्होंने दिखाया है कि आधुनिक विज्ञान से जिज्ञासा और कौतूहल की भावना उत्पन्न हुई है। इस भावना ने छायावादी कवि को कल्पना-प्रवण बनाया है। छायावाद कोई स्थिरवाद नहीं रहा है। समय के साथ-साथ उसमें अर्थ-विस्तार हुआ है। इस जिज्ञासा और कल्पना-प्रवणता के कारण प्रकृति, नारी, राष्ट्र आदि से सम्बन्धित सभी तरह की कविताएँ विशिष्ट हो गई हैं। रहस्यवादिता भी इसी जिज्ञासा का परिणाम है। इस विशिष्टता ने छायावादी कविता के रूप विन्यास, पद विन्यास, छन्द योजना—सबको प्रभावित किया है। इस विशिष्टता की भूमि पर खड़े होकर देखने से छायावाद की असंगतियाँ मिट जाती हैं और इस काव्यधारा के अन्तर्विरोध स्पष्ट हो जाते हैं।

'छायावाद का पर्यवसान प्रगतिवाद में होना था, बिलकुल उसी तरह, जैसे व्यक्तिवाद का समाजवाद में होना है। स्वातंत्र्य व्यक्तिवादिता से नहीं प्राप्त हो सकता। छायावाद की दिक्कत यह थी कि छायावाद का सारा स्वातंत्र्य संघर्ष अकेले व्यक्ति का था, और संगठित सामाजिक शक्ति के विरुद्ध अकेले-अकेले लड़ने का यही परिणाम होता है' (पृ. 133, छायावाद)।

छायावाद व्यक्तिवाद की उपज था। उसी व्यक्तिवादिता के अन्तर्विरोधों के कारण वह समाप्त होकर हिन्दी काव्यधारा के विकास में अपना योगदान कर गया।

डॉ. नामवर सिंह की अन्य पुस्तक 'इतिहास और आलोचना' में कई लेख तो ऐसे हैं जो 'आलोचना' के तत्कालीन सम्पादकीयों में प्रकट हुए विचारों की निस्सारता दिखाने के लिए लिखे गए हैं। ऐसे लेखों में 'व्यापकता और गहराई' अत्यन्त महत्त्वपूर्ण

है। इसमें बताया गया है कि व्यापकता और गहराई रचनाओं में साथ-साथ होती हैं। वे परस्पर-विरोधी न होकर अन्योन्याश्रित हैं। अन्य निबन्धों में प्रसाद की भाषा, कामायनी के प्रतीक तथा इतिहास और आलोचना महत्त्वपूर्ण हैं।

डॉ. नामवर सिंह समसामयिक साहित्य-रचना का महत्त्व मानकर आलोचना कार्य में प्रवृत्त रहनेवाले आलोचक हैं। जो लोग केवल महान साहित्य पर ही कलम चलाते हैं, वे बहुत जल्द जड़ हो जाते हैं। यदि आप अपने समसामयिक साहित्य का अध्ययन नहीं करते, उसमें रुचि नहीं रखते और उससे माँजकर अपनी दृष्टि निर्मल नहीं रखते तो आप किसी युग के साहित्य को नहीं देख सकते। यह सोचना कि आज जो कुछ लिखा जा रहा है, वह उपेक्षणीय है, आलोचक के 'महंथ' बन जाने का लक्षण है जो उसकी जड़ता घोषित करती है कि आलोचक प्राचीन साहित्य का मूल्यांकन भी अपनी समसामयिक दृष्टि को अर्जित करने के बाद ही कर सकता है। पं. रामचन्द्र शुक्ल ने तुलसी, सूर, जायसी की समीक्षा अपने युग के भाव-बोध से की है। डॉ. नामवर सिंह समसामयिक रचना-जगत के लिए सन्दर्भवान आलोचक हैं।

श्री चन्द्रबली सिंह उन इने-गिने प्रखर और प्रतिभाशाली आलोचकों में से हैं जिनके पास सक्षम मार्क्सवादी दृष्टि है और जो रचनाओं की सामाजिक संगति बिठला सकते हैं। लेकिन उन्होंने न तो किसी कवि पर कोई स्वतंत्र आलोचनात्मक ग्रन्थ लिखा है, न किसी साहित्य-धारा पर। उनके आलोचनात्मक निबन्धों का संग्रह 'लोकदृष्टि और हिन्दी साहित्य' के नाम से छपा है जिसमें उन्होंने गिरिजाकुमार माथुर, पंत, केदारनाथ अग्रवाल, अज्ञेय, देवकीनन्दन खत्री, दिनकर, प्रेमचन्द आदि की रचनाओं की समीक्षा की है। 'नाश और निर्माण' नामक लेख में उन्होंने गिरिजाकुमार माथुर पर लिखते हुए छायावाद और प्रगतिवाद के विकास सूत्र को बहुत अच्छी तरह समझाया है। 'प्रगतिशील साहित्य को ठीक-ठीक समझने के लिए 'छायावाद' को ठीक-ठीक, विशेष रूप से उसके विकास के अन्तिम चरण को समझना आवश्यक है। छायावाद ने अपने प्रथम चरण में स्वयं क्रान्तिकारी कार्य किया था और वह था हिन्दी कविता को, द्विवेदी के थोथे आदर्शवाद की बेड़ियों में पड़े जीवन को अनुभूतियों और कल्पनाओं के एक अभिनव विस्तृत लोक में लाकर उन्मुक्त करना...किन्तु उसके द्वारा उत्तेजित अहं ही उसके ह्रास का भी कारण बना।...वह आदर्शों और मान्यताओं से शून्य अनिश्चयात्मक समाज-स्थिति का कवि बन गया। जो बच्चन और नरेन्द्र की पूर्व कविताओं से परिचित हैं, उनको छायावाद के अन्तिम चरण की यह व्याख्या भ्रामक न जान पड़ेगी। और हिन्दी के प्रगतिशील साहित्य का ऐतिहासिक कार्य यहीं से प्रारम्भ हुआ। उसने साहित्य में 'क्षय' की बाढ़ को रोका' (पृ. 1, लो. हिं. सा.)। श्री चन्द्रबली सिंह ने माथुर की कविताओं में सामाजिक चेतना के तत्त्व ढूँढ़े हैं और उनके आधार पर उनके काव्य के उत्कर्ष की व्याख्या की है। उनके अनुसार, माथुर की कविताओं में ताजगी है और वे रक्तहीनता के दोष से पीड़ित और पांडु नहीं हैं। उनकी ताजगी आकर्षक है।

पंत की उत्तरकालीन कविताओं की—जिनमें आध्यात्मिकता का स्वर अधिक मुखर है, आलोचना करते हुए श्री चन्द्रबली सिंह ने लिखा है कि 'पंत जी का

'अन्तर्चेतनावाद या नवमानववाद' भ्रामक है। इन कविताओं की भूमिका प्रतिक्रियावादी है। क्योंकि पंत जी के अनुसार मनस्संगठन और मनुष्य की सामाजिक चेतना में परिवर्तन किसी सामाजिक क्रान्ति के परिणाम न होकर मनुष्य की चेतना के विकास के परिणाम होंगे' (पृ. 26, वही)। जिस अहिंसा और संस्कृति की बात पंत जी इतनी ज्यादा करते हैं, वह आज के सन्दर्भ में शोषण और अन्याय की सहायक है।

'अनामिका' पर श्री धर्मवीर भारती से हुए एक परिसंवाद में (जो पुस्तक में संकलित है) श्री सिंह ने लिखा है कि 'निराला का जीवन अत्यन्त उथल-पुथल का, संघर्षों का जीवन रहा है; किन्तु उनकी कविताओं में केवल व्यक्तिगत संघर्षों का चित्र रहता तो उनका युगान्तरकारी महत्त्व न होता। निराला का व्यक्तिगत संघर्ष उनके युग के संघर्ष का अंग रहा है (पृ. 44, वही)। उन्होंने निराला के प्रयोगों को छायावादी युग के सांस्कृतिक आन्दोलनों के सन्दर्भ में देखने की सिफारिश की है।

प्रगतिवादी आलोचकों ने दिनकर पर बहुत कम लिखा है, हालाँकि दिनकर व्यापक अर्थों में प्रगतिशील कवि कहे जाएँगे। दिनकर उन कवियों में अग्रगण्य हैं जिन्होंने अपने युग की समस्याओं पर प्राय: अपनी निर्मम प्रतिक्रिया प्रस्तुत की है। प्रगतिवादी आलोचकों की दिनकर की यह उपेक्षा समझ में नहीं आती। ऐसी स्थिति में श्री चन्द्रबली सिंह के लेख 'दिनकर की भाव और विचार-भूमि' का महत्त्व और बढ़ जाता है। उन्होंने लिखा है कि 'हमारा संघर्ष पहले अंग्रेजों के विरुद्ध था, किन्तु आगे चलकर वह देशी शोषकों के भी विरुद्ध हुआ है। दिनकर उन प्रारम्भिक कवियों में से हैं जिन्होंने देशी शोषकों के प्रति अपनी आवाज बुलन्द की है। दिनकर की एक अन्य विशेषता है कि वे कभी पलायन के कवि नहीं बने। उनका पलायन भी जीवन के बाहर नहीं, जीवन में ही है। उनकी शृंगारिक कविताओं में भी जीवन का उद्दाम राग है।

'दिनकर की कमी यह है कि वे किसी विशिष्ट जीवन-दर्शन को न अपना सके हैं, न विकसित कर सके हैं। कवि प्रलयंकर शंकर से इस कुत्सित सृष्टि को नाश कर देने की प्रार्थना करता है। उसके हृदय में किसी नवीन शिव, सत्य और सुन्दर की अभिलाषा खेल रही है, फिर भी उसकी दिशा निश्चित नहीं, और इसका कारण है, कवि में किसी निश्चित समाज-दर्शन का अभाव। इसीलिए इस अवस्था में, न तो कवि में, समाज में प्रगति की शक्तियों को परखने का संकेत मिलता है और न वह हिमालय-सा दृढ़ आशावाद, जो इस परख का परिणाम होता है (पृ. 66, लो. हिं. सा.)।

इस संग्रह के दो और निबन्ध महत्त्व के हैं—'युग की गंगा' और 'चन्द्रकान्ता सन्तति : एक नया दृष्टिकोण'।

'युग की गंगा' प्रगतिशील कवि केदारनाथ अग्रवाल का काव्य संग्रह है। केदार, त्रिचोलन और नागार्जुन—इन तीन जनकवियों की विशेषता है कि वे जन-भावनाओं की अभिव्यक्ति जनभाषा में करते हैं। जो लोग हिन्दी के अन्य कवियों की भाषा-दुरूहता से परिचित हैं, वे जानते हैं कि यह सामर्थ्य कितनी दुर्लभ है। श्री चन्द्रबली सिंह ने लक्षित किया है कि 'इतना तो हमें मानना ही पड़ेगा कि अभी तक जनता और कवि का माध्यम एक नहीं हुआ है। कवि जनता की भाषा नहीं बोलता और जनता आर्थिक

और बौद्धिक, दोनों क्षेत्रों में इतनी शोषित रही है कि वह ऊपर उठना जानती ही नहीं। ऐसी विषम परिस्थिति में भी केदारनाथ अग्रवाल ने जन-काव्य लिखने की कोशिश की है। उनकी वाणी में जनता की वाणी की सादगी है और प्रयोगात्मकता है, उसका प्रवाह और तीखापन है' (पृ. 76, वही)।

प्रगतिशील कवि कभी-कभी एक खास तरह की गलत रोमांटिक भावना के शिकार हो जाते हैं। वे कुरूपता और दारिद्र्य का चित्रण इस ढंग से करते हैं मानो ये ही वरेण्य हों! वास्तविक प्रगतिशील रचना कुरूपता का चित्रण उसे नष्ट करने के लिए करती है। प्रगतिशील कलाकार नग्न यथार्थवादियों और प्रकृतवादियों से इसी अर्थ में भिन्न होता है। श्री चन्द्रबली सिंह ने दिखाया है कि 'केदारनाथ अग्रवाल का यथार्थ सच्चे अर्थ में एक प्रगतिशील कवि का यथार्थ है जो कुरूपता को पूँजी नहीं मानता, उसकी राशि बनाने में आनन्द नहीं पाता वरन् उसे मिटाकर उसके स्थान पर एक नये सौन्दर्य का निर्माण भी करता चलता है' (पृ. 80, वही)।

इस निबन्ध संग्रह में केदार की एक अन्य रचना 'नींद के बादल' पर भी विचार प्रकट किए गए हैं। 'नींद के बादल' के कवि को आलोचक ने रोमानी कहा है। लेकिन केदार का रोमान स्वस्थ है : '...नींद के बादल में किसी रुग्ण मन की प्रतिक्रिया नहीं और न संघर्षों के बीच किसी मध्यवर्गीय युवक की पलायन वृत्ति है' (पृ. 109, वही)।

'चन्द्रकान्ता सन्तति' हिन्दी के प्रारम्भिक काल का अत्यन्त लोकप्रिय उपन्यास है। हिन्दी का और कोई उपन्यास इतना लोकप्रिय नहीं हुआ। 'चन्द्रकान्ता सन्तति' की रचना भारतेन्दु युग में हुई थी। लेकिन 'भारतेन्दु युग' की विवेचना करते समय इस उपन्यास को अलग रखा जाता है—यह समझकर कि यह केवल तिलस्मी और ऐयारी उपन्यास है। 'भारतेन्दु युग' के लेखक डॉ. रामविलास शर्मा ने भी इस कृति के युगीन तत्त्वों पर ध्यान नहीं दिया है। श्री चन्द्रबली सिंह ने हिन्दी में पहली बार इस अत्यन्त लोकप्रिय रचना के प्रगतिशील तत्त्वों की ओर संकेत करके महत्त्वपूर्ण कार्य किया है। श्री चन्द्रबली सिंह की धारणा है कि ' 'चन्द्रकान्ता सन्तति' को भारतेन्दु युग की हलचलों से पृथक् कर देखना, उसे उसके परिवेश से, प्रेरणा के स्रोत से अलग काटकर अलग देखने के समान है' (पृ. 130, लो. हिं. सा.)।

इस लेख में श्री चन्द्रबली सिंह ने उस दुर्लभ सूक्ष्म दृष्टि का परिचय दिया है जिसके अभाव में प्रगतिवादी आलोचना सपाट हो जाती रही है। रचना में युग के प्रगतिशील तत्त्व छिपे होते हैं। उन्हें आलोचकों की सूक्ष्म दृष्टि ही ढूँढ़ सकती है। 'चन्द्रकान्ता सन्तति' में रजवाड़ों की विलासिता, कूटनीतियों इत्यादि की जो चर्चा हुई है, वह किन सामाजिक दबावों के कारण है? 'भारतेन्दु युग हमारे समाज में एक आन्दोलन का युग है जो मध्यवर्ग के उत्थान के साथ शुरू होता है। उस युग में समाज राजे-रजवाड़ों की पकड़ के बाहर निकलने लगा और उसका नेतृत्व मध्यवर्ग के हाथों में आने लगा था। भारतेन्दु युग के लेखकों ने अपनी अनेक रचनाओं में राजे-रजवाड़ों के हाथों से समाज की बागडोर निकलने के चित्र प्रस्तुत किए। उन्होंने राजदरबारों के षड्यंत्रों का भंडाफोड़ किया। उन पर छाई हुई वासना और विलासिता और उनकी दिन-दिन गिरती

हुई आर्थिक स्थिति की ओर संकेत किया।...'सन्तति' में भारतेन्दु युग के जीवन का एक अंग जो सड़ गया था, बड़ी अच्छी तरह प्रतिबिम्बित है' (पृष्ठ 132–33, वही)।

श्री चन्द्रबली सिंह ने 'चन्द्रकान्ता सन्तति' के कई स्थलों को उद्धृत करके दिखाया है कि किस प्रकार उसके पात्र और वर्णन सामन्ती विवाह-प्रथा, काशी के मठाधीशों, नीच समझी जानेवाली जातियों, हिन्दू, मुसलमान आदि की समस्याओं पर प्रगतिशील दृष्टि का प्रतिनिधित्व करते हैं।

लेख के अन्त में श्री सिंह ने देवकीनन्दन खत्री तथा भारतेन्दु युग के अन्य गद्यकारों की भाषा पर एक अत्यन्त महत्त्वपूर्ण टिप्पणी की है जिससे पता चलता है कि भाषा की सरलता और सजीवता की उनमें कितनी गहरी पकड़ है। वे लिखते हैं कि 'अगर हमने भारतेन्दु युग के शैलीकारों की व्यंग्य और हास्यमिश्रित प्रवाहमयी भाषा से सीख ली होती तो हमने भी किसी लैम्ब को उत्पन्न किया होता'' (पृ. 135, वही)।

भारतेन्दु युग का अध्ययन श्री चन्द्रबली सिंह के इस लेख के बिना पूर्ण नहीं माना जा सकता था।

रूप और विचारधारा

इधर कुछ वर्षों से रचना को रचना के रूप में देखने-परखने की बात जोर देकर की जा रही है। रचना रचनाकार से भी स्वतंत्र हो जाती है। उस पर साहित्येतर प्रतिमानों से विचार नहीं किया जाना चाहिए। 'कविता के नये प्रतिमान' में 'उर्वशी विवाद', के प्रसंग में डॉ. नामवर सिंह ने लक्षित किया कि 'चर्चा में भाग लेनेवाले प्रायः सभी लेखक इस बात पर एक मत दिखाई देते हैं कि काव्यकृति की आलोचना के लिए काव्येतर प्रतिमान इस्तेमाल न किया जाए' (पृ. 70, क. न. प्र., दूसरा संस्करण)।

इसी चर्चा में भाग लेते हुए डॉ. देवीशंकर अवस्थी ने साँचे की बात की : 'उपाध्याय जी ने पूरे 'उर्वशी' काव्य को एक दृष्टि की समग्रता, अन्तर्योजना, मूल्य-साँचे से सम्पृक्ति के आधार पर नहीं जाँचा' (वही)।

डॉ. अवस्थी ने जिस 'मूल्य-साँचे' की बात की है, वह 'काव्य-मूल्य' की बात होगी।

साहित्यिक प्रतिमानों का सही इस्तेमाल करने के साथ-साथ कृति के संरचनात्मक विश्लेषण की बात जोर पकड़ रही है। कृति की परीक्षा उसकी निर्मित या ढाँचे को अर्थात् उसके विभिन्न अवयवों के परस्पर सम्बन्धों को ध्यान में रखकर की जानी चाहिए। संरचनात्मक सघनता कृति को अखंडता, अन्विति, केन्द्रोन्मुखता से युक्त करती है। सभी अवयव वस्तु के लिए अनिवार्य होते हैं, वे वस्तु का रूप होते हैं। उन्हीं से वस्तु की सत्ता प्रकट होती है। संरचना काव्यार्थ का आकार है।

डॉ. नामवर सिंह ने 'कविता के नये प्रतिमान' नामक पुस्तक में नये प्रतिमानों पर विशद बहस की है। इस बहस की विशेषता यह है कि इसके सूत्र समकालीन साहित्य-चर्चाओं में से उठाए गए हैं। जो साहित्य रचा जा रहा है, जो चर्चा की जा रही है, उसी में प्राप्त महत्त्वपूर्ण सूत्रों के ताने-बाने से ये प्रतिमान बुने गए हैं। पुस्तक को पढ़ना समकालीन साहित्य और साहित्य-चिन्ता के जीवित सम्पर्क में आना है। शायद ही कोई महत्त्वपूर्ण रचनाकार, समीक्षक, आलोचक, विचारक इसमें उल्लिखित होने से रह गया हो। केवल हिन्दी का ही नहीं, देशी ही नहीं, विदेशी भी। पुस्तक में 'नामूल' कुछ नहीं। पूरी पुस्तक उद्धरणों से ठसाठस भरी है। पुस्तक के तीन खंड हैं। पहले में मूल्यांकन या यों कहिए कि नये ढंग से मूल्यांकन की आवश्यकता और नये मूल्यों की जरूरत पर बहस है। दूसरे में नये प्रतिमानों के आधार पर कविता को कसा गया है। ये प्रतिमान हैं—भाषा, बिम्ब, संरचना, विसंगति, विडम्बना, अनुभूति की जटिलता और तनाव, ईमानदारी तथा परिवेश और मूल्य। तीसरा खंड परिशिष्ट है जिसमें

मुक्तिबोध की प्रसिद्ध कविता 'अँधेरे में' की व्याख्या की गई है। गोया जो प्रतिमान चर्चित हुए हैं, उनके उपयोग का उदाहरण प्रस्तुत किया गया है।

डॉ. नामवर सिंह बहस से घबड़ाते और कतराते नहीं। यह उनके आलोचक का समर्थ पक्ष है। प्रतिमानों पर बहस की तो यथासम्भव उनका कोना-कोना झाँक आए। जो मुद्दा उठाया, उसके सभी आयामों की जाँच-पड़ताल की। समसामयिक रचनाओं, समवयस्क रचनाकारों की कृतियों की ऐसी बेबाक जाँच-पड़ताल का जोखिम उठानेवाले आलोचक हिन्दी में ही नहीं, अन्यत्र भी कम होंगे। इसी के चलते वे जीवित रचनाकारों, विशेषत: नये रचनाकारों द्वारा स्वीकृत एवं प्रतिष्ठित आलोचक बने हैं। इसीलिए उनका समर्थन और विरोध होता है। किसी भी आलोचक के लिए यह सन्तोष और गौरव की बात होगी। नये साहित्य के विषय में उनके निष्कर्षों का महत्त्व विदित है। निर्मल वर्मा, उषा प्रियम्वदा और धूमिल को जो यश मिला है, उसके पीछे डॉ. नामवर सिंह की आलोचना का हाथ है। इस पुस्तक के प्रकाशन के बाद नई पीढ़ी के रचनाकारों को यह शिकायत नहीं होनी चाहिए कि हिन्दी में ऐसा कोई आलोचक नहीं जो समकालीन साहित्य पर सहानुभूतिपूर्वक विचार करता हो।

इस पुस्तक की खामियों की ओर भी अनेक समीक्षकों ने संकेत किया है। अधिकांशत: प्रगतिशील विचारकों ने ही इस पुस्तक की निन्दा की है। सबसे पहले नेमिचन्द्र जैन ने इस पर 'रूपवाद' का आरोप लगाया। डॉ. रामविलास शर्मा ने इसकी असंगतियों पर तीव्र प्रहार किया है।

'कविता के नये प्रतिमान' वस्तुत: नई कविता पर ही विचार करती है। अत: व्यवहार में ये 'नई कविता के प्रतिमान' ही है। सन्तुलित दृष्टि का तेवर बनाए रखने के बावजूद यह पुस्तक छायावाद के विषय में घोर एकांगी और असन्तुलित दृष्टि अपनाती है। इस पुस्तक को ही पढ़नेवाला, या इससे सर्वत्र सहमत होनेवाला व्यक्ति निराला, प्रसाद, पंत, रामचन्द्र शुक्ल के विषय में कैसी धारणा रखेगा, यह सोचना मनोरंजक है। वस्तुत: छायावाद पर डॉ. नामवर सिंह एक आलोचक इतिहासकार की हैसियत से नहीं, मुक्तिबोध की भी दृष्टि से नहीं, अज्ञेय और उनके अनुवर्ती साहित्यिकों की दृष्टि को अपनाकर विचार करते हैं। जो लिखा जा रहा है, उस पर विचार करने का मतलब उसकी वकालत करना नहीं। आलोचक लोकरुचि के विरुद्ध भी निष्कर्ष दे सकता है। लेकिन ऐसा करने में उसे बहुत सावधानी बरतनी होगी। छायावादी भावुकता, छायावादी भाव-बोध, छायावादी संस्कार, छायावादी शिशुता ने 'राम की शक्ति-पूजा', 'सरोज-स्मृति', 'कामायनी', 'पल्लव' जैसी रचनाएँ दी थीं। ये कवि भावुक और शिशु-भावबोध के सही, पर इनका काव्य कैसा है? नामवर जी को कविता के नये प्रतिमानों पर बानगी के लिए कुछ छायावादी कृतियों को कसने का साहस दिखाना चाहिए था। 'छायावाद' में तो छायावादी कवियों की प्रशंसा कर चुके थे।

'कविता के नये प्रतिमान' में छायावाद के अन्तर्विरोधों को बिलकुल भुला दिया गया है। रामचन्द्र शुक्ल पर 'प्रच्छन्न छायावादी' होने का सन्देह हुआ तो उन्हें भी नये भावबोध का विरोधी बताया गया।

नये साहित्य और पुराने साहित्य में इस प्रकार का केवल परस्पर-विरोध ग़ैर-मार्क्सवादी आलोचक देखते हैं। उदाहरण के लिए 'स्थूल के प्रति सूक्ष्म का विद्रोह' और 'सूक्ष्म के प्रति स्थूल का विद्रोह' के आधार पर डॉ. नगेन्द्र आलोचना करते थे। नामवर जी ने जिन डॉ. नगेन्द्र का विरोध किया, उनकी पद्धति को भी उसी प्रकार अस्वीकृत नहीं किया। आप बता सकते हैं कि ये पंक्तियाँ किसकी हैं?

'फिर नई कविता के दौर में काव्य-बिम्ब को बलपूर्वक पुन: प्रतिष्ठित करने का क्या अर्थ है? निश्चय ही इसका एक कारण ऐतिहासिक पृष्ठभूमि में निहित है। छायावाद के अन्त में प्रतिक्रियास्वरूप जब कविता भाव से विचार की ओर और कल्पना से वास्तविकता की ओर मुड़ी तो एकबारगी कविता में वक्तव्य देने की बाढ़ आ गई' (पृ. 124, क. न. प्र., दूसरा संस्करण)। ये पंक्तियाँ डॉ. नामवर सिंह की हैं।

और ये निम्न पंक्तियाँ?

'यह प्रतिक्रिया दो रूपों में व्यक्त हुई—एक तो छायावाद की पलायन वृत्ति के विरुद्ध; दूसरी, उसकी अमूर्त उपासना के विरुद्ध...' (पृ. 132-33, सुमित्रानन्दन पंत)। ये पंक्तियाँ डॉ. नगेन्द्र की हैं।

दोनों विश्लेषण-पद्धति और निष्कर्ष समान हैं। दुर्भाग्यवश डॉ. नामवर सिंह ने उदाहरण भी पंत का ही दिया। 'पंत की 'युगवाणी' इस संक्रमण का ऐतिहासिक दस्तावेज है (वही)।

विकास को प्रतिक्रिया का परिणाम समझना ही उन्हें समान तर्क देने और परिणाम निकालने पर विवश करता है। संयोगवश विषय भी एक ही है—छायावाद। छायावाद के प्रशंसक और छायावाद के विरोधी आलोचक समान! विरुद्धों का सामंजस्य!

कारण है साहित्यालोचन में विचारधारा का तिरस्कार। छायावाद अपनी युगीन परिस्थितियों के यथार्थ-बोध से भाव-प्रेरित था। वह सामन्तवाद और साम्राज्यवाद का प्रबल विरोधी साहित्य है। विषमता-बोध की तीव्रता कल्पना के सहारे रचती थी। यह तीव्रता जिसमें जितनी अधिक है, उसने उतना ही जीवन्त साहित्य रचा है। सवाल सिर्फ भीतर से बाहर जाने और बाहर से भीतर जाने का नहीं। सवाल बाहर से भीतर जाने और फिर भीतर से बाहर जाने का है। मुक्तिबोध ने इसीलिए बाह्य के आभ्यन्तरीकरण की बात की। फिर इस आभ्यन्तरीकृत के शब्दबद्ध होने की बात की। इस बाह्य के अन्तर्विरोधों की उपेक्षा करने से छायावादी कविता—यहाँ तक कि 'राम की शक्ति-पूजा' भी छायावादी युग से कटकर आलोचित होती है। 'किन्तु इन सभी कविताओं की परिणति जिस प्रकार होती है, उसे देखते हुए श्री विजयदेव नारायण साही का यह कथन युक्तिसंगत प्रतीत होता है कि उस युगभूमि को 'संघर्ष या द्वन्द्व' न कहकर, सन्तुलन का नाटक कहना अधिक उपयुक्त है क्योंकि वस्तुत: वह चरम द्वन्द्व था भी नहीं।...छायावादी कवियों में द्वन्द्व को सबसे अधिक दूर तक ले जानेवाले निराला भी इस आकांक्षा से न बच सके : 'राम की शक्ति-पूजा' का अन्त प्रमाण है' (पृ. 186, क. न प्र., दूसरा संस्करण)।

स्वाधीनता-आन्दोलन की युगभूमि को संघर्ष या द्वन्द्व का न कहकर सन्तुलन का नाटक कहनेवाले श्री विजयदेव नारायण साही अंग्रेजी के अध्यापक हैं। उनके लिए जरूरी नहीं कि उन्होंने हिन्दी साहित्य के इतिहास का व्यवस्थित अध्ययन किया हो। यह उनकी समझ का खेल है। लेकिन डॉ. नामवर सिंह को 'सरोज-स्मृति' की याद नहीं आई, क्यों? क्या उसमें भी सन्तुलन का नाटक है? क्या उस कृति में भी 'सामंजस्य की यह अधीरता इतनी प्रबल है कि अदबदाकर हर कविता के अन्त में जाते-जाते वह सन्तुलन किसी-न-किसी तरह प्राप्त कर लिया जाता है?' चूँकि 'सरोज-स्मृति' में यह सामंजस्य और सन्तुलन प्रमाणित कर पाना नामवर जी तक के लिए मुश्किल था, इसलिए निराला की दो रचनाएँ 'तुलसीदास' और 'राम की शक्ति-पूजा' तो उदाहरणस्वरूप हैं, 'सरोज-स्मृति' नहीं। यहाँ ईमानदारी, नैतिकता, जटिलता, तनाव की बात व्यर्थ है। 'प्रलय की छाया' में भी सन्तुलन ढूँढ़ पाना आवश्यकता से अधिक सूक्ष्म दृष्टि का ही काम है। फिर अगर युगभूमि की ही बात करें तो 'गोदान' और 'कंकाल' के अन्त में कौन-सा सन्तुलन है?

'राम की शक्ति-पूजा' का अन्त विचारणीय है। इसके अन्तिम अंश को कमजोर निराला को 'वीर नायक' बनानेवाले आलोचक ने भी बताया है—यह नामवर जी जानते हैं। लेकिन यह सामंजस्य नहीं है। सामंजस्य से कहीं ज्यादा ऐतिह्य की माँग है। राम को पराजित दिखाकर ही कृति का अन्त नहीं किया जा सकता था। द्वन्द्व की तीव्रता अधिक से अधिक उन्हें संघर्ष-शिथिल और पराजितप्राय ही चित्रित कर सकती थी। 'शक्ति-पूजा' की द्वन्द्वात्मकता का निर्णायक उसका अन्त नहीं। उसकी द्वन्द्वात्मकता का निर्णय समूची कृति की संरचना से होगा। पराजित और अपराजित मन एवं बार-बार उद्यत होकर विकल होनेवाले मन के व्यापार में द्वन्द्व की धार है। राम का संशयग्रस्त मन किस प्रक्रिया से साधना में तल्लीन होता है? ब्रह्मा, विष्णु, शिव का स्तर पार करके फिर नीचे उतरता है—इस आरोहण-अवरोहण के व्यापार में द्वन्द्व निहित है। और यह कि विजय का चित्रण न करके उसका केवल संकेत कर देने में निराला का अद्‌भुत संयम प्रकट होता है। क्या हो जाता अगर राम की विजय और रावण की पराजय का भी चित्रण इस कविता में निराला कर देते? राम के जीवन पर काव्य की रचना, युद्ध का वर्णन और राम की विजय का चित्रण नहीं, केवल उसका संकेत—नवीन पुरुषोत्तम की जय! इसमें भी जोर पुरुषोत्तम की नवीनता पर अधिक, विजय पर कम। क्यों? क्योंकि विजय का चित्रण करने से स्वाधीनता के संघर्ष-युग की विशिष्ट स्थिति का पूरा प्रतीक-ढाँचा टूट जाता। जिस केन्द्रोन्मुखता और केन्द्रापगमिता की बात 'कविता के नये प्रतिमान' में की गई है, वह केन्द्र 'अन्याय जिधर है उधर शक्ति' में है। इसलिए बोध विजय के चित्रण तक नहीं, उसके संकेत तक ही ले जा सकता था—वह भी दृढ़ आराधना के उपरान्त। निराला नहीं मानते थे कि गांधीवाद स्वतंत्रता दिला सकता है—धर्म, न्याय, विवेक के बावजूद। इसलिए शक्ति की साधना की जरूरत न्यायी, धार्मिक, विवेकी को भी है। कमजोरी साधना-पद्धति में है जो केवल मन की है। यहाँ सन्तुलन का नाटक या सामंजस्य जैसी कोई चीज नहीं।

सामंजस्य और सन्तुलन नामवर जी को 'अँधेरे में' की स्वप्निल क्रान्ति में नहीं दिखलाई पड़े। हालाँकि 'अँधेरे में' की उन्होंने अलग से व्याख्या की है। 'सन्तुलन के नाटक' से उन्हें केवल छायावाद तक ही सरोकार था। क्रान्ति घटित होने की जो पार्टी-रहित प्रक्रिया मुक्तिबोध की कविता में घटित होती है, वह मार्क्सवादी नहीं, आतंकवादी है। वह सशस्त्र है, नहीं तो गांधीवादी होती। फैंटेसी शिल्प का उपयोग मुक्तिबोध ने यों ही नहीं किया है। घटनाओं के प्रवाह को किसी व्यवस्थित ढंग से देखने के आदी होते तो स्वप्न-कथा न लिखते? 'इतने में', 'सहसा', 'आकस्मिक', 'कि' के सहारे कविता का घटना-प्रवाह चलता है। 'मुक्त-साहचर्य' की पद्धति का सम्बन्ध उनके 'निर्बन्ध-चिन्तन' से है। 'पार्टी-रहित क्रान्ति' कितनी गम्भीर वास्तविक और यथार्थ बोध की उपज है! वह व्यक्तिवादी भाव-बोध का परिणाम है या समाजवादी? छायावाद तो व्यक्तिवादी था। 1963-64 में तो मोहभंग हो चुका था। 'पुनश्चः' में डॉ. नामवर सिंह ने 'अँधेरे में' के स्वप्न को 'रोमांटिक स्वप्न' कहा। 'शक्ति-पूजा' में स्वप्न नहीं है—रोमांटिकता के बावजूद। 'अँधेरे में' की रोमांटिकता 'वीरत्व-व्यंजक' है। इतना तो मानना चाहिए कि 'शक्ति-पूजा' की रोमांटिकता 'वीरत्व-व्यंजक' से अधिक साधना-व्यंजक है।

II

रूपवाद कहाँ है? कृति के रूप का विश्लेषण करने में? उसके महत्त्व को निरूपित करने में? नहीं। कृति है तो उसका रूप भी होगा। काव्यार्थ है तो उसका आकार भी होगा। संरचना या ढाँचा कृति का आकार है। निस्सन्देह आज की आलोचना इस पर बल देकर काव्यार्थ-विश्लेषण के काम को आगे बढ़ाने का प्रयत्न कर रही है। रामचन्द्र शुक्ल ने प्रबन्धत्व, प्रबन्ध काव्य में मार्मिक स्थलों की पहचान—आदि, मध्य, अवसान के विभाजन को स्वीकार करके इसी दिशा में प्रयत्न किया था। यह रूपवाद नहीं। रूपवाद वस्तु की अपेक्षा-रूप पर अधिक बल देना है या वस्तु की उपेक्षा करके ढाँचे का विश्लेषण करना है। उपेक्षा का मतलब अपेक्षाकृत कम ध्यान देना। विचारधारा की उपेक्षा करके वस्तु पर सम्यक् ध्यान नहीं दिया जा सकता। यही नहीं, कवि के जीवन-वृत्त को भी उसकी कृति को समझने में बाधक मानना उचित नहीं, 'इंटेशनल फैलेसी' भी होती है। लेकिन 'इंटेशन' की परिणति सिर्फ 'फैलेसी' में ही नहीं होती। कवि के 'संकल्प' और 'कल्प' में भिन्नता या विपरीतता ही नहीं होती। 'संकल्प' उसकी कल्प-सृष्टि को समझने में सहायक भी हो सकती है। आचार्य हजारीप्रसाद द्विवेदी का दृढ़ मत है : 'हमें आलोचक होने के पहले आलोच्य ग्रन्थकार का विश्वासपरायण मित्र बनना चाहिए। तभी हम उसके वक्तव्य के उचित श्रोता हो सकेंगे। क्योंकि उस हालत में ही उसके व्यक्तिगत सुख-दुःख के साथ गम्भीर सहानुभूति का भाव रख सकते हैं।' सूरदास, तुलसीदास, रसखान और घनानन्द आदि कवियों के बारे में जो किंवदन्तियाँ प्रसिद्ध हैं, उनसे सिद्ध होता है कि जीवन की छोटी-छोटी घटनाएँ

भी कभी-कभी महान पुरुषों को इस प्रकार का झटका देती हैं कि उनके जीवन की दिशा ही बदल जाती है। 'कवि का जीवन उसकी कृतियों को समझने का प्रधान सहायक है' (पृ. 14, साहित्य सहचर)।

क्या मुक्तिबोध का जीवन मुक्तिबोध के काव्य को समझने में सहायक नहीं होता? 'आलोचना' के 'धूमिल' विशेषांक में डॉ. काशीनाथ सिंह ने धूमिल की कविताओं में प्रयुक्त अदालती शब्दों की बहुलता का सम्बन्ध उनके जीवन और परिवेश से जोड़ा था। अज्ञेय का 'मौन', 'निजड़ापन' उनके जीवन से सम्बद्ध नहीं? सवाल जीवन और कृति में यांत्रिक ढंग से सम्बन्ध खोजने से बचने और रचनात्मक सूत्रों को खोजने का है। कम-से-कम हिन्दी आलोचना की परम्परा इस दिशा में विवेक से काम लेती है और इस सम्बन्ध-सूत्र को सुरक्षित रखने में विश्वास करती है। याद रखिए, पं. रामचन्द्र शुक्ल कवियों की 'अन्तर्वृत्ति का सूक्ष्म व्यवच्छेद' करते थे और उसके पहले उनका जीवन-वृत्त देते थे। एक सामाजिक जीवन है, एक व्यक्तिगत जीवन है—दोनों परस्पर-सम्बद्ध एवं अन्तःस्पंदित हैं। रचनाकार की अपनी स्थिति का प्रभाव यदि उसकी कविता पर नहीं पड़ता तो उसकी कविता कैसी होगी? कभी-कभी लोग अपनी वास्तविक स्थिति को भुलाकर—अपने अनुभव को झुठलाकर भी रचनाएँ करते हैं, उनकी कविताएँ निष्प्राण होती हैं—यह अलग बात है। मुक्तिबोध ने नई कविता के ही रचनाकारों का उनकी वर्गीय स्थिति के आधार पर विभाजन किया है : 'नई कविता के क्षेत्र में भी दो दल तैयार हो रहे हैं—एक दल वह है, जो उच्च मध्यवर्ग का अंग है; दूसरा वह है, जो निचले गरीब मध्यवर्ग से सम्बन्धित है। उनकी वर्गीय प्रवृत्तियाँ न केवल उनके काव्य में वरन् साहित्य-सम्बन्धी उनके सिद्धान्तों में भी परिलक्षित होती हैं' (पृ. 94, क. न. प्र.)।

कृति को समझने के लिए कवि का जीवन, उसकी विचारधारा, भावबोध और शिल्प—सब जरूरी हैं। जरूरत इन सबको परस्पर-सम्बद्धता में देखने की है। यह परस्पर-सम्बद्धता ही काव्यार्थ का आकार ग्रहण करती है, उसी से निर्मित होती है। यहाँ पाठकों या श्रोताओं की ओर से विचार करने की बात छोड़ी जा रही है। वस्तुतः जब कोई आलोचक कृति के विश्लेषण में प्रवृत्त होगा तो उसका आधार पाठकीय संवेदना ही होगी।

इन बातों पर ध्यान दें तो डॉ. रामविलास शर्मा द्वारा लिखित 'निराला की साहित्य-साधना' के तीनों खंडों की—विशेष रूप से प्रथम और दूसरे खंड की, अन्तर्योजना का महत्त्व प्रकट होता है। डॉ. रामविलास शर्मा ने निराला की जो जीवनी लिखी है, वह उनके काव्य को समझने की मानसिकता तैयार करती है। निराला का अपना जीवन-संघर्ष कैसा था? उनका परिवेश कैसा था? उनके व्यक्तित्व की विशेषताएँ—क्षमताएँ और दुर्बलताएँ कैसी थीं? उनको प्रभावित करनेवाले, उनसे प्रभावित होनेवाले—उनके प्रशंसक और विरोधी कैसे थे? कौन-सी कविता उन्होंने किस मानसिक स्थिति में रची?—इन सबकी जानकारी से उनकी कृतियों को समझने में सहायता मिलती है। उनके काव्यगत औदात्य, व्यंग्य-विद्रूप, सादृश्य-विधान का गहरा सम्बन्ध उनके जीवन

से है। निराला छायावाद के कवि थे। छायावाद भक्ति-आन्दोलन के उपरान्त सर्वाधिक शक्तिशाली आन्दोलन था। निराला का युग महान था। जिस प्रकार कबीर, जायसी, सूर, तुलसी, मीरा आदि महाकवियों को भक्ति-आन्दोलन ने उत्पन्न किया, उसी प्रकार निराला, प्रसाद, पंत, रामचन्द्र शुक्ल, प्रेमचन्द, महादेवी को छायावाद युग ने।

निराला का युग महान था तो निराला का व्यक्तित्व भी महान था। निराला के कृतित्व में दोनों का हाथ है। 'तुलसीदास', 'राम की शक्ति-पूजा' में निराला का व्यक्तित्व काव्य-नायकों के व्यक्तित्व से एकीकृत हो गया है। तुलसीदास, निराला, और राम संघर्ष के प्रतीक बन गए हैं। इसे न समझने पर निराला की कविता का उत्कृष्ट अंश समझ में न आएगा।

निराला की एक पंक्ति है : 'मैं अकेला'। मान लीजिए, यह पंक्ति बच्चन की है या पंत की। क्या तब भी 'मैं अकेला' हमारे चित्त में वही चित्र-विधान प्रस्तुत करेगा? निराला का 'मैं अकेला' निरालात्व से युक्त होकर जिस ट्रैजिक गरिमा का उदय करता है, वह बच्चन या पंत के 'मैं अकेला' में न होगा। यह अन्तर काव्यार्थ को स्पष्ट करता है या धूमिल? कृतित्व में व्यक्तित्व समाया रहता है—वह सबके चित्त में उदित हो सकता है, यह उसकी विशेषता है। जिस प्रकार पाठक के चित्त में रचना उसके अन्तरंग के अनुरूप होकर ढलती है, उसी प्रकार कृतित्व रचनाकार के भी व्यक्तित्व से रचा-बसा होता है। कृतिकार विषयक ज्ञान कृति को समझने में सहायक होगा, इसका प्रमाण यह है कि वह विशिष्टताओं को उजागर करेगा—'मैं' के निरालात्व, बच्चनत्व और पंतत्व को प्रोद्भासित करेगा और तदनन्तर 'अकेलेपन' को भी। यह बात आत्मपरक गीतों पर ज्यादा आसानी से लागू की जा सकती है, प्रबन्ध काव्यों या अन्य विधाओं पर उतनी आसानी से नहीं।

कवि की जीवनी के उपरान्त उसके विचारों और भाव-बोध को समझने-बूझने की जरूरत पड़ती है। निराला की साहित्य-साधना के दूसरे खंड में डॉ. शर्मा ने विचारधारा, भावबोध और कला पर विचार किया है। निराला की विचारधारा का विश्लेषण करना क्यों जरूरी था?

किसी भी कवि के कृतित्व को समझने के लिए उसकी विचारधारा को समझना जरूरी है। विचारधारा को समझे बगैर भाव-धारा को समझने का प्रयास सार्थक नहीं। विचार और भाव परस्पर इतने गुँथे होते हैं कि एक के बगैर दूसरे की स्थिति सम्भव नहीं। भाव को विचार और विचार को भाव काटते-छाँटते और गढ़ते चलते हैं। उनकी यह अन्तस्सूत्रता आचार्य रामचन्द्र शुक्ल ने ढूँढ़ ली थी, तभी वे भावना को ज्ञान का सहचर कहते थे। मुक्तिबोध ने 'ज्ञानात्मक संवेदन' कहकर विचार और भाव की इसी अन्तस्सूत्रता की बात की। मुक्तिबोध का सत्+चित्+वेदना जैसी शब्दाबली भी यही अभिप्राय प्रकट करती है—सत् = जो है यथार्थ, चित् उसका ज्ञान, वेदना उस ज्ञान से उत्पन्न व्याकुलता। पहले होता था सत्-चित् आनन्द। वस्तु का ज्ञान हमें आनन्द प्राप्त कराता था। ज्ञान मोक्ष देता था। अब ज्ञान जो लौकिक है, वह वेदना, भाव-बोध या करुणा उत्पन्न करता है। मुक्तिबोध के ज्ञानात्मक संवेदन, संवेदनात्मक ज्ञान,

सत्-चित् वेदना एक ओर ज्ञान और भावना की अन्तस्सूत्रता को रेखांकित करते हैं तो दूसरी ओर उनकी लोकवादी आस्था को प्रकट करते हैं।

लेकिन विचार और भाव में सम्बन्ध क्या है? संस्कृत में मन और हृदय के सम्बन्ध काफी अस्पष्ट हैं। लगता है, बहुत दूर तक वे समानार्थक हों। जहाँ तक मुझे पता है, दार्शनिक विवेचना में 'हृदय' अप्रासंगिक है। कुछ लोगों ने हृदय का विच्छेद करके उसे अर्थ समुच्चय का बोधक बताया है। विचार-ज्ञान की साधना में रत ताटस्थ्य की स्थिति है। विचारक अगर तटस्थ नहीं तो वह यथार्थ का बोध कैसे प्राप्त करेगा? लेकिन ज्ञान यदि 'परम' नहीं है, अज्ञेय के प्रति नहीं है तो क्षोभ या मनोविकार पैदा करेगा। निर्वेद वस्तुत: थके हुए मन का विकार है। है वह मनोविकार ही। भाव मनोविकार हैं। इसीलिए उनमें विचार की तटस्थता नहीं, क्षोभ होता है। भाव हमारी अन्तर्वृत्तियों का सन्तुलन बिगाड़कर हमें क्षुब्ध कर देते हैं। किसी विशिष्ट मनोविकार के अधिक वेग से सन्तुलन टूट जाता है। इसीलिए भाव या मनोविकार हमें क्षुब्ध करते हैं। यह ज्ञान या यथार्थ-बोध से होता है। विषय की जानकारी के बगैर हमें उसके प्रति घृणा, प्रेम, द्वेष, विरक्ति आदि नहीं हो सकता। विचार विषयवस्तु के परिचय से उत्पन्न होते हैं। मनोविकार उसके प्रति हमारी प्रतिक्रिया प्रकट करते हैं। प्रतिक्रिया की प्रक्रिया में विचार की भूमिका लुप्त हो जाए, यह जरूरी नहीं। प्रतिक्रिया नियंत्रित रहे, इसीलिए विवेक की आवश्यकता पड़ती है। जीवन में और कविता में भी विचार और मनोविकार में द्वन्द्वात्मकता या तनाव बना रहता है। विचार और मनोविकार विपरीत दिशाओं में भी दौड़ते हैं। देखा तो यह जाता है कि मनोविकार हमारे राग-द्वेष, हमारे विचारों को कम प्रभावित नहीं करते। यह परस्पर-भेदी और द्वन्द्वात्मक प्रक्रिया है। पं. रामचन्द्र शुक्ल ने भाव में प्रत्ययबोध, अनुभूति और वेगयुक्त प्रवृत्ति—इन तीनों का गूढ़ संश्लेष माना और यह भी जोड़ा : 'दूसरे के अन्तर्गत आलम्बन के प्रति अनुभूति विशेष के बोध के अतिरिक्त अनेक प्रकार की भावनाएँ और विचार भी आ जाते हैं' (रस मीमांसा)।

'विचारधारा' जीवन और जगत के विषय में हमारे वैचारिक निष्कर्षों का 'ढाँचा है। इसीलिए इसको 'दर्शन' या विश्वबोध भी कहते हैं। यह जड़-चेतन के सम्बन्धों का निर्धारण करने की प्रक्रिया में सृष्टि की प्रक्रिया, उसके तत्त्वों का निरूपण करती है और मानव-समाज की स्थितियों की भी व्याख्या करती है। जीवन की सार्थकता, उसके उद्देश्य और उस उद्देश्य की प्राप्ति की साधना का निर्देश भी करती है। इस पक्ष को 'जीवन-दर्शन' कहते हैं और पहले को 'तत्त्व-दर्शन'। महान कविता विचारधारा या वैचारिकता की दृढ़ भूमि पर स्थित होती है इसीलिए वह भावुक और लिजलिजी नहीं होती। उदाहरण है भक्तिकाव्य। भक्तिकाव्य रामानुजाचार्य, मध्य, निम्बार्क, विद्यारण्य की कठोर तर्कभूमि पर प्रतिष्ठित है। भक्तिकाव्य का अपना विश्व-बोध है।

निराला को जो लोग बड़ा कवि मानते थे, वे भी शायद उनको विचारक नहीं मानते थे। उनकी संघर्षशीलता और कृतित्व की पृष्ठभूमि में कोई सुनिश्चित विचारधारा भी

है, ऐसा सोचने का साहस इस पुस्तक के प्रकाशन के पूर्व किसी ने नहीं किया था। शुरू में पं. नन्ददुलारे वाजपेयी ने उन्हें बुद्धिप्रधान कवि अवश्य कहा था। डॉ. रामविलास शर्मा को उनकी कविताओं में, गद्य कृतियों में सम्पादकीयों को छानकर उनकी विचारधारा का पता लगाना पड़ा है। यह उस भवन-निर्माता का काम है जिसे एक-एक ईंट खोजकर-चुनकर लानी पड़ी है और निराला की विचारधारा का स्वयं पुनर्निर्माण करना पड़ा है।

निराला को अव्यवस्थित व्यक्तित्व, अनर्गल चिन्तन करनेवाले कवि के रूप में जाना जाता था। श्रद्धालु भी उनकी असामान्यता और विचित्रता की पूजा करने में उत्साह दिखाते थे, मानो उनकी कविता की महानता और औदात्य का कोई वैचारिक आधार ही न हो! लेकिन उस वैचारिक आधार को ढूँढ़ने, उसे सुव्यवस्थित रूप देने का काम कौन करता? यह काम डॉ. रामविलास शर्मा का ही था। तो पता चला कि निराला सृष्टि की प्रक्रिया, ब्रह्म, प्रकृति, वेदान्त पर ही नहीं, अंग्रेजीराज, साम्राज्यवाद, समाजवाद, जातीयता, भाषा, राष्ट्रीय एकता और मुसलमान, द्विज और शूद्र, नारी की स्वाधीनता, राजा, जमींदार, किसान पर सुनिश्चित विचार रखते थे, सम्पादकीय टिप्पणियाँ लिखते थे। उनके चिन्तन में सर्वत्र एकरूपता और वैज्ञानिकता ही नहीं है। किन्तु उनका चिन्तन पुष्ट जनवादी और बहुत दूर तक वैज्ञानिक है। उन्हें अपने समय की साहित्येतर गतिविधियों और आन्तरिक संघर्षों—यथार्थ के अन्तर्विरोधों की गहरी पहचान है। निराला की वैचारिकता का उनके भाव-बोध से गहरा सम्बन्ध है। दलित, पीड़ित के प्रति करुणा का भाव, शोषक के प्रति आक्रोश, विप्लव की आकांक्षा कृतित्व में अन्विति अनर्गलता से नहीं, वैचारिक-समृद्धि और जानकारी से है। जो विषय निराला के मनोविकार उद्‌बुद्ध करते हैं, उन्हें भाव-बोध के अन्तर्गत रखा गया है। निराला के विचारों का आधार है सामन्तवाद, उसकी विकृतियों और साम्राज्यवाद का विरोध, ज्ञान पर आधारित नये मानवतावाद में विश्वास। उनके विचारों और भाव-बोध में अन्तस्सूत्रता यह है कि देश की स्वाधीनता, भाषाओं के विकास, नारी स्वतंत्रता, द्विज-शूद्र में समानता आदि को ज्ञान, अज्ञान के चिन्तन-आलोक में देखते हैं। प्रकृति के तत्त्वों में आकाश, अन्धकार-शक्ति, अन्य तत्त्वों में परस्पर सम्बन्ध ढूँढ़ते हैं। आकाश निराकार है। उसमें तम और शून्य है। शक्ति के कारण यह जगत-प्रपंच है। सबकुछ शून्य में है। शक्ति उसे रूप गतिमय करती है। इस तरह आकाश बदलकर पृथ्वी बन सकता है, पृथ्वी आकाश में विलीन हो सकती है। सभी तत्त्व एक-दूसरे में परिवर्तित और रूपान्तरित हो सकते हैं। यह निराला का विश्व-बोध है। यह प्रक्रिया गोचर होने पर इन्द्रिय-बोध के द्वारा मनोविकार या भाव उत्पन्न करती है, अनुकूल या प्रतिकूल मानसिक प्रतिक्रिया उत्पन्न करती है। विचार और भाव की संगति यह है कि निराला के चित्रों में प्राय: पाँचों महाभूत संश्लिष्ट होते हैं। एक तत्त्व दूसरे के रूप में दिखलाई पड़ता है :

'क्या दृष्टि अतल की सिक्त धार / ज्यों भोगावती उठी अपार / उमड़ता ऊर्ध्व को कल सलील / जल टलमल करता नील-नील / पर बँधा देह के दिव्य बाँध /

छलकता दृगों में साध-साध।'—की व्याख्या में डॉ. शर्मा ने लिखा है : 'जो दृष्टि है, आँखों में ज्योति है, वह पृथ्वी के अन्तस से उठी हुई धारा—गन्ध अथवा जल की धारा—भी है। जो रूप देह की पृथ्वी में बँधा है, वह प्रकाश बनकर आँखों में छलकता भी रहा है। जो गन्ध है, वह अग्नि भी है। वनवेला में :

'वह शिखा नवल
आलोक स्निग्ध भर दिखा गई पथ जो उज्ज्वल
मैंने स्तुति की—हे वन्य वह्नि की तन्वि नवल!'

[पृ. 177, नि. सा. सा., दूसरा खंड]

पाँचों तत्त्वों की यह लीला 'राम की शक्ति-पूजा' के संघर्ष और द्वन्द्व में विद्यमान है। डॉ. शर्मा ने इस पर काफी विस्तार से विचार किया है। डॉ. शर्मा का मत है : ' 'सरोज-स्मृति' में निराला ने पुत्री में उसकी माता की छवि देखकर—अथवा अपनी पहली शृंगार-भावना को परिवर्तित रूप में साकार देखकर—लिखा : 'आकाश बदलकर बना मही'। उपमा देने के लिए उन्होंने ऐसा लिख दिया हो, यह बात नहीं है। यह उनकी दर्शन-सम्मत अत्यन्त सारगर्भित उक्ति है। आकाश बदलकर पृथ्वी बनता है, पृथ्वी भी बदलकर आकाश बनती है।

'जान लेने को ज़मीं से आसमां जैसे बना।' [बेला, पृ 74]

यह उक्ति भी दर्शन-सम्मत है, केवल चमत्कार प्रदर्शन के लिए निराला ने वैसा नहीं लिखा। 'सरोज-स्मृति' में जहाँ निराला ने दृष्टि का वर्णन किया है, वहाँ शक्ति से पंच-तत्त्वों का सम्बन्ध उपर्युक्त दार्शनिक धारणाओं के अनुकूल है' (पृ. 176, नि. सा. सा., दूसरा खंड)।

निराला भाववादी चिन्तक हैं। उनके चिन्तन में भयंकर अन्तर्विरोध हैं। जो लोग कहते हैं कि डॉ. शर्मा ने निराला के अन्तर्विरोध नहीं दिखलाए हैं या उनकी कमजोरियाँ नहीं बताई हैं, उन्होंने ध्यान से पढ़ा नहीं या मिथ्या प्रचार करते हैं। 'वेदान्त और भारतीयता' तथा 'वेदान्त और विकासवाद'—दोनों अध्यायों में निराला के चिन्तन की सीमाएँ और अवैज्ञानिकता दिखाई गई है। निराला वेदान्ती थे। शंकराचार्य का एक रूप था वर्णाश्रम-व्यवस्था के प्रति आग्रह और दूसरा रूप था सबको—जड़चेतन में ब्रह्म अर्थात् समान देखना। वेदान्त ज्ञान की साधना में मुक्ति ढूँढ़ता है। निराला जब शंकराचार्य के वर्णाश्रम व्यवस्था के आग्रह के समर्थन में तर्क देते हैं तब अवैज्ञानिक हो जाते हैं। वे ज्ञान की भी इतिहास-विरोधी व्याख्या करते हैं। वे जड़-चेतन को मूलत: एकत्व में देखते हैं लेकिन पश्चिम की कला के विकास को जड़-विकास कहकर अपनी समझ की सीमाएँ प्रकट करते हैं। लेकिन निराला ज्ञान और वेदांत के 'साम्य' को भारत और विश्व की राजनीति पर भी घटित करके नये मानवतावाद की सामन्तवाद और साम्राज्यवाद के विरोध की विचारधारा भी तैयार करते हैं। वे 'प्रकृति-अद्वैतवाद' के जरिये मनुष्य और प्रकृति में द्वन्द्व की व्याख्या करते हैं। प्रकृति को मानो नियामक मानते हैं। प्रसाद की उक्ति—'पुरातनता का यह निर्मोक सहन करती न प्रकृति पल एक' को मानो अपनी तर्क-सरणि प्रस्तुत करते हैं। इस द्वन्द्व, विकास की अनिवार्यता में ही वे

संघर्ष और करुणा के मूल्य विकसित करते हैं। इस प्रकार वे संघर्ष और करुणा का विश्व-बोध निर्मित कर लेते हैं। वे भाववादी हैं। लेकिन जड़चेतन का एकत्व मानकर वे दो को एक ही में निहित मानते हैं। इससे द्वन्द्व की सनातनता नहीं प्रतिपादित होती? लेकिन डॉ. शर्मा इस मत को इस तरह रखते हैं मानो इसे वे मार्क्सवाद से अधिक वैज्ञानिक मानते हों : 'अधिकांश विचारक जड़ और चेतन का द्वैतभाव छोड़ नहीं पाते। मार्क्सवादी लेखक मैटर और स्पिरिट में भेद करते हैं। उनके मैटीरियलिज्म और उनके विरोधियों के आइडियलिज्म में इस भेद को लेकर कोई अन्तर नहीं है। अन्तर है मैटर और स्पिरिट को प्राथमिक और गौण मानने में। मैटीरियलिस्ट के लिए मैटर पहले है, स्पिरिट बाद को; आइडियलिस्ट के लिए स्पिरिट—आइडिया, चेतना पहले है, मैटर वस्तु, भूत, पदार्थ बाद को है। किन्तु मैटर और स्पिरिट दो अलग चीजें हैं, इस बारे में मतभेद नहीं है।'

भौतिकवाद की बात हो रही है या द्वन्द्वात्मक भौतिकवाद की? भौतिकवाद भौतिकवाद इसीलिए है क्योंकि वह भूत को आधार मानता है, उसकी जटिल-विकास की प्रक्रिया में चेतना प्रादुर्भूत होती है। चेतना उसमें बाद में आती है, वह भी मैटर के सभी रूपों में नहीं। भौतिक ऊर्जा भूत में निहित होती है लेकिन भौतिक ऊर्जा को चेतना का पर्याय मानना उचित नहीं। चेतना में 'स्वातंत्र्य' है, भौतिक ऊर्जा अन्धी है। इसलिए मैटिरियलिस्ट और आइडियलिस्ट में 'अन्तर नहीं', इसे रेखांकित करने के बाद यह भी स्पष्ट कर देना चाहिए था कि वैज्ञानिक बात किसकी है—मैटिरियलिस्ट की या आइडियलिस्ट की?

डॉ. रामविलास शर्मा स्पष्ट और बेबाक शैली के लिए प्रसिद्ध हैं। किन्तु इस प्रसंग में खुल ही नहीं पाता कि वे निराला का पक्ष सिर्फ प्रस्तुत कर रहे हैं या उसका समर्थन या विरोध भी कर रहे हैं। जहाँ निराला से वे सहमत नहीं होते, वहाँ वे निराला की बातें इस ढंग से सिर्फ प्रस्तुत कर देते हैं कि उनकी (डॉ. शर्मा की) असहमति व्यंजित हो जाए। कभी-कभी यह असहमति शायद व्यंजित भी नहीं होती। निराला जी कूट शैली में लिखते थे। कहीं-कहीं यह कूट शैली मानो डॉ. शर्मा भी अपना लेते हैं जो उनकी अपनी शैली के बिलकुल विपरीत है। अस्तु।

निराला का प्रकृति-अद्वैत उनकी रचनाओं में रचा-बसा है। वे ज्ञान को भारत, प्रकाश, मानवीयता आदि से जोड़ते हैं और अज्ञान को अन्धकार, पराधीनता आदि से। इससे वे द्वन्द्व, संघर्ष, करुणा का दार्शनिक आधार भी प्रस्तुत कर लेते हैं। 'राम की शक्ति-पूजा' में राम-रावण के द्वन्द्व के समानान्तर प्रकृति के तत्त्वों में भी द्वन्द्व है। 'निराला के लिए वेदान्त का अर्थ राजनीतिक संघर्ष से कतराना नहीं, उसमें भाग लेना है।' वे वेदान्त का उपयोग 'सकर्मक ज्ञानात्मक संवेदन' की दृष्टि से भी कर लेते हैं और इस जगत-प्रपंच से ऊपर उठकर या अलग हटकर शून्य या अनासक्ति में भी पहुँचते रहते हैं। निराला काव्य में यह सम्पृक्ति और अनासक्ति आद्यन्त विद्यमान है। इसी के चलते वे परम दुखकातर, उदात्त, ट्रैजिक गरिमा से युक्त और वयस्क शृंगार एवं तृप्ति के कवि भी हैं।

III

संघर्ष और अपने भाववादी विश्वबोध पर निराला जिस द्वन्द्व की प्रक्रिया से अपना भावबोध निर्मित करते हैं, वही उनकी कला का भी आधार है। उनकी कला में गति द्वन्द्व और संघर्ष की प्रक्रिया से आती है। द्वन्द्व और संघर्ष ही नाटकीयता और व्यंग्य उत्पन्न करते हैं। करुणा भी इसी से व्यंजित होती है। उनकी कला पर भी स्वाधीनता आन्दोलन की गहरी छाप है। वाल्मीकि, कालिदास, भवभूति, तुलसीदास, रवीन्द्रनाथ—इन सबका प्रभाव भी निराला की कला पर है। कला खंड का प्रथम शीर्षक वक्तृत्व कला है। इस वक्तृत्व कला का गहरा सम्बन्ध स्वाधीनता आन्दोलन के दौरान सुनाई पड़नेवाली ओजस्वी वक्तृताओं से है। स्वाधीनता संग्राम एक महान महाकाव्यात्मक एवं नाटकीय गाथा भी थी। इसमें शक्ति और वेग था। यथार्थ के विषमता-बोध से उत्पन्न व्यंग्य और करुणा तथा इनका छल भी मौजूद था। लेकिन यह सब सन्तुलित हैं काव्य-निर्मिति में, जिसे डॉ. रामविलास शर्मा कविता का नक्शा या स्थापत्य कहते हैं। ढाँचा या संरचना यही है। भाषा से निर्मित अर्थ का जो आकार खड़ा होता है, वही संरचना है—काव्यार्थ यानी सम्प्रेषित या आस्वादित संवेदना। यह संवेदना विभिन्न घटकों के सन्तुलन पर निर्मित होती है। लेकिन जिन घटकों के सन्तुलन से यह ढाँचा निर्मित होता है, वे परस्पर-भेदी और सजीव होते हैं। अर्थ में गति और उसकी सीमा का निर्धारण भी करते हैं। कला-प्रक्रिया में विचारधारा और भावबोध की भूमिका समाप्त नहीं हो जाती। वह प्रच्छन्न और सर्वांग-व्याप्त हो जाती है। वह बोध का रूप धारण कर लेती है। यह बोध औचित्य या काव्य-विवेक का ही नया नाम है।

डॉ. रामविलास शर्मा ने निराला की 'साहित्य-साधना' के दूसरे खंड में निराला की किसी एक ही कविता पर नहीं, उनके समस्त काव्य की कला पर विचार किया है। अत: शीर्षक उन कलात्मक विशेषताओं पर आधारित हैं जो उनकी अधिकांश कविताओं में पाई जाती हैं। ये विशेषताएँ अन्तरंग और बहिरंग दोनों हैं—अनुप्रास, ध्वनि, मात्रा आदि बहिरंग हैं लेकिन इनका बहुत अन्तरंग प्रभाव पड़ता है।

डॉ. शर्मा ने कविता के नक्शे या ढाँचे की बात कई जगह की है : 'आदमी जैसे नक्शा बनाता है, फिर नक्शे के अनुसार मकान बनाता है, वैसे निराला पहले नक्शा बनाते हैं, फिर रचते हैं...प्रत्येक रचना में गति है, विकास है। तर्क की रेखाओं के अनुरूप भाव और मूर्ति-विधान की इमारत खड़ी की जाती है' (पृ. 290, नि. सा. सा., खंड 2)।

तर्क के अनुरूप भाव और मूर्ति-विधान है यानी मूर्ति-विधान एवं भाव, तर्क, बोध या विचार से नियंत्रित हैं। रचना देश-काल घेरती है। 'देश-काल घेरती है' का अर्थ यह कि मानव और प्रकृति के व्यापार के इतिहास और भूगोल को समाविष्ट करती है। रचना में गति आती है द्वन्द्वात्मक प्रक्रिया से। द्वन्द्वात्मक प्रक्रिया का कलात्मक रूपायन नाटकीयता है। नाटकीयता का आधार द्वन्द्व है। एक भी दो हो जाए, आत्मविभाजन हो जाए तब भी नाटकीयता समझिए। आश्चर्य है कि डॉ. शर्मा ने 'नाटकीयता' के शीर्षक से कोई अध्याय नहीं लिखा। हालाँकि शायद ही कोई शीर्षक हो जिसके अन्तर्गत उन्होंने इस तत्त्व को रेखांकित न किया हो। कला खंड के विभिन्न

शीर्षकों के अन्तर्गत जो विचार किया गया है, उसे देखकर लग जाता है कि वे नाटकीयता को निराला की काव्यकला का महत्त्वपूर्ण अंग मानते हैं। वक्तृत्व कला पर विचार करते हुए लिखा : 'मुख्य बात छन्द की नहीं, नाट्यकला की है।'

'नाटकीयता पर हावी होने के बदले वह उसके आश्रित है।'...'अपने नाट्य-कौशल से निराला ने वक्तृत्व कला को इस तरह निखारा है' (उद्धरण, पृ. 268-269 पर नि.सा. सा., खंड 2)। पृ. 271 पर लिखते हैं : 'इन दोनों भव्यताओं के वैषम्य का चित्रण करके निराला कविता में नाटकीय द्वन्द्व की सृष्टि करते हैं।' 'राम की शक्ति-पूजा' के विषय में लिखा : 'कविता शुरू होती है 'लौटे युग दल से' अथवा कहें कि नाटक शुरू होता है सेनाओं की वापसी के वर्णन से' (पृ. 272, वही)। वक्तृत्व कला पर 'भावों और स्थितियों का वैषम्य-प्रदर्शन—कहीं खुलकर, कहीं प्रच्छन्न रूप से व्यंग्य इस कला की नाटकीयता का प्रमाण है' (पृ. 274, वही)। इस नाटकीयता पर बल उनके पूरे विवेचन में है। उद्धरण देकर कलेवर बढ़ाने से कोई लाभ नहीं। नाटकीयता का आधार भी स्पष्ट किया है : 'दो विरोधी पक्षों की सीधी टक्कर है। दोनों अपनी-अपनी बात कहते हैं—यह नाटक है' (पृ. 287, वही)।

विरोध या द्वन्द्व बाह्य स्थितियों और पक्षों में हो सकता है और आन्तरिक तौर पर भी। अन्तर्द्वन्द्व भी होता है। 'राम की शक्ति-पूजा', 'तुलसीदास', 'सरोज-स्मृति' में बाह्य स्थितियों का द्वन्द्व स्पष्ट है। वहाँ अन्तर्द्वन्द्व भी कम महत्त्वपूर्ण नहीं। 'निराला मन की व्यथा को इस तरह नाटकीय रूप देते हैं' (पृ. 275, वही)। 'नाटक के भीतर जैसे दूसरा नाटक हो—छाया नाटक, जिसके पात्र मूक अभिनय करते हैं—उनके होंठ हिलते हैं। लगता है, बोल रहे हैं किन्तु सुनाई कुछ नहीं देता' (पृ. 275, वही)।

एक नाटक बाह्य स्थितियों के द्वन्द्व का है। बाह्य स्थितियों का द्वन्द्व अन्तर्द्वन्द्व उत्पन्न करता है। उससे दूसरा नाटक, नाटक के भीतर दूसरा नाटक होता है। द्वन्द्व चाहे बाह्य हो, चाहे आन्तरिक, चित्रित होगा तो नाटकीयता आएगी। चित्रण सक्षम, स्वाभाविक है तो द्वन्द्व अनेक मनोविकारों के साथ चित्रित होगा। 'दुख के साथ तीव्र व्यंग्य-भाव, हास्य और विनोद भी है। यह स्वगत कथन एक बड़े नाटक का अंश है' (पृ. 276, वही) या 'कविता में नाटकीयता केवल इसलिए नहीं है कि एक व्यक्ति दूसरे से कुछ कह रहा है वरन् इसलिए कि प्रतिपद पर उसके कथन में वक्रता है; वस्तुओं, विचारों और भावों में वैषम्य प्रदर्शन और सन्तुलन है' (पृ. 283, वही)।

डॉ. शर्मा के पाठकों को भली भाँति विदित होगा कि उन्होंने 'तुलसीदास', 'सरोज-स्मृति', 'राम की शक्ति-पूजा' में जो अन्तस्सूत्रता ढूँढ़ी है, वह इसी द्वन्द्व के आधार पर—तीनों में संघर्ष हैं, तीनों में विरोधी पक्ष है, युद्ध है। शेक्सपियर के नाटकों की विवेचना में भी वे इसी दृष्टि से प्रवृत्त होते हैं। नाटक की कथावस्तु में विरोधी पक्षों और उनके मूल्यों को ढूँढ़ते हैं, फिर उस द्वन्द्व को केन्द्र में रखकर विभिन्न स्थितियों और मनःस्थितियों का विश्लेषण करते हैं। डॉ. रामविलास शर्मा द्वन्द्व को केन्द्र में रखकर कृति के ढाँचे की परीक्षा करते हैं। इस द्वन्द्व-केन्द्रित ढाँचे का प्रमुख घटक है नाटकीयता। व्यंग्य, विद्रूप, विसंगति, विडम्बना—ये सब स्थितियों के अन्तस्सम्बन्धों द्वारा ही उत्पन्न

और निर्णीत होते हैं। इन सबका रूप 'बोध' के बिना नहीं निश्चित हो सकता। कहीं-कहीं भाषा 'छल' करती है। तब भाषिक संरचना विश्वसनीय नहीं रह जाती। विश्वसनीय रहता है अर्थ या स्थितियों का ढाँचा या परस्परावलम्बित और गतिशील स्थितियों का बोध। इस बोध में मूल्य का बहुत बड़ा महत्त्व है। 'राम की शक्ति-पूजा' में विभीषण का ओजस्वी भाषण इसी प्रकार है। उसमें भी वक्तृत्व-कला की छटा है। भाषा को ही ध्यान में रखें तो औदात्य है। किन्तु पूर्ववर्ती, परवर्ती स्थितियों से मिलाकर देखें तो वहाँ भाषा छल कर रही है। उसका यह आचरण स्थितियों के सन्दर्भ में खुलता है। 'इसके बाद विभीषण का लम्बा भाषण है अत्यन्त कलापूर्ण—निराला की वक्तृताओं में बड़ी चतुराई और कौशल से रचा हुआ भाषण! विभीषण राम पर व्यंग्य करते हैं, उनकी भर्त्सना करते हैं, फिर स्वयं प्रच्छन्न व्यंग्य और भर्त्सना के शिकार होते हैं' (पृ. 273, नि. सा. सा.)।

मनोविकार या भाव का ऐसा ही चित्रण काव्योत्कर्ष में साधक होता है जो करुणा या दलितों या दुखी लोगों की स्थिति को धारण किए हों। वीरता, शृंगार, शान्त, व्यंग्य—ये सब मानवीय होकर काव्योत्कर्ष को प्राप्त होते हैं। इसलिए कविता का मूल्यांकन ही नहीं, आस्वाद भी बोध के बिना असम्भव है। यह बोध वैचारिकता या जीवन-मूल्यों से रहित नहीं हो सकता। इसका मतलब यह हुआ कि मनोविकारों का भी चित्रण द्वन्द्वात्मकता या विषमता को लेकर होना चाहिए—वीरता हो चाहे शृंगार, चाहे व्यंग्य, हास्य, वह परदुखकातरता से संयुक्त होना चाहिए। तटस्थ वीरता, शृंगार या व्यंग्य अमानवीय या पिछड़ी मानसिकता का होगा। करुणा या परदुखकातरता का रूप भी वैचारिकता या बोध के बिना सम्भव नहीं। क्योंकि करुणा कहाँ और किसके प्रति?

द्वन्द्व है तो गति है और विकास है। रचना में द्वन्द्व निर्मित होता है गति से, और विकास भी होता है गति से। नाटकीयता द्वन्द्वात्मक विकास का रूप है।

प्रकृति में गति स्वतः होती है। मनुष्य की गति का सम्बन्ध उसकी वैचारिकता, भाव-बोध और मूल्यों से प्रेरित कर्म से है। 'निराला की साहित्य-साधना, खंड 2' में एक शीर्षक है : 'कविता का नक्शा'। उसमें डॉ. शर्मा लिखते हैं : 'प्रत्येक रचना में गति है, विकास है, तर्क की रेखाओं के अनुरूप भाव और मूर्ति-विधान की इमारत खड़ी की जाती है। कविता जिस स्थिति से शुरू होती है, उसी में खत्म नहीं होती। प्रथम स्थिति यदि कारण है तो अंतिम स्थिति उसका परिणाम है' (पृ. 291, वही)। तुलसीदास के विषय में लिखा : 'मुगल शासन से सूर्य का अस्त हुआ, तुलसी की साधना से उदय होगा; सारी घटनाएँ निराला इस ढाँचे के अन्दर सजाते हैं।' यहाँ ढाँचे का मतलब साफ है—रूप-योजना, लेकिन ढाँचे का बनाना ही काव्योत्कर्ष की गारंटी नहीं। इसे तर्कसंगत होना चाहिए। तर्कसंगत यानी भावबोध और विचारधारा की सक्षमता एवं वैज्ञानिकता। यहाँ वैज्ञानिकता से तात्पर्य प्राकृतिक विज्ञान की वैज्ञानिकता से नहीं, नैतिकता और मूल्यों से युक्त मानव-समाज को बेहतर बनानेवाली विचारधारात्मक वैज्ञानिकता से है। डॉ. रामविलास शर्मा के अनुसार, 'तुलसीदास' और 'राम की शक्ति-पूजा' के ढाँचे (या साँचे?) में कमजोरी है। कमजोरी यानी 'तर्कसंगत' गठन में कमजोरी :

'...इन दो स्वप्नों में वैषम्य है किन्तु सन्तुलन नहीं। पहला स्वप्न प्रबल रूप से उद्वेगपूर्ण है। यथार्थ को समर्थ रूप से अभिव्यक्त करता है, दूसरा स्वप्न यथार्थ से विमुख करता है जिसमें अन्तर्निहित भावशक्ति क्षीण है। यह सुख-स्वप्न चाहे राम ने रात्रि में देखा हो, चाहे प्रात:काल, है वह कमजोर। 'राम की शक्ति-पूजा' के तर्कसंगत गठन में यह कमजोरी है। गठन की इस कमजोरी का सम्बन्ध निराला के भावबोध और उनकी विचारधारा से है। जीवन में संघर्ष और पीड़ा को चमत्कार से दूर करने का प्रयास कविता के ढाँचे को कमजोर बनाएगा ही। ऐसी ही कमजोरी 'वनबेला' के ढाँचे में है। निराला अपने अन्तर्द्वन्द्व को शान्त करना चाहते हैं—वनबेला के आत्मसमर्पण वाले आदर्श से। अन्तर्द्वन्द्व की तीव्रता के मुकाबले वह आत्मसमर्पण का आदर्श निर्जीव लगता है' (पृ. 293, नि. सा. सा., खंड 2)।

रूप को या ढाँचे को महत्त्व देकर कृति का विश्लेषण करना एक बात है, लेकिन उन्हें भी बोध से जोड़े बिना विश्लेषण में प्रवृत्त रहना मूल्यांध होना है। यदि तर्क-संगति का आधार छोड़ दिया जाए तो 'संरचनावाद' रूपवाद, ही है। मुख्य बात है द्वन्द्व-चित्रों के उपस्थापन की क्षमता। निराला की क्षमता में सन्देह नहीं किन्तु यह क्षमता भी निरपेक्ष नहीं। यदि विचारधारा कमजोर हो—जीवन के संघर्ष और पीड़ा को चमत्कार से दूर करने में विश्वास हो तो भावबोध स्वप्न निर्मित भी कमजोर होगी। तर्कसंगत गठन में कमजोरी आ जाएगी। विचारधारा की कमजोरी कृति को कमजोर बनाएगी। मेरा अनुमान है कि यह बात 'तुलसीदास' या 'राम की शक्ति-पूजा' जैसी विचार-पुष्ट कविताओं पर ज्यादा लागू होती है। महान कविता वैचारिकता से पुष्ट होती है इसलिए उसमें आद्यन्त वैचारिक संगति अनिवार्य होती है। जो कविताएँ वैचारिकता से इतनी पुष्ट नहीं, उनमें वैचारिक संगति, उतनी महत्त्वपूर्ण भी नहीं। वैचारिकता विचारधारा का पर्याय नहीं। 'जूही की कली' में तर्कसंगति है लेकिन 'राम की शक्ति-पूजा' के तर्कसंगत गठन में विचारधारा का महत्त्व बहुत अधिक है। अह कविता प्रतीकार्थक है और उसमें द्वन्द्व धर्म और अधर्म, प्राचीनता और आधुनिकता का है। कविता का अर्थगत ढाँचा जिस द्वन्द्व पर आधारित है, उस द्वन्द्व में ही वैचारिकता है। 'अन्याय जिधर है उधर शक्ति'—यह बोध बाह्य द्वन्द्व और राम के अन्तर्द्वन्द्व के मूल में है। इस द्वन्द्व का शमन सक्षम विचारधारात्मक गठन की माँग करता है। यथार्थ-बोध इतना तीव्र, आधुनिक और समाधान प्राचीन। यही तर्कसंगत गठन की कमजोरी है।

उक्त उद्धरण का एक और आनुषंगिक ही सही, महत्त्व है। लोग कहते हैं कि डॉ. शर्मा निराला के अन्तर्विरोध नहीं देखते। यहाँ उन्होंने निराला की 'तुलसीदास' और 'राम की शक्ति-पूजा' जैसी कविताओं में कमजोरी बताई है। इसे कहते हैं प्रतिमान का निष्पक्ष प्रयोग। डॉ. नामवर सिंह, अशोक बाजपेयी, श्रीकान्त वर्मा, शमशेर बहादुर सिंह, चारुमित्र, चंचल चौहान ने मुक्तिबोध के कितने अन्तर्विरोधों का संकेत किया है, यह स्मरणीय है। हो सकता है, मुक्तिबोध में अन्तर्विरोध हों ही न!

डॉ. रामविलास शर्मा को निराला की किसी एक कविता पर नहीं, पूरे काव्य पर विचार करना था। उन्होंने यथासम्भव निराला-काव्य की सम्पूर्ण विविधता और विशदता

की विवेचना की है। इसलिए उसमें थोड़ा-बहुत बिखराव आ गया है। डॉ. शर्मा को बहुत कुछ कहना था। इसलिए कही-कहीं बिना वाक्य पूरा किए केवल संकेत देकर आगे बढ़ गए हैं। वे अपने निष्कर्षों को हवाई न रखकर उन्हें निराला की विभिन्न कविताओं पर घटित करते हैं इसलिए उन्हें कहीं-कहीं एक के बाद एक अन्य कविताओं की पंक्तियों का उल्लेख करना पड़ता है। एक कलात्मक प्रवृत्ति जहाँ-जहाँ, जिन-जिन कविताओं में मिलती है, उनका वे यथासम्भव उल्लेख करते हैं। यह किसी केन्द्रीय दृष्टि के अभाव का सूचक नहीं बल्कि सबकुछ देखने के आग्रह का परिणाम है।

डॉ. शर्मा रूप की दृष्टि से निराला की कविताओं का विशेषण करते हैं, ढाँचे की दृष्टि से भी। लेकिन वे रूपवादी और संरचनावादी नहीं, द्वन्द्वात्मक भौतिकवादी आलोचक हैं। वे रूप और संरचना का मिलान करते रहते हैं। उनकी आलोचना-पद्धति में मुख्य ध्यान द्वन्द्व पर है जो नाटकीयता में रूपायित होती है, द्वन्द्वात्मक स्थिति में गति या विकास-बोध के निर्देशन में होता है। द्वन्द्व के अन्तर्बाह्य रूप का चित्रण नाटकीयता को जन्म देता है, इसी में गति भी व्यंजित होती है। विसंगति, विडम्बना, तनाव आदि द्वन्द्वात्मकता की विभिन्न स्थितियाँ हैं।

कविता में अर्थ संकेत ग्रहण से ही नहीं होता। शब्दों की ध्वनियोजना, उनका अघोषत्व, घोषत्व, अल्प प्राणत्व, महाप्राणत्व, आवर्तें, लय, छन्द—सबकुछ संश्लिष्ट तौर पर अर्थ-सम्पदा को समृद्ध और अनेकार्थी बनाते हैं। इस नाद-विवेचन पर आश्चर्य नहीं होना चाहिए। वस्तुत: डॉ. रामविलास शर्मा कविता में ध्वनि एवं नाद की योजना को बहुत अधिक महत्त्व देते हैं। मिल्टन उनका संस्कार बनानेवाले कवियों में हैं। निराला पर उन्होंने जो पहला लेख सन् 1934 ई. में लिखा था, उसकी ये पंक्तियाँ देखिए : 'यदि एक भी कर्कश शब्द हो तो बताइए—क, म, प आदि कोमल अक्षरों की आवृत्ति से कितना माधुर्य आ गया है!' कविता की चर्चा करते समय राग दुर्गा, मारवा, यमन, बहार की बात उन्होंने अनेक स्थलों पर की है। वे अन्दर से निहायत कलाप्रेमी, सौन्दर्यपारखी व्यक्ति हैं—विभिन्न सिद्धान्तों की शुष्क चर्चा, विवाद वगैरह वस्तुत: सौन्दर्य-सन्धान की ही प्रक्रिया है—चट्टान तोड़कर शीतल जल पीने के उद्यम के समान।

इतिहास-मुक्ति और सिद्धान्तवाद

मार्क्सवादी आलोचना आधारतः मार्क्सवाद से सम्बन्धित है और मार्क्सवाद का सर्वाधिक विज्ञापित और सक्रिय रूप राजनीति है। मार्क्सवाद राजनीतिक सत्ता(ओं) में भी फलीभूत हुआ है। जड़ और चेतन का सम्बन्ध स्थापित करने का प्रयास करने, जगत और जीवन की व्याख्या करने, मानव इतिहास में कार्य-कारण की परम्परा ढूँढ़ने और मानव जीवन की सार्थकता का संकेत करने के कारण वह दर्शन भी है। इसके पहले भी धर्म और दर्शन का व्यापक और गम्भीर प्रभाव राजनीति और सत्ता पर पड़ा है किन्तु मानव इतिहास को परिवर्तित करने का ऐसा सचेष्ट आन्दोलन पहले नहीं हुआ था, और इसीलिए उसका व्यापक विरोध भी अभूतपूर्व है।

मार्क्सवाद के व्याख्याकारों और उस पर आधारित राजनीतिक सत्ताओं में भी परस्पर विरोध हुआ।

मार्क्सवादी आलोचना का विकास अप्रतिहत या एकमार्गी नहीं हुआ। मार्क्सवादी आलोचकों में परस्पर विरोध मुखर और तीव्र हुआ। वामपंथी पार्टियों की रणनीतियों और उनके द्वारा अपनाई गई नीतियों का भी प्रभाव इस परस्पर विरोध पर पड़ा। अन्तरराष्ट्रीय वामपंथी सत्ताओं के परस्पर विरोध का प्रभाव भारत की वामपंथी राजनीति पर ही नहीं, वामपंथी साहित्य-आलोचना पर भी पड़ा।

मार्क्सवाद के आने के पूर्व भी हिन्दी साहित्य में बहुत कुछ ऐसा था जो समाजवादी विचारधारा के मेल में था। बम्बई में जो पहली मजदूर हड़ताल हुई, वह मार्क्सवादी विचारों से प्रभावित नहीं थी। उसका सम्बन्ध लोकमान्य तिलक से था। यह दीगर बात है कि उस हड़ताल ने लेनिन का ध्यान आकृष्ट किया था। अध्यापक पूर्णसिंह का लेख 'मजदूरी और प्रेम' समाजवादी सौन्दर्यबोध के मेल में है हालाँकि अध्यापक पूर्णसिंह समाजवादी नहीं थे। 'समाजवाद' शब्द का मेरी जानकारी में सबसे पहला भाषा-प्रयोग विवेकानन्द ने किया है। 'जब तक मेरे देश में एक कुत्ता भी भूखा है तब तक उसे रोटी देना ही मेरा सबसे बड़ा धर्म है'—कहने वाले विवेकानन्द वेदान्ती थे। विविधता और अगणित मतभेदों के बावजूद स्वाधीनता आन्दोलन में स्वाधीनता की आकांक्षा सार्वजनिक थी। समाजवादी विचारधारा का मार्क्सवादी रूप भी इस स्वाधीनता का अंग बन गया। वह कितना देसी और हिन्दी का जातीय बन पाया, यह बहस का विषय है।

समाजवादी–मार्क्सवादी विचारधारा की स्वाधीनता में सामाजिक स्वाधीनता का पक्ष प्रधान है। इस दृष्टि से 'तारसप्तक' का प्रकाशन विचारणीय है। तार–सप्तक के अनेक कवि वामपंथी हैं। तारसप्तक में उनके वक्तव्य इसका समर्थन करते हैं।

क्रमश: मेरा झुकाव मार्क्सवाद की ओर हुआ। —*मुक्तिबोध*

पढ़ने में विशेष दिलचस्पी है। राजनीति में भी क्रियात्मक रूप से। मार्क्सवादी और कम्यूनिस्ट भी। —*नेमिचन्द्र जैन*

मार्क्सवाद को आज के समाज के लिए रामबाण मानता हूँ। कम्यूनिस्ट हूँ।

—*भारतभूषण अग्रवाल*

प्रभाकर माचवे ने अपने को वामपंथी नहीं घोषित किया है किन्तु संकलन में उनकी एक कविता है : 'व्योम में सगर्व जा रहा सगर्व सैन्य लाल'।

गिरिजाकुमार माथुर ने विचारधारा की बात नहीं की है किन्तु प्रगतिशील काव्यधारा और प्रगतिशील लेखक संघ से उनका सम्बन्ध रहा है।

डॉ. रामविलास शर्मा की वामपंथिता के विषय में कुछ कहने की जरूरत नहीं।

प्रारम्भ में प्रगतिशील लेखक संघ से अज्ञेय का भी सम्बन्ध रहा है। जानकार कहते हैं कि वे रेडिकल ह्यूमनिस्ट थे।

तारसप्तक के प्रकाशन वर्ष 1943 में द्वितीय विश्वयुद्ध चल रहा था। भारत में स्वाधीनता आन्दोलन चल रहा था। बड़े नेता जेल में थे। द्वितीय विश्वयुद्ध ने ही फ्रांस के विचारकों के मानस में पराजय, निराशा और अनिश्चय, व्यर्थता की प्रवृत्तियाँ उठाईं जिससे भारत में भी अस्तित्ववाद की लहर आई। इस लहर की कोई भनक तारसप्तक में संकलित कवियों के वक्तव्य में नहीं है लेकिन सामाजिकता और सर्वसहमति से अलग होकर अपने लिए राह ढूँढ़ने—अन्वेषण की बात का आग्रह है। रचनाकार का यह आग्रह हिन्दी जगत में नया है। छायावादी काव्य में वैचारिकता का आग्रह था। किन्तु काव्य में था, छायावादी कवियों की वैचारिकता में नहीं। तारसप्तक के प्रकाशन समय में छायावाद का ह्रास प्रारम्भ हो चुका था। प्रगतिशील काव्यधारा उठान पर थी। कालान्तर में प्रगतिशील साहित्य आन्दोलन की मान्यता में वृद्धि के साथ–साथ सामाजिकता के समानान्तर वैचारिकता का आग्रह भी बढ़ता गया। द्वितीय विश्वयुद्ध के बाद अस्तित्ववाद और शीतयुद्ध के दबाव में वैचारिकता का यह आग्रह मार्क्सवाद से प्रभावित प्रगतिशील साहित्य के विरोध में विकसित होता गया। आज यह विरोध—विरोध से ज्यादा पूरक लगता है। आज यह विरोध—परस्पर विरोध से ज्यादा अन्तर्विरोध लगता है—ऐसा अन्तर्विरोध, जिसके सहारे कविता और काव्य–विचार का विकास होता है।

तारसप्तक (प्रथम संस्करण) के सम्पादक अज्ञेय की भूमिका के ये शब्द इस विषय में ध्यान देने योग्य हैं : 'किन्तु इससे यह परिणाम न निकाला जाए कि ये कविता के किसी एक स्कूल के कवि हैं या कि साहित्य जगत के किसी गुट अथवा दल के सदस्य या समर्थक हैं—सभी राही हैं—राही नहीं, राहों के अन्वेषक। उनके मतैक्य नहीं हैं। सभी महत्त्वपूर्ण विषयों पर उनकी राय अलग–अलग है—जीवन के विषय में;

समाज, धर्म और राजनीति के विषय में। यहाँ तक कि हमारे जगत के ऐसे सर्वमान्य और स्वयंसिद्ध मौलिक सत्यों को भी वे समान रूप से स्वीकार नहीं करते; जैसे—लोकतंत्र की आवश्यकता, उद्योग का समाजीकरण, यांत्रिक युद्ध की उपयोगिता।'

अज्ञेय को छोड़कर तारसप्तक के कवि वामपंथी या वामपंथ के समर्थक लगते हैं। उनकी इस समानता का उल्लेख न करके उनके अलगाव या भिन्नता को इतना रेखांकित करना वस्तुत: शेष संकलित कवियों से अलग अपनी विशेषता का सतर्क रेखांकन है। यह तारसप्तक के इतर कवियों की नहीं, अज्ञेय की अपनी कविताओं की वैचारिकता की अभिव्यक्ति है। यह कविता के साथ-साथ राजनीति में व्यक्ति-स्वातंत्र्य की पूर्व घोषणा है। अज्ञेय का परवर्ती काव्य और चिन्तन इसका समर्थन और विकास करता है। हिन्दी कविता के परवर्ती कवियों—अज्ञेय के अनुवर्ती कवियों की यह राह है। यह राह राजनीति से अछूती (अपने को कहकर भी) अछूती नहीं है। साहित्य के एक गुट में पर्यवसित होती है।

अपनी स्वायत्तता के प्रति साहित्यकारों के एक गुट की यह सतर्कता स्वतंत्र भारत के प्रारम्भिक दौर से ही शुरू हुई। साहित्य अकादमी की स्थापना (1954) के कुछ ही वर्षों बाद राज्याश्रय और साहित्य विषय पर इलाहाबाद की प्रतिष्ठित साहित्यिक संस्था 'परिमल' ने अखिल भारतीय लेखक संघ की विचार-गोष्ठी आयोजित की। कई दशकों तक 'परिमल' और प्रगतिशील लेखक संघ की यह प्रतिस्पर्धा चलती रही। 'परिमल' ने साहित्य में, विशेषत: हिन्दी साहित्य में प्रतिष्ठान के विपक्ष की भूमिका अदा की। वह नेहरू युग था। नेहरू पर आप सभी दोष लगा सकते हैं लेकिन अधिनायकत्व का दोष नहीं लगा सकते। लेकिन उनका रुख समाजवाद की ओर था। सोवियत संघ से उन दिनों भारत की मैत्री जोर-शोर से बढ़ रही थी। सोवियत संघ भारत के सार्वजनिक उद्योगों के विकास में सर्वाधिक सहयोग कर रहा था। अमेरिका से तत्कालीन भारत के सम्बन्ध बुरे नहीं थे लेकिन सोवियत संघ और भारत की इतनी नजदीकी न अमेरिका सहित पश्चिमी देशों को पसन्द थी, न जयप्रकाश नारायण, राममनोहर लोहिया की समाजवादी पार्टी को, न भारतीय पूँजीवादी को जो भारत की विकासमान अर्थव्यवस्था में अपना यथेच्छ अधिकार माँग रहा था। दुर्भाग्यवश साहित्यिक प्रतिष्ठान विरोध और राजनीतिक प्रतिष्ठान विरोध, व्यक्तित्व स्वातंत्र्य, साहित्य स्वायत्तता नेहरू की समाजवादी नीतियों के विरोधी समझी जाने लगी। वामपंथियों का सोवियत संघ समर्थक गुट नेहरू का समर्थक था। इस सबका दबाव परिमल और प्रगतिशील लेखक संघ और साहित्य की रचना-प्रक्रिया और साहित्यिक चिन्तन पर भी पड़ा।

स्वतंत्र भारत में व्यक्ति-स्वातंत्र्य और साहित्य की स्वायत्तता के इतिहास को देखते समय तारसप्तक के सम्पादक द्वारा अलग-अलग राहों के अन्वेषण के रेखांकन का याद आना स्वाभाविक है।

अज्ञेय का चिन्तन उनके काव्य में स्पष्ट है। उनके महत्त्वपूर्ण एवं चर्चित बिम्ब प्राय: सामूहिक एकरूपता को तोड़कर प्रकट या सक्रिय होते हैं। बाजरे की कलंगी

ऊपर उठी हुई है, वह उपमानों की पारम्परिक एकरसता का विरोध करती है। सहसा उछलने वाली एक बूँद बूँदों की जलराशि से छिटककर अलग होती है। शशक जोड़ी फलाँगते हुए अपनी अलग पहचान बनाती है। नदी का द्वीप है नदी में ही किन्तु नदी से अलग अपनी भिन्नता घोषित करते हुए। नदी का द्वीप देश में अपने को काटकर अलग करता है, विविक्त क्षण अपने को काल से काटकर अलग करता है। देश और काल से कटकर व्यक्तित्व समाज-निरपेक्ष हुआ तो मौन ही स्वर्ग है। मौन में ही परम आस्वाद और अनुभूति रस है। अज्ञेय समर्थ कथाकार और कवि हैं। उनका साहित्य एवं चिन्तन समाज-निरपेक्ष नहीं है। अज्ञेय पर विचार करते समय उनके क्रान्तिकारी जीवन, उनके प्रतिष्ठान विरोध और व्यक्तित्व की अनत गरिमा को नहीं भूल सकते। कहना केवल यह है कि सामूहिक एकरूपता का उनके यहाँ जो अडिग एवं निरन्तर प्रतिरोध है, वह प्रत्यक्षत: राजनीति से निरपेक्ष रहते हुए भी हिन्दी के वामपंथी साहित्य और चिन्तन के विरोध में खड़ा होता है। इससे दो काम होते हैं। पार्टी सम्बद्ध प्रगतिशील साहित्य का विरोध होता है और खुद साहित्यकार अज्ञेय प्रगतिशील विरोधी खेमे में मान लिये जाते हैं या शामिल हो जाते हैं।

विवाद का मुख्य क्षेत्र इतिहास है। अज्ञेय ने काल-चिन्तन किया है। मार्क्सवादी इतिहास को वर्ग-संघर्ष का इतिहास कहते हैं। वे इतिहास का विकास उत्पादन के साधनों के विकास के आधार पर करते हैं। अज्ञेय के इतिहास-बोध में अतीत, वर्तमान और भविष्य का भेद मिट जाता है या मिटाया जा सकता है। हम अतीत के चरित्रों को वर्तमानवत अनुभव करते हैं। काव्य अपने अनुभव की व्याप्ति में काल को लीन कर लेता है। अज्ञेय निजता के सुरक्षक और सामूहिकता में उसके विलुप्त न हो जाने को स्वातंत्र्य मानने वाले हैं। यह सर्जना की शर्त है। अज्ञेय का काव्य और चिन्तन इसका प्रमाण है।

इसके चलते अज्ञेय साधारण और लघु को जो गरिमा प्रदान करते हैं, वह अधिकांश प्रगतिशीलों के यहाँ भी नहीं मिलेगी। कली को वृंत्त में लगे रहने देने की मानवीय करुणा (सम्राज्ञी का नैवेद्य दान), पैरों के तले की घास का सौन्दर्य, दूज के चाँद का अपार के सामने अपनी लघुता का द्योतन, दीप का अपनी लघुता में भी अकम्पित रहना—ऐसे उदात्त बिम्ब हैं जो अज्ञेय की सर्जना-क्षमता के प्रमाण हैं। लघुता के प्रति ऐसी आत्मीयता और उसके सौन्दर्य के प्रति ऐसी उत्सुकता हिन्दी कविता में अज्ञेय का हिस्सा है।

लेकिन इसी के साथ अज्ञेय का आत्म भी लिपटा है। अज्ञेय लघुता के उदात्त सौन्दर्य को, निजता को, सामूहिकता से ही नहीं, सामाजिकता से भी अलग रखते हैं। यह बहुत कुछ उनके अपने आत्म पर भी लागू होता है। निजता उनका सुरक्षित शरण्य है, जहाँ वे सामूहिकता से ही नहीं, इतिहास से भी सुरक्षित रहते हैं, रहना चाहते हैं।

इतिहास में जाने में जो जोखिम है, उससे निजता क्षतिग्रस्त होती है। उसे बनना-बिगड़ना पड़ता है लेकिन अज्ञेय 'अपनी दुनिया में रहने के आदी' हैं। अज्ञेय के आत्म और मुक्तिबोध के आत्म में आकाश-पाताल का अन्तर है। अज्ञेय आत्मालोचन से लगभग रहित और मुक्तिबोध आत्मालोचन से ग्रस्त-त्रस्त।

अज्ञेय प्रबन्धकार कवि नहीं हैं। वे विरोध देखते हैं, उससे जूझते नहीं। 'असाध्य वीणा' में प्रबन्धाभास है। उसमें परस्पर विरोधी पात्र हैं। राजा, विद्वान, श्रमिक, कलाकार आदि। लेकिन वीणा का जो सम्मोहक नाद सधता है, वह संघर्ष के बगैर ही सध जाता है। महाभारत का युद्ध हुए बिना 'शान्ति-पर्व' रच दिया जाता है। साम्राज्यवाद के विरुद्ध अपना क्रान्तिकारी जीवन प्रारम्भ करने वाले अज्ञेय साहित्य साधना और चिन्तन में संघर्ष से अपने को बचाये रखते हैं, उनका आत्म-संघर्ष आत्मनेपद है—बस।

अज्ञेय को मालूम है कि समाज और संस्कृति का संकट स्वयं व्यक्ति के बीच मौजूद रहता है। उन्होंने उन समूहवादी समस्त छलावों और भुलावों को भेदा है, जहाँ व्यक्ति के पतन से स्वयं मनुष्य तिरस्कृत हुआ है, इसलिए शिकायत यह नहीं कि वे व्यक्तिवादी हैं, बल्कि यह कि वह इस हद तक व्यक्तिवादी नहीं हो पाते, जहाँ स्वयं कलाकार का व्यक्तित्व आत्मविश्लेषण की वस्तु बन जाता है (पृ. 79, निर्मल वर्मा, कला का जोखिम)।

अज्ञेय साहित्यधर्मी—साहित्य के होल टाइमर रहे हैं। उन्होंने आलोचना बहुत कम या आनुषंगिक टिप्पणियाँ की हैं। वे कवि की सबसे बड़ी, शायद एकमात्र समस्या उपयुक्त अर्थ का सम्प्रेषण करने वाले शब्द की खोज या प्रयोग मानते हैं। कवि के सामाजिक उत्तरदायित्व की बात वे करते हैं किन्तु वह कवि की प्रधान समस्या नहीं है। सामाजिक विषयों में सबसे ज्यादा ध्यान उनका यौन वर्जनाओं पर जाता है। यौन वर्जना पर बात करते समय वे विभिन्न सामाजिक स्तरों—खास तौर पर मध्यवित्तीय वर्ग पर भी बात करते हैं। अज्ञेय हिन्दी के अतीव बहुपठ रचनाकार थे। यद्यपि उन्होंने आलोचना साहित्य कम लिखा है किन्तु उनके काव्य-चिन्तन, उनकी रचनाओं का हिन्दी आलोचना पर गहरा अनुपेक्षणीय प्रभाव पड़ा है। उन्होंने वस्तुओं के बदलाव नहीं, उनसे व्यक्ति के बदलते सम्बन्धों के प्रभाव को आधुनिकता-बोध माना है। वे किसी राजनीतिक लेखकीय संगठन या मंच के प्रवक्ता होने के कारण नहीं बल्कि अपने साहित्य और चिन्तन के कारण साहित्य में सामूहिकता विरोध और सर्जना स्वातंत्र्य के प्रवक्ता रहे।

अज्ञेय ने पूर्व कवियों, जैसे मध्यकालीन संत कवियों पर लगभग कुछ नहीं लिखा है। भारतेन्दु, निराला, प्रेमचन्द आदि पर संक्षिप्त टिप्पणियाँ की हैं। प्रेमचन्द की संवेदना की व्याप्ति का महत्त्व बताया है। शमशेर को कवियों का कवि कहा है, छन्द पर विचार किया है। आधुनिक कविता में उन्होंने भारतेन्दु, निराला और अज्ञेय को काव्य पथ का निर्माता कहा है।

त्रिशंकु के अनेक लेख विशेषत: 'संस्कृति और परिस्थिति', तो किसी मार्क्सवादी के विचार प्रकट करते हैं। वे यांत्रिकता और विज्ञापनी व्यापारिक व्यवहार को संस्कृति का विरोधी मानते हैं : 'मुनाफे के सिद्धान्त पर आश्रित आधुनिक व्यवस्था में बेहद उत्पत्ति का अर्थ होता है। कारखानों (बल्कि समूचे वर्गों और नगरों) को व्यवस्थित लाभ के लिए संगठित करना और प्रतियोगिता में चलाना—उसका उद्देश्य माँग की पूर्ति करना नहीं, उपज के लिए माँग ढूँढ़ना या पैदा करना हो जाता है।'

सम्पादक भी प्रकारान्तर से माँग और पूर्ति का शिकार हो जाता है। उसका काम भी जनता को शिक्षित करना और सचेत करना नहीं रह जाता, बल्कि मालिक के मुनाफे

के लिए इच्छित माँग पैदा करना हो जाता है। यह यांत्रिक व्यवस्था श्रम का उद्‌देश्य, सामाजिक चेतना का विकास नहीं बनाती, यांत्रिक और तोषशून्य श्रम का उद्‌देश्य हो जाती है 'फुरसत'। यह फुरसत मुक्ति नहीं। यह फिर से मालिक के मुनाफे के लिए यांत्रिक श्रम में जुट जाने के लिए है। ऐसी फुरसत सस्ती, ऊपरी और तात्कालिक रुचि की पूर्ति करती है। मेरी जानकारी में अज्ञेय ने ये विचार संस्कृति के उद्योगीकरण का विचार आने के पहले प्रकट किए हैं।

अज्ञेय संस्कृति की सुरक्षा की माँग करते हैं : 'हमारा उद्धार मशीन से नहीं होगा। प्रचार-विज्ञापन से नहीं होगा...।'

'साहित्य का, कला का चमत्कार मर रहा है। मरा अभी नहीं है, अगर उस चमत्कार को पैदा करने वाले पतन और निराशा से बच सकते हैं और उससे मुकाबले की शक्ति उत्पन्न कर सकते हैं तो अभी परित्राण सम्भव है।'

अज्ञेय चिन्तक हैं। वे स्थितियों को आत्मविश्वासपूर्वक विश्लेषित करते और निष्कर्ष निकालते हैं। उनकी चिन्ता शब्द, संस्कृति और स्वातंत्र्य की है। यों इन सबको संस्कृति में अन्तर्भुक्त कर सकते हैं।

वे विकास को शारीरिक, वैज्ञानिक अवस्थाओं में गिनते हैं। और अब वैज्ञानिक युग का भी अन्त प्रारम्भ हो गया है, क्योंकि इस दौर का वैज्ञानिक युग विशेष आविष्कारों या अध्ययनों का युग हो गया है। उसमें कोई समन्वय नहीं है। वह दिशाहीन हो गया है।

अज्ञेय द्वारा निरूपित वैज्ञानिक युग के अन्त को हम उत्तर-आधुनिकता से जोड़ सकते हैं। जब अपनी अस्मिताओं की चिन्ता है, उनमें कोई अन्तस्सम्बन्ध नहीं है और मानव-इतिहास के विकास की कोई दिशा नहीं है। अब मानव मूल्य फालतू या गैर-जरूरी मान लिये गए हैं।

अज्ञेय के अनुसार, अब चेतना युग का आगमन होगा जिसमें चेतना और अवचेतन का द्वन्द्व शामिल हो जाएगा। मनुष्य को अपने अवचेतन को इतना दबाना पड़ता है या वह उपेक्षित रह जाता है। एक तरह से सांस्कृतिक और नैतिक दृष्टि से उच्चतर मनुष्य की साधना प्रारम्भ होगी। मेरी समझ में यह इतिहास की धारणा है। और वह निर्मल वर्मा से अधिक मुक्तिबोध की संगति में है।

'आत्मनेपद' के रचनाकार अज्ञेय की रचनाधर्मिता का मर्म हमें उनके लेख 'अर्थ और यथार्थ' तथा 'थिर हो गई पत्ती' में मिलता है।

क्रान्तिकारी अज्ञेय का मोहभंग या विराग वामपंथी राजनीति या राजनीति मात्र से क्यों हुआ, इसका कोई ज्ञात कारण नहीं। कम्यूनिस्ट पार्टियों से विरक्ति आश्चर्य की बात नहीं। प्रायः संसार भर की वामपंथी पार्टियों के अनेक नेता और कार्यकर्ताओं, बुद्धिजीवियों का मोहभंग हुआ है और वे पूर्व कम्यूनिस्ट या कम्यूनिस्ट विरोधी हो गए हैं। स्तालिनवाद का सर्वाधिक विरोध सोवियत संघ में ही हुआ। अब यह प्रायः सर्वमान्य है कि रचनाकारों या उनके संगठनों को राजनीतिक पार्टियों का अनुगत नहीं होना चाहिए।

आश्चर्य इस बात पर है कि मानव-समाज, देशवासियों और चराचर की दारुण विषम भौतिक स्थितियों के प्रति राजनीति से दूर अज्ञेय की कोई विह्वलता नहीं गोचर

होती। राजनीति से विरक्त होते ही जैसे सारी संवेदना सूख गई। सिर्फ शब्द की उपयुक्तता तक चिन्ता रह गई। शब्द का संकेतित उनकी संवेदना से वंचित रह गया। जीवित संवेदनशील रचनाकार की संवेदना केवल रचना में ही रह सकती है। शब्द-देश के बाहर जो इतना अपार है, वह इतना अछूत हो सकता है, यह आश्चर्य की बात है। सार्त्र, कामू रेजिमेंटेशन के विरोधी थे लेकिन वियतनाम-अल्जीरिया के मुक्ति-संग्राम में शामिल-सक्रिय थे।

अज्ञेय विरक्त भी नहीं रहते, वामपंथी आन्दोलन की हँसी भी उड़ाते हैं।

'जिस देश में हर कार्य के साथ शान्ति पाठ की परम्परा थी, और आज भी ऐसे लोग कम नहीं हैं जो शान्ति की भावना को सहज ही आत्मसात कर लेते हैं। उस देश में नेतृत्व का दम्भ भरने वाला एक व्यक्ति पूछे कि शान्ति किस चिड़िया का नाम है और नये मियाँ खलील एक इस्पाती फाख्ता आपके सामने लाकर खड़ी कर दें कि इस चिड़िया का—हम जरा यह फाख्ता उड़ाते हैं और शान्ति के इस प्रतीक के लिए आप लड़ मरिए।' (प्रतिष्ठाओं का मूल स्रोत 'आत्मनेपद') संकेत 'हंस' के शान्ति अंक के मुखपृष्ठ पर छपे पिकासो के कपोत का है।

अज्ञेय इस स्तर पर पालिमिक्स नहीं करते लेकिन कर रहे हैं। अज्ञेय की इन पंक्तियों के साथ आप उसी अंक में प्रकाशित शमशेर की कविता 'अमन का राग' पढ़िए, तो संवेदना के अर्थ और यथार्थ का अन्तर महसूस करेंगे।

राजनीति अच्छी भी होती है, बुरी भी। लेकिन राजनीति अपने-आपमें संस्कृति का ही एक रूप है जिसका रूप गांधी की राजनीति है। भूख, अन्न, गरीबी, अशिक्षा, रोग—ये सब राजनीति के सरोकार हैं—संवेदना के सरोकार हैं। आप केवल शब्द तक ही—शब्द के भी सीमित क्षेत्र से अपनी संवेदना को बाँध रखना चाहते हैं। राजनीति कबीर, सूरदास, तुलसी, मीरा की भी कविताओं में है। अज्ञेय को मध्यकालीन भक्त कवियों से कोई लगाव हो, इसका लिखित प्रमाण हमारी जानकारी में नहीं है।

अज्ञेय ने लिखा : 'दुख, अपूर्णता, पीड़ा—ये सर्वव्यापी हैं। गरीबों ने इनका ठेका नहीं लिया है—इसे वे भी मानेंगे जो स्वयं गरीब हैं' (संक्रान्ति काल की कुछ साहित्यिक समस्याएँ : त्रिशंकु)।

दुख, अपूर्णता, पीड़ा का ठेका गरीबों ने नहीं ले रखा है लेकिन गरीबी का ठेका केवल गरीबों ने ले रखा है। 'सम्राज्ञी का नैवेद्य दान', 'मित्र हमें फूल दो', 'चिड़िया चिड़िया ही रही', 'थिर हो गई पत्ती' के रचयिता नहीं जानते होंगे कि गरीबी कितने दुख पैदा करती है। उस पर से एक पैसा न होने के कारण सन्तान की दवा न करा पाना है। गरीबी में सन्तान का दवा के अभाव में मर जाना—इस दुख पर गरीब का एकाधिकार है। यह दुख गैर-गरीब के दुखों से भिन्न है।

दुख और दुख में अन्तर होता है। अज्ञेय नहीं जानते होंगे, मुक्तिबोध जानते थे। कवियों के कवि शमशेर भी। राजनीति-निरपेक्ष अज्ञेय गरीब-निरपेक्ष हो गए हैं।

अज्ञेय हिन्दी के प्रचलित अर्थ में आलोचक नहीं, लेकिन हिन्दी साहित्य के भाव-बोध पर उनके रचना-चिन्तन का प्रभाव पड़ा है। अज्ञेय सामूहिकता या एकरसता के

विरुद्ध निजता के संरक्षक रचनाकार, चिन्तक हैं। उनका आत्म निजता, व्यक्ति स्वातंत्र्य और रचनाधिकार का प्रतीक है। एकाधिकारवादी सत्ताओं के प्रति असहिष्णुता अज्ञेय को ऐतिहासिक महत्त्व और सार्थकता प्रदान करती है। किसी संगठन का सदस्य न होने पर भी इसी कारण अज्ञेय लेखकों के एक समुदाय के नेता रहे। उनके अभिजात व्यक्तित्व और निजता आग्रही लेखन-चिन्तन ने हिन्दी के आधुनिक भाव-बोध के एक आयाम का नेतृत्व किया।

निर्मल वर्मा ने अज्ञेय के 'मैं' को 'प्रामाणिक परिप्रेक्ष्य' न बन पाने का कारण बताते हुए लिखा है : 'जिस तरह पेंटिंग और कविता में केवल रंग या शब्द अपने में कोई महत्त्व नहीं रखता—जब तक वह अपनी उचित, सही स्पेश नहीं बोलता—उसी तरह किसी लेखक की वाणी तब तक सत्य की खनक नहीं प्राप्त करती जब तक लेखक स्वयं एक ऐसी स्पेस, एक ऐसी जगह नहीं चुनता जहाँ से उसके शब्द उसकी दृष्टि, उसके आग्रह, शाश्वत की सांसारिकता और संसार का अकेलापन एक साथ ही अपने युग के चेहरे पर अंकित नहीं करते' (अज्ञेय : कला का जोखिम)।

यह स्पेस क्या है और कहाँ से मिलता है ? अज्ञेय के आलोचक (और प्रशंसक भी) निर्मल वर्मा के शब्द (साहित्य) में वह स्पेस और उससे उत्पन्न खनक कैसी है ? निर्मल वर्मा भी अज्ञेय की ही तरह अकादमिक आलोचक नहीं हैं। उनकी रचनाओं और चिन्तन का आधुनिक भाव-बोध पर प्रभाव पड़ा है।

निर्मल वर्मा भारत के पारम्परिक चिन्तन की अपेक्षा आधुनिक पश्चिमी साहित्यकारों और उनके चिन्तन का उपयोग करते हैं। जहाँ तक हिन्दी या भारत के मध्यकालीन भक्ति-साहित्य और दर्शन-चिन्तन की बात है, दोनों उससे बचते हैं या दूर हैं। अज्ञेय ने मध्यकालीन भक्ति साहित्य-चिन्तन पर न सही लेकिन रस-आस्वाद पर विचार किया है—आधुनिक दृष्टि से।

निर्मल वर्मा मूलतः विद्रोही साहित्य विचारक हैं। मानव-जीवन में समय और इतिहास की अवधारणा के आतंक के प्रति विद्रोह। उनके विचारों को पढ़िए तो लगता है कि मानव इतिहास का विकास शैतान का प्रपंच है। रूसो का 'स्टेट ऑफ नेचर' उनका आदर्श प्रतीत होता है। पता नहीं, निर्मल जी के ध्यान में कभी यह बात आई कि नहीं कि मानव इतिहास के प्रपंच का विचार मानव-इतिहास के विकास और ज्ञान-विज्ञान के विकास के कारण है। यह बोध कि हम प्रकृति से अलग हो गए हैं, समय और इतिहास के कारागार में चले गए हैं—इतिहास-बोध के कारण है। इतिहास मूलतः विगत की जानकारी है। वह हमें पीछे मुड़कर देखने की ही नहीं बल्कि विकास या पतन यात्रा के विभिन्न पड़ावों की जानकारी देता है। विचारधाराएँ या दार्शनिक सम्प्रदाय नाना प्रकार की साधनाओं, भौतिक, मानसिक, आध्यात्मिक संकटों और जीवन-जगत के व्यावहारिक जीवनानुभवों से जुड़े हैं और उनके परिणाम हैं। वे विश्व-बोध को व्यवस्थित कर सब कुछ को तर्क सरणि में लाने के उद्यम हैं। उन्हें व्यर्थ, नितान्त असफल कैसे कह सकते हैं ?

मनुष्य प्रकृति का ही एक रूप है। इस अर्थ में वह प्रकृति से भिन्न नहीं है। निर्मल के अनुसार, कालान्तर में उसे प्रकृति से अलग होने का बोध हुआ। तब भी

वह सामूहिकता में एक था, आज जैसा अलग नहीं हुआ था। प्रकृति से उसका जो सामना हुआ उसकी प्रक्रिया में मिथक रचे गए। पुराण और महाकाव्य उसकी प्रकृति से अलग होते हुए भी सामूहिक तादात्म्य की अभिव्यक्ति है। आज मनुष्य व्यक्ति रूप में बचा रहकर सामाजिकता से भी अलग हो गया है। अलगाव पूरा हो गया है। अपनी इस यात्रा में जो पीछे छूट गया है, उसे पुन: प्राप्त करने की ललक, उसे न प्राप्त कर पाने की विवश-वेदना या वेदना की व्यर्थता निर्मल की पीड़ा है। इस दृष्टि से देखें तो व्यक्ति अपने में मनुष्य के विकास-इतिहास की त्रासदी है। निर्मल उसके प्रतीक या प्रवक्ता लगते हैं। 'कामायनी' की देव संस्कृति से च्युत मनु की तरह—जो अकेला है। प्रलय हो चुकी है और अकेली प्रकृति हँस रही जानी-सी, पहचानी-सी। यह पीड़ा आदम के ज्ञान-फल को खा लेने के पाप-बोध से मिलती-जुलती है। जो कुछ हुआ, वह परम गम्भीर और गहन पीड़ा का विषय है। निर्मल वर्मा की उड़ान पूरे मानव विकास को लाँघकर केवल प्रकृति अस्तित्व का साक्षात्कार करती हुई पीड़ा-दार्शनिकों, विशेषत: सांख्य दार्शनिक के बोध जैसी लगती है। इकबाल ने विकास-यात्रा की संचालक शक्ति से प्रार्थना की थी :

'दौड़ पीछे की तरफ ऐ गर्दिशे अय्याम तू।'

यह अलगाव दोहरा काम करता है। वह व्यक्ति को अन्य से अलग करता है और व्यक्ति इसी अलगाव-बोध के सहारे अन्य से जुड़ता भी है। निर्मल ईसाई मिथक नरक की बात करते हैं। अलगावग्रस्त व्यक्ति अन्य के नरक को झेलता है और उससे जूझता भी है। निर्मल वर्मा इस अलगाव को किसी आर्थिक, सामाजिक बदलाव या विचारधारा से नहीं जोड़ते। वे इतने पढ़े-लिखे हैं और कम्यूनिस्ट रह चुके हैं किन्तु इस प्रसंग में उन सबकी बात नहीं करते।

वे विरोध 'समय' और 'इतिहास' के उस रूप का करते हैं जिसे विचारधारा विशेषत: मार्क्सवादी विचारधारा प्रस्तुत करती है। निर्मल के अनुसार, इसमें मनुष्य को इतिहास का दास बना दिया गया है। उसके प्रत्येक रूप-कर्म की व्याख्या और उसका निर्णय इतिहास के जिम्मे सौंप दिया गया है। मानो मनुष्य का सब कुछ वही है जो इतिहास द्वारा निर्णीत है!

इतिहासरहित समय की निरीह आकांक्षा इतिहास-बोध से ग्रस्त आधुनिक व्यक्ति की असह्य चीख है। निर्मल इस चीख को पहचानते हैं। यह पहचान आदरणीय है।

कहते हैं, ह्वान सांग गृध्रकूट पर्वत पर तथागत की पूजा अगरबत्तियाँ, धूप जलाकर करने लगा तो आँसू बहाते हुए बोलता था कि हाय, मैं तथागत के इतने दिनों बाद पैदा हुआ हूँ कि मैं उन्हें देख नहीं सकता, केवल पूजा कर सकता हूँ।

समय को शाश्वत वर्तमान या अनुभव आस्वाद में विलीन कर देने की आकांक्षा स्वाभाविक और शायद शाश्वत है।

यह अनश्वरता की माँग है—चिरनवीन बने रहने की। समय से मुक्त रहने की। समय से मुक्ति वस्तुत: परिवर्तन से मुक्ति की आकांक्षा है। क्या यह आकांक्षा (इतिहास से मुक्ति की) इतिहास के अन्त से नहीं मिलती ? जो सुखी हैं, वे शाश्वत सुखी रहें।

जो दुखी, यातनाग्रस्त हैं, वे यातनाग्रस्त रहें। निर्मल यह नहीं सहन कर सकते—वे परदुखकातर चिन्तक हैं और उनका यह पीड़ादायक बोध त्रासद है कि हम जिसे विकास समझते हैं, उसमें क्रूरता और नैतिकता-निरपेक्षता का अंश कम नहीं है।

अस्तित्व का आदिम आस्वाद निर्मल का इच्छित है। वह आस्वाद असम्भव है। वह क्रमशः नष्ट होता गया है। वह पहले प्रकृति से अलगाव, फिर सामाजिकता से अलगाव की प्रक्रिया से होता हुआ व्यक्ति में रह गया। सिद्धान्तवाद, आइडियोलॉजी, इतिहास में अन्तरित समय—सबने मनुष्य को धोखा दिया है। इतिहास-बोध और आइडियोलॉजी ने मनुष्य को स्वतंत्रता और तोष से वंचित कर रखा है। रचना इस इतिहास-प्रपंच से मनुष्य को मुक्त करती है। रचना की दुनिया, उसके व्यक्ति (पात्र), उनकी चेष्टा में देश-काल—इस क्षणिक प्रपंच से मुक्त और स्वाधीन होते हैं। उसका आस्वाद भी—आदिम आस्वाद अनुभव की तरह पूर्ण अखंड में और 'शाश्वत वर्तमान' होता है। निर्मल वर्मा इस आधार पर स्थित पूँजीवाद, साम्राज्यवाद, मार्क्सवाद—उन सबकी अमानवीय क्रूरताओं और अमानुषिकता का विरोध कलाकार की नैतिकता के आक्रोश में करते हैं। वे नाम ज्यादातर मार्क्सवाद का ही लेते हैं। चेकोस्लोवाकिया की दुर्घटना ने निर्मल वर्मा को इतना आहत किया है कि वे क्रूरता से मार्क्सवादी सत्ता को ही जोड़ पाते हैं। वे जागरूक, प्रबुद्ध भारतीय नागरिक होते हुए भी साम्प्रदायिकता, वर्णाश्रम व्यवस्था, सामन्तवाद, नारी पराधीनता आदि को अपने चिन्तन और भाव परिधि से दूर रखते हैं। वे स्वतंत्रता का एकमात्र विरोधी मार्क्सवादी सत्ता—भारतीय मार्क्सवादियों को भी मानते हैं। नेल्सन मंडेला, कास्त्रो या उनका संघर्ष निर्मल वर्मा के स्वतंत्रता-अभियान में उल्लेखनीय नहीं हैं।

निरवधि आदिम आस्वाद की शाश्वतता से कम कुछ भी निर्मल वर्मा को स्वीकार नहीं। आदिमता में हम लौट नहीं सकते। काल निरवधि है लेकिन काल बोध नहीं। इतिहास तो काल का अंकगणितीय खंड भी नहीं हो सकता क्योंकि काल का खंड भी निरवधि होगा। इतिहास गिना जा सकता है—वर्षों, दशकों, शताब्दियों में समोया जा सकता है। मनुष्य की वैचारिकता, अच्छाई-बुराई लड़ती-भिड़ती रहती है। सर्वसत्तावाद उठता है, गिरता है। मार्क्सवाद का रूप अब सोवियत सत्ता में नहीं, ब्राजील, वेनेजुएला, नेपाल, क्यूबा में दिखलाई पड़ता है, जहाँ उसने जनतंत्र को समाविष्ट करने का प्रयास किया है।

निर्मल वर्मा जब राजनीतिक अमानवीयता की बात करते हैं तब लगता है, मानो मार्क्सवादी आन्दोलन में केवल सोवियत संघ का स्तालिनवाद या चेकोस्लोवाकिया ही रहा है, और कुछ भी नहीं।

कभी-कभी मनोरंजक विडम्बनाएँ गम्भीर लेखकों के लेखन-इतिहास में भी घटती हैं। 'कला का जोखिम' के लेखक कहानीकार निर्मल वर्मा की सर्वाधिक चर्चित कहानी 'परिन्दे' कम्यूनिस्ट पार्टी के कार्ड होल्डर निर्मल वर्मा ने लिखी थी। उसको 'नई कहानी' की पहली कहानी घोषित करने वाले आलोचक डॉ. नामवर सिंह भी—'परिन्दे' पर लिखते समय (और बाद में भी बहुत दिनों तक)—कम्यूनिस्ट पार्टी के कार्ड होल्डर

थे। सिद्धान्तवाद आइडियोलॉजी की छद्म चेतना से मुक्त होकर निर्मल ने 'परिन्दे' की तरह कोई कहानी नहीं लिखी। वैसे यह संयोग ही माना जाएगा। फिर भी उनका विरोध सकारात्मक है, इसीलिए शुरू में ही उसे विद्रोह कहा। सोवियत संघ की सत्ता ने विरोधी पक्ष की अवहेलना ही नहीं की, उसे नेस्तनाबूद करने पर आमादा रही। विरोधी का अस्तित्व जीवन का प्रमाण है। अन्य वामपंथी पार्टियों और सत्ताएँ भी इस दोष से कमोबेश दूषित रहीं। यूरो कम्यूनिज्म या नव वामपंथ वामपंथी जड़ता को तोड़ने के प्रयास रहे।

पूर्वी यूरोप में वामपंथी (कम्यूनिस्ट) सरकारें अपने देश की सत्ता को भीतर से तोड़कर और बाहरी शक्तियों की सहायता से सत्ता में आई थीं। वे सोवियत संघ के विघटन के साथ ही 'सत्ताच्युत' हो गईं। एशिया, लेटिन अमेरिका में वामपंथी सत्ताएँ राष्ट्रीय मुक्ति आन्दोलन का हिस्सा बनकर आईं इसलिए ये ज्यादा मजबूत हैं। इस दृष्टि से वेनेजुएला, ब्राजील, नेपाल में वामपंथी शक्तियों का जनतांत्रिक पद्धति से सत्ता में आना या सत्ताच्युत होना समाजवादी आन्दोलन के ऐतिहासिक विकास का क्रम है।

मनुष्य के नैतिक विकास या ह्रास के बीच निर्मल वर्मा का यह उदात्त स्वप्न महत्त्वहीन नहीं हो जाता है, जो उनकी स्मृति–क्षमता पर आधारित है। निर्मल का स्मृति-स्वप्न हाड़–मांस में पाया नहीं जा सकता किन्तु चेतना के स्तर पर वह साक्षात है और यह चेतना कभी मिशन बन जाने की प्रेरणा भी दे सकती है। निर्मल की रचनाएँ स्मृति की अनेक परतों और छायाओं में आस्वाद्य हैं। इसीलिए उनके प्रशंसक पाठक हैं और उनके विचारों से सहमत पाठक हैं। निर्मल ने सिद्धान्तवादी रचनाएँ नहीं की हैं—कई वर्षों तक पार्टी कार्ड होल्डर लेखक होने के बावजूद। लेकिन 'लन्दन की एक रात' में नौकरी न पाने की यातना का जो बेधक चित्रण उन्होंने किया है, वह मैंने अन्यत्र नहीं पढ़ा है। नौकरी न पाने की यातना खामोश, ठंडी चेष्टा न मालूम पड़ने वाली मानसिक चेष्टाओं में किसी स्थूल वस्तु की तरह भावजगत को भेदती है। यातना का ऐसा वस्तुविधान कम मिलता है। इस कहानी का लोकेल कानपुर या कलकत्ता होता तो कैसा होता ? सिद्धान्तवाद से उपजी हुई हर रचना सिद्धान्तवाद हो, अपने पाठकीय प्रभाव में, यह जरूरी नहीं। ऑस्कर वाइल्ड का कथन याद आता है : 'जहाँ भी पीड़ा है, पवित्रता है।'

हम इतिहास को भूल सकते हैं—रचनालोक में जाकर, योग–साधना के द्वारा, नितान्त स्वार्थी होकर, ड्रग्स लेकर। लेकिन यह स्मृति–स्वप्न इतिहास की उपज है। उसकी इतनी शिद्दत से जरूरत आज इतिहास के त्रासद दबाव से महसूस हो रही है। फिर इतिहास ने सब कुछ क्रूर और अमानवीय ही किया है, यह मान लेना भी मुश्किल है—निर्मल के आदिम स्मृतिलोक की महत्ता की स्वीकृति के बावजूद। निर्मल वर्मा ने जिन देशी–विदेशी रचनाकारों पर थोड़ा–बहुत विचार किया है, इसी इतिहास–मुक्ति और सिद्धान्तवाद की कसौटी पर कसा है।

हिन्दी आलोचना पर इस सिद्धान्तवाद का गहरा दबाव रहा है और है। इसका प्रभाव परवर्ती मार्क्सवादी आलोचना पर भी पड़ा है।

निर्मल वर्मा ने हजारीप्रसाद द्विवेदी, अज्ञेय, रेणु और मुक्तिबोध पर गम्भीर टिप्पणियाँ लिखी हैं, जो हिन्दी आलोचना में अनूठी और स्मरणीय हैं। निर्मल वर्मा इनका विश्लेषण अपने मूल्यों के अनुसार करते हैं और निष्कर्ष निकालते हैं।

'रचना समय और व्यक्ति से बँधी हुई अधूरी और अनिश्चित इतिहास की गर्द और आत्मा की गर्दिश में लिपटी हुई—जो कलाकृति में अचानक एक सम्पूर्णता, एक अर्थ, एक्सटेसी का आलोक—एक निर्वैयक्तिक तटस्थता, एक समयहीनता प्राप्त कर लेती है।'

निर्मल समयहीनता को 'इतिहास की गर्द' से नहीं जोड़ते। महत्त्वपूर्ण इतिहास या समय नहीं, 'वाल्मीकि के काव्य या एलोरा की मूर्तियाँ हमारी दुनिया को भेदती हैं। उनके साक्षात् से हम एक क्षण के लिए भूल जाते हैं कि किन सामाजिक परिस्थितियों, किन ऐतिहासिक क्षण में उनका सृजन हुआ था।'

यह अज्ञेय की ही अनुभूति और क्षण का आग्रह है। 'नये आलोचक' से अगर यह कहा जाए कि यह उसी 'आनन्दवादी रस' सिद्धान्त का नया संस्करण है तो वह हमारी बुद्धि पर तरस खाएगा, मगर यह याद कीजिए—डॉ. नगेन्द्र 'रस' को दुख-सुखात्मक नहीं, केवल आनन्दस्वरूप मानते हैं, रामचन्द्र शुक्ल द्वन्द्वात्मक यानी सुख-दुखात्मक और यह कि रसानुभव में प्रवर्तक-भाव नि:शेष नहीं हो पाता। वे रस को विश्रान्तिमूलक नहीं मानते, वह कर्म की प्रेरणा देता है। इसके साथ आप निर्मल के शब्द पढ़िए : 'अचानक एक सम्पूर्णता, एक अर्थ, एक एक्सटेसी का आलोक।'

'रसो वै स:' नहीं कहा, 'एक्सटेसी का आलोक' कहा। अज्ञेय ने रस को सिद्धान्त से दूर करते हुए भी उसके अनुभूति पक्ष को स्वीकार किया था।

अज्ञेय और निर्मल—दोनों (अन्य और भी अनेक विचारक) इस 'क्षण' को विस्तृत जीवन अनुभव के अन्य क्षणों से अलग रखने का आग्रह करते हैं। इस पर विवाद नहीं कि अनुभूति क्षण या आस्वाद अन्य क्षणों से विशिष्ट है। विवाद इस पर है कि आस्वाद क्षण में बृहत्तर जीवनानुभव की भूमिका है या नहीं? इस क्षण को समय के उन क्षणों के पास जाने की जरूरत है या नहीं? इस क्षण को अलग रखने के लिए जरूरी है कि साहित्य-सर्जना को किसी व्यवस्था, विचारधारा या दर्शन से न जोड़ा जाए। 'बाँधा जाए' नहीं, जोड़ा भी न जाए।

निर्मल वर्मा अज्ञेय पर विचार करते हुए स्पेस की बात करते हैं।

लेकिन यह स्पेस चेतना में कहाँ से आता है—समय और इतिहास से कटकर? संवेदना भी निर्मिति है। उसके अनेक निर्माता घटक होते हैं। ये घटक कम-अधिक महत्त्वपूर्ण हो सकते हैं। आपके सौन्दर्यबोध में किसी घटक की प्रधानता हो सकती है। आपके संस्कार के अनुकूल, किन्तु संवेदना अपने-आप एक संश्लिष्ट बोध समुच्चय है। आप किसी संवेदना घटक को अपनी रुचि के अनुसार तरजीह दें, लेकिन इतिहास के नाम पर बेरोजगारी, रोग, नारी, दलित, अशिक्षा, साम्प्रदायिकता के क्षेत्र को अपनी संवेदना के ढाँचे से अलग रखें। उसे अछूत बना दें तो आपकी सर्जना भी अपर्याप्त और खंडित हो जाएगी। आपका शरण्य भी संकुचित हो जाएगा।

विचारधारा की सामर्थ्य ही नहीं, विचारधारा का सर्जना-विरोध भी विचारधारा वाले रचनाकार जानते हैं जो उससे जूझते हैं।

निर्मल वर्मा के लेखन-चिन्तन पर सारी बहस के बीच उनका सर्वाधिक विश्वसनीय वक्तव्य यह है : 'वह सितम्बर की एक शाम थी। मैं सड़क पार कर रहा था...' पढ़ते ही हम एक मायालोक में पहुँच जाते हैं। यह मायालोक रचनालोक है जो हमारी देखी-सुनी दुनिया जैसे होते हुए भी वही नहीं है। यह परिचित देश-काल और सिद्धान्तवाद से स्वतंत्र है।

रचनालोक के सभी प्रकार के अनौचित्य का सक्षम प्रतिवाद है। मानवीयता का शरण्य है। किन्तु क्या वह विस्तृत जीवनानुभव से केवल विशिष्ट है, सम्बद्ध नहीं? और इस आस्वाद की व्याख्या में अनुल्लेख्य है।

महत में 'लघु' की खोज

रचनाधर्मिता को सिद्धान्तवाद से बचाने का सबसे ज्यादा आलोचकीय आग्रह विजयदेव नारायण साही के यहाँ है। अज्ञेय और निर्मल वर्मा अध्यापक नहीं थे। वे सिद्धान्तवाद का विरोध स्वयं राजनीति से दूर रहते हुए करते थे। साही विश्वविद्यालय में अध्यापक थे और समाजवादी पार्टी—लोहिया की पार्टी के कार्यकर्ता भी थे। अज्ञेय और निर्मल वर्मा ने किसी मध्यकालीन वृहद महाकाव्य की व्याख्या की प्रक्रिया में विचारधारा से रचना को बचाने का उद्योग नहीं किया। साही ने हिन्दी काव्य के स्वर्णयुग भक्तिकाल की प्रमुख रचनाओं में से एक जायसी की 'पद्‌मावत' की व्याख्या में विचारधारा निरपेक्षता प्रतिपादित की और इसी कसौटी पर 'पद्‌मावत' को उत्कृष्ट प्रबन्ध काव्य माना। लेकिन साही 'पद्‌मावत' पर सहसा नहीं पहुँचे हैं। इसके पीछे उन्होंने अपने मत के प्रतिपादन में कई लेख लिखे हैं।

साही स्वयं अच्छे कवि थे। 'तीसरा सप्तक' में संकलित हैं। साही ने मार्क्सवाद का विविधत् अध्ययन किया था। वे मार्क्स, एंगेल्स और बहुत दूर तक साहित्य विचार के विषय में उनसे सहमत थे—यहाँ तक कि प्रशंसक भी कहा जा सकता है। उनका लेख 'मार्क्सवादी समीक्षा और उसकी कम्यूनिस्ट परिणति' पढ़ने पर लगता है कि वे मार्क्सवादी समीक्षक से तो सहमत हैं लेकिन उसकी कम्यूनिस्ट परिणति से घोर असहमत। मार्क्स, एंगेल्स, लेनिन, यात्सकी साहित्य की स्वायत्तता यानी रचनात्मक उड़ान का आदर करते हैं किन्तु ज्दानोव प्लाखनोव रेवई साहित्य को कम्यूनिस्ट पार्टी की योजना का एक मुद्‌दा बना देते हैं। कम्यूनिस्ट पार्टियों और साहित्य संगठनों में समय-समय पर इस मुद्‌दे पर जो बहस होती रही है, तीखा वाद-विवाद होता रहा है, उससे साही अपरिचित नहीं मालूम पड़ते हैं। लेकिन वे कम्यूनिस्ट पार्टियों के अन्दर और वामपंथी लेखकीय संगठनों में इस पर जो मार-कटौवल हुई है, उसकी चर्चा नहीं करते हैं। यह सवाल भी उनके मन में नहीं उठता कि पार्टियों की जकड़बन्दी के बावजूद वामपंथी लेखकों का साहित्य अपने युग का प्रतिनिधित्व क्यों करता है। प्रगतिशील लेखक संघ पर भारतीय कम्यूनिस्ट पार्टी की जकड़बन्दी है। उसके बावजूद नागार्जुन, केदरानाथ अग्रवाल, त्रिलोचन शास्त्री, शमशेर, मुक्तिबोध जकड़बन्दी विरोधी लेखकों से तुलना में कुछ भारी ही पड़ेंगे। परम्परा का पुनर्मूल्यांकन तो सबसे अधिक प्रगतिशील आलोचकों ने ही किया है। साही यदि वामपंथी लेखकों के एतद्‌विषयक परस्पर-विरोध शिवदानसिंह चौहान, डॉ. रामविलास शर्मा, रांगेय राघव, अमृतराय,

मुक्तिबोध, नेमिचन्द्र जैन की दुश्चिन्ताओं को ध्यान में रखते तो साफ होता कि खुद वामपंथी आलोचकों ने पार्टी की कट्टर जकड़बन्दी से छूट पाने की कितनी जद्दोजहद की है और छूट भी ली है। राहुल सांकृत्यायन और रामविलास शर्मा को पार्टी ने कैसे अनुशासित और दंडित किया है। नागार्जुन की कविता का एक टुकड़ा है :

'यों बोले है बुढऊ कामरेड रजनी पाम दत्त
धत्त रे धत्त!'

नागार्जुन की एक कविता है : 'पछाड़ दिया मेरे नास्तिक को'।

मार्क्सवाद के निरीश्वरवाद को प्रकृति-सौन्दर्य ने कैसे पछाड़ दिया? ये सब जटिलताएँ—पार्टी की जकड़बन्दी, मेरे विचार से वामपंथी रचनाकार कम नहीं, ज्यादा महसूस करते हैं क्योंकि रचना-प्रक्रिया में उन्हें झेलना पड़ता है।

जो हो, इससे विजयदेव नारायण साही का पक्ष निरसित नहीं होता। 'मार्क्सवादी समीक्षा और उसकी कम्यूनिस्ट परिणति' केवल प्रासंगिक नहीं, वामपंथी सहित सभी लेखकों के लिए उपयोगी और स्वागत योग्य लेख है। साही के इस लेख को उनके एक और लेख 'राजनीति और साहित्य' के साथ पढ़ना चाहिए।

साही ने लिखा है :

'जिस तरह आज राजनीति से साहित्य को अलग रखने का नारा लगाने वाले मध्यवर्गीय कलाकार प्रतिक्रियावादी हैं, उसी तरह राजनीति को तानाशाही में कैद करके समस्त साहित्य को पार्टी का अस्त्र मात्र घोषित करनेवाले कला के दुश्मन हैं। मार्क्स साहित्य को इन दोनों संकुचित दृष्टिकोणों से अलग समझता है। पार्टी के महत्त्व को समझते हुए भी मार्क्सवाद कभी पार्टी और वर्ग को एक नहीं मानता।'

[पृ. 32, विजयदेव नारायण साही, सं. हरिमोहन]

मेरे विचार से साही की उद्धृत इन पंक्तियों से डॉ. रामविलास शर्मा भी सहमत होते।

विजयदेव नारायण साही मनुष्य के 'आत्म' को इतिहास से मुक्त होने का स्वप्न नहीं देखते। वे इतिहास की व्याख्या करते हैं और साहित्य-संस्कृति की प्रवृत्तियों को ऐतिहासिक सन्दर्भ में जाँचते हैं। वे नैतिकता की पहचान भी इतिहास में करते हैं। उनका एक बहुचर्चित लम्बा लेख 'लघुमानव के बहाने हिन्दी कविता पर एक बहस' 'नई कविता' (संयुक्तांक 6-7) में छपा था जिसमें उन्होंने स्वाधीनता आन्दोलन और नेहरू-युग की समस्याओं तथा तत्कालीन मानसिकता के सन्दर्भ में साहित्यिक प्रवृत्तियों की छानबीन की है। उन्होंने महात्मा गांधी और जवाहरलाल नेहरू के वक्तव्यों और तत्कालीन काव्य-पंक्तियों को साथ-साथ रखकर उद्घाटित किया है कि किस प्रकार कविता और राजनीति में दोनों समान भाषा और बिम्बों-प्रतीकों में युग की मानसिकता अभिव्यक्त कर रहे थे। साही महत, लघु आदर्श और यथार्थ को ऐसे देखते हैं मानो महत में लघु प्रच्छन्न या दबा हुआ बैठा रहता है और आदर्श में यथार्थ और इसी तरह इसका उलटा भी। इन दोनों का साथ बने रहना—यानी महत में लघुता या आदर्श में यथार्थ का अविच्छेद्य संग—अपराजेय विवशता है। स्वाधीनता आन्दोलन में ऊर्जा का

रेटरिक प्रभावशाली है जो राजनीतिक और छायावादी कविता में मुखर है। भगवतीचरण वर्मा, बच्चन आदि के रेटरिकहीन सहज में भी वह कहीं-न-कहीं मौजूद है। विशेषत: बच्चन में। विजयदेव नारायण साही ने 'लघुमानव के बहाने...' लेख में 'छायावाद से अज्ञेय तक' की कविता की मनोभूमि की छानबीन की है। राजनीति और साहित्य को आमने-सामने रखते हुए—एक-दूसरे से टकराते और एक-दूसरे से प्रभावित होते हुए। मेरी जानकारी में ऐसा कोई और लेख हिन्दी में नहीं लिखा गया है। राजनीति, संस्कृति, परम्परा और कालावधि के साहित्य की अन्तर्वृत्तियों का मिलान करते हुए चलते रहने वाला लेख। लेख गम्भीर आलोचनात्मक है लेकिन इतना पठनीय, अलक्षित जानकारियों और खोजों से भरा हुआ कि ललित निबन्ध लगता है। कहीं-कहीं तो आलोचनात्मक जासूसी का भी रंग है। जब यह लेख 'नई कविता' के संयुक्तांक में छपा था तो पढ़कर स्वर्गीय डॉ. देवीशंकर अवस्थी ने प्रशंसा करते हुए कहा था कि इस लेख पर ही साही को पी-एच.डी. की उपाधि दी जानी चाहिए।

सत्याग्रह-युग विराट नाटकीयता एवं अखंड आस्था का युग है। आदर्श के उन्माद में यथार्थ प्रच्छन्न है। नाटकीयता सिर्फ छायावादी काव्य ही नहीं, प्रसाद और प्रेमचन्द के गद्य को भी सम्पन्न करती चलती है। प्रसाद और प्रेमचन्द में भिन्नता थी। किन्तु वह द्वन्द्व नहीं था। उसमें भी सन्तुलन का नाटक था। अखंड आस्था के प्रवाह में भिन्नता लुप्त हो जाती थी। 'सत्याग्रह-युग में भौतिकता का उदात्तीकरण एक ऐसा विराट प्रभामंडल है कि जिसके आगे सत्ता और शक्ति, क्रान्ति अथवा क्रमिक विकास के प्रश्न गौण हो जाते हैं।' साही के अनुसार, छायावाद युग की आस्था यह है कि अन्तर्जगत का सत्य और बहिर्जगत का सत्य एक ही है। 'छायावाद युग में नैतिक विजन और कल्पनाशील विजन, दोनों वस्तुत: एक हैं और इन दोनों में कभी भी दरार नहीं पड़ सकती।'

साही का विचार है कि वस्तुत: प्रेमचन्द, प्रसाद और दूसरे छायावादी कवि समान भूमि पर स्थित हैं। 'उनका यथार्थ (भी) गीली मिट्टी की तरह है जिस पर आदर्श की कोई मुहर लगाई जा सकती है।'

साही सतर्क लेखक हैं। प्रेमचन्द को छायावादी कवियों के समान बताते हुए वे आरम्भिक प्रेमचन्द को परवर्ती प्रेमचन्द से अलग करना चाहते हैं।

संक्षेप में कटु यथार्थ ऐसा यथार्थ है जिसके आगे हमें अपनी इच्छाओं को दबाना पड़े या जो हमारे आन्तरिक सत्य के आगे अभेद्य अड़चन-सा बनकर खड़ा हो जाए जिससे हमें 'समझौता' करना पड़े—इस तरह के यथार्थ की कल्पना न छायावादी काव्य में ही है, न आरम्भिक प्रेमचन्द में ही है (पृ. 97, विजयदेव नारायण साही—निबन्धों की दुनिया, वाणी प्रकाशन)।

साही को 'सेवासदन' की सुमन, 'गोदान' का होरी, 'पूस की रात' का हलकू, 'कफन' के घीसू-माधव याद आ गए होंगे। परवर्ती प्रेमचन्द तो ध्यान में आ गए, परवर्ती छायावादी कवि निराला नहीं ध्यान में आए। प्रसाद की 'कंकाल' और 'ममता' जैसी कहानी भी याद आनी चाहिए जिसमें आश्रय तो हुमायूँ को देती है ममता लेकिन स्मारक में उसका नाम तक नहीं होता। परवर्ती प्रेमचन्द या निराला—दरार पड़ जाने के बाद

कैसे हैं ? भगवतीचरण वर्मा, बच्चन, दिनकर की भाँति। और 'अग्निपथ लथ-पथ लथ-पथ' में कौन-सी दरार है ? क्या ये ठेठ छायावादी पंक्तियाँ नहीं हैं ?

गांधी को छायावादी महत् आदर्श, स्वप्निलता से जोड़ना असमंजस में डालता है। औसत भारत की जिस रिद्म को गांधी पकड़ते और जानते हैं, उसमें सिर्फ महत है ? उसमें दबे, कुचले, हताश के मौन की वास्तविकता नहीं है ? गांधी का विजन और जवाहरलाल का विजन एक है ? गांधी जो आश्रमवासियों को रोज अपनी टट्टी उठाने का नियम बनाते हैं, रोज सवेरे कोढ़ी की मालिश करते हैं। क्रिप्स मिशन की निर्णायक मीटिंग के समय बकरी की टाँग की मलहम-पट्टी करने उठ जाते हैं। आजादी के बाद कांग्रेस को विघटित करना चाहते हैं। गांधी की मनोभूमि में छायावादी स्वप्निलता कम है—परवर्ती प्रेमचन्द और निराला के साहित्य का, विशेषतः परवर्ती निराला का कठोर दारुण यथार्थ अधिक।

बनारसीदास चतुर्वेदी ने किताब भेजी तो बापू ने पढ़कर किताब का समर्थन किया। विजयदेव नारायण साही को तारसप्तक के कवि, सातवें दशक से लेकर अब तक के सर्वाधिक चर्चित कवि मुक्तिबोध भी नहीं याद आते। छायावाद से लेकर नई कविता तक के हिन्दी साहित्य की यह इतिहास-यात्रा निराला से लगभग और मुक्तिबोध से पूरी तरह शून्य है। प्रसाद और बच्चन की मनोभूमि में समानता स्थापित करने का रास्ता इधर से ही जा सकता था। साही ने यही रास्ता अपनाया है जो निराला और मुक्तिबोध से रहित है।

तीसरे दशक में अन्तर्बाह्य का; यथार्थ आदर्श का और लघु महत का अन्तर सामने आया। अंतःसत्य और बाह्यसत्य एक ही हैं, यह शिशु आस्था तीसरे दशक के कवियों—बच्चन, भगवतीचरण वर्मा, दिनकर आदि—में लुप्त हो गई। छायावादी सत्याग्रही युग में अन्तःसत्य और बाह्यसत्य में अन्तर न समझा गया हो तो ब्रिटिश साम्राज्यवाद से संघर्ष किसलिए हो रहा था ? बाह्यसत्य अन्तःसत्य के जैसा नहीं था। बाह्यसत्य पराधीनता थी। अन्तःसत्य राष्ट्रीय भावना थी। सबसे प्राथमिक लक्ष्य स्वाधीनता थी इसलिए और सब समस्याएँ गौण हो गई थीं। ऐसा समझना कि सत्याग्रह-युग गौण समस्याओं से परिचित नहीं था, ठीक नहीं। भाषा-वर्ण, क्षेत्रीयता, साम्प्रदायिकता समस्याएँ थीं। इन पर विचार होता था। किन्तु उस समय उन्हें जानबूझकर—स्वाधीनता के उन्माद या स्वप्न में मुल्तवी कर दिया गया था :

'खिदमते मुल्क में जो कि मर जाएँगे
नाम दुनिया में अपना वो कर जाएँगे
ये न पूछो कि मर कर किधर जाएँगे
वो जिधर भेज देगा उधर जाएँगे
लो अछूतों को छाती लगा हिन्दुओ
वरना ये लाल गैरों के घर जाएँगे।'

अग्निपथ पर चलने वाला क्या राजपथ का रास्ता नहीं जानता ? जानता है लेकिन सृजन-सौन्दर्य के अनुभूत-क्षण में (ऐतिहासिक दौर में) अग्नि-पथ चुनता है। व्याख्या,

समीक्षा, आलोचना के लिए तीसरा दशक समझदार है, यथार्थ-द्रष्टा है, अन्तर्बाह्य में फरक करता है किन्तु ये दृष्टिसम्पन्न 'कामायनी', 'राम की शक्ति-पूजा', 'पल्लव', 'गोदान' नहीं लिख पाते। शिशु आस्था में कोई ऐसी दुर्लभ सिसृक्षा है जो जवानी के रचनाकारों—भगवतीचरण वर्मा, बच्चन, दिनकर, माखनलाल चतुर्वेदी—में नहीं है।

प्रबन्धात्मकता व्यवस्था एवं अन्तस्सम्बन्धता का आकार माँगती है। अनुभूति और दर्शन, दोनों माँगती है। अपने समय की कोई ऐतिहासिक विचारधारा माँगती है। 'अनुभूति' का काम 'नदी के द्वीप' और सिर्फ 'क्षण' से चल सकता है। लहरों के निमंत्रण पर जाने की अनुभूति तो हो किन्तु लहरों का निमंत्रण स्वीकार करने के बाद की कथा न हो—प्रसाद और बच्चन का अन्तर साही नहीं देखते।

बच्चन, वर्मा आदि की कविता का छायावादी कविता से यह अन्तर है। जवानी है, कर्म का उन्माद गायब है। नाटकीय द्वन्द्व नहीं है। नाटकीय संवाद में संवाद से ज्यादा एकालाप है।

नई कविता में साही को कबीरदास की मानसिकता मिलती है। डॉ. नामवर सिंह ने कभी लिखा था : 'बुद्धि हो तो आदमी क्या नहीं कर सकता !' बच्चन, भगवतीचरण वर्मा का साहित्य दर्शन, विचार, सत्याग्रह से विरत अनुभूति का साहित्य है। वह तट पर खड़े लहरों की क्रीड़ा देखने वालों का सुरक्षित साहित्य है—लोकप्रिय है। प्रेमपत्र लिखने में काम आने वाला साहित्य है। मंच लूटने का साहित्य है। उर्दू कवियों की लोकप्रियता को टक्कर देने वाला हिन्दी साहित्य है। ऊबड़-खाबड़ नहीं है। भला मानुष है।

छायावाद का तो पतन हो रहा था, लेकिन सत्याग्रह तो जोरों पर था। कांग्रेस का एक अंश किसान-मजदूरों के आन्दोलन की ओर उन्मुख होकर गांधी जी के सुधारवादी विचारों से असन्तुष्ट था। प्रेमचन्द 'गोदान' लिख रहे थे, जिसमें मजदूर मिल जलाते हैं। छोटा किसान बड़े किसान के खेत में मजदूरी करते मरता है। बुद्धिजीवी, सम्पादक, अध्यापक, ऊपर से तितली अन्दर से मधुमक्खी महिला—इन सबका पाखंड, और इसके साथ-साथ इन्हें सामाजिक या समाज-सुधार के कार्यों में लगते दिखाया गया है। यह सब बच्चन, भगवतीचरण वर्मा के गीतों के मोह में नहीं है और 'गोदान' के ही साथ-साथ 'राम की शक्ति-पूजा', 'सरोज स्मृति' लिखी जा रही थी। 'कामायनी' का प्रकाशन हो रहा था। बच्चन, भगवतीचरण वर्मा के साथ दिनकर, माखनलाल चतुर्वेदी को बिठाना ज्यादती है। बच्चन और भगवतीचरण वर्मा का साहित्य सत्याग्रह-युग का ही साहित्य है किन्तु सत्याग्रही नहीं है। वह लहरों के निमंत्रण पर लहरों में न बहने की कसक की अभिव्यक्ति है। ये लहरें सत्याग्रह की नहीं हैं, कहीं और की हैं। वर्जित प्रदेश की भी हो सकती हैं। जो लोग संयम करना पुण्य समझते हैं, वे उनके पाखंड का पर्दाफाश करके आत्मतुष्ट होने या अपने पाप के औचित्य को सिद्ध करने का साहित्य रचते हैं। बीजगुप्त कोई संग्राम नहीं लड़ता। अपने विलास को सिद्ध करने के अलावा उसका कोई और काम नहीं। वह 'कामायनी' की देव-संस्कृति का सदस्य है।

छायावादोत्तर सत्याग्रह-युग की अभिव्यक्ति निराला की परवर्ती कविताएँ करती हैं, जिस तरह तीसरे दशक में सत्याग्रह का रूप बदलता है। आन्दोलन वामपंथ की

ओर उन्मुख होता है। जयप्रकाश, सुभाष का नेतृत्व सुधारवाद का विरोध करता है। कविता का भी रूप बदलता है—छायावादी तत्समता की कोमलकान्त पदावली की जगह भदेसपन, लोकभाषा के यथार्थ की कड़ियल, रूखी-सूखी पदावली आती है। प्रगतिशील कवियों के यहाँ किसान-मजदूर आन्दोलन से उत्पन्न जो रेटरिक है, वह छायावादी रेटरिक से अलग है। इसमें समाजवादी लक्ष्य की ओर बढ़ने का उत्साह और जमींदारों, साम्राज्यवादियों, पूँजीपतियों के प्रति आक्रामकता है। इसमें रीतिबद्धता, गतानुगतिकता नारेबाजी भी शामिल है। सार्थकता, पराजय, आशा-निराशा का स्वर भी है। इस कविता ने सौन्दर्य के जो चित्र प्रस्तुत किए हैं—निराला की बात छोड़िए—नरेन्द्र शर्मा, दिनकर, नागार्जुन, शमशेर, केदारनाथ अग्रवाल, त्रिलोचन, भवानीप्रसाद मिश्र, शैलेन्द्र, गिरिजा कुमार माथुर, भारतभूषण अग्रवाल, रामविलास शर्मा, अज्ञेय के प्रभाव से मुक्त परवर्ती रघुवीर सहाय, सर्वेश्वर, केदारनाथ सिंह आदि में उनका महत्त्वांकन अभी पूरा नहीं हुआ है।

साही निर्मल वर्मा की तरह इतिहास को अभिशाप नहीं मानते। वे इतिहास की तरह स्थितियों का विश्लेषण करते हैं, सूक्ष्म पर्यवेक्षण से अन्तर्विरोधों को पकड़ते हैं। उनके लेखों में जो लेख मुझे सबसे अधिक अच्छा लगता है, वह है 'मार्क्सवादी समीक्षा और उसकी कम्यूनिस्ट परिणति'। मुझे यह लेख किसी मार्क्सवाद-विरोधी का नहीं बल्कि किसी ईमानदार मार्क्सवादी का लिखा हुआ लगता है। भारतीय सन्दर्भ में आते ही वे अनावश्यक रूप से मुखर और तीव्र हो जाते हैं। वह भी पूर्णत: अनुचित नहीं।

'साहित्य और राजनीति' निबन्ध भी किसी मार्क्सवादी साहित्यकार का लेख लगता है। पाठक आश्चर्य के साथ पढ़ते हैं कि साही सर्वसत्तावादी शासन की संस्कृति-विरोधी नीतियों के विरुद्ध और वह भी सोवियत संघ में भाषा-नीति की तानाशाही के विरोध में स्टालिन का वक्तव्य प्रस्तुत करते हैं (पृ. 31, निबन्धों की दुनिया में : राजनीति और साहित्य)।

साही पार्टी साहित्य की निन्दा नहीं करते। वे कहते हैं कि वह जनवादी साहित्य भी हो सकता है और घोर प्रतिक्रियावादी भी। वे वर्ग भावना को ध्यान में रखकर लिखे साहित्य में वर्ग को संस्कृति-सम्पन्न बनाने की सम्भावना देखते हैं किन्तु उत्कृष्ट साहित्य की रचना का आधार मानवीय भावना ही मानते हैं।

साही साहित्य और उसकी समस्याओं का विश्लेषण मौलिक ढंग से करते हैं। मौलिकता प्रभावित करती है और नई स्थितियों को अपनी समझ में जोड़ती है। लेकिन यह सर्वथा तटस्थ भी हो, यह जरूरी नहीं। आलोचना में—या किसी भी प्रकार के विश्लेषण में अन्य के पक्षों को सम्यक् ढंग से प्रस्तुत करने और उन पर ध्यान देना आपके विचारों को विश्वसनीय बनाता है। अपनी बात का आग्रह सत्याग्रह नहीं है। 'धर्मनिरपेक्षता की खोज' लेख में साही निर्मम तटस्थता से स्थापित करते हैं कि धर्मनिरपेक्षता धर्म-रहितता या धर्म-विरोध में नहीं है। मध्यकालीन कवियों, सन्तों में धर्म था लेकिन वे आज की दृष्टि में अधिक धर्मनिरपेक्ष थे। उनका साहित्य धर्म की उपेक्षा करके मानवीय धरातल पर संकीर्णता से ऊपर उठ जाता है। रीतिकालीन

साहित्य शृंगार का चित्रण करके वस्तुत: धर्मनिरपेक्ष हो जाता है। उनका यह विचार है कि तर्क और ज्ञान के आधार पर धर्म की आलोचना करने वाले आधुनिक शिक्षित बुद्धिजीवियों की धर्मनिरपेक्षता दिखावटी है। आजकल इसे ही हिन्दू दक्षिणपंथी स्यूडो सेक्यूलरिज्म कहते हैं और जेनुइन सेक्यूलरिज्म की बात करते हैं। यहाँ तक तो ठीक लेकिन इसके बाद वे अपने विचारों की परिधि में प्रेमचन्द को लपेटते हुए कहते हैं : 'प्रेमचन्द उर्दू से हिन्दी में आए—गाँव और किसान की तलाश में और उन्होंने अपने प्रसिद्ध एकरंगी उपन्यास लिखे। उन्होंने यथार्थ तक पहुँचने के लिए सबसे छोटी राह पकड़ी—प्रत्यक्ष की राह' (पृ. 54, वही)।

प्रत्यक्ष की राह पकड़ने से प्रेमचन्द के उपन्यास एकरंगी हो गए। लोगों ने कहा है कि भारत का यथार्थ प्रेमचन्द के कथा-साहित्य में है। क्या यह यथार्थ एकरंगी है? आगे साही ने बताया कि 'गोदान' में प्रेमचन्द के मन में एक पौराणिक आस्था घुमड़ती है, गोदान की। यहाँ धर्मनिरपेक्षता और धर्मभीरुता जानबूझकर मिलाई हुई दीखती है।

गोदान का दृश्य होरी की मृत्यु के वर्णन के समय आता है। वह यथार्थ की माँग है कि जानबूझकर मिलाया हुआ है? वह धार्मिक रीति-क्रिया कर्म की क्रूरता, हृदयहीनता के प्रति आक्रोश है कि किसान को आदमी बनाने के लिए पातालगंगा से आई हुई धारा है?

साही के आलोचना-कर्म के मूल में दर्शन और अनुभूति का द्वन्द्व है। वामपंथी साहित्य और आलोचना के विरोधी लेखकों के विचारों में इस दृष्टि से समानता है। साही प्रसाद की आलोचना करते हुए मानते हैं कि उन्होंने अनुभूति को दर्शन में बदल दिया और अज्ञेय ने दर्शन को अनुभूति में परिवर्तित किया और इस तरह हिन्दी कविता का विकास सम्भव किया।

हिन्दी कविता का पाठक यह पढ़कर आश्चर्य में पड़ेगा। कबीर, सूर, तुलसी भी क्या अनुभूति के कवि नहीं हैं? उनकी कविताओं के ही कारण भक्तिकाल को हिन्दी साहित्य का स्वर्णयुग कहा जाता है। ये भक्त कवि हैं और भक्ति के कम-से-कम चार सम्प्रदाय हैं—दार्शनिक सम्प्रदाय।

उपर्युक्त कवियों में एक नाम जानबूझकर छूटा है—जायसी का। जायसी आज जिस महान कवि के रूप में प्रसिद्ध हैं, उसका श्रेय आचार्य रामचन्द्र शुक्ल को है। शुक्ल जी के सर्वाधिक प्रिय कवि तुलसीदास हैं, किन्तु शुक्ल जी की आलोचना की श्रेष्ठता का द्योतक 'जायसी ग्रन्थावली' की भूमिका है, तुलसी-विषयक आलोचना नहीं। शुक्ल जी ने जायसी को सूफी कवि माना, 'पद्मावत' को सूफी-काव्य का ग्रन्थ।

विजयदेव नारायण साही ने जायसी पर इसी नाम (जायसी) की पुस्तक लिखी। विस्तार से विचार करके बताया कि 'पद्मावत' सूफी-काव्य नहीं है। वह काव्य है। शुक्ल जी ने 'पद्मावत' के पूर्वार्द्ध और उत्तरार्द्ध में कथानक की दृष्टि से फाँक देखा है यानी 'पद्मावत' में पद्मिनी के पारस-रूप के प्रतीक का निर्वाह नहीं हुआ है। साही ने इसे जायसी की मौलिक, जोखिम भरी सर्जनात्मक कल्पना बताया। ऐसा साहस मध्ययुग में केवल जायसी ने किया है।

उन्होंने मिथक और इतिहास को जोड़कर हिन्दू और तुर्क, दोनों के युद्ध की कथा को शामिल करके काव्य रचा और पाठकों में समान, दैनिक काव्यानुभूति का संचार किया। कबीरदास तक हिन्दू तुरुका का नाम लेते हुए उनमें समान दूरी बनाए रखते हैं।

'कबीरदास जानबूझकर दोनों से समांन्तर दूरी की नीति बनाते हैं, ताकि उनकी निष्पक्षता पर आँच न आवे। हिन्दू-मुसलमान, दोनों बिना राह पाए भटक रहे हैं, लेकिन दोनों के भटकाव अलग-अलग हैं। जायसी एकमात्र कवि हैं जिनके सामने हिन्दू-मुसलमान अलग-अलग नहीं हैं। वे घुल-मिलकर सामान्य पाठक या श्रोता हो गए हैं। इसीलिए जायसी को न चौकन्नी तटस्थता की जरूरत पड़ती है, न आलोचना और प्रतिरोध के तराजू के दोनों पल्लों को बराबर बनाए रखने की चिन्ता व्यापती है (पृ. 68, जायसी—प्रकाश हिन्दुस्तानी अकादमी, इलाहाबाद)।

इस उदाहरण में 'जानबूझकर' और 'ताकि उनकी निष्पक्षता पर आँच न आवे' और जायसी को न 'चौकन्नी तटस्थता' की जरूरत पड़ती है, अंश ध्यान देने योग्य है। कबीरदास की यह नई छवि है जो 'नई कविता' के कवि और आलोचक विजयदेव नारायण साही गढ़ना चाहते हैं। कबीरदास को 'निर्भीक, दो टूक कहने वाला, राम का भी निहोरा न लेने वाला' आदि कहा गया है। अपने ही साक्ष्य पर उन्हें आँखिन देखी कहने वाला समझा जाता है। लेकिन 'जानबूझकर', 'तटस्थता पर आँच न आने देने वाला', 'चौकन्नी तटस्थता' बरतने वाला किसी ने न कहा है, न समझा है। कबीरदास को किससे चौकन्ना रहने की जरूरत थी? तटस्थता बरकरार रखने से उन्हें बल मिलता? वे दोनों की आलोचना करते हैं। 'पांडे कौन कुमति तुँह लागी। कस रे मुल्ला बांग निवाजा', लिखकर जोखम उठाते हैं या चौकन्नी तटस्थता बरतते हैं? सौन्दर्य-बोध का एक विवादी स्वर होता है। कबीरदास कर्मकांड का विरोध करके भाव-भक्ति की साधना और प्रचार कर रहे थे। जो समझते हैं, उसे कहने का जोखिम उठाते थे। काशी में रहकर हिन्दुओं, ब्राह्मणों के कर्मकांड की निन्दा करते थे। यह भाव भगति की अभिव्यक्ति का, भक्ति के सौन्दर्य का विवादी स्वर था।

जायसी विवादी स्वर नहीं अपनाते थे। लोक-प्रचलित कहानी पर काव्य लिखा—उसमें पद्मिनी की कथा भी जोड़ दी। हिन्दू-तुरुक लड़ाई दिखा दी। प्रेम की पीर की अद्भुत व्यंजना की। कबीरदास से उनकी भिन्नता की सराहना शुक्ल जी ने भी की। लेकिन कबीर को चौकन्ना या जानबूझकर तटस्थता बरतने वाला नहीं कहा है। श्री विजयदेव नारायण साही के कबीर मानो स्वातंत्र्योत्तर भारत के किसी राजनीतिक पार्टी के चतुर खिलाड़ी हैं जो हर बात तौल-तौल कर बोलते हैं कि वोट कट न जाए।

साही इसके पहले 'लघुमानव' वाले लेख में कबीरदास की कविता और 'नई कविता' में सादृश्य ढूँढ़ चुके थे :

'कबीरदास और उनके साथियों की तरह आज भी नई कविता अधिक-से-अधिक उस अज्ञातवय कुलशील, नामहीन ,अलग संख्यातीत रूपों में याद किए हुए सत्य तक ही पहुँचती है' (पृ. 123, निबन्धों की दुनिया)।

नई कविता उतनी चौकन्नी नहीं है, इसीलिए राम-रहीम नाम एक साथ नहीं लेती।

वह गांधी जी की तरह अल्ला-ईश्वर का भी नाम एक साथ नहीं लेती। गांधी जी भी चौकन्नी तटस्थता बरतते हैं।

'पद्मावत' में 'हिन्दू-तुरुक' की लड़ाई का रूप क्या है? 'पद्मावत' शेरशाह सूरी के समय में लिखी गई थी। तब हिन्दू-तुरुक का मतलब हिन्दू राजा और मुस्लिम बादशाह था। साही 20वीं सदी के चिन्तक हैं। समाजवादी पार्टी के हैं। वे आज भी हिन्दू-तुरुक का मतलब वही लेते हैं। कबीरदास के हिन्दू-तुरुक और जायसी के हिन्दू-तुरुक में अन्तर है। कबीरदास के हिन्दू-तुरुक का मतलब हिन्दू मत और इस्लाम को मानने वाली जनता से है। राजा-महाराजा से नहीं। रत्नसेन और अलाउद्दीन कबीरदास के हिन्दू-तुरुक नहीं हैं।

कथानक की दृष्टि से कई फाँकें हैं। हिन्दी के आदिकालीन और मध्यकालीन हिन्दी प्रबन्ध आख्यानों में कन्या हरण को युद्ध का कारण माना है। राजकुमारी के सौन्दर्य का वर्णन सुनकर नायक राजा व्याकुल हो उठता है—जैसे पृथ्वीराज चौहान, बीसलदेव और 'पद्मावत' के नायक रत्नसेन का किसी विवाहित स्त्री का रूप सुनकर व्याकुल होकर युद्ध करना। हिन्दी रोमांच आख्यानों की कथानक रूढ़ि नहीं है। अलाउद्दीन विवाहिता स्त्री के रूप-वर्णन से व्याकुल होता है। विवाहिता का हरणकर्ता हिन्दू मान्यता में 'रावण' होता है। इस रावणत्व के प्रति जायसी के मन में कोई रोष नहीं है। थोड़ा-सा चौकन्नापन होता, सौन्दर्य-बोध का विवादी स्वर होता तो 'हिन्दू-तुरुकहिं भई लड़ाई' का यह रूप न होता। जातियों के शब्दार्थ स्मृतियों से, परम्परा-बोध से आकार लेते हैं। पत्नीहर्ता के प्रति आक्रोश की रहितता 'चन्दायन' में भी है लेकिन वहाँ अपहर्ता लोरिक रावण नहीं बनता क्योंकि नायिका का पति नपुंसक है—लेकिन लांछित वह भी होता है।

'चन्दायन' अभी तक अवधी सूफी काव्यों में सबसे प्राचीन है। काव्योत्कर्ष की दृष्टि से 'पद्मावत' से उसकी कोई तुलना नहीं है लेकिन कथानक का ढाँचा वही है। जगह-जगह अन्योक्तिपरक रूपक—इस लोक के वर्णन में परलोक की व्यंजना। नायिका के पारस-रूप का संकेत। उसके उद्यान-वर्णन की तुलना पद्मावत के सिंहलगढ़ की अमराई से करेंगे तो बहुत निराश नहीं होंगे। आप उसे सिंहलगढ़ न कहें लेकिन मायालोक का आभास वह देता है।

जायसी हिन्दू-तुरुक, दोनों की कमियों पर चुप हैं (कबीरदास के विपरीत) और प्रतापी शासक अलाउद्दीन की अमानवीयता पर भी। बादशाहों का विरोध खुसरो नहीं करते थे। जायसी भी नहीं करते। अवसर आने पर सूर्य वे रत्नसेन को भी कहते हैं, अलाउद्दीन को भी। पद्मिनी-नागमती के जौहर पर उनकी कोई प्रतिक्रिया नहीं। पाठकों, श्रोताओं पर निस्सन्देह प्रभाव पड़ता है :

'जौहर भई इस्तिरी प्रकट भये संग्राम,
पातसाहि गढ़ चूरा चितउर भा इस्लाम।'

'काव्यान्त' इस्लाम से। रहे नाम बस एक अल्लाह का। साही अपनी धर्मनिरपेक्षता वाले विचार पर कायम रहते तो साफ़ कह सकते थे। जायसी 'पद्मावत' के अन्त में इस्लाम की जय की परम्परा का पालन करके साम्प्रदायिक नहीं हो जाते। सूफी काव्य

होकर भी 'पद्मावत' का काव्यत्व आहत नहीं होता, जैसे—कबीर, सूर, तुलसी, मीरा, रसखान का काव्य आहत नहीं होता।

साही यह नहीं कहते। वे परायी विवाहिता को पाने के लिए अलाउद्दीन द्वारा चित्तौड़ के युद्ध को हिन्दू-तुरुक लड़ाई कहते हैं और जायसी द्वारा दोनों की समानुभूति के आधार पर ट्रेजेडी की अभिव्यक्ति मानते हैं। विलक्षण मत प्रकट करते हैं कि जायसी के इस काव्य के आधार पर इतिहासकारों ने इस युद्ध को पद्मिनी के लिए युद्ध का उल्लेख किया है। 'पद्मावत' से पूर्व रचित 'चन्दायन' को सूफी सम्प्रदाय का ऐसा काव्य माना जाता था कि दिल्ली में उसका पाठ धार्मिक भावना के साथ होता था :

'मौलाना दाऊद ने उसके सम्मान में हिन्दी भाषा में 'चन्दायन' नामक मसनवी की रचना की जो लोरिक प्रेमी और उसकी प्रेमिका की कथा पर आधारित है। तवारीख के अनुसार यह काव्य अत्यन्त लोकप्रिय था और जब धर्मोपदेशक मख्दूम शेख तकीउद्दीन मिम्बर से इस काव्य के अंश पढ़कर सुनाते थे तो लोगों पर इसका विचित्र प्रभाव पड़ता था' (पृ. 333, मुल बउतवारीख अब्दुल कादिर इब्नेमालूक, अनुवादक : जे.एस. रैकिंग)।

साही ने इन दोनों धार्मिक व्यक्तियों के प्रमाण को दृढ़ तर्क से निरस्त किया है, वह काफी मनोरंजक है। लिखा है :

'दाऊद ('चन्दायन' के कवि) को तकीउद्दीन वाइज रब्बानी और बदायूँनी ने ईश्वरीय संकेतों का वाहक होने का प्रमाणपत्र दिया। हमारे पास यह जानने का कोई साधन नहीं है कि कविता की समझ इन महानुभावों के पास आज के आलोचक डॉ. रामविलास शर्मा से अधिक थी या नहीं' (पृ. 60, जायसी)।

'चन्दायन' को ईश्वरीय संकेत का वाहक मान लें तो उसकी छाया 'पद्मावत' पर भी पड़ेगी। इस सम्भावना को निरस्त कर दिया रब्बानी और बदायूँनी को रामविलास शर्मा के साथ जोड़कर—कविता न समझ पाने वाले के साथ रखकर।

पद्मिनी की लोककथा या इतिहास को 'पद्मावत' में जायसी ने क्यों जोड़ा? उत्तरार्द्ध काव्य की दृष्टि से, पूर्वार्द्ध के सामने कहीं ठहरता नहीं। क्या जोड़-गठबन्धन हिन्दू-मुस्लिम के भावैक्य के लिए किया गया है कि पद्मिनी की कथा अन्ततोगत्वा चितउर को इस्लाम बनाने की कथा-रूढ़ि में उपयुक्त ठहरती थी?

यहाँ दुहरा देना जरूरी है कि जायसी महान कवि थे। केवल अवधी के कवि जायसी हैं, तुलसी नहीं—लेकिन वे कामभर के मुसलमान भी थे, जैसे तुलसी कामभर के ब्राह्मण।

विजयदेव नारायण साही की दृष्टि में द्वन्द्व दर्शन और अनुभूतिका है। 'लघुमानव' वाले लेख में उन्होंने कुँवर नारायण की इन पंक्तियों को अपनी व्याख्या में आधार-भूमि की तरह उद्धृत किया है :

'उदार दार्शनिक
तुम्हारे दर्शन में अपनी विकलता पाता हूँ
काश, अपनी विकलता में
तुम्हारा दर्शन पा सकूँ!'

विकलता अनुभूति है। दर्शन सम्बन्धों की व्यवस्था स्थापित करता है। शुरुआत जड़-चेतना के सम्बन्ध से करता है। उसका एक अंग विश्व-बोध है। विश्व-बोध अपने अनुसार जीवन-दर्शन की माँग करता है। जीवन-दर्शन यानी जीवन-आचरण या साधना का मार्ग और विधि। मायावाद जगत को मिथ्या मानता है तो संन्यास की साधना है। आइंस्टीन विज्ञान को मानवता का सबसे नया धर्म मानते थे तो रहस्य की खोज की साधना करने की बात भी करते थे। उनके लिए रहस्य सौन्दर्य है। कबीरदास भक्त थे। संसार मिथ्या है—राम ही हैं और कोई नहीं। जो है, सार ही सत्य है। उसे पाने की विह्वलता है। दर्शन और अनुभूति में सनातन वैर नहीं, द्वन्द्व नहीं; बल्कि दर्शन सत्य को जानने और पाने की व्याकुलता पैदा करता है। इसीलिए उसे पाने का मार्ग यानी साधना भी तय करता है। सबसे विचित्र बुद्ध का दर्शन है। जो है, वह क्षणिक है यानी सत्य (सदा रहने वाला) कुछ है ही नहीं। तो भी यह दर्शन करुणा का मार्ग है। बुद्ध करुणावतार कहे जाते हैं। उनके दो शिष्यों की अकाल मृत्यु हो गई। परिषद में उपदेश देते समय बोले : 'ये दिशाएँ शून्य मालूम पड़ती हैं।' फिर सँभलकर बोले : 'शास्ता को कोई परिवेदना नहीं।'

परिवेदना न होती तो उल्लेख क्यों करते? कोई दर्शन व्यवस्थापूर्ण ज्ञान नहीं बताता। अपनी समझ से सत्य पाने की साधना का मार्ग खोजता है। वह सत्य पाने की विकलता के कारण ही निर्मित होता है। विकलता को अनुभूति ही माना जाएगा।

जीवन इतना विविध और व्यापक एवं गतिशील अनुक्षण सर्जित-विसर्जित है कि न दर्शन पूर्ण हो सकता है, न अनुभूतियों की सीमा हो सकती है। व्यवस्था दर्शन, शास्त्र, विचारधारा, अनुभूतियों को बाँध नहीं सकती। कवि अपनी ओर से सत्य का संधान अभिव्यक्ति के रूप में करता है—शास्त्र और स्थिति की अभिव्यक्ति के परस्पर विरोध में वह अनायास स्थिति-प्रेरित अनुभूति की अभिव्यक्ति करता है। यह काम कवि, कलाकार ही नहीं करता, वैज्ञानिक भी करता है। सत्य के नये रूप को पाकर वह सिद्धान्त की नई व्याख्या करता है। बुद्ध ने कहा : 'मेरे वचन नदी पार करने की नौका हैं।'

इसीलिए वैज्ञानिक गलत नहीं होते, अपूर्ण होते हैं। विचारधारा, राजनीति का अनुशासन न मानकर साहित्य रचने वाले कलाकारों—साही, लक्ष्मीकान्त वर्मा, धर्मवीर भारती, सर्वेश्वर, रघुवीर सहाय, निर्मल, अज्ञेय—ने उत्तम साहित्य रचा है। पार्टी अनुशासन में रहकर नागार्जुन, मुक्तिबोध, शमशेर, केदारनाथ अग्रवाल, मख्दूम, फैज, मजाज आदि ने भी। विचारधारा से बद्ध कलाकारों ने भी विचारधारा की उपेक्षा करके या उससे विद्रोह करके साहित्य रचा है।

'पद्मावत' सूफी काव्य नहीं है, यह स्थापित करना इतना जरूरी नहीं है। उसमें सूफी तत्त्व हों, वे जगत की स्थितियों को सूफी सम्प्रदाय की दृष्टि से देखते भी हों—तो भी हर्ज नहीं। स्थितियों के अनुसार अनुभूति की अभिव्यक्ति करते समय सूफी मतवाद की परवाह नहीं करते। उनका कवि स्वतंत्र है। मतवाद से कबीर, तुलसी, सूर, मीरा भी स्वतंत्र हैं। सगुण कवियों के यहाँ यह द्वन्द्व राम के ब्रह्म में और लीलाधारी

मनुष्य में है, तो निर्गुण कवियों के यहाँ लोकोत्तर और लौकिक भावभूमि में है। जायसी के यहाँ—एक मध्यकालीन धर्मानुयायी कवि के यहाँ—यह द्वन्द्व है ही नहीं, यह मानना कठिन है।

II

लक्ष्मीकान्त वर्मा की पुस्तक 'नई कविता के प्रतिमान' में लघुमानव को साहित्य और विवाद के केन्द्र में स्थापित करने का प्रयास है। महानता की बात व्यर्थ है। छायावादी साहित्य आकाश में उड़ता है। राजनीतिक और आध्यात्मिक, दोनों प्रकार के आदर्श अधिनायकत्व में पर्यवसित होते हैं। जहाँ तक बड़े-बड़े आदर्शों के परस्पर-विरोध की बात है—मर्यादा दोनों पक्षों ने तोड़ी है। मनुष्य के पास रह गई है यथार्थ की वस्तुस्थिति जो विवेक से प्रशासित और वैज्ञानिकता द्वारा अनुमोदित है (पृ. 108)।

लक्ष्मीकान्त वर्मा की दृष्टि में : 'वस्तुत: पिछली अर्द्धशताब्दी की राजनीतिक एवं सांस्कृतिक भ्राँतियों ने आज का जीवन इतना भ्रमपूर्ण एवं शंकाकुल बना दिया है कि उसका सम्पूर्ण व्यक्तित्व ही एक मशीन की भाँति या कठपुतली की भाँति स्वत: चालित न होकर दूसरों द्वारा परिचालित होता है' (पृ. 272-73)। इस स्थिति से बचने का रास्ता केवल एक है : 'उसका तर्क, उसकी विवेक और विश्लेषण शक्ति! आज का जीवन मात्र कल्पना का जीवन नहीं है। आज हमें महानता से अधिक महत्त्व उस लघुता को देना पड़ेगा जो शताब्दियों से धर्म, राजनीति, नियति और कितने अन्य अपवादों के बीच एक दुर्घटना का शिकार बनी रही है (पृ. 275)।

लक्ष्मीकान्त वर्मा महानता के विषय में कहते हैं : 'महानता या विराटता का भाव अविश्वास से प्रारम्भ होता है और वह समस्त मानवता को एक क्रमबद्ध ऊँचे-नीचे के परिप्रेक्ष्य में देखने का प्रयास करती है' (पृ. 277)।

नई कविता सांस्कृतिक आग्रहों की अपेक्षा अपने कथ्य को अनुभूति के माध्यम से व्यक्त करती है। प्रत्येक अनुभूति मूल्यवान है।

नई कविता जीवन के यथार्थ तत्त्वों से पृथक् किसी भी नैतिकता का मानचित्र नहीं प्रस्तुत करती (पृ. 280)। सीमा और मर्यादा जीवन के क्षण-प्रतिक्षण के समर्थन द्वारा ही प्राप्त की जा सकती है। मुक्ति का रूप विविधता में प्रस्फुटित होता है। उसकी अभिव्यक्ति माला के सूत्र में नहीं, स्वतंत्र उन्मुक्त जीवन में होती है। प्रत्येक व्यवस्था पर शंका करने के अधिकार के बिना लघुमानव को आत्मविश्वास नहीं प्राप्त हो सकता।

व्यवस्था में शंका करने के अधिकार का विरोध कोई नहीं कर सकता। सवाल है : कैसी व्यवस्था और कैसा विरोध? व्यवस्था का व्यवस्थित विरोध या उन्मुक्त विरोध? 'नई कविता के प्रतिमान' के अन्तिम अंश में लक्ष्मीकान्त वर्मा ने अपनी तर्क-योजना का सार इन शब्दों में प्रस्तुत किया है :

'आज का साहित्य मात्र साहित्येतर जीवन का ग्राफ बनकर नहीं रह गया है वरन् उसकी अन्तर्वेदना और उसके यथार्थ को समान रूप से साक्षात्कार करता हुआ

चल रहा है।...नई कविता में यथार्थ का वह सतही रूप नहीं है जो पिछले दो दशकों में प्रगतिवाद ने प्रस्तुत किया है।...आज के साहित्य में वैविध्य अधिक है।...एकरूपता और एक स्वरबद्ध आलाप के प्रति सहज विद्रोह की भावना स्पष्ट दिखलाई पड़ती है, इस युग की विशेषता है और जिसका प्रयास तक हमें छायावाद और प्रगतिवाद में नहीं मिलता, वह है लघुमानव के प्रति लघु परिवेश की सबल अभिव्यक्ति की बात' (पृ. 287)।

शंका, तर्क, व्यवस्था में विरोध का स्वर—इन सब पर किसी को आपत्ति का प्रश्न नहीं उठता। लेकिन यहाँ महानता और लघुता में, परस्पर विरोध का आग्रह है। व्यवस्था और व्यक्ति में, व्यवस्थित विचारधारा और अनुभूति में विरोध है। क्षण जीवनप्रवाह में विशिष्ट उभरा हुआ है। क्षण और क्षण में सम्बन्ध नहीं है। माला को सूत्र की जरूरत ही नहीं। माला है ही नहीं।

विशेष बल व्यापकता के समानान्तर अनुभूति और अनुभूति की तीव्रता पर है।

'प्रश्न आज यह नहीं है कि हम किस व्यापकता का नारा लगा सकते हैं, प्रश्न यह है कि हम कितनी तीव्र अनुभूति के साथ जी सकते हैं। आज के देशकाल में जीने के लिए तीव्र अनुभूति और उस जीवन को अभिव्यक्ति देने के लिए उन अनुभूतियों के बीच अवतरित हर क्षण की तीव्रता का दायित्व—ये दो वस्तुएँ हैं जो जीवन को आस्था और आत्मविश्वास, दोनों दे सकती हैं' (पृ. 289)।

'व्यापकता' क्या है? और तीव्र अनुभूति के साथ जीने का तरीका क्या है? यहाँ व्यापकता को नीचे रखकर अनुभूति और क्षण बल्कि हर क्षण पर जोर है।

'लघुमानव' जिस परिस्थिति की उपज है और उसकी जो मानसिक स्थिति है, उसे स्पष्ट करने के लिए लक्ष्मीकान्त वर्मा ने 'अन्धायुग' में अपने विचार सोदाहरण प्रकट किए हैं :

'डॉ. धर्मवीर के 'अन्धायुग' की मौलिक समस्या इन्हीं मूल्यों और मर्यादाओं के अन्वेषण को लेकर उपस्थित हुई है। इस गीति-नाटक की यही विशेषता है कि युद्धोपरान्त आज के जीवन की विषमता को महाभारत जैसे महायुद्ध के अन्तिम भग्नावशेषों की जीवनगाथा के साथ रखकर देखने की चेष्टा की गई है। युद्धोपरान्त संस्कारों की विकृतियों में सारे मूल्य हिल जाते हैं :

'युद्धोपरान्त
यह अन्धायुग अवतरित हुआ
जिसमें स्थितियाँ मनोवृत्तियाँ आत्माएँ सब विकृत हैं
है एक बहुत पतली डोरी मर्यादा की
पर वह भी उलझी है दोनों पक्षों में।'

अन्धायुग किस देश में अवतरित हुआ? वहाँ, जहाँ महाभारत हुआ था। बीसवीं शताब्दी में महाभारत कहाँ हुआ था? यूरोप में कि भारत में? द्वितीय विश्वयुद्ध ने जिस फ्रांस के बुद्धिजीवियों को निराश-हताश बना दिया, उसने विनाश का अनुभव किया था। जापान ने अणुबम का अनुभव किया। द्वितीय विश्वयुद्ध के बाद भारत स्वतंत्र

हुआ, योजनाएँ बनीं, नवनिर्माण शुरू हुआ। समानता के आधार पर संविधान तैयार और लागू हुआ। महाराजाओं, करोड़पतियों, ब्राह्मणों, शेखों, मौलवियों और दलितों, महादलितों, स्त्री-पुरुषों—सबको मतदान से प्रधानमंत्री बनाने का अधिकार मिला। नये विश्वविद्यालय खुले। जमींदारी का उन्मूलन हुआ। विपत्तियाँ भी पड़ीं। शरणार्थी आए। वे भारत में घुलने-मिलने लगे। हम महान नहीं बने। लेकिन हमारा महान उद्देश्य स्वातंत्र्य—खंडित ही सही, मिला। दलित, सामान्य मतदाता, स्त्री—पहले से अधिक समर्थ हुए कि लघु हुए?

लक्ष्मीकान्त वर्मा, धर्मवीर भारती, विजयदेव नारायण साही ने इस महान ऐतिहासिक तथ्य पर ध्यान नहीं दिया। वे लघुता की बात करते हुए स्वतंत्रता नहीं, व्यक्ति-स्वातंत्र्य की बात करते हैं। लघु का विश्लेषण नहीं करते। विश्लेषण करते समय, तर्क देते समय आर्थिक दुरवस्था, असमानता, निरक्षरता, बेरोजगारी, भुखमरी—(1949-50 में भयंकर अन्नाभाव था। पीएल 480 से अमेरिका का गेहूँ भारत आ रहा था)—की बात नहीं करते। उनकी लघुता का कोई सन्दर्भ नहीं, कोई साधन नहीं है। वह उनकी नई कविता की निवासिनी है।

जब सामाजिक, राजनीतिक, ऐतिहासिक सन्दर्भ गायब हो और बिना कुछ किए विशिष्टता की भूख हो, तब अपनी व्यक्तिगत अनुभूति, उसकी तीव्रता, व्यवस्थित जीवन, विचारधारा नहीं, क्षण महत्त्वपूर्ण लगने लगता है। भीड़ कँपाने लगती है। अकेलापन दूसरों से अलग दिखने की मानसिकता आती है। हम सबकी तरह सामान्य नहीं, अलग हैं। हम वह है जो और कोई नहीं है। महान तो सब बनना चाहते हैं। महानता को सब लोग मानते हैं। हम लघु हैं और सबसे अलग हैं। यह महानता का विरोध नहीं, उसे बिराना, मुँह चिढ़ाना हुआ।

काव्य में अनुभूति का महत्त्व है। काव्य में अनुभव का महत्त्व जीवन में अनुभूति के महत्त्व के कारण है। हम काव्य का आस्वाद करते समय, जीवन का ही आस्वाद—शब्द-चित्रित जीवन का आस्वाद करते हैं। यह अनुभूति विशिष्ट लगती है। किन्तु वह वृहत्तर जीवन के न जाने कितने अनुभवों और संस्कारों से सम्बद्ध होती है। अनुभूति क्षण अनेक क्षणों से संयुक्त है।

यह सच है कि कालान्तर में कांग्रेसी शासन में भ्रष्टाचार (नेहरू के प्रधानमंत्रित्व काल में ही) पनपने लगा था। अमीर-गरीब की खाई चौड़ी होने लगी थी। इसका विरोध प्रगतिशील कवियों ने कम नहीं किया है। इसका विरोध अज्ञेय और 'परिमल' के सदस्य रचनाकारों ने भी किया है। यह विरोध उचित था। लेकिन इस विरोध का आधार व्यवस्था-विरोध नहीं होना चाहिए—राजनीतिक व्यवस्था का, वैचारिक व्यवस्था मात्र का विरोध।

अनुभूति की विशिष्टता, क्षण की विविधता, अकेलापन, निर्वासन, लघुता—ये सब मिलकर एक हो गए। लघुता सर्वहारा का विरोध करने लगी। क्या लघुता की स्थिति में ही बने रहना उचित है? लघुता क्या निरपेक्ष है? लघुता इसलिए है कि कुछ लोग जरूरत से ज्यादा बड़े हैं। लघुमानव का एक समूह है। वह देश में बहुत बड़ा

है। क्या प्रत्येक लघुमानव अपनी लघुता में अकेला है ? क्या लघुता वांछित स्थिति है ? लघुमानव (समूह) को तो विद्रोही होना चाहिए। अन्यायी व्यवस्था का विरोध करने के लिए तो उसे मानवीय व्यवस्था का स्वप्न निर्मित करना चाहिए और उस स्वप्न को पाने के लिए संघर्ष होना चाहिए।

क्षण-अन्तस्सम्बन्धता और व्याप्ति

1964 ई. में मुक्तिबोध की मृत्यु हुई और उसी वर्ष उनका प्रथम काव्य संकलन 'चाँद का मुँह टेढ़ा है' प्रकाशित हुआ। रुग्णावस्था और उनकी मृत्यु ने हिन्दी समाज को क्षुब्ध किया और उनके साहित्य की ओर नये सिरे से आवेगपूर्वक उन्मुख किया। शीघ्र ही वे मिथक बन गए। निराला के बाद किसी साहित्यकार की मृत्यु पर लोक-संवेदना की ऐसी व्यापक लहर नहीं स्फूर्त हुई थी।

मुक्तिबोध की आलोचना पुस्तक 'कामायनी : एक पुनर्विचार' 1961 में प्रकाशित हुइ थी। उसके प्रकाशन ने पाठकों को प्रभावित करने से ज्यादा चौंकाया था। 'कामायनी' के विषय में मुक्तिबोध के विचार मौलिक थे। 'कामायनी' के बारे में अब तक जो कहा गया था, उससे बिलकुल अलग। 'कामायनी' के बारे में कम नहीं कहा गया था। वह विश्वविद्यालयों के पाठ्यक्रम में निर्धारित छायावाद का गौरव ग्रन्थ माना जाता था।

मुक्तिबोध समकालीन साहित्यिक गतिविधियों से गहरा सरोकार रखनेवाले, हस्तक्षेप करनेवाले साहित्यकार हैं। वे पक्षधर रचनाकार हैं। आलोचक के रूप में वे 'क्षण' को अतिरिक्त महत्त्व देनेवाले रचनाकारों का विरोध करते हैं। वे संवेदना को सदैव जीवन परिस्थितियों से सम्पृक्त करते हैं। उनके चिन्तन में काव्य-जीवन वास्तविक जीवन से अलग या छिटका हुआ नहीं है। काव्य जीवन और वास्तविक जीवन का अभेद उनका आग्रह है। वे आलोचना में क्षण को आवश्यकता से अधिक महत्त्व देकर उसे वास्तविक जीवन से अलग या कटा हुआ माननेवालों को सुनाकर अपना मताग्रह प्रकट करते हैं। जिन लोगों के मत का वे विरोध कर रहे हैं, उनका नाम कम लेते हैं—कभी-कभी लेते भी हैं। लेकिन उन्हें पढ़ने पर समझ में आ जाता है कि उन्होंने अज्ञेय, निर्मल वर्मा, भारती, साही, लक्ष्मीकान्त वर्मा को पढ़ रखा है। डॉ. रामविलास शर्मा आदि को भी। अपने समकालीन साहित्य का व्यापक अध्ययन मुक्तिबोध ने किया था। उनकी समीक्षाओं को देखने से लगता है कि योग्य रचनाकारों की उपेक्षा उन्हें अनुचित लगती थी।

जीवन-जगत को व्यापक फलक पर देखने और अनथक विश्लेषण करते रहना उनकी प्रवृत्ति है। विश्लेषण और व्याख्या करने से रुक जाने को वे रचनात्मक—चिन्तनात्मक क्षति का कारण मानते हैं। व्यापकता और निरन्तर व्याख्या-विश्लेषण वह भूमि है जिस पर वे प्रगतिशीलता का पक्ष लेते हैं। उसे श्रेयस्कर मानते हैं। उनके प्रिय शब्द संयोग, धारणाएँ, ज्ञानात्मक संवेदना, संवेदनात्मक ज्ञान, सामान्यीकरण आदि

वहीं उन्मुख और पहुँचते हैं। यही वैज्ञानिकता है। आलोचक मुक्तिबोध बहुत कुछ समेटकर चलने के कारण उलझे हुए लगते हैं। वे कुछ छोड़ना या अनदेखा करना नहीं चाहते—रचना और आलोचना, दोनों में। आलोचना में वे दो टूक हैं।

मुक्तिबोध की आलोचना का स्वर व्यापक, विश्लेषक, व्याख्यापरक एवं वैज्ञानिक है—आश्चर्यजनक रूप से मौलिक एवं विरोधियों के प्रति सख्त है। इस अर्थ में वे प्रतिबद्ध वामपंथी आलोचक हैं। समझौताविहीन।

अज्ञेय, निर्मल वर्मा, साही आदि के यहाँ सर्जना-क्षण या रचना-जीवन शेष जीवन से अलग या विशिष्ट होता है। वे इस विशिष्टता या भिन्नता को भरपूर रेखांकित करते हैं। इसी आधार पर वे साहित्य को राजनीति से अलग करते हैं। मार्क्सवाद-वामपंथ से प्रभावित साहित्य को विचारधारा की अतिशयता से क्षतिग्रस्त कहते हैं और अपने चिन्तक रूप को साहित्योद्धारक या साहित्य-रक्षक होने की घोषणा करते हैं।

मुक्तिबोध ने लिखा है : 'ध्यान रखने की बात है कि आगे चलकर, नई कविता के डिफेंस में जब प्रगतिवादी दृष्टि का विरोध किया गया, तब सबसे पहले जीवन और काव्यानुभूति की समान्तरता का पैरेलिज्म का सिद्धान्त स्थापित किया गया। कहा गया कि जीवन में प्राप्त होनेवाली अनुभूतियाँ और सौन्दर्यानुभूति—ये दो चीजें अलग-अलग हैं। बाह्यतः स्पष्ट-सी दीखने वाली इस बात के पीछे एक स्पष्ट-अस्पष्ट राजनीतिक उद्देश्य था। वह यह कि कवि का काव्य-जीवन और वास्तविक जीवन, इन दो में से अविच्छिन्नता और मौलिक एकता को कुछ कुहरिल कर दिया जाए। यह सिद्धान्त एक बहुत ही खतरनाक मान्यता है। नई कविता के बुर्ज से शीत-युद्ध चलानेवाले नीति-नियामकों का वह एक सोद्देश्य मानसिक विक्षेप है' (5/319)।*

डॉ. नामवर सिंह की बात छोड़िए, डॉ. रामविलास शर्मा ने भी प्रगतिवाद-विरोधी नई कविता वालों पर इससे अधिक तीव्र भाषा का प्रयोग नहीं किया है।

मुक्तिबोध का मत है : 'कवि का काव्य जीवन और वास्तविक जीवन, इन दोनों में अविच्छिन्नता और मौलिक एकता है।'

मुक्तिबोध के समूचे काव्य-चिन्तन का यह आधार है। इससे वे कहीं-कभी नहीं डिगते। आचार्य रामचन्द्र शुक्ल से जो उनका प्रायः मतैक्य है, वह इसी आधार पर है। आचार्य शुक्ल ही नहीं, वे अपने समर्थन और प्रगतिवाद-विरोधी विचारकों के खंडन में भारतीय साहित्य चिन्तन की भी बात करते हैं :

'ध्यान में रखने की बात है कि भारतीय साहित्य चिन्तन में काव्य-सौन्दर्य के सम्बन्ध में विस्तृत और वैविध्यपूर्ण चर्चा है, किन्तु नई कविता ने पैतृक सम्पत्ति भी नहीं ली है।'

भारतीय साहित्य चिन्तन परम्परा का हवाला देना, मुक्तिबोध को समझने के लिए ध्यातव्य है। वे अपनी परम्परा के तोड़क नहीं, विवेचक हैं।

'क्षण' पर अज्ञेय के विचार : 'मैं तो यह भी कहना अनुचित नहीं समझता कि छायावाद की 'अनन्त की प्यास' और नई कविता का 'क्षण का दर्द', दोनों मूलतः

* 5/319 से आशय है मुक्तिबोध रचनावली का खंड 5, पृ. संख्या 319

अनुभूति की प्राथमिकता और आत्यंतिकता पर बल देना चाहते हैं' (पृ. 139, अज्ञेय : आत्मनेपद)।

मुक्तिबोध क्षण और अनुभूति, दोनों को कवि के जिए हुए वास्तविक जीवन का ही अंग मानते हैं। वह जीवन का ही खंड है और उसकी विशिष्टता जीवन की व्याप्ति में समाहित है। कवि-कर्म जीवन-कर्म है। वह विशिष्ट कर्म इस अर्थ में है कि सभी लोग वह नहीं करते या कर सकते, लेकिन उसका स्रोत और उसकी क्षमता जीवन से ही प्राप्त होती है। मुक्तिबोध संवेदना पर विचार करते समय उसे सदैव जीवन-परिस्थितियों से जोड़ते हैं। जीवन-परिस्थितियों से जोड़ने का मतलब जीवन की अनेक असंख्य-विध स्थितियों, समानताओं, असमानताओं, सुख-दुःख, वर्ग, जाति आदि से जोड़ना है। काव्य की व्याप्ति और गम्भीरता, मार्मिकता, अनुभूति—सब जीवन-स्थितियों के अंसख्य विध जोड़-तोड़ से सम्बन्धित है। वे उन्हीं से उपजती हैं—(हाँ, शब्दों, लय, छन्द, आरोह-अवरोह के माध्यम से) और उन्हीं के विश्लेषण से समझ में आ सकती है।

जीवन की जटिलता, अनुभव का निरन्तर विस्तार और संवेदना की चतुर्दिकता मुक्तिबोध का तर्क और काव्य-लक्ष्य का साधन है। इसी तर्क से वे अपने समय के प्रगतिशीलता-विरोधी साहित्यिक गुट का सामना करते हैं। विरोधियों से बात करते समय उनका गद्य निर्भ्रान्त और दो टूक हो जाता है।

प्रगतिशीलता के विरोधियों द्वारा 'एक विशेष प्रकार की काव्याभिरुचि की औचित्य स्थापना के लिए सिद्धान्त लाये गए अथवा सिद्धान्तों की पुनर्व्याख्या की गई। दूसरे शब्दों में, अपनी काट की कविता—अपने फ्रेम में फिट होने वाली—को ही कविता माना गया, चाहे वह महत्त्वहीन गद्य ही क्यों न हो, पर उसके विपरीत राजनीतिक भावावेश से सम्पन्न काव्य को विद्रूप करार दिया गया अथवा उसकी जानबूझकर उपेक्षा की गई। जहाँ भी ऐसा प्रतीत हुआ कि अन्य की जीवन-दृष्टि उत्पीड़ित जनता का पक्ष ले रही है, वहीं नाक-भौं सिकोड़े जाने के चिह्न दिखाई दिये। ये सौन्दर्यवादी लोग यह भूल गए कि बंजर काले-स्याह पहाड़ में भी एक अजीब वीरान भव्यता होती है...विशाल व्यापक मानव जीवन के पार जानेवाले भयानक संघर्ष के रौद्र रूप तो उनकी सौन्दर्याभिरुचि के फ्रेम के बाहर थे।'

इसके बाद जोर देकर 'मैं' का उपयोग करते हुए मुक्तिबोध कहते हैं : 'आप मुझे क्षमा करेंगे, यदि मैं यह कहूँ कि नई कविता में आवेश के पंख काट दिये गए, कल्पना को अपने पिंजरे में पालकर रखा गया। उसे मानव जीवन की मूर्त और साक्षात करनेवाली रचनात्मक शक्ति के रूप में उपस्थित नहीं किया गया क्योंकि वह एक विशेष प्रकार की भद्रजनोजित सौन्दर्याभिरुचि के फ्रेम के खिलाफ जाती थी' (5/106-107)।

जटिल मुक्तिबोध की थमी हुई प्रतिबद्धता का वेग गद्य की वक्तृता में फूट पड़ा है। यहाँ मुक्तिबोध ने अपनी कविता का नहीं—नागार्जुन, केदरनाथ अग्रवाल, त्रिलोचन, शमशेर और अन्य प्रगतिशील रचनाकारों की कविताओं को ध्यान में ज्यादा रखा है।

मुक्तिबोध कहते हैं : 'नये कवि के पास कोई दार्शनिक विचारधारा न हो लेकिन उसका अपना जीवन तो है। यह जीवन ही प्रगतिशील सर्जन का स्रोत है। कवि प्रगतिशीलता की अपेक्षा, तिरस्कार या विरोध तब करते हैं जब वे जीवन की उपेक्षा, उसका विरोध या तिरस्कार करते हैं। वास्तविक जीवन में वे जो माँगते हैं, उसकी अभिव्यक्ति नहीं करते। उनके भोक्ता और स्रष्टा में पार्टिशन है। यह पार्टिशन खतरनाक है। उनका काव्य-विवेक क्षीण है।'

यहाँ मुक्तिबोध बचाव की स्थिति में नहीं, आक्रमण की स्थिति में हैं। उनके अनुसार, नये कवियों को ये लोग (प्रगतिशीलता के विरुद्ध लोग) बताते हैं कि वे 'सौन्दर्यानुभूति क्षण' तक ही सीमित रहें। मुक्तिबोध सौन्दर्यानुभूति का स्रोत्र जीवनानुभव मानते हैं यानी जीवनानुभव की उपेक्षा करके केवल सौन्दर्यानुभूति तक सीमित कर लेने से सौन्दर्य का स्रोत ही सूख जाएगा।

मुक्तिबोध ललकारते हैं : 'नई कविता के आचार्यों की कविता में कितना ऐस्थेटिक इमोशन है, यह हम जानते हैं' (5/198)।

मुक्तिबोध काव्य-जीवन और वास्तविक जीवन की एकात्मकता पर बहुधा विचार करते हैं। आग्रहपूर्वक अपनी बात रह-रहकर और तरह-तरह से समझाते हैं : 'कवि-जीवन हमारे वास्तविक-जीवन का ही आपेक्षिकतया एक छोटा-सा अंग है। इस कवि-जीवन का ताना-बाना हमारे वास्तविक जीवन के ताने-बाने से गुँथा है।' इन दोनों की एकात्मकता और फिर उनकी पहचान को रेखांकित करते हुए कहते हैं : ''**वास्तविक जीवन अपने विशिष्ट उद्भासपूर्ण क्षणों में ही कवि-जीवन हो जाता है। यह कवि-जीवन किसी उच्च मनोवैज्ञानिक स्तर पर आविर्भाव है वास्तविक जीवन का ही**' (4/102)।

'यदि कवि-जीवन के मूल्य वास्तविक जीवन से स्वतंत्र होते तो साहित्य में सौन्दर्य नामक जो प्रभावशाली गुण पैदा होता है, वह होता ही नहीं। वह वास्तविक जीवन जो न केवल पहचाना जाता है बल्कि जिया जाता है (वही)।

कविता और जिए जानेवाले जीवन का आधार-सम्बन्ध स्थापित करने के बाद मुक्तिबोध उन कारणों या अवरोधों का जिक्र करते हैं जो काव्योत्कर्ष को क्षति पहुँचाते हैं। वस्तुतः वे अपने समकालीन नई कविता के कवियों की प्रवृतियों की छानबीन कर रहे होते हैं। मध्यवर्गीय परिवार से सम्बद्ध कवि सुघर-सुव्यवस्थित और प्रतिष्ठित पारिवारिकता में जीना चाहते हैं। यह उनके जीवन का आदर्श भी होता है। इस प्रतिष्ठा और मर्यादा की रक्षा के लिए उनको नाना प्रकार के समझौते करने पड़ते हैं। यह पारिवारिक, सामाजिक प्रतिष्ठा, मर्यादा अधिकांशतः आर्थिक स्थिति से जुड़ी होती है। इन समझौतों और अवसरवादिता का मनस्ताप कई जाना-अनजाना रूप लेता है और इसकी अभिव्यक्ति कविता में कई तरह से होती है—उसे आत्मवंचनाओं का सृजन करना होता है। सबसे घातक होती है वह वैयक्तिकता जो इन आत्मवंचनाओं का कविता में औचित्य ठहराती है व सामाजिक, ऐतिहासिक उत्तरदायित्व से मुक्त करके वैयक्तिकता की मुक्ति को मुक्त घोषित करती है और फिर संघर्षरत कविता

का तिरस्कार करती है। मुक्तिबोध जीवनस्थितियों में उतरकर काव्य-जीवन और कविता का अन्तरसम्बन्ध खोजते हैं। यह काम हिन्दी के किसी अन्य आलोचक ने नहीं किया है। यह कार्य गुटबाज आलोचक का नहीं, अपने समय की कविता और उसके रचनाकारों की अन्तस्सम्बन्धता की खोज करनेवाले सर्जक अनुसंधित्सु का है।

यह वैयक्तिकता आत्म-स्थापन करती है। अपनी असहायता की गर्वोक्ति करती है। डींगें मारती है। 20वीं शताब्दी के उत्तरार्द्ध में भीड़ में अकेला, अकेले कंठ, बूँद का उछलना, 'मैं' का आधिक्य, आदर्शों की हँसी उड़ाना, सर्वनिषेध धारा में बहने से डरना, भीड़ से भय, अद्वितीयता की रुग्ण लालसा—मुक्तिबोध के मन में ये सारी प्रवृत्तियाँ हैं जिनके आधार पर वे निर्णय कर रहे हैं। मुक्तिबोध राजनीतिक दृष्टि से नई कविता पर विचार नहीं कर रहे हैं। नई कविता पर विचार करने की प्रक्रिया में राजनीति तक पहुँच रहे हैं। ये व्यक्तिवादी कवि स्थितियों के तनाव और घिराव से जूझते भी हैं तो अन्ततः वैयक्तिकता को शरण्य मान लेते हैं और सामाजिक उत्तरदायित्व अर्थात सर्जनात्मकता के संघर्ष से विरत हो जाते हैं—फिर आत्मौचित्य में कवि व्यक्तित्व की सौन्दर्य-अभिरुचि या कवि-कार्य की एक व्यवस्था बनाते हैं। वह व्यवस्था 'बन्द सन्दूक' होती है। ऐसे कवि की (मुक्तिबोध, अज्ञेय की) पंक्ति उद्धृत करके अपनी बात कहते हैं :

'तुम नहीं व्याप सकते। तुममें जो व्यापा है, उसी को निबाहो' (5/333)।

इस स्थिति की व्याख्या करते हुए मुक्तिबोध कहते हैं कि ऐसा तनाव और घेराव की पेचीदगी से बाहर न निकल पाने के कारण होता है। स्थितियों का द्वन्द्व तनाव है और व्यक्ति को उलझाने वाली स्थितियों का व्यूह घेराव है। सक्षम व्यक्तित्व वास्तविकता को व्याख्यायित, विश्लेषित और मूल्यांकित करता है।

सृजन-क्षण एक क्षण की अभिव्यक्ति नहीं है। वह एक क्षण में अनुभव, ज्ञान और संवेदना के इतिहास की उपज है। मुक्तिबोध उस एक क्षण की आन्तरिक असीमता की खोज करना चाहते हैं और फिर उसे बाह्य असीम में समर्पित कर देना चाहते हैं। जैसे आधुनिक भौतिक विज्ञान एटम का आन्तरिक असीम खोजता है, वैसे मुक्तिबोध सौन्दर्य-क्षण में जीवन की असीमता देखते हैं। उसको व्याख्यायित, विश्लेषित और मूल्यांकित करने का प्रस्ताव करते हैं।

प्रगति निरपेक्ष नई कविता की प्रवृत्तियों को वे मानसिक तरंगों की अभिव्यक्ति कहते हैं। ये तरंगें क्षणस्थायी हैं। वे ज्ञान-संवेदना की अभिव्यक्ति नहीं हैं। वे प्रतिक्रिया मात्र हैं। इस प्रवृत्ति को मुक्तिबोध प्रतिक्रियावाद कहते हैं। उनके अनुसार, हमें इस 'मनस्तरंगवाद' अथवा 'क्षणवाद' से बाहर निकलना होगा (4/104)।

प्रत्येक को सबसे, अंश को पूर्ण से जोड़कर देखना मुक्तिबोध का स्वभाव है। इसका फल उनके अपने सृजन-कार्य, उसकी वस्तु और उसके रूप पर पड़ा है।

मुक्तिबोध को अस्तित्ववाद से प्रभावित कहा, किसी प्रगतिवाद विरोधी ने नहीं, डॉ. रामविलास शर्मा ने। अस्तित्ववाद का प्रभाव हिन्दी कविता पर अपने ढंग से पड़ा। अस्तित्ववाद का प्रचार-प्रभाव द्वितीय विश्वयुद्ध के उपरान्त बढ़ा। अभूतपूर्व विनाश

और नरसंहार के बाद। संहार मानव-मूल्यों का भी हुआ। मृत्यु, भय, आशंका, अनिश्चय का वातावरण बना। द्वितीय विश्वयुद्ध अधिकांशतः यूरोप में लड़ा गया था। उसका बहुत अधिक प्रभाव फ्रांस के चिन्तकों पर पड़ा। यूरोप में आतंकवाद का प्रचार-प्रभाव वहाँ की स्थितियों से हुआ था। भारत में वह बहुत कुछ आयातित था। यहाँ विसंगति सामाजिक यथार्थ में ज्यादा थी। विडम्बना आर्थिक, वर्णीय भेदों में थी। नारी-पराधीनता, दलित, बेरोजगारी, स्वास्थ्य, अशिक्षा में थी। अनिश्चय विडम्बना बाह्य जीवन में थी। हिन्दी के कुछ रचनाकारों के साहित्य पर अस्तित्ववाद का जो प्रभाव दिखलाई पड़ा, वह बहुत कुछ आरोपित और फैशन में था—कुलीनतावादी था। अपने को यूरोपीय—विशेषतः अंग्रेजी के माध्यम से प्राप्त जानकारी को दिखाने के लिए था। यहाँ के कवियों की जो अपनी अभावजन्य आकांक्षा की पूर्ति में बाधक स्थितियाँ थीं, उनमें ये अस्तित्ववादी प्रवृत्तियाँ जोड़ ली गईं और उनका उपयोग समाजवादी राजनीति और प्रगतिशील साहित्य के विरुद्ध होने लगा। वह शीत-युद्ध में शामिल हो गया। वह सामाजिक उत्थान, आर्थिक प्रगति, विकास, समाजवाद, योजना—सबको पाखंड और व्यक्ति-विरोधी मानने लगा। लोग अमेरिका या इंग्लैंड में छपी किताब पढ़ते, उसे मूल्य के रूप में उद्धृत करते, और प्रगतिशील साहित्य और वामपंथी राजनीति का विरोध करते। मुक्तिबोध ने लिखा : 'बहुत से कवि यूरोपी-अमेरिकी भाव-तत्त्वों को भारतीय वेश में उपस्थित करते देखे जाते हैं। भारत में भी उदासी की परिस्थितियाँ हैं। वे विदेशी उदासी और भारतीय उदासी को जोड़ लेते हैं। एक समझते हैं। उनके कारक ऐतिहासिक नेपथ्य को नहीं देखते।' मुक्तिबोध आगे नई कविता की दुरूहता को भी इससे जोड़ते हैं। भाषा पर तो इसका प्रभाव पड़ता ही है। बहुत बार विदेशी शब्दों के हिन्दी अनुवाद-शब्द अपनी भाषा में खप नहीं पाते। वे अनुवाद में ज्यादा समझ में आते हैं। मुक्तिबोध का आशय 'बन्द सन्दूक' वाली प्रवृत्ति और अस्तित्ववाद को भारतीय परिवेश में उतारने वाली कविता से रहा होगा।

यूरोप में नित्य-नवीन काव्य-सिद्धान्त बनते हैं और शीघ्र ही लुप्त हो जाते हैं। इस बात को आचार्य शुक्ल ने रेखांकित किया था। बाद में उत्तर-औपनिवेशिक विचारकों ने कहा कि पूँजीवादी-साम्राज्यवादी देश जिस प्रकार कच्चा माल लेकर फिर लेबल लगाकर तैयार माल, तीसरी दुनिया के मुल्कों में बेचते हैं, उसी प्रकार राजनीतिक, आर्थिक, सांस्कृतिक विचार भी। मुक्तिबोध इस विषय में ठेठ देशी विचारक-साहित्यकार हैं। अपने देश की सांस्कृतिक समृद्धि पर यथोचित गर्व करने वाले मुक्तिबोध इस गर्व को भारत के भविष्य-स्वप्न और तीसरी दुनिया की आशा आकांक्षाओं के साथ जोड़ते हैं। अपनी मिट्टी में रँगी हुई संस्कृति और सृजन की बात करते हैं।

मुक्तिबोध कवि-व्यक्तित्व की अद्वितीयता के आग्रह को अनुचित मानते हैं। आत्मतंत्री को भय होता है कि वह अपनी आत्मा को भीड़ में, जुलूस में, नारों में खो देगा। वह राजनीतिक-सामाजिक आन्दोलन में अपनी विशिष्टता खो देगा। फिर उसकी मुक्ति नहीं होगी। अतएव उसकी मुक्ति अपनी अद्वितीयता में—आगे बढ़कर सृजनशीलता में—शब्दों में ही है।

साफ है कि मुक्तिबोध अज्ञेय, उनके अनुवर्तियों परिमल की विचारधारा, लघु मानववाद को ध्यान में रखकर ये बातें कर रहे हैं और स्पष्ट रूप से :

'नई कविता में प्रचलित बहुतेरा निराशावाद और जनता और समाज से अलग रहकर जीने की यह प्रवृत्ति—अर्थात व्यक्तिवाद—दोनों एक दार्शनिक भूमिका में दार्शनिक विचारधारा का रूप धारण कर हिन्दी साहित्य में—नई कविता के क्षेत्र में खूब प्रचलित हैं। भारतीय मध्यवर्गीय जीवन में आज जो खेदपूर्ण अवसन्न दुखमय स्थिति है, उसकी प्रधान मनोदशाओं को आज यह वैचारिक प्रवाह प्राप्त हो जाता है और इस प्रकार नये काव्य में स्वप्न भंग, खेद, ग्लानि और निराशा के भावों को एक वैचारिक भूमिका और दर्शन मिल जाता है जिसमें समीक्षा और मानव भाग्य समीक्षा भी है' (5/308)।

मुक्तिबोध कहते हैं : 'ऐस्थेटिक इमोशंस हमें लिखते वक्त ही नहीं, सड़क पर चलते हुए भी प्राप्त होते हैं। माँ से, मित्रों से बातचीत करते समय, जुलूस में जाते समय, किसी फूल या पत्ते को देखकर या किसी सुन्दर मुख का दर्शन कर, किसी भव्य श्रद्धेय व्यक्ति का सम्पर्क पाकर वे भाव हमें प्राप्त हो जाते हैं। ऐसे ऐस्थेटिक इमोशन केवल लेखक में ही नहीं होते, साधारणजन हृदय में भी आते-जाते हैं और खूब आते हैं। जनता स्वयं ऐस्थेटिक इमोशन का भंडार है' (5/198)।

यानी जीवन-प्रक्रिया का ही अंग रचना-प्रक्रिया है। शिल्प भी हमें अन्ततः जीवन से ही मिलता है लेकिन यह अलग विषय है। जीवन और साहित्य का ऐसा अभेद—मुक्तिबोध के पूर्व रामचन्द्र शुक्ल के यहाँ मिलता है। और यह भी कि रचना-प्रक्रिया का ऐसा विश्लेषण भी। मुक्तिबोध ने काव्यशास्त्र बनाने का उद्योग किया है। यों कहें कि उनके लेखन से हिन्दी काव्य का एक शास्त्र बन जाता है। वे संवेदनाओं को व्यवस्थित करने का प्रयास करते हैं।

अपने समय के कवियों के सामने प्रस्तुत समस्याओं की चर्चा करते हुए कहते हैं कि दुनिया कवि की इच्छा से स्वतंत्र है। हम चाहते कुछ हैं और हमें मिलता कुछ और है। हम विरोधी, अनुकूल, भिन्न-भिन्न प्रतिक्रियाएँ करते हुए जीवन में सन्तुलन और असन्तुलन करते रहते हैं। यह प्रक्रिया हमारी संवेदनाओं का इतिहास निर्मित करती है और एक शैली और जीवन की डिजाइन भी बनाती है। हमें सामंजस्य स्थापित करना पड़ता है। कुछ लोग नये जीवन से प्राप्त मूल्यों के लिए दूर तक और देर तक संघर्ष करते हैं। कुछ पहले ही सन्तुष्ट हो आते हैं। शिष्ट समाज में सतही गोल-माल सामंजस्य यश और शिश्नोदर की लिप्सा में सामंजस्य जल्दी बिठलाकर लोग सन्तुष्ट हो जाते हैं। पारिवारिक उत्तरदायित्वों की पूर्ति में, सुघर और तथाकथित यश-प्राप्ति करने की दौड़ में हम नये इच्छित मूल्यों की दिशा में संघर्ष नहीं कर पाते, आत्मवंचना के शिकार होते हैं और हमें झूठे समझौते करने पड़ते हैं।

सामाजिक विषमता का ज्ञान उस लड़के को प्रारम्भ से ही एक वेदना के रूप में हो जाता है। अपने स्कूली जीवन में ही वह सीख जाता है कि ऊनी कोट पहनकर आनेवाला विद्यार्थी और फटा कुर्ता पहनकर विद्याध्ययन करने वाला विद्यार्थी—इन

दोनों की अलग-अलग श्रेणियाँ हैं।...जितना-जितना उसका अनुभव बढ़ता जाता है, वह इस नतीजे पर पहुँचता है कि व्यक्तिगत आर्थिक क्षमता और सामाजिक पद-प्रतिष्ठा के पुजारियों का कार्य इस बात का प्रमाण है कि हमारा समाज निकृष्ट किस्म के इस 'सिद्धान्त पर आधारित है कि प्रत्येक व्यक्ति केवल अपने लिए, दूसरों को चूल्हे में जाने दो' (5/299-300)।

दूसरी ओर : 'इस असामंजस्य के अतिरिक्त उसका सामंजस्य भी बहुत बड़ा होता है। उसके आसपास उसके समानधर्मा और समशील नवयुवकों की अनेक पंक्तियाँ होती हैं जिनसे उसे प्रेरणा, सहानुभूति; जीने की और काम कर दिखाने की शक्ति प्राप्त होती है—भले ही उसके कार्य प्रतिष्ठित पत्र-पत्रिकाओं के कॉलमों में न दिखाई दें। नतीजा यह होता है कि 'मानुष सत्य' का जो अर्थ वह लेता है, मानवीयता का जो अर्थ उसके द्वारा ग्रहण किया जाता है, वह अर्थ निश्चय ही उच्च वर्गों द्वारा लिये गए अर्थ से बहुत कुछ भिन्न होता है' (5/300)।

यह 'मानुष सत्य' मानवतावादी मूल्य है जिन्हें कवि अनुकूल-प्रतिकूल जीवन-स्थितियों को भुगतता हुआ अर्जित करता है। यह काव्य-नेपथ्य (नेपथ्य जीवन रंगमंच भी है) आचार्य शुक्ल की रस-मीमांसा से काफी मिलता-जुलता है।

मुक्तिबोध के अनुसार, गरीब वर्ग या निम्न मध्यवर्ग के होने के कारण अधिकांश हिन्दी लेखकों को गरीब की मनोदशा की अधिक जानकारी होती है। पढ़ने-लिखने से वे सांस्कृतिक जीवन की अद्यावधि जानकारी से परिचित होते हैं। विचार और अनुभव ज्ञान की प्राप्ति का अनुरोध होता है कि वे अर्जित ज्ञान को कार्यान्वित करें। किन्तु यह जीवन-यात्रा यानी कार्यगत यात्रा और रचनात्मक प्रक्रिया आसान नहीं। मुक्तिबोध के शब्दों में : 'बैठकर प्रोफेसरी करने वाला व्यक्ति चार अखबार पढ़कर गप्प लगा सकता है, अमेरिका और रूस तक के बारे में हाँक सकता है लेकिन समाज की गलियों में रहनेवालों के संघर्ष के मनोविज्ञान को वह कतई नहीं समझ सकता' (5/301)।

मुक्तिबोध के लिए व्यावहारिक जीवन-यात्रा और कवि-व्यक्तित्व यात्रा लगभग एक या अन्योन्याश्रित है। यानी आत्मगत यथार्थ और बहिर्गत यथार्थ संश्लिष्ट हैं। यह यात्रा उसी समाज में करनी है और होती है जो वर्ग-विभक्त है, जहाँ सुघर, अवसरानुकूल, समझौतावादी यश और प्रतिष्ठा अर्जित करने की प्रतिष्ठा है। इसी से पारिवारिक सुख-शान्ति और विषमता, असन्तोष, कलह जुड़ा और निर्धारित-नियंत्रित है।

फलत: संघर्ष में भीतरी व्यक्तित्व को खूब चोटें पहुँचती हैं। दिल और दिमाग में तनावों के कारण उसकी शारीरिक और मानसिक शक्ति बहुत ज्यादा खर्च हो जाती है। इस संघर्ष में उसके हार्दिक स्नेह सम्बन्ध, जिनके बिना वह जी नहीं सकता, काफी तोड़े-मरोड़े गए होते हैं। हार्दिक सम्बन्धों में टूट-फूट की नुकसान भरपाई हो ही जाए, यह आवश्यक नहीं होता। जीविका सम्बन्धी प्रश्न सनातन हो जाता है। बिना आर्थिक क्षमता के वह पारिवारिक स्नेह की जीवन-सम्बन्धी कार्यगत आवश्यकताओं को अर्जित भी नहीं कर सकता' (वही)।

सारांशत: 'एक ओर उसके जीवन में सहभागियों, सहयोगियों और सहानुभूतियों का बल होता है, नये अनुभव से प्राप्त संवेदनात्मक ज्ञान-क्षमता होती है तो दूसरी ओर विशुद्ध व्यक्तिगत क्षेत्र में वह असफल (सांसारिक दृष्टि से) है' (वही)।

सांसारिक दृष्टि से यही असफल व्यक्ति कवि, विषमतायुक्त समाज को अपने स्वप्न के अनुसार बदलने का संघर्ष करता है।

यह असफलता आत्मगत नहीं। आत्मगत—वह सम्पन्न है अपने स्वप्न, अनुभव और संघर्ष-प्राप्त उल्लास से—आत्म-विस्तार से। 'आत्म-विस्तार' प्रसाद का शब्द है। आत्म-विस्तार की प्रक्रिया का ही रचनात्मक रूप सामान्यीकरण है।

सामान्यीकरण अपने अनुभव-निष्कर्षों को दूसरों के अनुभव-निष्कर्षों से मिलाते हुए, काट-छाँट करते हुए फैलाव करते रहना है। इससे व्यक्तिवादी मनोवृत्ति दूर होती है। वह इस थका देनेवाली प्रक्रिया की सार्थकता है। मुक्तिबोध के यहाँ (और अन्य कवियों के यहाँ) जो सीधी चोट करने वाली, निरन्तर गूँजती रहने वाली काव्यमयी पंक्तियाँ हैं जो जीवन-पथ में रहकर सामने आ जाती हैं। वे ऐसी ही सामान्यीकृत पंक्तियाँ हैं।

'विचार आते हैं लिखते समय नहीं, बोझा उठाते वक्त पीठ पर'—पता नहीं, कितनी जीवन-स्थितियों से गुजरकर और मन के गह्वरों में पलकर! यह सीधा अनुभव-सार शब्दों में रूपान्तरित हुआ होगा।

'ज्ञानात्मक-संवेदन' और 'संवेदनात्मक ज्ञान' इसी अनुभव-प्रक्रिया के अंग हैं। जानकारी हमारे संवेदन का विस्तार करती है और संवेदन के माध्यम से भी बहुत कुछ जानते हैं। सच्ची बात यह है कि वह दीठ से जानना और मन के उन्मेष, दोनों का संयोग है।

मुक्तिबोध का उपर्युक्त विवेचन खुद उनकी कविताओं पर और उनके संघर्ष पर घटित होता है। यह चिन्तन जीवन यथार्थ की उपेक्षा नहीं करता। उनका कहना है कि 'आत्मगत और बहिर्गत यथार्थ को यथार्थ दृष्टि से ही देखा जाना जरूरी है' (5/305)।

'आत्मगत और बहिर्गत यथार्थ' विजयनारायण साही के निबन्ध 'लघुमानव' की याद दिलाता है। मुक्तिबोध के इस चिन्तन का शीतयुद्धीय पोलेमिक्स की दृष्टि से—प्रगतिशील परिमल के टकराव की दृष्टि से भी ऐतिहासिक महत्त्व है। मुक्तिबोध के लिए यथार्थ दृष्टि का मतलब वर्गीय दृष्टि है। मुक्तिबोध की कविताओं के साथ-साथ उनके काव्य-चिन्तन का भी समकालीन हिन्दी साहित्य की रचना दृष्टि और पाठ दृष्टि पर गम्भीर—लगभग निर्णायक प्रभाव पड़ा है। कविताओं में तो उन्हें निराला परवर्ती कवियों में अग्रगण्य माना जाने लगा है। विशेषत: विषम जीवन-स्थितियों को झेलते हुए संघर्षभूमि पर अडिग रहने की दृष्टि से—और काव्योत्कर्ष की दृष्टि से। मुक्तिबोध ने व्यावहारिक आलोचना मात्रा में कम की है। उनका आलोचकीय महत्त्व प्रधान रचना-प्रक्रिया के सन्दर्भ, जीवनाधारित विवेचन के क्षेत्र में है। उन्होंने 'कामायनी' की मौलिक विवेचना की है जो स्वतंत्र पुस्तक 'कामायनी : एक पुनर्विचार' शीर्षक से 1950 ईस्वी में प्रकाशित हुई।

मुक्तिबोध के आलोचना-साहित्य में 'कामायानी : एक पुनर्विचार' की विशेष चर्चा होती है। मुक्तिबोध ने 'कामायनी' का अध्ययन अनेक वर्षों तक किया था। किसी और कवि या साहित्यकार का उन्होंने इतना विधिवत अध्ययन नहीं किया।

मुक्तिबोध ने 'कामायनी' को फैंटेसी माना है। इसके पहले किसी ने 'कामायनी' के अध्ययन में फैंटेसी शब्द का उपयोग तक नहीं किया था। यह उनकी मौलिक स्थापना है। इस प्रसंग में मुक्तिबोध ने फैंटेसी के लक्षण भी बताए हैं। ये लक्षण 'कामायनी' पर घटित होते हैं :

' 'कामायनी' उस अर्थ में कथा-काव्य नहीं है कि जिस अर्थ में 'साकेत' है। 'कामायनी' की कथा एक फैंटेसी है। जिस प्रकार एक फैंटेसी में भय की निगूढ़ वृत्तियों का, अनुभूत जीवन-समस्याओं का, इच्छित विश्वासों और इच्छित जीवन-स्थितियों का प्रक्षेप होता है, उसी प्रकार 'कामायनी' में भी हुआ है' (पृ. 194/4)। मनु प्रसाद की 'आभ्यन्तर ग्रन्थि' का प्रतिनिधित्व करने वाला पात्र है।

'फैंटेसी के अन्तर्गत कवि-कल्पना जीवन की सारभूत विशेषताएँ प्रकट करती हुई एक ऐसी चित्रावली प्रस्तुत करती है कि जिससे वह तथ्यात्मक जीवन, जिसकी स्वानुभूत विशेषताएँ भाषित की गई हैं, अधिकाधिक प्रच्छन्न, गौण और नेपथ्यवासी हो गए। संक्षेप में फैंटेसी के अन्तर्गत भाव-पक्ष प्रधान और विभाव-पक्ष गौण तो होता ही है, साथ ही यह भाव-पक्ष कल्पना को उत्तेजित करके बिम्बों की रचना करते हुए एक ऐसा मूर्त विधान उपस्थित करता है कि उस विधान में उसी के नियम होते हैं' (195/4)।

मुक्तिबोध के सर्जनात्मक गद्य में कथ्य उलझ जाता है। लेकिन यह स्पष्ट है कि यद्यपि प्रसाद ने प्रकटतः मनु, श्रद्धा, इड़ा को पात्र बनाकर वैदिक युग की कथा कही है किन्तु उनके और उनकी आभ्यन्तर ग्रन्थि का विषय ही 'कामायनी' का कथ्य है।

मुक्तिबोध यह बात कई बार दोहराते हैं कि प्रसाद की अपनी निजी समस्याएँ, विलासपूर्ण जीवनशैली 'कामायनी' में पात्रों द्वारा व्यक्त हुई हैं। प्रसाद जी के पास ऐतिहासिक बुद्धि थी किन्तु मानव इतिहास—सभ्यता के इतिहास का वैज्ञानिक अध्ययन न था' (201/4)।

प्रसाद जी की असमर्थताओं पर वे इस पुस्तक में कई बार अपनी राय प्रकट करते हैं। हालाँकि प्रसाद की आभ्यन्तर ग्रन्थि की विवेचना वे किताब में नहीं करते।

प्रसाद श्रद्धा, इड़ा और मनु की कथा को केवल रूपक नहीं मानते। वे प्राचीन ग्रन्थों से अंश उद्धृत करके कथा के इतिहास-पूर्व युग के सूत्र ढूँढ़ते हैं।

'जलप्लावन भारतीय इतिहास में एक ऐसी प्राचीन घटना है जिससे मनु को देवों से विलक्षण मानवों की एक भिन्न संस्कृति प्रतिष्ठित करने का अवसर मिला। वह इतिहास ही है। 'मनवै प्रातः' इत्यादि से इस घटना का उल्लेख 'शतपथ ब्राह्मण' के आठवें अध्याय में मिलता है। देवगण के उच्छृंखल स्वभाव, निर्बाध आत्मतुष्टि में अन्तिम अध्याय लगा और मानवीय भाव अर्थात श्रद्धा और मनन का समन्वय होकर प्राणी को एक नये युग की सूचना मिली। इस मन्वन्तर के प्रवर्तक मनु हुए' (आमुख—कामायानी)।

आमुख में प्रसाद भागवत, छान्दोग्य उपनिषद, निरुक्त, ऋग्वेद—मुख्यत: 'शतपथ' से उद्धरण प्रस्तुत करते हुए कथा की कल्पना करते हैं। यह कल्पना हवाई नहीं है, आर्ष ग्रन्थों के आधार पर है। एक बलवती सिसृक्षा है उस कथा को काव्यबद्ध करके प्रस्तुत करने की। अपने पुरातन इतिहास को कल्पना के नेत्रों से देखने या दिखाने की। साक्षात करने की। यह प्रसाद की मूल 'आभ्यन्तर ग्रन्थि' है जो सर्जनात्मक है।

प्रसाद की रुचि भारत के प्राचीन इतिहास में थी। उन्होंने हिन्दी में उत्तम ऐतिहासिक नाटक सर्वाधिक संख्या में लिखे हैं। उन नाटकों में उनकी ऐतिहासिक दृष्टि लक्षित होती है। वे राखालदास बंद्योपाध्याय, के.पी. जायसवाल और आल्तेकर के समकालीन थे। पं. रामचन्द्र शुक्ल की भी रुचि इतिहास में थी। एक बार प्रसिद्ध इतिहासविद् प्रो. रामशरण शर्मा ने मुझसे कहा : 'पता लगाओ कि 'पुरस्कार' कहानी में मधूलिका के भूमिदान का स्रोत क्या है ? प्रसाद बिना स्रोत के ऐसी कहानी नहीं लिख सकते।' प्रो. शर्मा का कहना था कि भारत में सामन्तवाद के उदय की सूचना राजा को भूमिदान की इसी प्रक्रिया से मिलती है।

प्रसाद सूत्रबद्ध कथा के पात्रों को ऐतिहासिक और प्रतीकात्मक दोनों मानने-समझने का अवकाश देते हैं।

'कामायनी' का प्रबन्धत्व असामान्य है। उसके विभिन्न सर्ग मनोवृत्तियों के प्रतीक पात्रों द्वारा जीवन पर प्रभाव डालने या विकास-ह्रास की कथा कहते हैं। उससे इतिहास भी छलकता या संकेतित होता चलता है। यह संगति सर्वत्र नहीं है। वे विभिन्न खंड अपने प्रकृत रूप में मौलिक या फुटकर भी हैं। उन्हें अलग-अलग पढ़ने से भी पाठक सन्तुष्ट हो सकता है। एक साथ रखकर या छोड़कर पढ़ने से उसमें गाथात्मकता या प्रबन्धत्व आ जाता है। अपने प्रबन्ध-विन्यास में इस दृष्टि से वह 'साकेत' या 'प्रियप्रवास' से भिन्न है। लेकिन यह विशिष्टता फैंटेसी के कारण नहीं, मनोवृतियों को पात्र बना देने के कारण, प्रबन्ध-क्षीणता के कारण है। यहाँ भी भाव-कथन अधिक और विभाव अपेक्षाकृत कम है।

'कामायनी' केवल हमारे आदिपुरुष मनु एवं श्रद्धा और इड़ा आदि की ही कथा नहीं है, वह मनन, रागात्मक वृत्ति और तर्क वृत्ति की और मानव-जीवन में उनके योगदान की भी कथा है। 'कामायनी' मनुष्य की मनोवृत्तियों का और उनके मिले-जुले योगदान या महत्त्व की भी कथा है। प्रसाद ने हमारी संस्कृति के आकर-ग्रन्थों से सूत्र व्यवस्थित करके एक कथा बाँधने का प्रयोग किया है किन्तु उसमें प्रबन्धत्व अपेक्षाकृत क्षीण है। जो है भी, उसका अधिकांश अनुमानित एवं कल्पित है।

वह हमारे युग के अधीत पाठकों के अधिक निकट है। काम का अधिक महत्त्व है। 'कामायनी' में अनेक ऐसे शब्द आए हैं जिनमें कवि ने अपनी ओर से विशिष्ट अर्थवत्ता भरी है। ऐसा ही एक शब्द 'संवेदन' है। आचार्य शुक्ल ने इस पर विचार करके इसकी असंगति का भी उल्लेख किया है। उन्होंने श्रद्धा (रागात्मक वृत्ति) को अधिक महत्त्व देने के लिए भी कवि की आलोचना की है। परवर्ती आलोचकों ने उस

पर टिप्पणी भी की है। मुक्तिबोध ने भी श्रद्धा के जीवन और उसके महत्त्वाधिक्य पर टिप्पणी की है। श्रद्धा अपने बारे में कहती है :

'मैं लोक अग्नि में तप नितान्त
आहुति प्रसन्न देती प्रशान्त।'

मुक्तिबोध के अनुसार : 'श्रद्धा का जो चरित्र प्रस्तुत किया गया है, उसमें श्रद्धा कहीं भी अपनी आहुति नहीं देती' (199/4)।

यह कथन श्रद्धा का बड़बोलापन लग सकता है किन्तु मनुष्य की जीवन-यात्रा में उसकी रागात्मक वृत्ति—आप मानव-प्रेम कहें, उसमें कितने संशय, कितनी विरोधी स्थितियाँ, मनोस्थितियाँ आती हैं! हमारा मानव-प्रेम कितना विचलित होता है और कुछ लोग फिर भी श्रद्धान्वित बने रहते हैं—यह सब सोचें तो श्रद्धा का यह कथन सच लगता है।

मुक्तिबोध 'कामायनी' की आलोचना मार्क्सवादी दृष्टि से करते हैं। किसी कृति को एक ही दृष्टि से—वह भी यांत्रिक ढंग से देखने के जितने खतरे हो सकते हैं, वे 'कामायनी : एक पुनर्विचार' में हैं। मार्क्सवादी दृष्टि से आलोचना करना अधिक वैज्ञानिक इसलिए होता है क्योंकि वह सिद्धान्त को वस्तुस्थिति से मिलाती चलती है।

'श्रम भाग वर्ग गया जिन्हें
अपने बल का है गर्व उन्हें।'

मुक्तिबोध कहते हैं कि इन पंक्तियों में श्रमिकों या श्रम-भाग वाले वर्ग को अपने बल का गर्व हो गया है। यह गर्व बुरी बात नहीं है। वे अपनी माँगें बढ़ाते जाते हैं और अपने संकट को कृत्रिम दुःख बनाकर अधिक संवेदनशील हो गए हैं। निस्संदेह यहाँ प्रसाद श्रमिक वर्ग के प्रति अन्याय कर रहे हैं।

'कामायनी' की कथा में ऐतिह्य क्षीण है। इसलिए प्रसाद की वृत्तियों को पात्र रूप में अपेक्षाकृत अधिक महत्त्व देना पड़ा है। फिर उत्तरार्द्ध शैवागम आनन्दवाद के ढाँचे में वर्णित है। 'कामायनी' में आनन्दवाद का ढाँचा और 'कामायनी : एक पुनर्विचार' में मार्क्सवाद की यांत्रिक आलोचना, दोनों मिल गए हैं। सम्भवतः इसीलिए 'कामायनी' की काव्य छटा पर मुक्तिबोध ने विचार ही नहीं किया। कोई काव्य सही विचारधारा के अभाव में भी सुन्दर हो सकता है—इसे समझने-समझाने की सम्भावना ही नहीं रह गई। काव्य-सौन्दर्य पर विचार न कर पाने की सफाई जरूरी हो गई है। मुझे लगता है कि 'कामायनी : एक पुनर्विचार' मुक्तिबोध की प्रारम्भिक रचना है। उसमें वह परिपक्वता नहीं है जो उनके परवर्ती समीक्षा-कर्म में दिखलाई पड़ती है।

आज पूँजीवादी-साम्राज्यवादी दोहन लीला के चलते पर्यावरण, जल, पृथ्वी, वायु, आकाश—महाभूतों के ही विनाश की जो भयावहता सामने है और जिसका प्रभाव भी कविता पर पड़ रहा है, उसे देखते हुए, 'कामायनी' पर एक और पुनर्विचार की जरूरत है। 'कामायनी' में प्रकृति की निर्णायक शक्ति और इड़ा सर्ग में मनु का यह कथन :

'मैं तो अबाधगति मरुत सदृश हूँ चाह रहा अपने मन की
वह ज्वलनशील गतिमय पतंग।'

वह (मनु आधुनिक साम्राज्यवादी ग्लोबल यानी सर्वाधिकार चाहने वाला मन) सूर्य है और उसके चारों ओर अन्धकार है। उसने सबसे नाता तोड़ लिया है। प्रसाद ने इस वृत्ति को सुर-संस्कृति-मानसिकता से सम्बद्ध किया है। सुरायान के कारण वे सुर कहलाए थे। इड़ा की प्रेरणा से मनु का सोचना है :

'तो तुम ही हो अपने सहाय!' यह केवल 'मैं' का आत्मकथन है। दूसरी ओर महाकाल और इतिहास की हँसी :

'हँस पड़ा गगन वह शून्य लोक
जिसके भीतर बसकर उजड़े कितने ही जीवन मरण शोक
हँस पड़ी उषा प्राची नभ में देखे नर अपना राज-काज।'

प्रकृति 'चिन्ता सर्ग' के प्रारम्भिक अंश में भी हँसती है—मनु की मर्मवेदना और करुणा-विकल कहानी पर :

'निकल रही थी मर्मवेदना करुणा विकल कहानी-सी
वहाँ अकेली प्रकृति सुन रही हँसती-सी पहचानी-सी।'

प्रकृति व्यंग्य कर रही है—देव अपने को दुर्जेय अमर समझते थे—उनकी इस मूर्खता, अज्ञानता पर।

चिन्ताग्रस्त मनु का कथन है :

'प्रकृति रही दुर्जेय पराजित हम सब थे भूले मद में।'

क्या प्रकृति और सर्वाधिकारी-साम्राज्यवादी मानसिकता का द्वन्द्व अपने निर्णायक रूप में आज फिर सामने नहीं उपस्थित है?

'कामायनी' की इस प्रासंगिकता को क्या अस्वीकार किया जा सकता है?

अन्ततः 'कामायनी' को फैंटेसी कहना मुक्तिबोध का हिन्दी आलोचना में योगदान है जिसने 'कामायनी' का नया पाठ प्रस्तुत किया।

मुक्तिबोध ने उर्वशी के कामाध्यात्म दर्शन का विरोध किया है। उन्होंने कहा है कि उर्वशी की रचना का समय सिद्धों के महासुखवाद का समय नहीं है। मतलब यह कि आज का सुसंस्कृत मनुष्य इतना कामकेन्द्रित ही नहीं हो सकता। उर्वशी का कामाध्यात्म केवल ऐश्वर्यसम्पन्न विलासी व्यक्तियों की जीवनशैली पर घटित हो सकता है। उन्होंने गन्धमादन पर्वत पर उर्वशी-पुरूरवा के प्रणय-प्रसंग के दौरान वार्तालाप पर घोर आपत्ति प्रकट करते हुए कहा कि यह भाषा आडम्बरपूर्ण और अस्वाभाविक है। मनुष्य काम-सुख में लीन होते हुए भी इस भाषा का प्रयोग नहीं कर सकता। उन्होंने कहीं लिखा है कि उर्वशी-पुरूरवा के बेडरूम में लाउडस्पीकर लगे हैं।

'काम-सुख के स्मरणचित्र इतने सतत गति, इतने प्रदीर्घ, इतने विस्तृत नहीं रह सकते। किन्तु पुरूरवा और उर्वशी समुत्तेजित कल्पना द्वारा रति-सुख के क्षणों की ऐन्द्रिक संवेदनाओं पर प्रदीर्घ वार्तालाप करते रहते हैं, मानो वाक्-सुख द्वारा देह-सुख प्राप्त करते हुए अदेह होना चाह रहे हों' (5/469)!

'उर्वशी' के 'लेखक के पास कहने के लिए ज्यादा कुछ है ही नहीं' (वही)।

'उर्वशी' विषयक विवाद में भगवतशरण उपाध्याय के 'कामायनी' विषयक विचार का विरोध करते हुए वे लिखते हैं :

'भगवतशरण जी के उक्त कथन को (उन्होंने 'कामायनी' को घटिया काव्य कहा था) मैं अत्यन्त दुर्भाग्यपूर्ण समझता हूँ। 'कामायनी' अपनी काव्यात्मकता के लिए, जीवन-समस्याओं के काव्यात्मक चित्रण के लिए हमेशा प्रसिद्ध रहेगी। उसमें उत्कृष्ट काव्यात्मकता है। उसका दर्शन जीवन-समस्याओं पर अनवरत चिन्तन के फलस्वरूप है। अतएव वह जीवन समस्याओं के निराकरण के रूप में प्रस्तुत हुआ है। उसमें आडम्बर नहीं है, उसमें दार्शनिक दम्भ नहीं है और बहुत से स्थानों पर आधुनिक सभ्यता की कुछ मूल विषमताओं पर प्रखर काव्यात्मक आक्रमण है। संक्षेप में प्रसाद जी की दार्शनिक अनुभूति उनकी भावना के नेत्र हैं' (5/471)।

मुक्तिबोध ने त्रिलोचन, सुभद्रा कुमारी चौहान, शमशेर आदि की कविताओं पर अपने विचार प्रकट किए हैं—समीक्षा के रूप में। शमशेर पर उनका स्वतंत्र लेख है। 'कामायनी' पर या सौन्दर्यक्षण पर विचार करते समय उनका गद्य प्राय: जटिल वाक्य विधान वाला है। उसमें पुनरुक्ति भी है लेकिन अपने समकालीन कवियों पर लिखते समय उनका गद्य आश्चर्यजनक तौर पर सहज स्पष्ट है। वह सुविचारित और विशेषताग्राही है। यदि उन्होंने इस प्रकार के समीक्षात्मक लेख पर्याप्त संख्या में लिखे होते तो इन कवियों और हिन्दी काव्यधारा को समझने में बहुत अधिक सहायता मिलती। उनके आलोचक का रूप और अधिक स्पष्ट और महत्त्वपूर्ण हो जाता।

त्रिलोचन के काव्य संकलन पर विचार करते हुए वे लिखते हैं कि त्रिलोचन ने पारम्परिक शैली में अपनी निजी मौलिकता व्यक्त की है। त्रिलोचन की आडम्बरहीन और गैर-विज्ञापनी शैली को रेखांकित करते हुए कहते हैं कि उनकी कविताओं में किसान की विशेषता और स्वाभिमान छिपा है। उनकी प्रगतिशीलता उनके जीवन-संघर्ष से मंज-घिसकर तैयार हुई है। वे अपने अनुभवों को नैतिकता के मानदंडों में बाँधने का उद्योग करते हैं। प्रकृति उनके लिए बिम्बों का साधन नहीं बल्कि जीवन की वास्तविकता है। त्रिलोचन अकेलेपन की जो अभिव्यक्ति करते हैं, वह छायावादी ढंग की नहीं। जीवन यात्रा के अनुभव की कथा का रूप है।

मुक्तिबोध लक्षित करते हैं कि भाव को बुद्धि द्वारा अनुशासित रखना त्रिलोचन की बहुत बड़ी विशेषता है।

मुक्तिबोध की त्रिलोचन विषयक टिप्पणी मौलिक तो है ही, वह त्रिलोचन कवि और मुक्तिबोध के आलोचक की सम्भावनाओं की सूचक भी है।

सुभद्राकुमारी चौहान की कविताओं की विशेषता बताते हुए मुक्तिबोध समकालीन कविता की ऐसी कमी की बात करते हैं जिस ओर ध्यान दिया गया होता तो हिन्दी कविता के पाठकों और उसकी लोकप्रियता का इतना टोटा न पड़ता। लेकिन बात सिर्फ लोकप्रियता की कमी की नहीं, जातीय-पारिवारिक भावना के भाव-संचय या अभिव्यक्ति की है। मुक्तिबोध का कहना है :

'जीवन के साक्षात विविध प्रसंगों की भूमिकाओं और उसके सन्दर्भों का त्याग आखिर क्यों ? क्या काव्य की यूनिवर्सल अपील इससे खत्म हो जाती है ? माँ, पिता, भाई के ऊपर कविताओं की कमी—इससे सिद्ध होता है कि हमारे कवियों का जीवन अनुभव-सम्पन्न और भाव-सम्पन्न होते हुए भी उनके आत्मविद्ध पिपासाओं ने अभिव्यक्ति के क्षेत्र से उन-उन अनुभवों को हटा दिया। जीवन के असंख्य वास्तविक भावानुभावों को काव्योचित्त महत्त्व नहीं दिया गया' (3/389)।

'यूनिवर्सल चिन्ता', 'आत्मविद्ध पिपासा', 'जीवन के वास्तविक भावानुभवों की उपेक्षा' ऐसे शब्द हैं जिनसे अनुभूति की प्राथमिकता, आत्माभिव्यक्ति, 'सौन्दर्य का क्षण' की व्याख्या की जा सकती है और नई कविता की कई गाँठों को समझा जा सकता है। यह उनकी आलोचना का महत्त्व है।

मुक्तिबोध ने अपने कथन की पुष्टि में सुभद्रा जी की ये पंक्तियाँ उद्धृत की हैं :

'ये नन्हे से ओठ और यह लम्बी-सी सिसकी देखो
यह छोटा-सा गला और यह गहरी-सी हिचकी देखो।'

यूनिवर्सल की मृगतृष्णा में ऐसी पंक्तियाँ अन्त:सलिला की धारा है और आलोचक मुक्तिबोध के भाव-नेत्रों की पहचान का सबूत।

शमशेर पर उनकी लिखी हुई टिप्पणी शमशेर की आलोचना है। कवि की मार्मिकता के उद्घाटन के साथ उसकी विशेषताओं यानी इतर से अलग उसका काव्यगुण। काव्य-जीवन और कवि व्यक्ति से जीवन का अन्तस्सम्बन्ध स्थापित करने में मुक्तिबोध प्राय: चूकते नहीं।

शमशेर चित्रकार भी हैं और उनका कवि चित्रकार के स्थान पर बैठकर कविता करता है। शब्दों, ध्वनियों से रंगों का काम लेता है। दिक्कत यह है कि शब्द रंगों का काम पूरी तरह नहीं कर पाते। वे इम्प्रेशनिस्ट मलार्मे, राम्बो जैसे इम्प्रेशनिस्ट कवियों से प्रभावित कवि हैं। इम्प्रेशनिस्ट चित्रकार की तरह शमशेर चित्र में केवल अपनी भाव-रुचि के अनुसार विशिष्ट महत्त्वपूर्ण दृश्य खंडों का ही चित्रण करते हैं। उन खंडों के सहारे पूरे चित्र को उभार लेने का काम पाठकों पर छोड़ देते हैं। फलत: अदीक्षित या रचना में पूरा ध्यान न देनेवाले पाठकों के लिए वे दुरूह हो सकते हैं। शमशेर कविता में भाव-प्रसंग उभारते हैं। ये भाव-प्रसंग जीवन के वास्तविक अनुभवों के दृश्य-खंड हैं। मार्मिकता इन भाव-प्रसंगों के अंकन से आती है। इन भाव-प्रसंगों में जीवन-स्थितियों का नाट्य होता है।

'शमशेर न केवल रूप, स्पर्श, रस, गन्ध की संवेदनाएँ पहचानते हैं—यह मामूली बात है—वरन वे संवेदनाओं के रूप, स्पर्श, गन्ध का चित्रण करते हैं। वास्तविक संवेदनाओं का चित्रण हिन्दी में बहुत कम हुआ है। शमशेर का शब्द-संकलन अत्यन्त सचेत और संवेदनानुगामी होता है। शमशेर का संवेदन-ज्ञान और संवेदन-चित्रण अद्वितीय है' (5/437)।

मुक्तिबोध के विचार से 'शमशेर मुख्यत: प्रणय जीवन के प्रसंगबद्ध रसवादी कवि हैं' 5/439।

जाहिर है कि मुक्तिबोध इस विषय पर ज्यादा लिखने से बचे हैं; या उस समय तक शमशेर की परवर्ती कविताएँ आई नहीं थीं। आज तो लगता है कि शमशेर नारी-देह के प्रमुख कवि हैं।

शमशेर प्रगतिशील कवि तो हैं ही। कभी-कभी वे पार्टी-कवि के रूप में भी कविताएँ लिखते हैं। 'शान्ति पर अमन का राग' उनकी ऐसी ही कविता है जो भारतीय कम्यूनिस्ट पार्टी के शान्ति आन्दोलन के समर्थन में लिखी गई है। यह प्रचार कविता भी है। लेकिन ऐसी प्रचार राजनीतिक कविता जो मुक्तिबोध के शब्दों में : शान्ति पर लिखी शमशेर की कविता क्लासिकल ऊँचाइयों की उपलब्धि है' (5/440)।

इसका कारण और सन्दर्भ भी मुक्तिबोध बताते हैं :

'मनोवैज्ञानिक वस्तुवादी कवि जब सामाजिक भावनाओं तथा विश्वमैत्री की संवेदनाओं से आच्छन्न होकर मानचित्र प्रस्तुत करता है तब वह उसी प्रकार अनूठा और अद्वितीय हो उठता है, जैसेकि किसी क्षेत्र में भिन्न तथा अन्य कवि कदापि नहीं' (5/440)।

शमशेर-विषयक मुक्तिबोध की टिप्पणी शमशेर की कविताओं की मर्म-उद्घाटिका है। वह अगर पर्याप्त विस्तृत होती या कम-से-कम उदाहरण सहित होती, पंक्तियों को उद्धृत करके उनकी व्याख्या से युक्त थोड़ा एकेडमिक होती तो और अच्छा होता—शमशेर को समझने और उनकी कविता को समझने-समझाने में। क्योंकि शमशेर की कविताओं पर ऐसी कारगर और सरल सुस्पष्ट भावाग्रही टिप्पणी इसके पहले नहीं मिलती। बाद में भी नहीं। निराला की तरह शमशेर की कविताओं को समझाए जाने की जरूरत थी। यह काम अभी बाकी है।

मुक्तिबोध अपनी दृष्टि और रुचि के साथ निष्पक्ष और निर्भय होकर आलोचना कार्य में प्रवृत्त होते हैं। फिर वे प्रसिद्ध नये और पुराने प्रतिष्ठित या अप्रतिष्ठित के साथ कोई रियायत नहीं करते। जहाँ मार्मिकता है, वहाँ प्रायः नहीं चूकते। मुक्तिबोध विख्यात कवि रूप में हैं किन्तु उनकी जो कुछ, अल्प ही सही, आलोचना मिलती है, वह उनके समकालीनों और हिन्दी साहित्य धारा को समझने में सहायता करती है, हमारी दृष्टि साफ करती है—विशेष रूप से उनकी आलोचना-विधि।

सुमित्रानन्दन पंत के विषय में उनकी राय है कि वे ऐतिहासिक अनुभूति के कवि हैं। ऐतिहासिक अनुभूति के माध्यम से मनुष्य सूर्य के विस्फोटकारी केन्द्र से सम्बद्ध हो जाता है। मुक्तिबोध का तात्पर्य यह है—पंत जी के हृदय का विस्तार होता आया है। उनका हृदय जनगण के साथ रहा है। इसी से उन्हें ऐतिहासिक अनुभूति प्राप्त हुई है। ऐतिहासिक अनुभूति मनुष्य को स्थिर या जड़ नहीं बनाए रखती, वह उसे इतिहास का सहचर बना देती है। इसीलिए पंत जी नित्य-नवीन स्थितियों को अपने काव्य का विषय बनाए रखते हैं। वे पुराने नहीं पड़ते।

मुक्तिबोध पंत को बाह्य-वास्तव का कवि मानते हैं। वे बाह्य-वास्तव का निवेदन करते हैं। उस बाह्य-वास्तव को निजता से बद्ध नहीं करते। पंत प्रसाद की तरह अन्तर्मुख कवि नहीं हैं। उनमें निजता की गाँठें नहीं हैं। उसका कारण यह है कि प्रसाद या निराला

की तरह पंत को जीवन-स्थिति की रक्षा का संघर्ष नहीं करना पड़ा। पंत का काव्य प्रसाद या निराला की तरह जीवनानुभव की विषमता से गम्भीर या क्षत-विक्षत नहीं है। अत: वह उन ग्रन्थिल और जटिल अनुभवों से बिद्ध नहीं है। पंत प्रकृति, सौन्दर्य के अनुपम कवि हैं किन्तु वे प्रकृति को प्रसाद की तरह आत्मसात नहीं करते, उसे मानव-मुक्त रखते हैं। आलम्बन रूप में ही चित्रित करते हैं। पंत की कविता पर उनकी निजता का बोझ बहुत कम है।

पंत जी की मार्क्सवाद के प्रति उन्मुखता ऐतिहासिक अनुभूति और वास्तव से प्रभावित होने के कारण है। वह उनके राष्ट्रप्रेम और जनगण के प्रति सहानुभूति की भावना में घुल-मिल गई है।

पंत जी के कवि का यौवनोन्मेष काल प्रदीर्घ रहा। स्वतंत्रता प्राप्ति के दशकों बाद भी पंत जी उसी प्रकार काव्य-रचना करते हैं किन्तु उनका पुराना शिल्प अपने को दुहराता रहा। वह नये के मन का बोझ नहीं वहन कर पाया।

मुक्तिबोध ने पंत विषयक लेख में भी उद्धरण कम प्रस्तुत किए हैं। इससे उनके कथन समर्थित और पुष्ट नहीं होते। मुक्तिबोध लिखते हैं :

'जहाँ-जहाँ उनके (पंत के) काव्य में संवेदना की ताजगी है, वहाँ उनके शब्द बोलने लगते हैं। छन्द नाचने लगते हैं, भाव चमकने लगते हैं। ऐसे क्षणों में जब वे छन्द की चौखट में सारभूत जीवन तथ्य को जमा देते हैं तब भी उस कविता में एक खास काट का ज्यामितिक सौन्दर्य उत्पन्न हो जाता है—इसलिए कि उसमें भी एक ताजगी होती है। मुझे बार-बार लगता है कि पंत जी की संवेदन-क्षमता अर्थात नवीन संवेदनाओं की उनकी अपनी प्रफुल्लता और ताजगी—ये ग्रहण करने की उनकी ताकत ही ऐसी है जो उन्हें वास्तव की तरफ ले जाती है, बाह्य वास्तव की ओर' (5/450)।

उदाहरण-बहुलता लेख को पोला असारगर्भी बना देती है किन्तु उपयुक्त समीक्षांश उद्धरण प्रस्तुत करने से स्पष्ट हो जाता है। आवश्यक उद्धरण के अभाव में कभी-कभी गम्भीर बातें भी हवाई लगने लगती हैं। वास्तव और बाह्य वास्तव का मतलब है—बाह्य स्थितियाँ। यहाँ वास्तव का अर्थ है—बाहर जो कुछ है, दिखलाई पड़ता है यानी बिना आत्मबिद्ध किए जो बाहर है।

मुक्तिबोध अचूक मर्मग्राहिणी क्षमता के आलोचक हैं। कविता की भाँति आलोचना में भी वे जीवनानुभवों की व्याख्या और विश्लेषण को स्थान देते हैं। शमशेर जैसे कम लिखने वाले कवियों के यहाँ तो उनकी जाँच-पड़ताल लगभग सन्तोषजनक लगती है किन्तु प्रसाद, पंत की कविताओं के विषय में उनके सूत्र मौलिक और बोधक होने के बावजूद अपर्याप्त लगते हैं। पंत और 'कामायनी : एक पुनर्विचार' पर उनके निष्कर्षों को ही अन्तिम मान लेने पर क्या हम पंत और प्रसाद (कवि) या 'कामायनी' का रसास्वाद पा सकेंगे? मुक्तिबोध मुख्यत: कवि-समीक्षक हैं, समालोचक नहीं। जो बात उनके मन में बैठ जाती है, वह अन्ततः आद्यंत बनी रहती है।

ऐसा अकुंठ और निर्णायक वक्तव्य 'कामायनी : एक पुनर्विचार' में ही होता तो कितना अच्छा होता!

मुक्तिबोध की आलोचना से अधिक प्रभाव उनकी कविताओं का पड़ा। वह भी उनकी मृत्यु के वर्षों बाद। उनके विचारात्मक लेखों का संकलन बाद में आया। उनकी मृत्यु के आसपास और उपरान्त का समय भारतीय इतिहास में अनेक घटनाओं का संयोग है। वामपंथ के सहयोग से इन्दिरा गांधी सत्ता में रहीं। बैंकों का राष्ट्रीयकरण हुआ। बंगलादेश बना। नक्सलबाड़ी आन्दोलन हुआ। अकविता की अराजक कविताओं की लहर को मुक्तिबोध और धूमिल की कविताओं ने खदेड़ दिया। नागार्जुन, त्रिलोचन, शमशेर, केदारनाथ अग्रवाल की कविताओं का महत्त्व पुन:प्रतिष्ठित हुआ। आचार्य हजारीप्रसाद द्विवेदी की आलोचना पुस्तक 'कालिदास की लालित्य योजना', डॉ. रामविलास शर्मा की 'निराला की साहित्य-साधना' के दो खंड, डॉ. नामवर सिंह का 'कविता के नये प्रतिमान' और विजयदेव नारायण साही का 'जायसी' प्रकाशित हुए। रघुवीर सहाय, सर्वेश्वर दयाल सक्सेना की ऐसी कविताएँ प्रकाशित हुईं और चर्चित हुईं जो वामपंथी राजनीति से प्रेरित नहीं थीं लेकिन जिनका स्वर राजनीतिक जनवादी और अमानवीय सत्ता का विरोधी था। निस्सन्देह इनमें जनवादी रेटरिक नहीं, स्थितियों की अपूर्व पहचान और खोज थी। साहित्यिक परिदृश्य के इस बदलाव में मुक्तिबोध की कविताओं और उनकी आलोचना की परिवर्तनकारी भूमिका है।

उपसंहार

पिछले पृष्ठों में हमने हिन्दी के आलोचना-साहित्य के विकास का अवलोकन किया। यह अवलोकन पूर्ण नहीं कहा जा सकता। हिन्दी-साहित्य का क्षेत्र इतना व्यापक, विशद एवं विविध है कि कोई एक लेखक किसी एक पुस्तक में उसकी किसी एक विधा का सर्वतोमुखी एवं पूर्ण अध्ययन नहीं प्रस्तुत कर सकता। हमने केवल प्रयास किया है कि हिन्दी आलोचना की विकास-रेखा को आलोचनात्मक रचनाओं के आधार पर स्पष्ट किया जाए। महत्त्वपूर्ण, आलोचना पर लिखी हुई यह पुस्तक नहीं, वह विपुल आलोचनात्मक साहित्य है जिस पर यह पुस्तक (पुस्तिका) आधारित है।

इस विपुल आलोचनात्मक साहित्य के आलोड़न से कुछ बातें स्पष्ट हो जाती हैं। हिन्दी आलोचना का विकास हिन्दी के रचनात्मक साहित्य के साथ-साथ हुआ। शुरू में तो रचनाकार ही आलोचक भी होते थे। भारतेन्दु, प्रतापनारायण मिश्र, प्रेमघन, बालमुकुन्द गुप्त, बालकृष्ण भट्ट इत्यादि रचनाकार, आलोचक, पत्रकार सबकुछ थे। वे सम्पूर्ण जीवन—उसकी समस्त विविधता से प्रभावित होनेवाले और उस पर अपनी प्रतिक्रिया अभिव्यक्त करनेवाले देशभक्त और सहृदय साहित्यकार थे। हमारे साहित्य में आधुनिकता के प्रवर्तक इन महानुभावों पर पुनर्जागरण का गहरा असर था। वे वस्तुस्थिति से परिचित होने की प्रक्रिया में, स्थिति की विषमता से भी परिचित हो चले थे और उस विषमता को दूर करने के लिए व्याकुलता भी अनुभव कर रहे थे। इस सबका प्रभाव हम उनके समस्त साहित्य और आलोचना-साहित्य पर भी देख सकते हैं। आचार्य महावीरप्रसाद द्विवेदी हिन्दी आलोचना की इस प्रवृत्ति के सुमेरु-पुरुष हैं। यह प्रवृत्ति नैतिकता के प्रति आग्रही है किन्तु यह समझ लेना चाहिए कि यह नैतिकता पारलौकिकता पर नहीं, इहलौकिकता पर आधारित है। आचार्य द्विवेदी जिस प्रकार की सुगठित व्यवस्था समाज में देखना चाहते थे। उसी प्रकार की व्यवस्था भाषा और साहित्य के क्षेत्र में भी। उनका क्षेत्र साहित्य था, इसीलिए उनकी चेष्टाएँ साहित्यिक थीं और उन्होंने देश की राजनीति नहीं, उसके साहित्य एवं आलोचना साहित्य' को प्रभावित किया।

लेकिन आलोचना की जिस प्रवृत्ति के सुमेरु-पुरुष आचार्य द्विवेदी हैं, उसमें नैतिकता और उपदेशात्मकता की कठोरता उसकी साहित्यिकता में दरारें डाल देती है। इसका सबसे बड़ा प्रमाण यह है कि इस काल की आलोचना महत्त्वहीन न होते हुए भी न तो स्वतंत्र काव्यशास्त्र के निर्माण के प्रति चेष्टावान् है, न अवधारणात्मक शब्दों का निर्माण कर पाई है जो आलोचनात्मक उपलब्धि की कसौटी है।

यह कार्य हिन्दी के श्रेष्ठ आलोचक आचार्य रामचन्द्र शुक्ल ने किया। आचार्य शुक्ल का मूल्यांकन अभी तक ठीक-ठीक नहीं हुआ है। लेकिन यह मान्य है कि उन्होंने अपने समय तक विकसित ज्ञान-विज्ञान से परिचय प्राप्त किया, हिन्दी साहित्य की परम्परा का बोध अर्जित किया, उसे इतिहास के रूप में व्यवस्थित किया और हिन्दी काव्यशास्त्र के निर्माण की आधारशिला रखी। यह आधारशिला केवल संस्कृत और पाश्चात्य काव्यशास्त्र के ज्ञान पर ही आधारित नहीं है, वह हिन्दी साहित्य की दीर्घकालीन उपलब्धियों को ग्रहण कर सकनेवाली अभूतपूर्व रसग्राहिणी क्षमता पर आधारित है। विविध विषयगामिनी प्रतिभा के धनी आचार्य शुक्ल में हिन्दी को लेकर किसी प्रकार की हीनता का भाव नहीं है। उन्होंने अवधारणात्मक शब्दों का निर्माण करके और पुराने शब्दों में नई अर्थवत्ता भर कर हिन्दी आलोचना को केवल अपने पैरों पर खड़ा ही नहीं किया, उसे वयस्क बनाया। उनका योगदान कितना महत्त्वपूर्ण है, इसे देखने के लिए शुक्ल-पूर्व और शुक्ल-परवर्ती आलोचना देखिए। उनके विचारों से आप असहमत हो सकते हैं, लेकिन उनकी विचार-सरणि में जो संगति और व्यवस्था है, वह अपने-आपमें लगभग पूर्ण है।

डॉ. रामविलास शर्मा के अनुसार कथा-साहित्य में जो कार्य प्रेमचन्द ने किया, काव्य के क्षेत्र में जो कार्य निराला ने किया, आलोचना के क्षेत्र में वही कार्य आचार्य रामचन्द्र शुक्ल ने किया।

आचार्य रामचन्द्र शुक्ल की आलोचना का उत्कृष्ट रूप भक्तिकाल के तीन प्रमुख कवियों—तुलसी, सूर और जायसी—की पुनर्व्याख्या या युगबोध के मुहावरों में, उनकी व्याख्या में दिखाई पड़ता है। आचार्य रामचन्द्र शुक्ल के बाद हिन्दी के किसी समीक्षक ने प्राचीन कवियों की पुनर्व्याख्या की है तो आचार्य हजारीप्रसाद द्विवेदी ने। उन्होंने कबीर, और हिन्दी साहित्य के आदिकाल की जो व्याख्या की है, उसका प्रधान दृष्टिकोण सांस्कृतिक एवं ऐतिहासिक है। हिन्दी आलोचना में उनका महत्त्वपूर्ण योगदान साहित्य की सांस्कृतिक व्याख्या के क्षेत्र में है। देश और काल को ध्यान में रखकर साहित्य की मार्मिक व्याख्या करना, शब्दों में सुरक्षित अर्थ-सम्पत्ति को सहृदय-सुलभ बनाना, आलोचना की मुख्य कार्यभूमि है। आलोचक रूप में उनके लोकप्रिय होने का यही कारण है। वैसे उनका वास्तविक क्षेत्र संस्कृति का इतिहास है। वे अपने ज्ञान-विज्ञान का उपयोग जितनी तन्मयता के साथ संस्कृति के पुनर्निर्माण में करते हैं, उतना अन्य क्षेत्रों में नहीं।

शुक्लोत्तर समीक्षकों ने शुक्ल जी की धारणाओं में विसंगतियों या कमियों को ढूँढ़ने का भारी उद्योग किया है। उनकी विसंगतियों की ओर पं. हजारीप्रसाद द्विवेदी, पं. नन्ददुलारे वाजपेयी और डॉ. नगेन्द्र—सबने यत्र-तत्र संकेत किया है। द्विवेदी जी ऐसा आदिकालीन, भक्तिकालीन साहित्य और 'कबीर' के प्रसंग में करते हैं तो वाजपेयी जी और डॉ. नगेन्द्र मुख्यत: छायावाद के प्रसंग में। इसमें कोई सन्देह नहीं कि शुक्ल जी छायावाद को शैली मात्र मानते थे और डॉ. नगेन्द्र के शब्दों में : कोई भी साहित्यधारा शैली मात्र नहीं हो सकती, उसका भाव-जगत भी अवश्य होगा। शुक्ल जी ने छायावादी

शैली का सम्बन्ध छायावादी भाव-जगत से नहीं, विदेशी प्रभाव से जोड़ा था। इस दिशा में वाजपेयी जी और डॉ. नगेन्द्र की स्थापनाएँ महत्त्वपूर्ण हैं। लेकिन इनका आलोचनागत व्यावहारिक पक्ष उतना व्याख्या-पुष्ट नहीं है। पंत और प्रसाद के विषय में आज के हिन्दी पाठक की राय शुक्ल जी से प्रभावित है, नगेन्द्र या वाजपेयी से नहीं। पंत जी की जिन रचनाओं की प्रशंसा शुक्ल जी ने की थी, आज भी वही समादृत हैं, उनकी परवर्ती रचनाएँ नहीं।

डॉ. नगेन्द्र ने काव्यशास्त्र—विशेषत: रस-सिद्धान्त की पुनर्व्याख्या और स्थापना की ओर महत्त्वपूर्ण प्रयास किया है। एतद्विषयक उनके प्रसिद्ध ग्रन्थ 'रस-सिद्धान्त' में प्राचीनों के मतों का संग्रह और उनकी व्याख्या तो अत्यन्त व्यवस्थित रूप से की गई है किन्तु रस-सिद्धान्त की उपयोगिता या उसकी सर्वग्राहिता कविताओं की व्याख्या करके नहीं प्रकट की गई है, जिससे रस-सिद्धान्त की विश्वसनीयता पूर्णत: प्रतिपादित नहीं हो पाती।

आचार्य रामचन्द्र शुक्ल की परम्परा का वास्तविक विकास प्रगतिशील समीक्षा के हाथों हुआ। जो जागतिक, वैज्ञानिक और लोकमंगलवादी दृष्टि आलोचक शुक्ल की थी, उसका विकास प्रगतिशीलता में ही सम्भव था। प्रगतिशील आलोचना का मूल उपकरण द्वन्द्वात्मक भौतिकवादी दृष्टि है जो आधार को ध्यान में रखकर ऊपरी ढाँचे और फिर दोनों के परस्पर प्रभाव को देखते हुए साहित्य की विवेचना में प्रवृत्त होती है। शुरू में प्रगतिशील आलोचना एक प्रकार के 'जेहाद' की मनोवृत्ति से ग्रस्त थी जो समस्त प्राचीन की श्रेष्ठता को नकारती थी। ऐसी आलोचना से प्राचीन साहित्य की पुनर्व्याख्या और नवीन साहित्य के उचित मूल्यांकन की आशा नहीं की जा सकती थी। प्रगतिशील आलोचना का वास्तविक रूप डॉ. रामविलास शर्मा की कृतियों में प्रकट हुआ। उन्होंने सिद्धान्तों के कठघरों में कृतियों को परखने के बदले, भारतेन्दु युग, प्रेमचन्द, निराला, आचार्य रामचन्द्र शुक्ल, तुलसी, वाल्मीकि आदि की रचनाओं की परीक्षा की। उनकी शक्तियों और सीमाओं की संगति समसामयिक परिस्थितियों एवं उनके व्यक्तित्वों से बैठाई। डॉ. रामविलास शर्मा ने प्रगतिशील आलोचना और साहित्य को भारतीयता और हिन्दी की जातीय परम्परा से जोड़ा। उनके द्वारा महत्त्वपूर्ण कार्य यह हुआ कि प्रगतिशील आलोचना सिर्फ जेहाद और विद्रोह नहीं, हमारी अपनी साहित्यिक परम्पराओं से जुड़कर उनका विकास करनेवाली शक्ति बन गई।

प्रगतिशील आलोचना-पद्धति का विरोध मुख्यत: समाज बनाम व्यक्ति के मुद्दे पर किया जाता है। यह ठीक है कि साहित्य की रचना व्यक्तित्व से युक्त साहित्यकार करता है। जहाँ प्रगतिशील आलोचक इस तथ्य को भूल जाते हैं, वहाँ वे सरलीकरण के शिकार हो जाते हैं। लेकिन यह दोष द्वन्द्वात्मक पद्धति का नहीं, आलोचकों का है। व्यक्ति समाज से जुड़ा भी होता है और कटा भी। वह सामान्य भी होता है और विशेष भी। व्यावहारिक समीक्षा करते समय इसका ध्यान रखना होगा। इसी बात को आलोचना में न पाकर डॉ. इन्द्रनाथ मदान जैसे चिन्तक 'कृति की राह में से गुजरने' की बात करते

हैं। किन्तु कृति की राह में से गुजरना ही काफी नहीं, जरूरत कृति को देखते हुए राह से गुजरने की है। आलोचक कृति को बिना अपनी दृष्टि के नहीं देख सकता। इसीलिए जिन आलोचकों के पास वैज्ञानिक दृष्टि है और जो द्वन्द्वात्मक पद्धति का व्यवहार कर सकते हैं, उनके यहाँ सामान्यीकरण के बदले कृति की सही व्याख्या और उसका सही मूल्यांकन मिलता है। समसामयिक आलोचना में इस द्वन्द्वात्मक पद्धति का प्रयोग डॉ. नामवर सिंह की कृतियों में दिखलाई पड़ता है।

हिन्दी आलोचना के विकास में समय-समय पर सर्जक साहित्यकारों ने भी महत्त्वपूर्ण योगदान किया है। हमने देखा है कि छायावादी कवियों ने अपने आलोचनात्मक विचारों से अपनी काव्यगत विशेषताओं की व्याख्या की है। छायावादोत्तर काल में जिन कवियों ने इस प्रकार के विचार प्रकट किए हैं, उनमें दिनकर, अज्ञेय, गिरिजाकुमार माथुर और मुक्तिबोध प्रमुख हैं। इनमें से दिनकर ऐसे कवि-आलोचक हैं जो विशुद्ध आलोचकों के सबसे निकट आ जाते हैं। उनके विचारों में ऐसी तटस्थता और व्यवस्था मिलती है जो प्राय: सर्जक कलाकारों के यहाँ कम मिलती है। दिनकर ने मैथिलीशरण गुप्त, प्रसाद, पंत पर स्वतंत्र निबन्ध लिखे हैं और रीतिकालीन कविता का पुनर्मूल्यांकन किया है। अज्ञेय के विचार मुख्यत: सप्तकों की भूमिका में और फुटकर निबन्धों के संग्रह में प्राप्त होते हैं। अज्ञेय ने साहित्यकार की परिस्थिति और उसकी रचना-प्रक्रिया पर अधिक ध्यान दिया है, प्राचीन या नवीन साहित्यकारों के मूल्यांकन पर कम, जबकि गिरिजाकुमार माथुर ने नई कविता को उसकी साहित्यिक परम्पराओं और समसामयिक आन्दोलनों की रोशनी में देखा है।

मुक्तिबोध ने 'कामायनी : एक पुनर्विचार' में द्वन्द्वात्मक भौतिकवादी पद्धति पर 'कामायनी' के कथानक और उसके विविध प्रतीक पात्रों की विवेचना की है। इसमें उन्होंने गम्भीर सामाजिक और साहित्यिक अन्तर्दृष्टि का परिचय दिया है। उन्होंने 'कामायनी' को एक वृहद् फैंटेसी माना है और मनु को ध्वस्त मध्यकालीन सामन्ती वैभव का प्रतीक।

इन कवि-चिन्तकों के आलोचनात्मक विचार कुल मिलाकर इनकी अपनी रचना-प्रकिया पर अधिक प्रकाश डालते हैं, इनके विवेचित साहित्य पर कम। इनसे हमें रचनाकारों के उन भावबोधात्मक सूत्रों का ज्ञान हो जाता है जिनसे इनका या समसामयिक रचनाकारों का साहित्य रचा गया है। इनकी रचनाओं का सम्यक् उपयोग करके विशुद्ध आलोचक अपनी आलोचनात्मक कृतियों को अधिक पूर्ण बना सकते हैं, किन्तु इनकी रचनाओं को विशुद्ध आलोचना कहने में संकोच होता है। इन्हें आलोचना का कच्चा माल समझना ज्यादा उचित होगा।

मार्क्सवादी आलोचना के समानान्तर हिन्दी में व्यक्तिवादी आलोचना की भी प्रवृत्ति विकसित हुई है। इस प्रवृत्ति का प्रवर्तन तारसप्तक (1943 ईस्वी) में अज्ञेय के सम्पादकीय से माना जा सकता है। निर्मल वर्मा इतिहास और विचारधारा, दोनों से मुक्ति की कामना करते हैं; अज्ञेय सामूहिकता से, तो विजयदेव नारायण साही साहित्य को किसी प्रकार के सिद्धान्तवाद से।

समकालीन हिन्दी आलोचना में इनकी टकराहट 'क्षण' के मुद्दे पर होती है। 'सौन्दर्य-क्षण' देशकाल से विशिष्ट है और वह हमें सार्थकता प्रदान करने वाला शरण्य है। मुक्तिबोध सौन्दर्य-क्षण को वास्तविक जीवन-जगत के अनन्त क्षणों से यानी जीवन प्रवाह से जोड़ते हैं। सौन्दर्य-क्षण को वे जीवन का उद्‌भाष मानते हैं।

यह टकराहट दोनों प्रवृत्तियों की पूरक का भी काम करती है।

अधुनातन हिन्दी आलोचना के परिदृश्य में अस्मिताओं के विमर्श का दौर है। यह भी ऐतिहासिक प्रतिफलन है। इसका लेखा-जोखा होना चाहिए।

✿✿✿